監視與懲罰

naissance de la prison

SURVEILLER ET PUNIR

MICHEL FOUCAULT

米歇爾·傅柯 著

王紹中 —— 譯

黃敏原 —— 審訂

監視與懲罰

第一部分

SUPPLICE

酷刑

第一章

犯人的身體

Le corps des condamnés

一七五七年三月二日，達米安（Damiens）[i] 被判處「在巴黎教堂大門前公開認罪（amende honorable）」，在那兒他將「被帶離並引導上囚車，赤身僅著襯衣，手持一枝重達兩磅、熾熱的蠟燭火把」；接著，「搭乘前述的囚車，目標格列夫廣場（place de Grève）；在一座搭設於此的行刑臺上，對乳房、手臂、大腿及小腿肚施以火鉗烙刑，他持刀犯下前述弒君罪的右手以硫磺點火燒炙，在他會被施以火鉗烙刑的部位淋上熔鉛、沸油、滾燙樹脂、融蠟及硫磺，然後他的四肢將被四匹馬拉扯及肢解，其四肢及軀幹焚燒，化為灰燼，迎風揚灰。」[1]

《阿姆斯特丹報》報導：

「最後，人們將他四馬分屍。最後的這道操作曠日費時，因為人們所使喚的馬不習於拉扯；以至於，有別於原本所安排的四匹馬，最後需要六匹才成；而且光這麼做還不夠，為了要肢解這位不幸者的大腿，人們得先切斷神經、斬斷關節⋯⋯

人們聲稱，儘管他向來都是毫不嘴軟的瀆神者，但過程中他

1. 《羅伯特－弗朗索瓦・達米安訴訟案之原始文件及程序》（*Pièces originales et procédures du procès fait à Robert-François Damiens*），一七五七年，第三卷，第372-374頁。

沒冒出半句不敬之語；僅僅是由於過度的痛苦讓他發出駭人的叫聲，不斷重複說著：我的上帝，可憐我吧；耶穌，救救我吧。聖保羅教區的本堂神父雖然年事已高，一刻也不停歇地安慰著這位受刑者，所有圍觀者都受到這種關懷所感召。」[2]

而騎兵士官布頓（Bouton）提到：

「有人燃起硫磺，然而火是這麼一丁點兒，以至於只是些微燒傷了手背上的表皮。接著，一位行刑者，雙臂的袖子高高捲到手肘以上，拿著長約一呎半的特製鋼鉗，先是朝他的右小腿肚夾，接著是大腿，再由此夾向右臂內側的兩處；接著去夾乳房。儘管塊頭大又孔武有力，這位行刑者要把在同一處用鉗子邊扭邊鉗了兩三次的肉扯下來可沒那麼容易，他所能做到的，只是在每一處造成一枚六里弗爾埃居硬幣[ii]這麼點大的傷口。

在這些鉗刑之後，不斷叫喊卻沒冒出什麼褻瀆之言的達米安抬起頭，看著自己；同一位鉗刑者用鐵杓從鍋裡舀了滾燙的化學藥劑，大量地淋在每一道傷口處。然後，有人用細繩繫上用來套住馬匹的韁繩，然後再順著大腿、小腿及手臂將這些馬匹與四肢綁起來。

法院書記勒·布雷頓（Le Breton）先生多次走向受刑者，詢問他有無話說。他只說沒有；沒什麼好多解釋的，如同人們描繪那些將入地獄的人一樣，每受一次肉刑，他便呼喊一次：『求祢寬恕，我的上帝啊！求祢寬恕，主啊！』儘管上述的這些折磨，他不時抬起頭，毫不猶豫地看看自己。在拉扯下變得如此緊繃的繩索讓他承受難以言喻的痛苦。勒·布雷頓先生再次靠近他，詢問他是否依舊無話想說，他說沒有。好幾位聆聽告解的神父走到他身旁，與他交談許久；他心甘情願地吻了他們呈給他的十字架；他嘟起嘴直說：『求祢寬恕，主啊！』

馬匹加入助陣，每一匹由一位行刑者牽著，朝筆直的方向拉扯四肢。一刻鐘後，場面並無二致，在努力幾次後，行刑者最後不得不助馬來拉扯，亦即：負責拉手臂的馬直直在前頭，負責拉大腿的馬與手臂那一側的方向相反，如此讓他手臂從關節處扯斷。這樣的拉扯再重複了幾次，毫無進展。他抬起頭，看著自己。行刑者不得不在套住大腿的那一側再添兩匹馬，如此有六匹馬。不見起色。

2.　　　《阿姆斯特丹報》（*Gazette d'Amsterdam*），一七五七年四月一日。

最後，行刑者桑松（Samson）跟勒·布雷頓先生說，既無法亦沒望達成任務，去詢問大人們是否要他剁一剁算了。勒·布雷頓先生，這位本市出身的人，下令再多做幾次努力，一夥人也照做了；但是負責拉扯的馬已經疲累不堪，一匹套大腿的馬還癱倒在地。聽告解的神父們回來，再度與他說話。他跟他們說（我親耳聽到的）：『親吻我，先生們。』聖保羅教區的本堂神父不敢，德·馬爾西利（de Marsilly）先生從捆綁左臂的繩索下方穿過，親吻了他的額頭。行刑者們聚集起來，達米安要他們別抱怨、要做好他們的工作，他不會責怪他們；請求他們為他向神祈禱，並建議聖保羅教區本堂神父在第一次彌撒時為他禱告。

行刑者桑松及早先施予鉗刑的行刑者各自從他們的口袋裡掏出一把刀，在試了兩、三次之後，成功的將一雙大腿從與軀幹相連處切開；四匹使出全力的馬在他們之後拖走兩條腿，也就是說，右腿先，左腿後；接著對雙臂施以同樣的做法，從肩膀和腋窩入刀，兩臂共四處；肉必須切到見骨，奮力一拉的馬拖走雙臂，右臂先、左臂在後。

四肢取下後，聽告解的神父走下來跟他說話；但是行刑者告訴神父們他已死了，無論實情為何，我看到那個人還在抽搐，下顎上上下下的，好像還在說話。甚至在不久後，一位行刑者說，當他們抬起他的軀幹扔上柴堆時，他還活著。從

套著馬匹的繩索上解開的四肢被扔到柴堆上，柴堆備妥在行刑場內，位置就正對著行刑臺，接著是軀幹及所有的一切皆以木柴及細枝覆蓋，在塞入其中的稻草上點火。

……判決執行下，一切化為灰燼。在餘燼中最後的一片屍塊直到當晚十點半後才燒成灰。肉塊及軀幹大約需要四個小時來燒盡。一群數量頗眾、包括我及兒子在內的官員，以及一隊派來支援的弓箭手，一起待在現場直到近十一點。

隔日，一隻狗就躺在焚火處的草地上，數次受到驅趕，但總是不斷回來。這景況引發議論。不過，事情不難理解，這隻動物只是覺得此處比他處更加溫暖罷了。」[3]

歷經四分之三個世紀之後，雷翁·佛榭（Léon Faucher）[iii]「為巴黎少年監獄（Maison des jeunes détenus）」[4]所制訂的規矩如下：

第17條：受刑人的一日在冬季時間開始於晨間六點、夏季時間開始於晨間五點。每日勞動九小時，全年相同。每日二小

---

3. 引自A. L. Zevaes，《弒君者達米安》（*Damiens le régicide*），一九三七年，第201-214頁。
4. 佛榭（L. Faucher），《論監獄之改革》（*De la réforme des prisons*），一八三八年，第274-282頁。

時用於受教。勞動及每天生活在冬日時間結束於晚間九點、夏日時間結束於晚間八點。

第18條：**起床**。在第一次鼓聲響起時，受刑人必須起床，在肅靜中著衣，同一時間，獄監會將單間牢房（cellules）的門打開。在第二次鼓聲時，他們必須起身，整理床鋪。在第三次鼓聲時，他們聽從指令排隊，去小教堂，進行晨禱。每次鼓聲之間有五分鐘間隔。

第19條：祈禱由指導神父（aumônier）主持，伴隨著道德或宗教方面的朗讀。本活動時間以不超過半小時為限。

第20條：**上工**。夏日時間在五點四十五分、冬日時間在六點四十五分，受刑人到大院（la cour）集合，他們在此洗手及洗臉，領取一次晨間發放的麵包。緊接著，他們按廠區整隊上工。夏日時間勞動，開始於六點；冬日時間，開始於七點。

第21條：**用餐**。受刑人於十點離開工作崗位，準備前往食堂；他們在各小院（les cours）洗手，並且按廠區排隊。午餐後，休息時間持續到十點四十分。

第22條：**學堂**。十點四十分鼓聲響起，受刑人排隊，按組別進入學堂。課程持續兩個小時，輪流安排閱讀、寫作、線繪（dessin linéaire）及計算。

第23條：正午四十分，受刑人按組別離開學堂，前往各小院，乃休息時間。正午五十五分鼓聲響起，他們按廠區集

合。

第24條：下午一點，受刑人回到各廠區：持續勞動到下午四點。

第25條：下午四點，受刑人離開廠區，到各小院集合並洗手，按組別排隊前往食堂。

第26條：晚餐及餐後休息時間持續至五點：時間一到，受刑人返回廠區。

第27條：夏季時間七點、冬季時間八點，勞動停止；各廠區進行一次夜間麵包發放。進行十五分鐘朗讀，旨在宣導觀念或表揚受刑人或獄監之善行，接著進行晚禱。

第28條：在各小院洗手並檢查服裝後，夏季時間七點半、冬季時間八點半，受刑人被送回牢房。第一次鼓聲響起，脫衣；第二次，上床。牢房上鎖，獄監在走廊上巡視，確保秩序及肅靜。

＊　＊　＊

　　以上，分別是一場酷刑（supplice）及一份作息表。它們所制裁的不是相同的罪行[iv]，所懲罰的也不是同一類的犯法者。但是它們各自恰當地界定出某種刑罰類型。二者相差的時間還不到一個世紀。在歐洲、在美國，這是針對懲罰經管方式（économie du châtiment）[v] 進

行重新配置的時代。對傳統司法而言，這是一個激起一些巨大「醜聞」的時代，一個改革計畫層出不窮的時代；出現了新的法律及犯罪理論，提出關於懲罰權利在道德上或政治上的新說辭；廢除舊敕令（ordonnances），清除習慣法（coutumes）；出現「現代的」法典的草案或制訂：俄羅斯，一七六九年；普魯士，一七八〇年；賓夕法尼亞州和托斯卡尼，一七八六年；奧地利，一七八八年；法國分別在一七九一年、共和曆四年[vi]、一八〇八年及一八一〇年。就刑事司法而言，這是一個全新的時代。

在這當中許許多多的變化裡頭，我將只關注一項，那就是酷刑的消失。今日，我們有點想當然耳地忽視這個消失；也許這是因為，當年人們對它做了過度的吹捧；也許這是因為，人們太過輕易地及太過偏頗地將它放在「人道化」的角度來看待，而默許了可以不對它進行分析的情況。況且，如果我們拿它來跟重大的制度變革相比擬的話，那麼酷刑的消失還有什麼重要性呢？這些重大的制度變革諸如：條文明確又一般的法典、司法程序整齊劃一的規則；陪審團的方式[vii]幾乎普遍受到採納、刑罰基本上由矯正的（correctif）角度來定位，以及從十九世紀以來不斷增強的從犯罪個體角度來調整懲罰的趨勢。〔然而〕較不那麼直接針對肉體的懲罰、在折磨人的技法上呈現出某種低調、製造痛苦的把戲變得更細膩、更隱約、並剃除其可見的排場（faste），這些無疑代表著更深層重整的結果，難道不值得予以特別的重視嗎？一個事實不是擺明著嗎：在幾十年間，遭受酷刑的、剁碎

的、截肢的、在臉部或肩膀上象徵性地打上烙印的、活生生或死後示眾的、呈現在展演（spectacle）[viii]中的身體消失了。作為刑罰壓制主要目標的身體消失了。

在十八世紀末、在十九世紀初，儘管還有幾處烈焰，但幽暗的刑罰節慶正步入尾聲。在這項轉變中，交織著兩項過程。它們既沒有完全相同的發展時程也沒有完全相同的理由。一方面，刑罰展演（spectacle punitif）消失。刑罰典禮開始走入暗處，變成只是程序上或行政上的一個新的舉措。在法國，公開認罪的刑罰方式在一七九一年首次廢除，然後在短暫恢復之後於一八三〇年再次廢除；示眾柱刑（pilori）[ix]在一七八九年被廢止；在英格蘭則廢止於一八三七年。在奧地利、瑞士及美國某些地方如賓夕法尼亞州等地在光天化日之下或在大馬路上所施行的公共勞役——銬上鐵鍊、身著五顏六色服裝、腳上拖著鐵球、與途經群眾相互挑釁、羞辱、嘲弄、拳打腳踢、互表怨恨或默契的勞役犯（forçats）[5]——在十八世紀後期或十九世紀

5.　　　羅伯・沃（Robert Vaux），《關於改善費城監獄紀律的最初及後續工作要點》（*Notices of the Original and Successive Efforts to improve the Discipline of the Prison at Philadelphia*），一八二六年，第45頁；引述自梯特斯（N. K. Teeters），《他們在獄中：賓州監獄協會史，一七八七至一九三七年》（*They were in prison: The history of the Pennsylvania Prison Society, 1787-1937*），一九三七年，第24頁。

上半葉幾乎在各地都受到廢止[x]。儘管遭受著嚴厲的批評——例如，黑阿勒（Réal）[xi] 便稱之為「令人作嘔的場景」[6]，犯人公開示眾的做法於一八三一年在法國仍然被維持著；最終於一八四八年四月受到廢止。至於將勞役犯拖行全法國——直到布雷斯特（Brest）或土倫（Toulon）的目的地——的勞役犯鍊隊（chaîne）則在一八三七年由體面的黑色單間式囚車（voitures cellulaires）所取代。刑罰逐漸不再是被展演的一幕（scène）。它可以從展演當中獲得的一切，如今都被冠上了一種負面的標誌；宛如刑罰典禮逐漸不再受到明瞭，人們質疑這種「了結」罪行的儀式與罪行之間存在著曖昧的親緣性（parentés）：它與罪行不分軒輊，要不就是更野蠻，它讓觀眾習慣於原本希望他們要避免的殘暴，向他們展示出罪行的重複，它讓劊子手就像罪犯、讓法官有如凶手，它在最後時刻讓他們角色反轉，讓遭受酷刑的人成為受到憐憫或欽佩的對象。貝卡里亞（Beccaria）[xii] 很早就說過：「人們展示在我們面前的謀殺就如同一樁可怕的罪行，我們看著它冷酷地犯下，毫無悔意。」[7] 現在，公開處決被視為一個讓暴力復燃的溫床。

因此，刑罰開始成為刑事程序中最被隱蔽的部分。這導致了幾項後果：刑罰脫離了幾乎是日常的感知領域，進入到抽象意識的領域；對於它的效力，人們現在訴諸其注定性（fatalité），而非它可見的強度；讓人們遠離罪行的，是受到懲罰的確定性，而不再是引人反感的劇場；刑罰的示範機制改變其運轉方式。因此，司法不再以公開的方式執行與其運作息息相關的暴力部分。它繼續殺人，它依舊如此，或

者它繼續毆打人，但這已經不再是對其力量的讚美，而是在它自身當中它不得不容忍、但是難以啟齒的一部分。此外，對恥辱（infamie）的評價方式也改觀：在懲罰－展演（châtiment-spectacle）[xiii]上頭，一種混淆不明的恐怖（horreur confuse）[xiv]從行刑臺上湧現；它同時籠罩著劊子手及犯人：而如果它總是隨時都有可能將施加在受刑者身上的羞恥一下就反轉成憐憫或是榮耀，它卻固定地將行刑者的合法暴力轉為羞恥。從現在開始，醜聞與光彩的劃分方式有別於以往；司法的判罪本身被認為在犯罪者身上烙印了否定的與無歧義的記號（signe）；因此辯論及宣判一切皆可公開；至於判決的執行，它有如司法羞於加諸在犯人身上的一項額外的羞恥；面對執行，司法保持距離，總是試圖將之託付給別人，並且總是蓋上密件的戳章。一個人落在可受刑罰的狀態中是醜陋的，但施加懲罰卻也沒什麼光彩可言。以這樣的方式，司法在它與它所施加的刑罰之間設置了一道雙重的保護措施。判決的執行開始成為一個自主的部分，一套行政機制讓司法卸除了這部分的

6.　《議會檔案》（*Archives parlementaires*），第二組（série），第七十二卷，一八三一年十二月一日。

7.　貝卡里亞（C. de Beccaria），《論犯法與刑罰》（*Traité des délits et des peines*, 1764），本引文取自埃利版（F. Hélie），一八五六年，第101頁。

工作；司法藉由將刑罰埋藏於官僚制度內，從而擺脫了這項隱藏起來的顧忌。在這方面，法國提供了鮮明的案例：監獄的管理長期歸於內政部轄下，而勞役監獄（bagnes）則由海軍部或殖民部所管。在這種角色劃分之上，運作的是一套理論上的否認：我們這些身為法官的人則不同，我們施以刑罰之重點，您可別認為是為了懲罰；它努力改正、矯正、「治癒」；在刑罰中，一種改良〔犯人〕之技術抵擋了單純的贖罪，讓司法官（magistrats）從卑劣的懲罰職責當中脫身。在現代司法中及其人員身上，存在著一種對於施予懲罰的羞恥，其不總是排除了〔做這件事的〕熱忱；這羞恥不斷加大：在這道傷口上，心理學家的陣容迅速擴增，以及從事道德整型（orthopédie morale）的小公務員亦然。

　　酷刑的消失，因此這意味著展演的消失；但這也意味著對身體掌控的鬆綁。若許（Rush）[xv] 在一七八七年說道：「我不禁希望，在酷刑史中絞刑柱、示眾柱、行刑臺、鞭、輪[xvi] 被視為是野蠻時代及國家之標誌、被視為是理性及宗教對人類精神影響力有未逮之明證的這個時代已經不遠了。」[8] 事實上，六十年後，在布魯塞爾所召開的第二屆懲治監獄大會（congrès pénitentiaire）開幕時，范‧米能[xvii] 憶及他童年時代如同一個逝去的時期：「我目睹過散布著輪子、絞刑柱、絞架[xviii]、示眾柱的大地；我目睹過骨骸令人作嘔地垂掛在輪上。」[9] 此時，烙刑已經在英格蘭（一八三四年）及法國（一八三二年）廢除；至於施予叛國者的極刑，英格蘭在一八二〇年已不再敢將全套用上

（蒂斯伍德[xix] 僅被大卸四塊）。只有鞭刑持續存在於若干刑罰體系裡頭（俄羅斯、英格蘭、普魯士）。不過，總的來說，刑罰方式變得羞恥（pudiques）。不再碰身體，或者盡可能少碰，及以便觸及在它上頭但不是身體本身的東西。人們可能會說：坐牢、徒刑[xx]、強制勞動、勞役監獄、禁止居留、流放——它們在現代刑罰體系中占據著如此重要的地位——確確實實是「肉體的」懲罰：與罰款不同，上述這些方式均直接以身體為基礎。然而，在當中的懲罰—身體關係，與其在酷刑中的情況並不相同。在現代刑罰體系中，身體處於工具或中介的位置：如果人們以禁閉它或強迫它勞動的方式來作用於它，這是為了剝奪個體的自由，這個自由同時被視為一種權利及一項資產。根據這樣的刑罰，身體被困在一種限制與剝奪、強制與禁止的方式中。肉體的折磨、身體的痛苦本身不再是刑罰的構成元素。懲罰已經從一種折

8. 　若許（B. Rush），《示眾懲罰對罪犯及社會影響之調查：一七八七年三月九日宣讀於促進政治調查協會》（*An enquiry into the effects of public punishments upon criminals and upon society: read in the Society for Promoting Political Enquiries...*）；引自梯特斯（N. K. Teeters），《懲治監獄的搖籃》（*The Cradle of the penitentiary*），一九五五年，第30頁。

9. 　參見《慈善年鑑》（*Annales de la Charité*），第二卷，一八四七年，第529-530頁。

磨感覺的藝術轉變成一種暫停權利的經管方式。如果司法仍然有必要操控及碰觸受刑人的身體，那麼確切地說，這只是從遠處、依循著嚴厲的規則，並且對準著一個遠遠更「高層次的」目標。在這種不同於以往的節制之作用下，一批技術人員大軍開始取代劊子手，取代了這種直接了當的折磨解剖家：獄監、醫生、神父、精神病學家、心理學家、教育者；單單憑藉著他們在犯人四周出現，他們就歌頌出司法所渴求的讚美：他們向司法保證，身體和痛苦不是刑罰的最後目標。我們別忽略了這一點：在今日，醫生必須看顧死刑犯，並且直到最後一刻——藉著此舉，醫生讓自己如同舒適的守護員、如同無痛之推手，而與負責取消生命的公務員相對。當執行死刑的時刻接近，人們為受刑者注射鎮靜劑。這真是司法〔對身體感到〕羞恥（pudeur judiciaire）之烏托邦：取走了存在，同時避免讓人感到痛，在不讓人受苦的同時剝奪他所有的權利，施予免除疼痛的刑罰。對精神藥理學及各種生理的「阻絕劑」（déconnecteurs）的求助（即便按規定這必須是暫時性的），亦不脫這種「非關身體的」刑罰方式（pénalité incorporelle）的主軸。

展演的消失、痛苦的取消，現代的死刑儀式提供了這種雙重過程的見證。一股相同的運動，在各國帶著不同的步調，推促著歐洲各國完成立法：無論是誰，只有一種死亡，不因罪行不同而有異，不因犯罪者的社會地位不同而有異；一種死亡，它在一個瞬間完成，事前不滋長一絲凶殘或事後在屍體上延長之，一種觸及生命而非身體的死

刑。過往那些漫長的過程不復存焉，其中死亡藉著計算好的暫停而受到延遲、同時藉著接續發生的一連串打擊而被加倍。不再有這些組合，如同人們處決弒君者所精心呈現的，或如同十八世紀初〈用絞刑來懲罰還不夠〉[10] 的作者所夢想的組合方式，他贊同先在輪上把犯人打個粉身碎骨，然後施以鞭刑至失去知覺，再用鐵鍊吊起他，最後慢慢餓死他。不再有這些酷刑，其中犯人被放在簍子（claie）上拖行（避免頭部撞擊路面而裂開），他被開腸剖肚，內臟被猛力拉出，好讓他有機會親眼看著人們將之擲入熊熊烈焰中；最後，他的頭被砍下，身體被大卸四塊[11]。從這些「千百次死」（mille morts）到以嚴格的方式執行死刑，這種化約界定出一種懲罰行為所具有的全新精神。

10.　〈用絞刑來懲罰還不夠〉（Hanging not Punishment enough）係出版於一七〇一年的文章，作者不詳。

11.　布雷克斯頓（W. Blackstone）所描述的對付叛徒的酷刑，參見《英格蘭刑法法典評論》（Commentaire sur le Code criminel d'Angleterre），法譯本，一七七六年，第一卷，第105頁。〔當年〕對該文本進行翻譯的目的在於呈現出英國立法中所具有的人性面，相較於〔法國〕過時的一七六〇年敕令。評論者還補充說：「在這場透過展演而讓人心生畏懼的酷刑中，犯人受折磨的情況既不多也不長。」

早在一七六〇年的英格蘭（為執行費若斯伯爵的死刑[xxi]），人們便試用了一臺絞刑機（支撐物會在犯人腳下收起，避免漫長的垂死掙扎，以及受刑人跟行刑者之間滋生什麼衝突）。這部機器經過改良，在一七八三年獲得正式採納，同一年也廢除了〔死囚〕由新門監獄（Newgate）到泰伯恩行刑場（Tyburn）的遊行傳統，人們利用高登暴動[xxii]後監獄重建的機會，就在新門設置行刑臺[12]。法國一七九一年刑事法典（le Code de 1791）中著名的第三條——「被判處死刑者一律砍頭」——具有三重含義：一種對所有人皆等同的死亡（一七八九年十二月一日針對吉約丹[xxiii]提議進行表決的動議中已經提到「同一種犯行接受同一種懲罰，無論罪嫌的地位及身分之差別」）；每位犯人處死一次，一刀斃命（d'un seul coup），不可訴諸「漫長因而殘酷的」酷刑，就像勒・貝列提耶（Le Peletier）[xxiv]所譴責的絞刑架；最後，這是只針對犯人的懲罰，因為砍頭是貴族的刑罰，因此對罪犯的家庭而言，它是令之名譽受損最少的刑罰[13]。從一七九二年三月開始使用的斷頭臺（guillotine），便是符合這些原則的裝置。在斷頭臺下，死亡簡化為一樁可見但僅一瞬間的事件。在法律或執法者與罪犯的身體之間，接觸縮減成一道閃電般的片刻。沒有肉體對抗；劊子手需要扮演的只是一個分秒必究的鐘錶匠。「經驗及理性指出，過去用來切斷罪犯頭部的方式表現出一種比單純剝奪生命更加可怕的酷刑，而單純剝奪生命才是法律確切的願望，以便讓死刑能夠在一瞬間、一下子便完成；實際的例子證明，要達成這個目標是多麼地困難。為了執行過

程的確定性，人們便必須仰賴著沒有誤差的機械手段，人們同樣也能夠確定其力道與效果……。要建造一部零失誤的機器並不困難；斷頭將依循著新法律的願望在一瞬間便完成。如果這看起來是必然的，這部機器卻不會激起任何感覺，也幾乎察覺不到。」[14] 幾乎沒有碰觸到身體，斷頭臺除去生命，就如同坐牢奪走了自由，或罰款抽取（prélever）了財產。它被構想來將法律與其說是執行在一個會痛的真實身體上，毋寧說是執行在一個司法主體（sujet juridique）上，這名存在權利（droit d'exister）——在其他權利之外——的持有者。斷頭臺必須具有法律本身的抽象性（abstraction）[xxv]。

在法國，某種酷刑的配件可能曾在一段期間內在處決之節制這方面又添上了一筆。弒親者（parricide）——以及被人們等同的弒君者（régicide）——蒙上黑紗被帶往行刑臺；直到一八三二年，他們犯案

12.　參見希伯特（Ch. Hibbert），《惡之根源》（*The Roots of evil*），一九六六年版，第85-86頁。
13.　勒・貝列提耶（Le Peletier de Saint-Fargeau），《議會檔案》（*Archives parlementaires*），一七九一年六月三日，第二十六卷，第720頁。
　　　路易（A. Louis）針對斷頭臺所提出的報告，由聖－埃德姆（Saint-Edme）
14.　引述，參見《刑罰辭典》（*Dictionnaire de pénalité*），一八二五年，第四卷，第161頁。

的那隻手在此被砍斷。此時，除了黑紗的裝飾之外，其餘的東西都消失了。是以，在一八三六年十一月，針對費葉奇（Fieschi），「他將被帶往行刑處，僅著襯衣、打赤腳，頭上蒙著黑紗；在法院執達吏當眾朗讀判決書時，他在行刑臺上示眾，並且將立即被處決。」[xxvi] 我們別忘了達米安的死法。該注意，最後添加上被處死者身上的東西是屍布。犯人不再需要被看見。在行刑臺上，剩下的只是對判決的宣讀，宣告著一樁不該有面孔的罪行[15]。巨大的酷刑留下的最後一道痕跡是對它們取消（annulation）的痕跡：一塊覆蓋著屍體的布幔。身上扛著三重汙穢——弒母者、同性戀、殺人凶手，本努瓦（Benoît）是第一個依法得以免去拳頭被砍斷命運的弒親者：「正當有人對判決進行宣讀時，在行刑者攙扶下，他站在行刑臺上。這是可怕的一幕；包裹在一塊寬大的白色裹屍布裡，臉部覆蓋上一塊黑色面紗，弒親者避開了無聲人群的注視，並覆蓋在這些神祕又哀淒的布塊之下，生命只能通過駭人的喊叫聲表現出來，隨即在刀下斷氣。」[16]

因此，在十九世紀初，場面浩大的肉體懲罰表演步向消失；人們無意再目睹受到酷刑施虐的身體；人們將對折磨的展示從懲罰中去除。人們正進入對懲罰抱持著節制態度的時代。我們可以認定，酷刑的消失大致發生在一八三〇至一八四八年間。當然，這個概括性認定還得附上但書。首先，變革並不是以全面性的方式發生，亦並非只有單一的過程。有些地區出現了延遲的現象。頗為弔詭地是，英格蘭名列最抗拒酷刑消失的國家之一：也許這是因為它的陪審團制度、公開

審理程序、對於人身保護令（habeas corpus）[xxvii] 的尊重，賦予了它的刑事司法一種示範的作用；以及特別有可能是因為英格蘭不願意在一七八〇至一八二〇年大規模社會動盪期間削弱其刑法的力道。為了能夠減輕英格蘭法律中刑罰之多重性及分量——羅西稱其為「可怕的屠宰場」[xxviii]，羅米利、麥金托什和福威爾・巴克斯頓長期奔走卻徒勞無功[xxix]。它的嚴厲性（至少就法條上所明載的刑罰而言是如此，不過因為在陪審團眼裡，這套法律過於苛刻，所以在施行上是較為寬鬆的）甚至是有增無減，因為根據布雷克斯頓[xxx]的估算，一七六〇年英格蘭司法判處了一百六十項死刑，而一八一九年根據人們的估算則有三百二十三人被判死。除此之外，我們也應該將一七六〇至一八四〇年間這整個過程在發展上出現的加速與倒退一併予以考量；某些國家的改革步調快速，如奧地利或俄羅斯、美國及制憲會議期間（la Constituante）的法國，然後在歐洲反革命時期及一八二〇至一八四八

15. 當年一個經常受到討論的議題是：窮凶惡極的罪犯必須被剝奪照明：他不能看，也不能被看。針於弒親者，需要「製作一個鐵籠或挖掘一個不透光的黑牢，作為他永久的棲身之處。」德・莫連（De Molène），《論刑法的人性》（*De l'humanité des lois criminelles*），一八三〇年，第275-277頁。

16. 《法庭報》（*Gazette des tribunaux*），一八三二年八月三十日。

年社會巨大恐懼期間則出現了逆流；還有經由法院或以特別法（lois d'exception）的形式所做出的或多或少暫時性的變更；以及法律與法院的實際作為之間的落差（實際作為絕非總是反映法律狀態）。所有這些因素致使在十八、十九世紀之交所出現的演變情況非常不規則。

此外，還需補充說明的是，如果說這場轉變的基本部分是在一八四〇年前後完成，如果說刑罰機制在此時採行了新的運作類型，不過這距離整個過程的完結還很遙遠。酷刑的減少是根植在一七六〇至一八四〇年大變革當中的一個趨勢；但是，它並未完成；我們可以說，施以酷刑的做法長期盤據在我們的刑罰制度當中，至今仍然存在。在法國，斷頭臺這種既快速又不張揚的死亡機器意味著一種新的死刑倫理。但是，法國大革命馬上便為它套上了場面浩大的戲劇儀式。在許多年間，斷頭臺以顯著的方式吸引了眾人的目光。〔接著〕它必須要移至聖－雅克柵門^{xxxi}，必須將敞開式囚車換成密閉式囚車，必須將囚犯迅速從囚車上推到平臺上，必須在夜深人靜的時刻執行快速處決，必須最終將斷頭臺放置於監獄圍牆內，不對外開放（在一九三九年魏德曼^{xxxii}被處決之後），必須將藏著行刑臺、隱密處決人犯的監獄的聯外街道封閉起來（布菲及邦東於一九七二年在桑德監獄內被處決^{xxxiii}），必須由司法來追究洩漏現場情況的目擊者，以便確保處決不再是展演，以便讓它只是司法與死刑犯間的一個奇怪祕密。我們只需要注意到，如此多的防備措施，便足以讓我們認識到，直到今日，死刑在其深處仍是一個人們正需要禁止的展演。

至於對身體的掌控，在十九世紀中期也並沒有完全放鬆。有可能不再以作為折磨技術的酷刑為重點；現在，它以喪失財產或權利為主要目標。然而，即便一種像強迫勞動、甚或坐牢——純然對自由的剝奪——這樣的懲罰在運作上也從來不會不帶有某種確實與身體直接有關的額外懲罰：食物配給、性生活的剝奪、毆打、地牢[xxxiv]。這些算是禁閉（enfermement）非刻意卻無可避免的後果嗎？事實上，坐牢在其最明確的措施中總是安排著對於身體的某種折磨。在十九世紀上半葉，懲治監獄體系（système pénitentiaire）[xxxv]經常受到的批評（坐牢的懲罰性不足：相較於許多窮人或甚至是工人，受刑人挨餓的程度更少、受凍的程度更低，整體上受剝奪的情況也更少）點出了一個從未被真正撤除的預設：囚犯比其他人承受更多的肉體折磨是公正的（juste）。刑罰很難沒有附帶的肉體折磨。一種非關身體的懲罰（châtiment incorporel）會是什麼呢？

因此，在現代刑法機制當中，存在著一種「施以折磨」的內裡——一種不完全受到控制的內裡，但它越來越被一種非關身體之刑罰所包裹起來。

* * *

晚近幾個世紀以來，刑罰嚴厲程度逐步減輕，這是法制史學者所熟知的現象。但是，長期以來，這個現象基本上被當作一種量的現象

來看待：「較少的殘酷、較少的折磨、更多的柔和（douceur）、更多的尊重、更多的人性。」實際上，這些變化是伴隨著一種甚至連懲罰操作的目標本身都包含在內的轉移。強度減輕？或許是。但目標改變才是真的。

假如，刑罰在其最嚴屬的形式下，所針對的不再是身體，那麼它的掌控將落在什麼東西上呢？對此，理論家的答案——他們在一七六〇年左右開啟了一個至今尚未結束的階段——很簡單、幾乎是理所當然的。這答案似乎就在問題中。既然不再是身體，那就是靈魂（l'âme）了。一種深入作用在心靈、思想、意志及傾向上的懲罰，取代了原本施虐於身體的贖罪。以一針見血的方式，馬布利[xxxvi] 講述出了其原則：「如果容我這麼說，願懲罰打擊靈魂而非打擊身體。」[17]

這是重要的一刻。懲罰排場的老搭檔——身體與血——讓出其位。一個新角色帶著面具，登場。某個悲劇落幕；一齣喜劇登場，舞臺上出現幾道影子的形跡、無面孔的聲音、觸摸不到的抽象物（entité）。現在，司法懲罰機制需要攫住這個無身體的現實（réalité sans corps）[xxxvii]。

這是被刑法實踐所拆穿的單純理論性的主張嗎？這樣的結論下得太快。確實，在今日，懲罰不純然是讓靈魂脫胎換骨；然而馬布利原則也並非只是一廂情願。在整個現代刑罰的發展過程中，人們可以一路尋得它的影響足跡。

首先是對象的替換。這麼說，我並不是指人們突然之間就開始懲

罰別的罪行。違法行為（infractions）[xxxviii] 的界定、它們的輕重等級、寬容的尺度、哪些東西在事實上受到容忍、哪些東西在法律上受到允許——兩百年以來，在很大的程度上，這一切有可能已經有所改變；許多罪行不再成立，因為它們原本與某種宗教權威或經濟生活類型有關：〔例如〕褻瀆神明已經不再被視為犯罪；走私及僕役偷竊（vol domestique）則不再如此嚴重。然而，這些變動可能不是最要緊的事：關於什麼被允許、什麼受到禁止的劃分方式，從一個世紀到另一個世紀，維持了一定的穩定性。反過來說，刑罰所針對的「犯罪」這個對象則有了深刻的改變：某種程度上，除了其白紙黑字所界定出來的項目之外，品質（qualité）、本性（nature）、實體（substance）都被納入可懲罰項目的範圍內。在法律的相對穩定性之下，實際上出現了既微妙又快速的替換。在犯罪與犯法[xxxix] 的名義下，人們確實總是審判著由法典所界定的司法對象，但人們同時也審判著激情、本能、異常（anomalies）、缺陷、不適應（inadaptations）、環境或遺傳的影響；

17. 馬布利（G. de Mably），《論法》（*De la législation*），參見《馬布利作品全集》（*Œuvres complètes de L'Abbe de Mably*），一七八九年，第九卷，第326頁。

人們懲罰攻擊行為，但透過它們來懲罰攻擊性；人們懲罰強姦，但人們同時也懲罰反常（perversions）；人們懲罰謀殺，但謀殺同時也是衝動與欲望。有人可能會說：受到審判的並不是它們；它們之所以被提到，只是用來解釋要被審判的事實、用來界定主體的意志在多大程度上與罪行有所牽連。〔然而〕這樣的回應是不夠的。因為受到審判及懲罰的正是這些影子，這些在犯案原因項目背後的影子。這些影子經由「酌情減刑」[xl]這樣的角度而受到審判，這個方式所納入判決的不僅是該行為「背景的」（circonstanciel）要素，而是全然不同的東西，它們不是司法上可被法規化（codifiable）的東西：對罪犯的認識、對他的評價、對於他本人、他的過往及他的罪行這三者關係的所知、以及在未來可以期待他什麼。這些影子也經由一些概念的中介而受到審判，這些概念從十九世紀開始，在醫學與判例法（jurisprudence）之間流通。例如喬傑（Georget）時代的「怪物」（monstres）、修梅諭令[xli]中所提到的「精神異常」、當代精神鑑定中的「反常」與「不適應」。這些概念，以解釋行為的名義來界定個體。這些影子在一種將目標定位在使犯法者「不僅渴望並且能夠以遵守法律的方式下活著，並供給自己生活所需」的懲罰方式下受到懲罰；這些影子在可以根據受刑人行為表現而調整刑期（縮短之或視需要延長）的這種刑罰之內部經管方式下受到懲罰；這些影子也在一些「安全措施」[xlii]的作用下受到懲罰，這些措施伴隨著刑罰而來，例如禁止居留、未成年監護（liberté surveillée）、安全觀護[xliii]、強制醫療，並且其目的不在懲罰違法行為，

而在控制個體、遏止他的危險狀態、改變他的犯罪傾向、並且除非達成改變的目的，否則這些措施不會罷手。罪犯的靈魂並非只是用來解釋其罪行、被當作法律責任歸屬上的一個要素而在法庭上被援引；如果人們把靈魂招來，對它如此重視，在理解它方面展現出如此的熱切，並動用了這麼多的「科學的」手段，這正是為了要審判它，在審判罪行的同時審判它，並為了在刑罰上將靈魂一併予以考慮。在整個刑事儀式中，即從調查到判決、以及到刑罰上最枝微末節的做法上，人們跨入了一個〔新的〕客體領域（domaine d'objets），這些對象重疊上（doubler）並分解了那些在司法上受到界定及被法條規定的客體。精神病學的專業鑑定，但還有更一般的犯罪人類學及鍥而不捨的犯罪學論述，它們在這個領域中找到了它們明確的作用之一：藉著將違法行為鄭重地納入可科學認識的客體領域中而賦予法律懲罰機制一種不只是針對違法行為的、更是針對個體的言之成理的掌控；不只是針對他們所為，更是針對他們所曾是、所是、所將是及可以是。司法將靈魂附加進來，表面上是〔為罪行提供〕解釋性及〔為意志與罪行的關連提供〕界定性的，但實際上它卻是兼併式的（annexionniste）。在過去的一百五十或兩百年裡，歐洲建立了新的刑罰制度，法官們一點一點地——但這背後的過程可以追溯到很早以前——開始審判罪行之外的東西：罪犯之「靈魂」。

也是在這個領域中，法官們開始從事審判之外的事情。或者，說得更清楚，即是在司法審判模式內部，其他的評估類型悄悄進入，

並改變了它的發展規則。從中世紀歷經了艱辛及漫長時間而建立起偉大的調查程序以來，審判工作所涉及的是確定犯罪的真相、確定凶手並施以法律制裁。認識違法行為、認識其行為者、認識法律，這三項條件確保審判可以建立在真相的基礎上。然而，現在在刑事審判過程中納入了另一套真相問題。不再只是簡單地問：「事實是否確立，以及它是否犯法？」現在也要問：「這事實因此是什麼、這種暴力或謀殺是什麼？它該歸在哪個層次上或歸入哪個領域裡？是幻想、精神失常反應（réaction psychotique）、突發妄想、反常？」不再只是簡單地問：「誰是凶手」，現在也問：「如何確立導致此一結果的因果過程？在凶手身上，源頭出自何處？是本能、無意識、環境影響，還是遺傳？」不再只是簡單地問：「要根據哪一個法律來制裁這種違法行為？」現在也問：「何種措施最合適？如何預期受刑人的演變？以什麼方法最能確保他受到矯正？」關於犯罪個體的一整套評估性、診斷性、預後性（pronostiques）及規範性的審判降臨在刑事審判的框架中。另一種真相已經滲入了司法機制所追求的真相中：與原本的真相糾纏在一起，這個真相使得有罪（culpabilité）的確立成為一種奇特的科學—司法複合體（complexe scientifico-juridique）。一個頗具說明性的事實：瘋狂（folie）的問題如何在刑事實踐中演變。在一八一〇年刑事法典（le Code 1810）中，這個問題僅在第六十四條末尾處被提出。據此，如果違法者在行為發生時處於精神錯亂（démence）的狀態，那麼就沒有什麼犯罪或犯法可言。歸因於瘋狂的可能性因此撇開了犯罪

的認定：如果涉案人瘋了，那麼不是他行為的嚴重性會被調整，或他的刑罰將被減輕；而是罪行本身消失了。因此，不可能同時宣稱一個人有罪及瘋狂；一旦瘋狂的診斷成立，這項結果無法納入審判當中；它中斷了審判程序，解除了司法對該行為者的追究。不僅是對涉嫌精神錯亂的犯罪者所進行的檢查、甚至連檢查的結果皆應當外於且先於宣判。十九世紀的法庭很快便出現對於第六十四條涵義的輕忽。儘管最高法院的幾項判決重申瘋狂狀態既不導致刑罰輕判或無罪釋放、而是不起訴，但它們甚至是在判決中提及瘋狂的問題。它們認可罪犯及瘋子可以同時並存；當犯人瘋狂的程度高一些，他有罪的程度便少一點；有罪是肯定的，但所需要的是禁閉及治療而非懲罰；危險的有罪者，因為顯然生病了。從刑事法典的角度來看，這些皆為司法上自相矛盾之處。但這也是接下來一百五十年間判例法及立法工作爭相投入的一個演進過程的起點：一八三二年的改革中已經將酌情減刑的原理引進，允許根據被認定的疾病嚴重程度或部分瘋狂（demi-folie）的各種型態來調整判決。精神鑑定普遍存在於重罪法院，輕罪法庭偶爾也提供，讓判決即便一律以司法刑罰語彙來表述，也或多或少隱約地包含著正常性（normalité）的判斷、因果的認定、潛在改善的評斷、對罪犯之未來的預估。如果有人認為，這一切操作都是從外部來為一個四平八穩的審判進行準備，那麼這樣的看法並不正確；這些操作直接包含在判決成形的過程中。有別於根據第六十四條條文最初涵義所說的瘋狂免除罪行，現在一切罪行，乃至於推到極致，一切違法行為，皆

以一種如同正當懷疑的方式，同時也如同它們可以追討的權利，本身便帶著瘋狂之假設，或者最少是異常之假設。無論判決有罪或無罪，判決不單純只是一種罪嫌的審判，一種關於制裁的司法決定；它本身帶著一種對於正常性的評價及對可行之正常化（normalisation）的一套技術處方。我們時代的法官——司法官或陪審員——所作的確實不僅是「審判」。

他不再是獨自一人進行審判。在整個刑事程序及刑罰執行的過程中，充斥著一系列的附屬機構（instances annexes）。在主要的審判工作周邊，增添了一些次要司法（petites justices）及平行法官（juges parallèles）：精神專家或心理學家、刑事執行法官、教育工作者、負責懲治行政的公務人員，共同瓜分了司法的懲罰權力；有人會說，他們當中沒有人真正分配到審判權利；其中一些人出現在判決之後，所具有的權利只侷限在落實法庭已經判定的刑罰，更遑論其餘的人——那些專家們——在宣判前除了釐清狀況、協助法官作出判決之外，並不會提供什麼判斷。然而，因為法庭所判定的刑罰及安全措施並非斷然被決定，因為在執行過程中它們可能受到調整，因為它們被留給其他人而不是審理違法行為的法官來定奪：受刑人是否「應得」半自由刑（semi-liberté）[xliv] 或假釋（liberté conditionnelle）、是否他們能夠終止其安全觀護，這些確實是一些被交付在他手中、根據他們的評估來決定的司法刑罰機制：他們是附屬法官（juges annexes），但仍算得上是法官。幾年下來，圍繞著刑事執行及依個案調整這樣的準則發

展的整部機制，壯大了不同的司法決策單位，也延長了在判決後司法決策的份量。至於精神科專家，他們確實相當能夠否認參與了審判。從一九五八年諭令（la circulaire de 1958）以來，有三個需要被檢視的問題該由他們來回答：被告是否處於危險狀態？他是否適用於刑事制裁？他具有治癒或重新適應的可能嗎？這些問題皆與第六十四條沒有關係，也與案發時被告是否瘋狂無關。這些並非從「責任」的角度所提出的問題。這些問題只涉及刑罰的行政管理，其必要性、效用、效率；在一種幾乎沒有被法條所明確規定的詞彙中，這些問題允許指出收容所是否優於監獄、是否需要短期或長期的禁閉、採取醫療處理還是某種安全措施。在刑罰方面，精神科醫生的角色呢？他不是責任認定方面的專家，而是懲罰方式方面的建議者；下述問題由他負責回答：當事人是否「危險」、以怎樣的方式避免、怎麼做才能改正他、應該要致力於壓制還是治療。在其歷史的最初階段中，精神鑑定必須針對違法者之獨立自主（liberté）與其犯行是否有關而提出「真實的」主張；現在，精神鑑定所要做的是建議我們或許可稱之為「醫學－司法治療」的一套處方。

總結一下：自從新的刑法制度──由十八和十九世紀的重要法典所界定的刑法制度──運作以來，一個總體的發展過程導致法官需要審判除了罪行之外的其他事物；在其判決中，他們被引導去做除了審判以外的其他事情；而審判的權力一部分轉移到負責審理違法行為的法官之外的其他機構身上。整個刑事運作納入了司法外部

的（extra-juridiques）其他成分及人員。有人會說，這沒什麼特別，法律注定要一點一點地吸收外來的成分。但是，在現代刑事司法的發展中，有件事是特殊的：如果它納入這麼多司法外部的成分，這並不是為了從司法的角度來認定這些成分，並且將之逐步整合到狹義的懲罰權力之中；相反地，這是為了讓這些成分在刑事操作中以非司法成分的方式產生作用；這是為了不要讓這個操作純粹並簡單地（purement et simplement）只是一種司法懲罰；這是為了要讓法官從純粹並簡單地只是施以懲罰的法官的這種狀態中脫身：「確實，我們給了判決，但儘管它是因罪行而起，您很明白，對我們來說，它的作用如同治療罪犯的方式；我們懲罰，但這等於是換一種方式說我們要治癒（guérison）。」今天，在運作上及自我正當化上，刑事司法所能夠仰賴的，唯有不斷地訴諸它本身之外的東西，唯有不斷地將自己納入非司法的體系中。它努力藉著知識來重新界定自己。

因此，在日趨柔和的懲罰下，人們可以發現它們切入點的轉移；藉著這樣的轉移，在刑事司法的運作中，出現了一整個包含新客體的領域、一套關於真相的新體制（régime）、以及一大群至今未曾出現過的角色。隨著懲罰權力的實踐，一套「科學的」知識、一些「科學的」技術、若干「科學的」論述發展出來並相互交織。

本書的目的：一部由現代的靈魂及新的審判權力兩相對應的歷史（histoire corrélative）；一套關於當前科學－司法複合體——在其中，懲罰權力取得其基礎、獲得理由及規則，擴大其影響，並掩蓋其司法

上越界的特殊性（exorbitante singularité）——之系譜。

　　但是，對於這個遭受審判的現代靈魂之歷史，我們要從何處著手呢？緊抓著法律規則或刑罰程序之演變不放，我們所冒的危險是將集體感性（sensibilité collective）中的一種轉變、人文主義（l'humanisme）方面的一種進展、或者是人文科學（sciences humaines）上的發展，都當成一種團塊的（massif）[xlv]、外在的、無生氣的（inerte）與初級的事實來看待。不要像涂爾幹一樣[18] 只研究一般社會形式，若是這麼做，我們所冒的危險是將個體化過程當成刑罰柔和化（adoucissement punitif）之原因，而〔事實上〕這些個體化過程毋寧是新的權力戰術（tactiques de pouvoir）[xlvi] 作用下的一種結果，而新刑罰機制只是新戰術中的一個。我們的研究將遵循以下四項基本規則：

一、不要把對於懲罰機制的研究單單聚焦在它們「鎮壓的」效果上、它們「制裁」的這一面上，而是要將它們重新放在它們所能夠帶來的一系列積極效果上來看，即便是乍看之下，這些效果看

18.　涂爾幹（E. Durkheim），〈刑罰演變的兩項法則〉（Deux lois de l'évolution pénale），《社會學年鑑》（*Année sociologique*），第四卷，一八九九至一九○○年。

起來並不重要。因此，我們把懲罰當成一種複合的社會功能（une fonction sociale complexe）。

二、不把懲罰方法當成是法律規則的簡單結果或者當成是社會結構的指標；而是當成在包含其他權力程序在內的更具一般性的領域中具有其特定性（spécificité）的一些技術。我們從政治戰術（tactique politique）的角度來看懲罰。

三、不是將刑法歷史和人文科學歷史視為兩個分隔的系列，而二者的交集可能在此或彼系列上、或者也許同時在兩個系列上如人所想要地產生具有破壞性或建設性的影響，而是要去探討〔在它們之間〕是否存在著一個共同的誕生源頭（matrice），以及它們二者難道不是隸屬於同一個「認識論的—司法的」形構過程嗎；簡而言之，將權力技術作為懲罰人性化及關於人的知識的源頭（principe）。

四、探討靈魂在刑事司法舞臺上的登場——以及隨之而來的整套「科學的」知識進入司法實踐中——是否為身體本身被權力關係所投注（investir）[xlvii] 方式上的變革所造成的結果。

簡而言之，試著從身體的政治技術——當中，可以閱讀出權力關係與客體關係的共同歷史[xlviii]——的角度出發，來研究懲罰方法之變形（métamorphose）。以至於透過將刑罰之柔和作為權力技術來分析，我們或許可以同時理解人、靈魂、正常或異常的個體為何以刑罰介入之

對象的姿態重疊在犯罪行為上頭；以及，在何種方式下，一種特殊的臣服方式讓作為知識客體——此乃對一種具「科學的」地位之論述而言——的人得以出現。

不過，我並無意以在此取向下進行研究的第一人自居[19]。

* * *

從魯舍（Rusche）和科希海姆（Kirchheimer）[20]的那部重要著作中，我們可以把握住幾個重點[xlix]。首先應該要拋開一種錯覺，認為刑罰主要（如果不是全然如此的話）是一種鎮壓違法行為的方式，並且在這種定位下，根據社會形態、政治制度或信仰上之不同，它可以嚴屬或寬容，可以以贖罪或彌補為目的，可以側重在對個體之追究或對

19.　無論如何，透過參考或引用的方式，德勒茲（G. Deleuze）及他與瓜達里（F. Ouattari）一起完成的工作，對本書所帶來的助益難以估量。同樣地，我也該提到卡斯德爾（R. Castel）《精神分析》（*Psychanalysme*）中的許多頁面帶給我的幫助，還有我對諾拉（P. Nora）感激之意。

20.　魯舍（G. Rusche）和科希海姆（O. Kirchheimer），《懲罰與社會結構》（*Punishment and social structures*），一九三九年。

集體責任之聲討。該去分析的，毋寧是「具體的刑罰體系」，並將它們視為社會現象來研究，這是將它們視為社會之司法框架或其基本道德選擇所無法解釋的；將之重新放回它們功能運作（fonctionnement）的場域裡來看，在其中，犯罪的制裁不是唯一的要素；指出懲罰措施不僅僅是可以帶來鎮壓、阻止、排除及消滅的「消極的」機制；而且懲罰措施也關聯上一整個系列它們在支撐方面所具有的積極及有用的效果（從這樣的意義上來看，如果司法的懲罰被用來制裁違法行為，我們也可以說，對於違法行為的界定及追究，回過頭來，被用來維持懲罰機制及其功能）。在這樣的方向下，魯舍和科希海姆將不同的懲罰體制與它們作用其中的生產體系關聯起來：如此，在奴隸制經濟體系中，懲罰機制可以起到提供額外勞動力的作用——並且在由戰爭或由商業所確保的奴隸制之外，組成「公民的」奴隸制（esclavage civil）；在封建制度下，以及在貨幣與生產不發達的時期裡頭，我們可能會看到體罰急遽增加的情況——在大多數情況下，身體是唯一可取得的資產；矯正監獄（maison de correction）——收容所（Hôpital général）[1]、紡織所或銼木所[li]——以及強制勞動、刑罰工廠（manufacture pénale）則可能會伴隨著商品經濟的發展而出現。但是，在渴求自由人力市場的工業制度下，懲罰機制中的強制勞動會在十九世紀減少，取而代之的是一種矯正導向的拘留（détention）。單就上述的這種對應性本身，可能便有許多值得注意之處。

不過，我們大概可以把握住這個大方向，即在我們的社會中，

懲罰體系應該被重新放在某種身體的「政治經管方式」（économie politique）中來看待：即使這些體系並不訴諸暴力或血腥的懲罰，即使它們使用「柔和的」方式來禁閉或矯正，這仍舊總是針對著身體而來的——針對著身體及其力量、它們的效用性及順服性（utilité-docilité）、它們的配置及它們的臣服。以道德觀念或司法結構為基礎來完成一部懲罰史，這當然完完全全具有正當性。但是，當懲罰聲稱它只以罪犯隱密的靈魂為瞄準目標，那麼我們還能以身體史為基礎來進行懲罰史嗎？

　　關於身體史，歷史學家很早以前就投入這方面的研究。他們從歷史人口學或歷史病理學的領域來對身體進行探究；他們視身體為需求及欲求之所在，視為生理過程及新陳代謝的場所，視為微生物或病毒攻擊的目標；他們呈現出，在何等的程度上，歷史性過程被牽扯在可能只被當成純粹生物性的存在基礎中；以及，在社會史中，一些像是桿菌流行或壽命延長這樣的生物性「事件」應該被放在怎樣的位置上[21]。然而，身體也直接沉浸在政治場域中；權力關係對它施展一種直

21.　　參見埃曼紐・勒華－拉杜里（E. Le Roy-Ladurie），〈不動的歷史〉（L'histoire immobile），《年鑑》（*Annales*），一九七四年五至六月號。

接的控制；權力關係投注了它、烙印了它、矯正了它、折磨了它、強制它勞動、迫使它迎合典禮、要求它烙上記號。透過一些複雜且交互性的關係，身體之政治投注關聯上身體之經濟利用；在很大程度上，身體是作為一種生產力而被權力及宰制關係所投注；但是，回過頭來說，也只有身體被納入一種臣服的系統中（在其中，需求也是一種被仔細安排好、計算好及被使用的政治工具），它才能成為勞動力；除非身體同時兼為生產的身體與臣服的身體，它才能成為有用的力量。這種臣服之所以能被實現，並不是單單只憑藉著種種手段，無論它們是暴力的或觀念學（l'idéologie）[lii] 的；這種臣服可以完完全全是直接的、肉體的，以力量來壓制力量的，並立足於物質元素的基礎上，然而卻不帶暴力；它可以被計算、被組織、在技術上被深思熟慮，它可以是微妙的，既不利用武器也不憑藉恐怖，然而仍然不脫肉體。這也就是說，可以存在著一種身體的「知識」，其不盡然是關於身體運作的科學，可以存在著一種對於身體力量之掌控，其不只是戰勝這些力量的能力：這種知識及這種掌控構成了我們或許可以稱為身體之政治技術學（la technologie politique du corps）的東西。當然，這種技術學是分散的，很少透過連貫及系統的論述來加以表達；它通常由零件及碎片所組成；它讓一套工具（outillage）或一些零散措施運作著。儘管其結果呈現出一致性，但它最常只是一套多形式的工具組合（instrumentation multiforme）。此外，我們不清楚要將它定位在何處，既不在一種特定的制度類型中，也不在一種國家機制裡。〔反而是〕

這兩者皆需要求助於它；它們利用、標舉或強加它的某些措施。然而，展現在種種機制及作用當中的這套身體的政治技術學本身卻存在於完全不同的層次上。某種程度上，這涉及到由這些機構及制度所運用著的一種權力微觀物理學（microphysique du pouvoir），但其有效範圍某種程度上就位於這些〔機構及制度的〕大規模運作與身體本身之間，連同身體的物質性及它們的力量。

不過，要對這種微觀物理學進行研究，就必須清楚當中運行的權力不被理解成一種占有物（propriété），而是一種策略；宰制的作用並非歸結於一種「占有」（appropriation），而是一些部署、操縱、戰術、技術、運作；我們從它上頭所看到的，毋寧是一個永遠緊繃著、永遠活動著的關係網絡，而不是一種可以被人擁有的特權；我們對它所提出的模型是永恆的戰鬥（bataille perpétuelle），而不是割讓了什麼的契約或掠奪了一塊領土的征服。整體而言，這種權力毋寧是作用著，而不是被擁有，它不是宰制階級獲得或保有的「特權」，而是這個階級各種策略位置（positions stratégiques）之總效果——這種效果由被宰制階級之位置所表現出來，有時還加以延續。另一方面，這種權力並不純粹及簡單地以義務或禁止的姿態施展在那些「沒有權力」的人身上；它投注於他們，透過他們（par eux）並且經由他們（à travers eux）施展；它以他們為基礎，正如同在他們對它的反抗中，此時輪到他們以它施展於他們身上的控制為基礎。這意味著這些關係滲透到社會的深處，它們並未局限於國家對公民的關係中、或是侷限在階級間

的交界上，它們也不僅止於法律或統治之一般形式在個體、身體、姿態及行為舉止層面上所進行的再生產（reproduire）；假如這當中確實存在著連續性（透過一系列複雜的機制，實際上這些關係的的確確是以這種形式為基礎而組合起來）的話，但並不會存在著類似性或同源性（homologie），而是機制和形態的特定性。最後，它們不是單義的（univoques）；它們劃定了無數的衝突點及不穩定的根源，處處皆有衝突、對抗、以及權力關係至少是暫時性反轉的風險。這些「微觀權力」（micropouvoirs）之傾覆，所遵循的法則並非全有或全無；這種傾覆並非藉著一種對於機制的新控制、一種新的運作方式或是一種制度方面的破壞便能一勞永逸地獲得；反過來說，除非它對其所在的整個網絡產生了影響，否則它任何局部性插曲皆不能在歷史中留下足跡。

　　或許也需要將一整個傳統給拋開，它讓人認為：除非是在權力關係停止處，否則知識無法存在；除了在它的命令、要求及利益之外，否則知識無法發展。或許需要拋棄這種相信權力讓人瘋狂的想法，而反過來說，唯有對權力的棄絕才是我們變得富含知識（savant）的條件之一。我們所需要的，毋寧是承認權力產生知識（不僅是促進了它，因為權力利用知識，或採行了它，因為知識有用）；權力與知識直接關聯在一起；而不存在權力關係，卻沒有在知識場域上有相應的構成，亦沒有不同時預設並構成權力關係的知識。因此，這些「權力－知識」關係不應從一個知識主體——無論他是否受到權力系統所影響——的角度進行分析；而是相反地必須認為：認識的主體、被認識的

客體及知識之形態皆是權力－知識及它們歷史變革之基本牽連作用下的產物。簡而言之，並非知識主體的行為生產出一種知識——無論對權力而言，這種知識有用或不屈從；而是權力－知識、以及各種穿過它、因此構成它的過程及對抗一起決定了知識可能的形式與領域。

因此，對於身體之政治投注及權力微觀物理學進行分析便預設了：在關於權力方面，我們棄絕了暴力－觀念學之間的對比、占有物的隱喻、契約或征服之模式；在關於知識方面，我們棄絕了在關於「有利害關係的」部分與「無利害關係的」部分之間的對比、知識的模式及主體的首要地位。透過賦予解剖學一個不同於十七世紀沛堤（Petty）[liii] 及其同代人所界定的涵義，我們或許可以想像一種政治「解剖學」（anatomie politique）。這並非將國家當成「身體」進行研究（身體連同它的各部分、資源及力量），但這也不是把身體及其相關的東西當成一個小型國家而加以研究。我們在其中處理「政治身體」（corps politique），視之為一種由物質元素及技術所組成之整體，這些物質元素及技術對投注在人類身體上並藉著將身體當成知識之客體而使之臣服的種種權力及知識關係，發揮著武器、中繼站（relais）、溝通管道及支撐點的功效。

此乃涉及到將懲罰技術——無論是在酷刑儀式中攫取了身體的技術，或者是以靈魂為目標的技術——重新放回這種政治體的歷史當中。與其說將刑罰實踐當成司法理論的結果，不如說將之視為政治解剖學中的一個章節。

坎托羅維奇（Kantorowitz）[liv] 曾經針對「國王之身體」提出了一段精闢的分析[22]：根據中世紀所形成的司法神學，國王的身體是具有雙重性的身體，因為除了那個會生會死的短暫部分之外，還有另一個部分，其穿越時間而長存，如同王國有形卻又不可觸犯的基礎而維持著；圍繞這種二元性——在根源上接近基督論模型[lv]——形成了一套肖像學、一套君主制的政治理論若干既區分又連結起國王（roi）[lvi] 個人及王國需求的司法機制，以及整套在加冕大典、葬禮及受降典禮等重大時刻的儀式。我們可以想到將犯人的身體放在另一頭；同時，這個身體也具有法律地位；它引來了施用於它的儀式，它引來了一整套理論論述，這全然不是為了奠定附加在統治者個人身上（personne de souverain）的「更多的權力」（le plus de pouvoir），而是為了編碼（coder）那種標示在受懲罰者身上的「更少的權力」（le moins de pouvoir）。在政治領域最黑暗的區塊裡，囚犯身上描繪出與國王對稱及被倒轉的形象。為了向坎托羅維奇致敬，我們可以將受刑人的身體以「犯人之最卑微的身體」來加以稱呼。這值得我們進一步分析。

如果在國王這一邊，額外的權力造成了他身體的一分為二（dédoublement），施展在犯人那屈服身體上頭的過量的權力難道不會造成另一種一分為二的類型嗎？如同馬布利所說的，一種無形的東西、「靈魂」的類型。那麼，這種懲罰權力的「微觀物理學」歷史會是現代「靈魂」的系譜或者是系譜上的一個段落。在這個靈魂上，我們所看到的比較不是一種意識形態殘餘之復燃，而是某種施展在身體

上的權力技術學的實際對應方（corrélatif actuel）。我們不應該說靈魂是一種幻覺，或是一種意識形態的作用。而是靈魂確實存在；它確實具有一種實在性；藉著施展在受懲罰者身上的權力之運作（以一種更廣泛的方式施展在受監視者、受管教及矯正者身上，施展在瘋子、兒童、學生、被殖民者身上，施展在那些被固定在生產位置上、不斷受到控制的人身上），靈魂持續地被生產在身體四周、身體表面及身體內部；不同於基督教神學所述說的靈魂，這個靈魂的歷史實在並非生來就是帶有缺陷的與該受到懲罰的，而毋寧是誕生自懲罰、監視、嚴懲及約束的程序當中。這個實在、並且無形的靈魂一點也不是實體（substance）；它是某種權力作用與某種知識參照方式交織其上的項目，它是權力關係藉以催生可能知識，而知識藉以維護及強化權力作用的接合處（engrenage）。在這個實在—參照（réalité-référence）上，人們構建了各種概念並且劃分出不同的分析領域：心理（psyché）、主體性、人格、意識等；在它之上，人們發展出各種技術及科學論述；以它為根據，人們提振了人文主義的道德主張。但我們別搞錯

22.　　坎托羅維奇（Ernest Kantorowitz），《國王的兩個身體》（*The King's two bodies*），一九五九年。

了：人們並沒有以一個真實的人（知識的、哲學思想的或技術介入的對象）來取代靈魂（這個神學家所創造出的幻覺）。人們跟我們所說的人、人們敦促著要解放的人，這個人在其自身當中已然是一種遠比他更深層的臣服作用的產物。一個「靈魂」棲息在他身上，並把他帶向存在，這靈魂本身就是權力對身體施展之控制當中的一個零件。靈魂是一種政治解剖學之作用及工具；靈魂是身體之監獄（prison du corps）。

* * *

整體而言的懲罰，以及監獄，皆隸屬於身體之政治技術學這樣的範圍裡。在這方面，當代相較於歷史更能讓我了然。近幾年來，幾乎世界各地都發生了監獄暴動的事件。沒錯，這些暴動所涉及的目標、口號、以及發生經過有其自相矛盾之處。這些是反抗其存在已經超過一個世紀之久的整個物質條件悲慘的暴動：反抗監獄太過寒冷，反抗空氣令人窒息、空間狹小擁塞，反抗牆壁破舊，反抗飢餓，反抗暴力。但這些也是反抗示範監獄（prisons modèles）、反抗鎮靜劑、反抗隔離、反抗醫療或教育服務的暴動。其目標僅限於物質層面的暴動？充滿矛盾的暴動，反抗物質條件的惡化，但也反抗舒適；反抗獄警，但也反抗精神科醫生？事實上，如同十九世紀初以來圍繞著監獄這個主題所生產出的無數論述一樣，在這些運動中，所受到關注的也

是身體及物質條件方面的問題。促成這些論述及暴動的、這些記憶及咒罵的，確實是這些渺小的、微不足道的物質問題。這就讓那些想只從中看到一些盲目主張或揣想一些奇怪陰謀的人有機可趁。這涉及到的確實是在身體這個層面上的一種針對監獄之身體（le corps de la prison）本身的暴動。其所關切的，不是監獄環境過於老舊或過於一塵不染、過於簡陋或過於完善，而是這種成為權力工具及載體的物質性（matérialité）；而是無法被「靈魂」的技術（這是教育人員、心理學家和精神科醫生的技術）所掩飾及彌補的這整套施展在身體上的權力技術學，而之所以無法如此，主要原因便在於靈魂技術只不過是權力技術學的一項工具罷了。我想做的歷史正是以這樣的監獄為對象，在其封閉的建築中，它聚集了所有關於身體的政治投注。這是純然是個時間順序上的錯亂嗎？並非如此，如果我們所說的做歷史是指從現在的觀點來做過去的歷史的話。沒錯，如果我們的意思是指做現在的歷史（l'histoire du présent）[23] 的話。

23. 我將只在法國的刑罰制度中進行監獄誕生的研究。〔因為各國〕歷史發展和制度方面的差異將讓深入細節的工作過於龐大，並讓重建整體現象的努力失之簡略。

i｜達米安（Robert François Damiens, 1715-1757），行刺路易十五未遂，以弒君罪
　　名被判處死刑，是法國最後一位被施以車裂（écartèlement）酷刑的人。

ii｜埃居（écu）是法國舊錢幣，於十三世紀路易九世任內開始鑄造通行，里弗爾
　　（livre）為貨幣單位。

iii｜雷翁·佛樹（Léon Faucher, 1803-1854），法國記者、經濟學家及政治人物，曾
　　任國會議員、內政部長等。

iv｜關於違反法律的行為，傅柯用到多個詞彙，如infraction、délit及crime，其中
　　infraction譯為「違法行為」，泛指所有與法律有所牴觸的行為，infracteur譯為
　　「違法者」；délit是刑責比較輕微的違法行為，譯為「犯法」、「犯法行為」、
　　「犯行」，délinquant譯為「犯法者」，délinquance譯為「犯法」、「犯法
　　活動」等，傅柯在本書第四部分將再次深入探討délinquant，並賦予更明確的
　　界定；crime是刑法中的重罪，譯為「犯罪」、「罪行」，criminel譯為「犯罪
　　者」、「罪犯」，criminalité譯為「犯罪」、「犯罪性」。

v｜傅柯在本書中經常使用économie這個詞，其兼有「管理、經營」及「服從─利
　　用」的經濟向度的意涵，故此在本書中譯為「經管」、「經管方式」。

vi｜共和曆（le calendrier républicain）指法國大革命後短暫推行的曆制，共和曆四年（l'an IV）開始於一七九五年九月二十三日，結束於一七九六年九月二十一日。

vii｜陪審團由市民組成，他們稱為陪審員（juré），與法官一起，參與審判程序，作出判決。

viii｜spectacle指的是呈現在眼前、讓人觀看的東西，其中也包含示眾的酷刑、公開處決這一類的刑罰活動，傅柯經常提到這個詞，我們一律譯為「展演」。

ix｜示眾刑柱設置公眾場所，如廣場上，示眾的犯人被綁在柱上，身上戴著枷鎖、鐐銬，暴露在眾人的目光中，以羞辱之，並讓群眾引以為戒。

x｜勞役犯是在勞役監獄（bagne）從事強制勞動的犯人，勞役監獄一般設於港口或海外。

xi｜根據傅柯所註明的文獻進行查詢，Réal係Félix Réal，進一步查詢，他可能是時任伊澤爾省議員（député de l'Isère, 1830-1834）的菲力克斯・黑阿勒（Félix Martin Réal, 1792-1864）。參見原引文獻，第182頁。

xii｜切薩雷・貝卡里亞（Cesare Beccaria, 1738-1794），義大利法學家，受啟蒙思想所影響。其名著《論犯罪與刑罰》出版於一七六四年，該書批判刑求、酷刑，並率先對死刑提出反對，成為現代刑法奠基之作。

xiii｜傅柯經常運用連字號（trait d'union）將兩個詞連接起來構成一個概念。我們可以將出現在連字號前端的詞理解為主要概念，後端的詞理解為前端的性質或對於前端的某種限定。以懲罰－表演（châtiment-spectacle）為例，我們可以理解為「具有表演性質的懲罰」或「作為表演的懲罰」。類似的運用方式將不斷出現。

xiv｜除了混淆不明（confus），傅柯也常用曖昧不明（ambigu）這樣的字眼來描繪古代或古典時期權力在施展上的特性，例如讓監獄中龍蛇雜處，相對於根據權力的需求，區別、區隔其對象，以達到更好的控制與更高的效用。

xv｜班傑明・若許（Benjamin Rush），一七四五或一七四六年誕生於費城，卒於一八一三年。他在費城執業為醫，積極參與公共事務，成為費城的市民領袖，並是美國獨立宣言的簽署者之一。

xvi｜輪刑（roue）是一種古代酷刑，一直沿用到十八世紀。一般作法是將死刑犯固定在車輪上，斷其四肢或施以拷打，展示於柱上至死。

xvii｜范・米能（Pierre-François Van Meenen, 1772-1858），比利時律師、哲學家、政治人物。

xviii｜在刑罰方面，絞刑柱（gibet）與絞架（potence）都指吊死人的構作，若兩者並列而需要進一步區分，則gibets等同於fourches patibulaires，由二根石柱或更多石柱所構成，柱頂可架設橫樑以絞死囚犯及曝屍示眾。potence一般是單一的木製或金屬結構，再加上吊掛人體的繩索所構成。

xix｜蒂斯伍德（Arthur Thistlewood, 1774-1820），英國激進分子，因涉入一八二〇年初的卡托街謀反案（Cato Street Conspiracy），於該年五月於倫敦新門監獄（Newgate Prison）外被處決。

xx｜徒刑（réclusion）係針對較重大犯罪行為所判處的刑罰，一般指坐牢十年以上，含無期徒刑。

xxi｜費若斯伯爵（Lord Ferrers），本名勞倫斯・薛利（Laurence Shirley, 1720-1760），英格蘭貴族，因謀殺其管家而被判罪絞死。

xxii｜高登暴動（Gordon Riots）係一七八〇年六月初於英國所爆發的一場大規模反天主教暴動，由倫敦向各地蔓延，傷亡慘重，許多建物被毀，後為軍隊鎮壓。

xxiii｜約瑟夫－伊納斯・吉約丹（Joseph-Ignace Guillotin, 1738-1814），法國醫生、國會議員，提倡廢除殘酷死刑。1789年他在議會中主張，死刑應當是唯一的酷刑，在執行上應當以機器來取代劊子手的手，確保處死的等同性，並減輕痛苦。該主張於一七九一年獲得採納。這種處決機器也因此被命名為guillotine（斷頭臺）。

xxiv｜勒・貝列提耶（Louis-Michel Le Peletier, 1760-1793），法國律師、法學家、政治人物。一七九一年曾於議會提案，主張廢除死刑，改由監禁取代，但未獲採納。

xxv｜此處的意涵不容易掌握。傅柯進行著一種對比，處決原本應該是對身體進行的激烈傷害，但司法欲擺脫殺人償罪的負面性，既要執行正義又不要沾染血跡，於

是發明了斷頭臺這樣的殺人利器，以快如閃電的瞬間俐落達成目的，因為僅僅那麼一瞬間、甚至感覺不到，以至於剝奪生命就有如沒收財產一樣，只是取走「司法主體」的某個東西，而斷頭臺跟法律一樣，都具有一種「抽象性」，好像無血執法、無痛取命。這點也跟傅柯稍早用到的pudeur、pudique字眼及意涵有著相呼應的理解方式。

xxvi｜費葉奇（Giuseppe Fieschi, 1790-1836），原為軍人，並獲勳多次，一八三五年七月密謀行刺路易－菲利浦國王及皇室成員，路易－菲利浦逃過一劫，但造成十數人死亡。一八三六年一月遭受審判，並處以死刑。一八三六年二月在巴黎上斷頭臺。傅柯的這段引文出自一八三二年刑法第十三條，不過在處決時間上，傅柯說到十一月，這點則與譯者所見資料不同。

xxvii｜人身保護令旨在避免逮捕及拘留權限及行為之濫用，以保障人身安全與自由。任何被拘留者均有權知道原因，並要求法庭介入及審理。

xxviii｜佩萊格里諾·羅西（Pellegrino Rossi, 1787-1848），義大利法學家、政治人物，後歸化為法國籍。「可怕的屠宰場」（horrible boucherie）一語出自《刑法論》（*Traité de droit penal*），一八二九年，第三十頁。

xxix｜羅米利（Samuel Romilly, 1757-1818）、麥金托什（James Mackintosh, 1765-1832）及福威爾·巴克斯頓（Thomas Fowell Buxton, 1786-1845），均為英國司法改革者、政治人物。

xxx｜威廉·布雷克斯頓（William Blackstone, 1723-1780），英國法學家、法官、政治人物，其名著《英格蘭刑法法典評論》（*Commentaries on the Laws of England*）出版於一七六六年。

xxxi｜聖－雅克柵門（la Barrière Saint-Jacques）是入十八世紀晚期進出巴黎城的柵門及稅收站，興建於一七八四至一七八八年間，屬於稅收城牆（Mur des Fermiers généraux）的一部分。該柵門於十九世紀被拆除。

xxxii｜魏德曼（Eugen Weidmann, 1908-1939），因連續殺人案被判死罪，一九三九年六月於巴黎上斷頭臺處決，是法國最後一位公開處決的犯罪者。

xxxiii｜布菲（Claude Buffet, 1933-1972）及邦東（Roger Bontems, 1936-1972）是同

牢房的獄友，一九七一年共謀越獄，行動中挾持人質並謀害致死，兩人皆被判處死刑，一九七二年於巴黎的桑德監獄內以斷頭臺處決。

xxxiv｜地牢（cachot）是一種黑暗、狹窄的單人牢房，與後文傅柯將多所討論的「單間牢房」（cellule）有其相近之處，不過單間牢房除了將囚犯單獨隔離之外，同時也強調在監視上的透明性，並且必須放在懲治監獄的整個系統中來理解，所以兩者間還是有著明確的差異。

xxxv｜指兼有監禁、強制勞動及矯正功能的監獄型態，如費城的胡桃街監獄所設的懲治所，傅柯將於本書的第四部分予以探討。

xxxvi｜馬布利（L'abbé Gabriel Bonnot de Mably, 1709-1785），法國哲學家，舊制度的批判者。

xxxvii｜在本章末尾，傅柯還會對這種「現實」做出更多的闡述。

xxxviii｜參見本章譯註iv。

xxxix｜關於犯罪（crime）、犯法（délit），參見本章譯註iv。

xl｜酌情減刑（circonstances attéirconst）指法官在審理刑案時，斟酌案件的事實、發生的背景、乃至於犯人的條件，而予以減輕刑責的做法。

xli｜修梅諭令（circulaire Chaumié）是一九〇五年由法國司法院發給各地檢察長（procureurs généraux）函告，規定對罪嫌確立的犯人如具有精神問題而予以酌情減刑的原則，諭令並以當年的司法部長約瑟夫·修梅（Joseph Chaumié, 1849-1919）之名而通稱。

xlii｜安全措施（mesures de sûreté）基本上由司法機關或特定權責機關負責，針對具有潛在危險性的人物，採取相關的管控方案，如限制居留或配戴電子腳鐐等，以維護公共安全。

xliii｜安全觀護（tutelle pénale）是法國刑法制度中針對慣犯所施行的一種安全措施，或收容於專屬監獄，或採限制自由的方式進行，最高不得超過十年，於一九七〇年立法，到一九八一年為止。

xliv｜半自由刑是一種拘留方式，允許受刑人在監獄服刑之餘，至獄外工作、就學、

受訓、就醫、享有家庭生活等。

xlv｜masse、massif是本書中常見語彙，當其表達一種「整個不分」、「一整塊」的意思時，一律譯為「團塊的」、「團塊式的」。

xlvi｜tactique是傅柯在討論權力運作方面的重要概念。在理解上，我們或可參考法國國家文本暨詞彙資源中心線上辭典對本詞的解釋：「一種應用既定策略的技術，它著眼於最大效率並視情況而將所有可用的作戰手段和形式結合在一起。」參見：https://www.cnrtl.fr/definition/tactique。在翻譯上，tactique可譯為手法、策略、戰術等，考量明確性及一致性，本書中一律譯為「戰術」。

xlvii｜investir的其中一個涵義是投資，不過傅柯在本書中基本上都是將之用於權力的運作上，有點權力「灌注其中、入主其中、控制之及利用之」的意思，我們一律譯為「投注」，其名詞investissement亦譯為投注。

xlviii｜呼應稍早所說的「現代的靈魂及新的審判權力兩相對應的歷史」。

xlix｜魯舍（Georg Rusche, 1900-1950），德國政治經濟學者、犯罪學者；科希海姆（Otto Kirchheimer, 1905-1965），德國法學者、政治學者。魯舍與科希海姆皆因逃避納粹統治而在美國落腳的學者。《懲罰與社會結構》出版於一九三九年，兩人從左派的角度對懲罰提出分析，視之為一種社會制度。

l｜法國舊制度時期拘留無家可歸的窮人、浪跡四處的流民的收容所，除了避免他們流落在外、滋生社會問題之外，也迫使他們勞動，從事生產。

li｜紡織所（Spinhuis）、銼木所（Rasphuis）二者皆為設置在阿姆斯特丹的強制勞動監獄，參見本書第二部分第二章第214頁之「在這些模式當中最早並被視⋯⋯」段落開始。

lii｜idéologie一般譯為意識形態，指涉一種具宰制意涵的意識方式，不過這個字最早由法國政治人物及學者德・塔西（Antoine Destutt de Tracy, 1754-1836）於一七九六年提出，它指一種觀念的研究（étude des idées），包含觀念的特性、來源、法則及觀念與表達它們的符號之間的關係。德・塔西認為觀念學的奠基者是法國哲學家孔狄亞克（Étienne Bonnot de Condillac, 1714-1780）。傅柯在本書及《臨床的誕生》中都提到觀念學，它在刑罰上及醫學上都產生了重要影響。

在本書中idéologie譯為觀念學，idéologue譯為觀念學家，這特別指涉一個以德‧塔西為中心人物的思想團體「觀念學協會」（Société des idéologues），主要成員包括傅柯在《臨床醫學》一書中多所著墨的卡巴尼（Cabanis）及政治人物、歷史學家的皮耶‧兜努（Pierre Daunou）等人。

liii｜威廉‧沛堤（William Petty, 1623-1687），英格蘭醫生、經濟學家、政治人物。《愛爾蘭的政治解剖學》（*Political Anatomy of Ireland*）於一六七二年完成撰寫，旨在從人口、信仰、軍事、物產、貿易、金融、治理等包羅廣泛的面向，進行愛爾蘭的國勢調查。

liv｜恩斯特‧坎托羅維奇（Ernst Hartwig Kantorowicz, 1895-1963），德國歷史學家，一九三九年遷徙美國，以歐洲中世紀政治及思想為研究領域。

lv｜基督論（la christologie）是圍繞著耶穌‧基督這位基督教核心人物而展開的神學探究，如他的身分、與神的關係，乃至於生平事蹟及言論觀點的探討，屬於基督教神學中的一個領域。

lvi｜針對幾個跟權力／掌權者有關的字眼，其翻譯方式如下：souveraineté統治權、souveraineté du prince君王統治權、souveraineté monarchique君主制統治權、pouvoir souverain統治權力、pouvoir du prince君王權力、pourvoir monarque君主制權力、souveraine puissance至高的權勢、souverain統治者、prince君王、monarque君主、roi國王。初譯時，譯者並未嚴格區分上述翻譯方式，泰半以君主、君王、君權譯之，經審訂建議，乃將有關字詞依固定方式翻譯。

第二章

酷刑的亮光

L'éclat des supplices

一直到法國大革命發生之前，一六七○年所頒布的刑事敕令（l'Ordonnance de 1670）主導了刑罰實踐之基本形式。以下是其所規定的懲罰等級：「死刑、證據保留刑求[i]、有期勞役監、鞭刑、公開認罪、流放」。因此，肉體懲罰占了相當大的比重。然後這些刑罰再依照慣例、罪行屬性、犯人地位而有所差異。「自然死亡的刑罰（peine de mort naturelle）包含各種死法：有些人可能被判處吊死，有些人則被判處先斷掌或是切斷或刺穿舌頭再吊死；對更嚴重的罪行，則在輪上打到粉身碎骨（rompus vif），最後氣絕身亡；有些人則被打到自然死亡，有些人被勒死然後再於輪上擊碎，有些人被活活燒死，有些人先被勒死然後再焚燒；有些人的舌頭先被切斷或刺穿，然後再活活燒死；有些人被四馬分屍，有些人被斬首，最後還有些人的頭被打碎。」[1] 以有如附帶一提的方式，蘇拉吉斯[ii]（Soulatges）補充說還存在著一些刑責較輕的刑罰並未被一六七○年法令所提到：向受冒犯者賠罪、訓誡、斥責、有期監禁、禁止靠近（abstention d'un lieu）、最後還有財物類的刑罰——分為罰款或充公。

---

1. 蘇拉吉斯（J. A. Soulatges），《論犯罪》（*Traité des crimes*），一七六二年，第一卷，第169-171頁。

然而，別誤會了。在刑罰的這種殘酷寶庫（arsenal d'épouvante）與日常實踐之間，還有著很長的一段距離。真正稱得上的酷刑遠遠不是最常見的刑罰。有可能以我們今天的眼光來看，在古典時代[iii]的刑罰中，死亡判決的比例顯得很高：一七五五至一七八五年間，在夏特雷法院[iv]的判決中，死刑占了百分之九至十——輪刑、絞刑、火刑[2]；在一七二一至一七三〇年間，法蘭德斯高等法院（le Parlement de Flandre）在二百六十件判案中宣判了三十九件死刑（而在一七八一至一七九〇年間，五百件中只有二十六件）[3]。不過，我們別忽略了法庭對於常見刑罰之嚴厲程度可以找到許多變通的方法，例如拒絕追究懲罰過重的違法行為，或是調整對於罪行的認定；有時王室本身也會指示切勿嚴格執行某些格外嚴厲的法令[4]。無論如何，絕大多數的判決集中在流刑及罰款：在像夏特雷這樣依判例審理的法院（其所處理的，皆屬相對嚴重的犯行）中，一七五五至一七八五年間的判決中流刑占了一半。然而，大部分這些非身體刑罰皆附帶著具有酷刑色彩的處罰：示眾、示眾柱、鐵頸圈、鞭刑、烙印；對所有被判處勞役監者皆是如此，或以婦女為對象的類似刑罰——收容所徒刑（réclusion à l'hôpital）——也是一樣；流刑多半先從示眾及烙印開始；而罰款偶爾也伴隨著鞭刑。不單是在場面盛大的處決中、連在上述這類附屬形式中，酷刑也會展現出它在刑罰中的意義：任何稍微嚴重的刑罰皆當包含酷刑的成分。

　　什麼是酷刑呢？「身體的、痛苦的、多多少少殘忍的刑罰」，

臼古（Jaucourt）[V]這麼說；他補充道：「這是一個難以理解的現象，當涉及到野蠻及殘忍時，人們的想像力如此無邊無際。」[5]也許，確實難以理解，但肯定不是不正常的或野蠻的。酷刑是一種技術，它不應該被等同於無法律狀態下暴怒情緒的發洩。一項刑罰要成為酷刑，便必須符合三項主要標準：首先，它必須產生一定程度的折磨（souffrance），要不人們可以進行準確度量，或者至少可以加以評價、比較及等級化；當死亡不只是對生存權的剝奪，而更是一種被精心計算過不同折磨等級之展現機會及其終結時，它成為一種酷刑：從

2.　　參見貝托維奇（P. Petrovitch）的文章，收錄於《舊制度時期法國之罪行與犯罪性，十七至十八世紀》（*Crime et criminalité en France sous l'Ancien Régime, 17-18e siècles*），一九七一年，第226及後續頁面。

3.　　鐸提古（P. Dautricourt），《一七二一至一七九〇年間法蘭德斯高等法院中的犯罪和鎮壓》（*La Criminalité et la répression au Parlement de Flandre, 1721-1790*），一九一二年。

4.　　這就是舒瓦瑟爾（Choiseul）針對一七六四年八月三日關於流民（vagabonds）之聲明所表現出來的想法，參見《祕辛回憶錄》（*Mémoire expositif. B. N. ma. 8129 fol. 128-129*）（譯按：B.N.可能是指法國國家圖書館（Bibliothèque nationale），ma. 8129為檔案編號，第128-129頁）。

5.　　《百科全書》（*Encyclopédie*），「酷刑」（Supplice）條目。

斬首——它將一切折磨歸於一個單一動作及一個單一時刻：酷刑之零度——一直到讓折磨推向無限的車裂（écartèlement），介於這兩端中間的，還有絞刑、火刑及讓受刑人經歷漫長垂死過程的輪刑；酷刑一死亡（la mort-supplice）是一種將生命保留在折磨狀態下的藝術，將之切分成「千百次死」，並且在停止存在之前獲得「最細膩的垂死」[6]。酷刑立基於一整套折磨的量化藝術上。〔其次〕但是，事情還不僅止於此：這種生產是受到尺度明確規範的（réglée）。酷刑讓身體所遭受傷害的類型、折磨的性質、強度及長度與罪行的嚴重程度、犯罪者其人、受害者的社會等級相對應。對於疼痛，存在著一套司法上的規範；當刑罰涉及酷刑時，它並非任意或籠統地施展在身體上；它參照詳細的規則計算：鞭子抽打的次數、滾燙鐵器落下的位置、在熊熊柴火上或輪上垂死過程的時間長度（法庭會決定是否立刻勒斃受刑人，而不是任其緩慢死亡、還有多久之後才採取此憐憫之舉）、肢解身體的類型（剁去拳頭、刺穿雙唇或舌頭）。所有這些不同的項目都擴增了刑罰的種類，並且可以根據法庭的判決及罪行的差異進行不同的組合：「但丁詩歌入法」，羅西（Rossi）說[vi]；無論如何，這可涉及一大套肉體－刑罰知識（savoir physico-pénal）。〔最後〕此外，酷刑是儀式的一部分。它是懲罰盛典（la liturgie punitive）的一個要素，並符合兩項要求。在受刑者這一邊，酷刑要起著標記作用（marquant）：或者透過它遺留在身體上的傷痕，或者透過伴隨著它而來的亮光（éclat）[vii]，酷刑被用來讓其受害者可恥（infâme）；即便帶有「清除」（purger）

罪行的功能，酷刑也不會達到和解的效果；它圍繞著犯人或更好的情況直接在身體上刻劃出一些無法抹滅的記號；無論如何，在人們的記憶中將保留著他們在安排下所見證到的示眾、柱刑、刑求及折磨的記憶。另一方面，在施以酷刑的司法這一邊，酷刑應該要發出亮光（éclatant），它應該被所有的人所見證，有點像是它的勝利。酷刑中所施展出的暴力之過度（excès）本身是它榮耀的一部分：罪犯在各種酷刑下呻吟及哀哀叫，這不是令人可恥的附帶品，這正是司法展現其力量的典禮（le cérémonial）。可能正是因為如此，所以在受刑人死後酷刑仍持續：屍體被焚燒，再化為灰燼、迎風揚灰，屍體遭受羞辱，在路旁展示。在一切可能的折磨之後，司法仍不放過身體。

　　不是任何身體處罰都可算是刑罰酷刑：它是一種差別化的折磨生產，一種以在受刑人身上烙印標記為目的而安排的儀式，以及對施懲權力的展現；完全無關於一種在忘卻其原則的情況下喪失一切分寸的司法所表現出的惱羞成怒的狀態。被投注在酷刑的「過度」中的，是

6.　　「最細膩的垂死」（the most exquisite agonies），語出奧利弗（George Olyffe），參見《論防範死刑》（*An Essay to prevent capital crime*），一七三一年。

一整套的權力經管方式。

* * *

　　遭受酷刑的身體首先要放在司法典禮中來理解，其任務是在光天化日（en plein jour）^{viii}之下生產出罪行的真相（vérité）^{ix}。

　　在法國，如同在大多數歐洲國家一樣（不過，英格蘭是個例外，這點值得特別注意），整個刑事審理程序直到判決皆保密：也就是說，不僅對公眾而言是不透明的，並且對於被告而言也是如此。審理程序在他之外進行，或者至少他無法知道有關指控、罪名、證詞及證據等方面的內容。在刑事司法秩序中，所知（le savoir）是司法起訴的絕對特權。針對預審（instruction），一四九八年詔書（l'édit de 1498）說「要盡一切力量並以最保密的方式進行」。根據一六七〇年的敕令（它重申並且在某些方面進一步強化了前一時期的嚴格程度），被告不能接觸到司法程序的任何文件；不能知道舉發者是誰；在否決證人資格之前，不得知道證詞方向；直到訴訟最後階段，不能舉出對自己有利的事實；無論是確認程序是否合乎規定，或者說穿了要進行辯護，都不能有律師。在另一邊，檢察官有權收到匿名舉報、向被告隱瞞案件性質、以虛實套問的方式訊問被告、運用影射的方法⁷。唯有他有權來建立起加諸在被告身上的真相；法官以文件及書面報告的形式，收到這個已經全部完成的真相；對他們而言，這些是唯一能夠

作為證據的東西；他們只會與被告會面一次，以便在做出他們的判決之前訊問他。這個程序保密及透過書面進行的形式涉及一個原理：據此，在刑事領域中，對統治者（souverain）及其法官而言，真相之建立係一項絕對權利及一種專屬權力。艾侯（Ayrault）^X認為這個程序（大體上在十六世紀已經形成）源自「對人民通常造成的紛亂、叫囂及鼓噪的恐懼，對於場面失控、對當事人、甚至是對法官的暴力與激烈行徑」；國王則可能希望藉此來表明懲罰權所源自的「至高的權勢」（souveraine puissance）絕對不屬於「多數」[8]。在統治者的司法前，所有的聲音皆須保持沉默。

但是，保密的因素並未妨礙為了確立真相人們必須遵守某些規則。保密甚至隱含著一套嚴格的刑事證明模式必須被建立起來。一整套可以上溯到中世紀中期而在文藝復興時期的法學家手上獲得廣泛

7.　　一直到十八世紀，針對法官在虛實套問（interrogations captieuses）的過程中利用假承諾、謊言及帶有弦外之音的話語這類的作法是否合法，有著長串的討論。一整套關於司法欺騙（mauvaise foi）的決疑論（casuistique）。

8.　　艾侯（P. Ayrault），《順序、程序及司法預審》（*L'Ordre, formalité et instruction judiciaire*），初版，一五七六年，第三卷，第LXXII章及第LXXIX章。

發展的傳統規定了證據的本質及效力。一直到了十八世紀，人們還是經常可以看到下述這些區別方式：真實、直接或正當的證據（例如目睹）及間接、推測、人為的證據（透過推論）；或者是，明白的證據、重要的證據、不完全的或輕度的證據[9]；再或者：不容懷疑其真相的「緊急的（urgentes）或必然的」證據（這些是「完整的」證據：例如兩名確實的證人確認他們看到被告手裡拿著一把出鞘的劍並沾上鮮血從現場離開，而死者的遺體在不久之後就在此處被發現，身上並帶著幾處刀傷）；直接線索（indices prochains）或半完整證據（preuves semi-pleines），當被告無法提出相反證據來推翻時，它們可被視為真實的（「半完整的」證據，如同只有單一目擊者或在謀殺案發生前被告曾對受害人做出死亡威脅）；最後，間接線索（indices éloignés）或者僅屬於人們意見的「佐證」（傳聞、嫌疑人脫逃的動作、被訊問時的慌亂等[10]）。而這些區別不單單只是理論上的細膩功夫，它們還具有運算上的功能。首先，因為這些線索中的每一項——若從其自身來看，並且假如把它孤立起來看——皆能夠具有明確的司法效力；完整證據便得以做出一切定罪；半完整證據可以引致肉體刑罰，但絕不及判死的地步；不完全或輕度的證據足以對嫌犯「發出傳令」（décréter），並對他採行根據已知情況（plus ample informé）而擬定的措施或施以罰款。其次，因為它們可以根據明確的計算規則而相互結合：兩個半完整證據可得出一個完整證據；若干佐證，當它們有相當數量並且相互一致時，它們就可以合併成一個半證據；但無論佐證在

數量上有多少，都無法單憑它們與一個完整證據畫上等號。因此，我們看到一個在許多方面都算細膩的刑事算術（arithmétique pénale），然而它留下了許多討論的餘地：單一的完整證據就足以宣判死刑嗎？或者這個證據需要再伴隨著一些比較輕度的線索嗎？兩個直接線索永遠都與一個完整證據等同嗎？不需要以三個直接線索來做認定，或將它們與一些間接線索合併起來嗎？是否有某些內容只能針對某些罪行、在某些背景下、以及相對於某些人才是線索（是以，證詞如果來自於流民的話則失效；反之，如果證詞來自「一個重要人物」的話，其效力會增強，或是事涉私人住所內的犯行，主人的證詞也會被看重）。〔如此〕這套刑罰算術再由負責界定司法證據該如何建構的決疑論（casuistique）[xi] 來加以調整。一方面，這套「司法證據」的系統讓刑罰體系中的真相成為一套複雜藝術的結果；它遵循著只有專家才懂的規則；因此它又強化了保密原則。「法官徒有任何合乎理性的人

9.　　茹斯（D. Jousse），《論刑事司法》（*Traité de la justice criminelle*），1771年，第I卷，第660頁。

10.　　穆亞・德・尤格朗斯（P. F. Muyart de Youglans），《刑法綱要》（*Institutes au droit criminel*），一七五七年，第345-347頁。

皆有的確信是不夠的⋯⋯再也沒有比這種審判方式更加錯誤的做法了，實際上，它不過是一種多多少少有所依據的意見罷了。」但另一方面，對檢察官來說，這是一種嚴格的約束；在不合乎這種規矩的情況下，「任何定罪的審判都是失之輕率的，而且在某種程度上，我們可以說，即便在實際上被告確實涉案，這樣的審判仍是不公正的。」[11] 有一天，這套司法真相的獨特性將顯得爭議十足：有如司法毋庸遵守共同真理（la vérité commune）的規則：「在需要證明的科學當中，對於半證據，人們將會怎麼看待啊？對於一個算數的或代數的半證據呢？」[12] 然而，別忘了，這些關於司法證據的形式化約束係一種絕對及排他的知識權力之內部規約方式。

採取書面形式、保密、為了確立證據而遵循著嚴格的規則，刑事調查（information pénale）是一套可在被告缺席的情況下生產出真相的機制。然而，在事實上，這個程序必然以取得被告招認（aveu）為目標，儘管在純粹原則的層面上，它無須如此做。其原因有二：首先被告的招認構成一個如此有力的證據，以至於既不需要再添加其他的證據，也無需落入既困難又可疑的線索組合方式中；無論是在何種形式下所做出的，被告的招認幾乎可以使原告無需再提供其他任何證據（至少是那些最困難的）。其次，能夠讓這個程序甩開一切單一權威色彩，以及讓它成為真正戰勝被告取得勝利的唯一方式，能夠讓真相得以完全展現其力量的唯一方式，就是罪犯承認自己的罪行，並且由他自己在經由調查精巧、隱密建構起來的證據上畫押。如同並不欣賞

這些祕密程序的艾侯所說的，「壞人受到公正懲罰，這還不夠。如果可能的話，應該要由他們審判自己、為自己定罪。」[13] 在以書面形式重建的罪行中，招認的犯罪者起著活生生的真相（vérité vivante）之作用。招認係負有責任並能以言語表達的犯罪者主體之舉措，對於被書寫並受到保密的調查而言，它是補充性的要件。這是為什麼這整套審問式（inquisitoire）類型的程序[xii]會重視招認。

但也由此顯現出其作用模擬兩可之處。一方面，人們試圖將招認引入證據的整體計算中；人們認為它只不過是證據之一：它不是**明顯事實**[xiii]；不比最強證據更強，它不能單獨導致定罪，尚需附帶線索及

11. 普蘭・德・巴克（Poullain du Parc），《根據布列塔尼習慣法之法國法律原則》（*Principes du droit français selon les coutumes de Bretagne*），一七六七至一七七一年，第十一卷，第112-113頁。參見艾斯曼（A. Esmein），《法國刑事訴訟史》（*Histoire de la procédure criminelle en France*），一八八二年，第260-283頁；米特邁爾（K. J. Mittermaier），《論證據》（*Traité de la preuve*），法譯本，一八四八年，第15-19頁。

12. 德・柯黑凡（G. Seigneux de Correvon），《論刑求的使用、濫用及麻煩》（*Essai sur l'usage, l'abus et les inconvénients de la torture*），一七六八年，第63頁。

13. 艾侯（P. Ayrault），前引書（L. I., chap.14）。

推定（présomptions）；因為我們確實看到被告宣稱犯下了他們實際上並沒做的罪行的情況；因此，如果法官有的只是嫌疑人合格的招認，他便應該要展開一些補充性的調查。但是，在另一方面，招認又被視為優於其他任何證據。它優於其他，乃達到某種超驗的地步；作為真相計算中的項目，它也是被告接受對他的指控並承認實情確實如此的舉動；它將一個在沒有被告參與的情況下所完成的調查轉變成一項自願性的確認。通過招認，被告自身參與在刑事真相的生產儀式中。正如中世紀法律所說的那樣，招認讓事情受到公認且明白。在這第一項模擬兩可之處外，還要再加上第二項：作為格外有力的證據，僅需再添上幾項額外線索便足以定罪，並且也將調查工作及證明作業減到最少，犯人的招認因此備受求索（rechercher）；人們將會使出一切可能的脅迫手段來取得。但是，如果在司法程序中，招認必須是書面調查之活生生的、口述的對等物（contrepartie），如果它必須是其答辯並且如同被告方的證實，那麼它便應當伴隨著一些保證及規格。它帶著某種和解協議（transaction）的成分：這就是為什麼人們要求它是「自發的」，它只在有權責的法庭上供出，它在當事人意識清晰的情況下進行，它不建立在不具可能性的事情上等等[14]。通過招認，被告為訴訟程序做了擔保；他對調查之真相畫押。

招認的這種雙重的模擬兩可性質（既是證據之一及調查的對等物；又是被迫的結果及半自願的協議）說明了古典刑法用來取得它的兩種主要方式：人們要求被告在審訊前發誓（因而面臨著在人類的司

法之前及上帝的正義之前淪為背誓者之危險；同時，這也是承諾的儀式性舉措）；刑求（torture）（施以肉體暴力，以奪取真相，而這個真相無論是如何取得，若要成為證據，接下來還必須在法官面前以「自發」招認的名目下再說一遍）。在十八世紀末，刑求將被責難為另一個時代的野蠻殘跡：一種被人們譴責為「哥德人的」（gothique）粗野標誌。刑求的確有著久遠的源頭：如宗教裁判所（l'Inquisition），這固然沒錯，其源頭可能甚至也早於加諸在奴隸身上的酷刑。但它並不是以一項遺跡或一個汙點的方式出現在古典法律裡頭。在一個複合的刑事機制中，它有其精確的位置。在這種複合機制中，審問式的

14. 在司法證據的目錄中，招認出現在十三至十四世紀前後。在帕維亞的貝納（Bernard de Pavie）的文獻中尚不可見，但在霍斯特米斯（Hostiemis）的資料中已經存在了。此外，克拉特（Crater）的敘述方式饒有興味：「或者合法證據或者自動招認」（Aut legal convictus aut sponte confessus）（譯按：帕維亞的貝納為十二世紀義大利天主教法學家、霍斯特米斯疑為Hostiensis之誤，後者為義大利十三世紀天主教法學家Henri de Suse）。
在中世紀的法律中，唯有成人在其反方（adversaire）面前所作的招認才有效。參見雷維（J. Ph. Lévy），《中世紀專家法中的證據等級區分》（La Hiérarchie des preuves dans le droit savant du Moyen Age），一九三九年。

程序裡頭被填入了控告式體系的元素[xiv]；在其中，書面證明需要一個口說的對應；在其中，檢察官舉證的技術與人們用以脅迫被告的考驗（épreuve）方式混在一起；在其中，人們要求被告——必要時施以最激烈的脅迫——在司法程序中扮演自願配合者的角色；簡而言之，在其中，涉及到一個包含兩種元素的真相產生機制——由司法當局祕密進行的調查及由被告儀式地完成的舉措。被告之身體——這個身體能夠言語（corps parlant），並且如果需要的話，還能夠受折磨——確保了這兩種機制的接合；這是為什麼，當古典懲罰體系沒有澈底受到重新思考之前，刑求很少受到根本的批判[15]。更常見的是，只是一些簡單提醒：「拷問（question）是達到真相認識的危險手段；因此，法官不應該不假思索地使用它。沒有什麼比拷問更加模稜兩可的了。有些嫌犯異常堅定而得以掩蓋真正的罪行……另一些人，雖然無辜，但在折磨的威力之下承認了他們並未犯的罪行。」[16]

從這裡，我們可以重新發現拷問作為真相之酷刑（supplice de vérité）的作用。首先，拷問並不是一種不計任何代價來奪取真相的方式；它也絕非現代審訊中失控的刑求；它確實殘忍，但並不野蠻。它是一種受尺度規範的活動，遵循著明確的程序；動用時機、時間長度、運用器具、繩索長度、鉛錘重量、楔子（coins）的數量[xv]，檢察官進行訊問的方式，根據不同的習俗，所有這些項目都受到仔細規範[17]。刑求是一個嚴謹的司法操作。在這個名目下，它不只是宗教審問之技術，它也與控告式程序中常見的古老考驗有關：神判

（ordalies）、裁判決鬥（duels judiciaires）、上帝審判（jugements de Dieu）[xvi]。在下令拷問的法官與遭受刑求的嫌犯之間，還存在著某種對決（joute）；「受刑人」（patient）——這是用來指稱遭受酷刑者的術語——承受一系列的考驗，其嚴厲程度越來越高，而受刑人或能成功「挺住」或失敗招認[18]。但是在法官這一邊，施以刑求便得甘冒風險（這不僅是看著嫌犯死亡的危險）；他在這場對決裡下了一個賭注，也就是他已經蒐集到的證據；因為根據規則，如果被告「挺住」並且不招認，檢察官必須放棄這些指控。遭受酷刑折磨的人則獲勝。這是何以在情節最嚴重的案件中會出現施行「證據保留」刑求的習

15. 這類批判當中最為著名的是尼可拉（Nicolas）的批評：《如果刑求是一種驗證罪行的手段》（*Si la torture est un moyen à vérifier les crimes*），一六八二年。（譯按：作者為奧古斯丁・尼可拉〔Augustin Nicolas, 1622-1695〕，司法官、作家，該著作從人道主義角度來思考刑求。）

16. 參見費里耶荷（Ferrière），《實務辭典》（*Dictionnaire de pratique*），一七四〇年，第二卷，第612頁。

17. 一七二九年，阿格索（Aguesseau）針對在法國的刑求方法及規則進行了調查。其結果由德・弗勒希（Joly de Fleury）加以概述。參見法國國家圖書館「裘利・德・弗勒希檔案」（Fonds Joly de Fleury, 258, vol. 332-328）。

18. 最初級的酷刑是刑具展示。兒童及超過七十歲的老人就歸屬這個等級。

慣：在這種情況下，法官在刑求後還可以繼續主張他所綜合起來的推定；嫌犯不因其挨過刑求而被判無罪；不過，由於他的勝利，嫌犯至少可不再被判處死刑。法官還保有了他手上所有的牌，但王牌除外。**唯死除外（Omnia citra mortem）**。也因此，一個常給法官的忠告是，對罪證確鑿的重案嫌犯別進行拷問，因為假使他有本事力抗刑求，法官就不再有權判處死刑，然而他卻罪有應得；在這場對決中，司法將以失敗收場：如果證據足以「為嫌犯判下死罪」，就不該讓「判刑任由運氣及其常常徒勞的一時性拷問來左右；因為，最後，讓令人髮指、害命及嚴重的罪行能作為範例，才是救人符合公共利益之事。」[19]

在以猛烈手段追求速成真相的外表下，我們在古典刑求中再次看到了一套受到尺度規範的考驗機制：一場對真相做出決定的肉體挑戰（défi physique）；如果受刑人有罪，則所施加的折磨並非不公平；然而，如果是無辜的，那麼這也是證明其無罪的標誌。在刑求中，折磨、對抗（affrontement）及真相三者息息相關：它們共同作用在受刑人的身體上。經由「拷問」來探詢真相，這的確是讓線索——最重要的線索便是嫌犯的招認——顯現出來的方式；但這也是戰鬥，以及一方贏過另一方的勝利，其將儀式性地「生產」出真相。在促使嫌犯招認的刑求中，既有調查，也有一對一的決鬥（duel）。

這就一如刑求當中也混合著預審的舉措與懲罰的成分一樣。這並非它另一處司空見慣的矛盾。實際上，它被界定為當「訴訟中沒有足夠的刑罰」時，一種讓證明得以完整的方式。它也被列為刑罰之

一種；它是一種如此嚴厲的刑罰，以至於在一六七〇年敕令中，在懲罰的排行中，它僅次於死亡。一個刑罰如何能當成一種手段來運用？我們將在稍後探討。人們如何能夠打著懲罰的名號、所做的卻是一種證明的程序？其道理就存在於古典時期刑事司法讓真相之生產得以運作起來的方式當中。證據的不同部分並不等於數量等同的中性元素（éléments neutres）；它們無待於被聚合成單一主軸（un faisceau unique）才會帶來最終的有罪定論。每條線索都帶著某種可惡程度（degré d'abomination）。有罪並非始於所有證據合起來的那一刻；它是由每個元素所構成的，它們讓有罪者得以受到辨認。如此，在它完整前，半證據不令嫌犯清白：它使之成為半有罪者（demi-coupable）；針對一樁嚴重的罪行，單單只是輕度的線索只讓嫌犯被標誌為「些微的」犯罪者。簡而言之，刑事案件的證明並不遵循二元制：真或假；而是遵循一種連續漸層的原則：在證明上達到一個程度，就形成一個程度的有罪，也因此意味著一個程度的懲罰。如此，嫌犯總是應得到

19.　　德・拉貢柏（G. du Rousseaud de la Combe），《論刑事》（*Traité des matières criminelles*），一七四一年，第503頁。

某種懲罰；人們並不會無辜成為被懷疑的對象。在法官這邊，懷疑意味著某種證明的元素，在被告這邊，懷疑是某種有罪的標誌，在懲罰這邊，它則是某種程度的刑罰形式。一個嫌犯儘管猶處於有嫌疑的狀態，卻不因此就是無辜的，而是部分被施以懲罰的。當人們達到某種程度的推定時，他們便可以合法地（légitimement）施展一項具有雙重作用的做法：根據已經收集到的案情指示進行懲罰；利用這種初步的刑罰來強取仍然缺漏的真相。在十八世紀，司法刑求在這種奇特的經管方式下運作，當中生產真相的儀式與施加懲罰的儀式並行。在酷刑中遭受審訊的身體構成了懲罰的施行處及強取真相之所在。一如推定同時屬於調查的內容及有罪的片段一樣，拷問當中的受尺度規範的折磨也同時是懲罰的手段及調查的行為。

* * *

奇怪的是，在罪證確鑿及判決宣布之後，這個兩種儀式通過身體銜接的方式還在刑罰的執行當中被延續。被定罪者的身體再次成為公開懲罰儀式中不可或缺的部分。在光天化日之下，由犯罪者背負著所被判的刑及所犯罪行的真相。他的身體被展示。身體遊街、示眾、遭受酷刑，它必須是至此仍居幕後程序的公開載體（support public）；在他身上、在他身外[xvii]，司法的舉措必須對所有人而言皆清晰可讀。在十八世紀，在公開處決儀式當中，真相的這種活靈活現的（actuel）又

發出亮光的呈現方式具有幾個面向：

一、首先，讓罪犯成為他自己所判罪行的呈報者（héraut）。在某種程度上，人們讓他擔負起宣告其罪行的工作，並以如此的方式證明他所受到控訴內容的真實性：遊街示眾，背後、胸前或頭上背負著註明判決的掛牌；在路口止步，宣讀判令，在教堂門前公開認罪，過程中犯人以鄭重的方式承認其罪行：「赤坦雙足、身著襯衣、手持火炬、雙膝跪下，訴說及宣告著他如何可惡、駭人、背信忘義、有所預謀地犯下最可憎的罪行等等」；綑綁在柱子上示眾，並複誦其罪行及判決；在行刑臺前再宣讀一遍判令；無論所涉及的僅是示眾柱刑或者是火刑及輪刑，犯人以在身體上具體承擔的方式來公開展現其罪行和人們令之歸還的正義。

二、再次上演招認的場面。在那種於公開認罪中被限定做出的宣告之外，再加上自發（spontanée）與公開的承認。奠立酷刑為真相的時刻。讓這個犯人沒什麼好再失去的最後時刻受到真實之全光（pleine lumière du vrai）所普照。首先，在判罪後法庭可以決定再次施以酷刑來迫使犯人供出可能共犯的名單。同樣地，依照一般情況，當犯人要架上行刑臺時，他可以要求暫停，以便供出新的案情。公眾引頸期盼著這波真相的新高潮。許多受刑者便以這樣的方式來拖延時間，如同

這位犯下持械搶案的米歇爾‧巴比耶（Michel Barbier）：「他一邊肆無忌憚地看著行刑臺，一邊說因為他是清白的，這座行刑臺肯定不是為他所架設的；他先要求回到法庭，在庭上他只是胡言亂語了半個小時，想方設法地要為自己脫罪；然後被送去行刑，他帶著堅定的神情登上行刑臺，但當他看到自己的衣物被脫下，並綁在十字架上準備挨棍擊，他要求再次回到庭上，並最終招認他的罪行，還透露出自己犯下了另一樁謀殺案。」[20] 真正的酷刑以照亮（éclater）真相為其作用；在這方面，它繼續拷問的工作，直至眾目睽睽之下。它為判決獻上了犯人所畫的押。一個夠成功的酷刑能夠伸張司法，其條件是在遭受酷刑者的身體中將真相公諸於世。法朗索‧比意亞（François Billiard）是良好受刑人的範例，他擔任郵局總出納，一七七二年謀殺了妻子；劊子手想遮住他的臉，避免他受辱：「他說，人們將這項我罪有應得的刑罰加諸在我身上不是為了避開公眾的目光⋯⋯他還穿著妻子葬禮的喪服⋯⋯穿著全新的皮鞋，頂著一頭發白卷髮，舉止是如此的謙遜及莊嚴，所有近距離注視他的人都說，他要不就是最完美的基督徒、要不就是最成功的偽君子。他掛在胸前的掛牌歪了，人們看到他自己將之扶正，可能是為了讓人們能夠更容易地讀取。」[21] 如果當中的每個演員都稱職地扮演其角色，那麼刑事典禮便發揮出一種拉長時間進行的公開招認

之效果。

三、把酷刑固定在罪行上頭；建立一系列從一端到另一端的可理解關係。將犯人屍體展示在他犯案的現場或距離最近的十字路口。在犯案地點執行死刑——就像這位在一七二三年殺了幾個人的學生一樣，南特法院的庭長決定在他犯下謀殺案的客棧門口立起一座行刑臺[22]。採用「象徵性的」酷刑，其行刑的形式搭配著罪行的性質：人們刺穿褻瀆者的舌頭；人們燒死不潔者；人們砍斷殺人者的拳頭；人們有時讓犯人戴上他所使用的凶器——是以人們將達米安行刺的小刀塗上硫磺並固定在他那隻行凶的手上，以便讓刀與他同赴烈焰。正如維柯（Vico）[xviii]所說，這種古老的判例法「滿是詩

20.　阿蒂（S. P. Hardy），《我的閒暇》（*Mes loisirs*），法國國家圖書館檔案，編號ms. 6680-87，一七七八年，第四卷，第80頁。

21.　前引文獻，《我的閒暇》（*Mes loisirs*），第一卷，第327頁（只有第一卷獲得出版）。

22.　南特市檔案（Archives municipales de Nantes），編號F.F. 124。參見巴夫胡（P. Parfouru），《伊勒－維萊訥省考古協會回憶錄》（*Mémoires de la société archéologique d'Ille-et-Vilaine*），一八九六年，第二十五卷。

意」。

甚至，我們還可以找到幾個犯人處決的案例以幾近戲劇性的方式複製了罪行：相同的器具、相同的動作。在所有人的眼裡，司法透過酷刑來重演了罪行，在真相中將之公諸於世，並在犯人死亡的同時消解了罪行。遲至十八世紀還有這類案例，我們發現在一七七二年有如下判決：康布雷（Cambrai）的一名女僕殺死了她的女主人，她被判處坐上「用來在路口收垃圾」的拖車到行刑地點；該處會有「一座絞架，下方擺設方才所提到的拉勒（Laleu）──即她的女主人──被她謀殺時所坐的扶手坐椅；讓她坐上扶椅，高等司法院的行刑員將會砍掉她的右拳，並在她面前擲入火中，隨即以她用來謀殺拉勒的那把菜刀砍她四刀，第一刀、第二刀砍頭，第三刀砍左前臂，第四刀砍胸部；他將她吊上絞架，勒至死；兩個小時後，她的遺體將會從架上卸下，就在絞架下方的行刑臺上用她謀殺女主人的同一把菜刀砍下她的頭，而這顆頭顱被展示在康布雷城門外二十呎高的桿子上，在通向杜埃（Douai）的路旁，屍體其餘部分裝入袋中，以十呎的深度埋在這根桿子旁。」[23]

四、最後，在司法儀式的尾聲，酷刑進展的緩慢及波折、犯人的喊叫與折磨扮演著終極考驗的作用。就像所有的臨死掙扎一樣，在行刑臺上的臨死掙扎也訴說著某種真相：只是在

痛苦的壓迫下，它訴說得更為強烈；因為它正處於人的審判與上帝的審判的會合處，所以更加嚴格；因為它發生在公共場合，所以更強的亮光。酷刑的折磨延長了預備拷問[xix]的折磨；然而，在預備拷問中，好戲還沒上場，嫌犯還可以保住他的生命；現在，他死定了，所能挽救的是他的靈魂。永恆的戲碼（le jeu éternel）已經開始了：酷刑預示著彼世的處罰；它展現出它們是什麼樣子；它是地獄之劇場；犯人喊叫、他的反抗、他對神的褻瀆已經意味著他不可挽救的命運。但是，此世的痛苦也可以被視為能夠減輕彼世懲罰的贖罪方式：如果他能帶著順從而承擔著，上帝不會視若無睹這樣的受難者。世間懲罰的殘酷是對未來處罰的扣抵：寬恕的承諾在其中顯現。但人們還會說：如此劇烈的折磨不是意味著上帝放棄了犯人而將他交到人類的手中嗎？絕非擔保了未

23.　　引自鐸提古（P. Dautricourt），前引書，第269-270頁。（譯按：譯文中「二十呎高的桿子」之傅柯原文為une figure de vingt pieds，figure應改正為pique，係原引文之誤。參見《百科日誌》〔Journal encyclopédique〕，一七七二年，第四卷，第二部，第327頁。）

來的赦免，折磨代表著即將打入地獄；然而，如果囚犯很快就死了，沒有漫長的臨死掙扎，這不是上帝想要保護他、避免他陷入絕望的證據嗎？因此，這種折磨充滿了曖昧不明的色彩：它可以意味著罪行的真相或法官的錯誤、犯罪者的善或惡、人的審判與上帝的審判間的交集或分歧。正是因為如此，才產生出一股強大的好奇心，促使觀眾圍繞著行刑臺及種種折磨而聚集起來；人們在此解讀著關於罪行與清白、過去及未來、此世與彼世之種種[xx]。這是所有觀眾都質問真相的時刻：每一句話、每一聲喊叫、臨死掙扎的時間長短、頑抗的身體、不願放手的生命，這一切皆係某種顯示：有人苟延殘喘「在輪上六個小時，一刻也不願那位可能係出於自願來安慰他、鼓勵他的行刑者離開半步」；有人死「在強烈基督教情懷中，並見證了最真誠的悔改」；有人「在置於輪上一小時後斷氣；據說，圍觀的觀眾被他所給予的宗教及悔改的外在表現所感動」；有人在抵達行刑臺的沿途表現出最強烈的悔改之意，但等到活生生地被放置輪上便不斷地「發出可怕的嚎叫」；或者還有這位女士「直到判決宣讀的那一刻始終保持鎮定，然而此時她開始驚慌失措；當她被吊起來時，她處於極度瘋狂中」[24]。

整個一輪（cycle）大功告成：從拷問到處決，身體生產及再生產

罪行的真相。或者毋寧說，身體構成了一個要素，透過整套儀式及考驗，它招認了罪行之發生，昭告世人自己犯下了這項罪行，表現出它把這項罪行刻劃在它身上及身外的樣子，承擔起懲罰之施作，以及以綻放出最強亮光的方式展現出其效果。遭受多次酷刑折磨的身體確保了事實的真實性與調查的真相之間、審理程序的舉措與罪犯的說詞之間、罪行與懲罰之間的綜合。因此，它是懲罰盛典中不可或缺的部分，而在這當中，它必須成為一套圍繞著統治者、起訴及保密等重要權利而安排起來的程序之伙伴。

* * *

〔此外〕司法酷刑也應從政治儀式的角度來理解[xxi]。即使是以一種次要的方式，它也與權力自我展現的典禮脫不了干係。

根據古典時期的法律，違法行為除了可能造成的損害、甚至除了它所觸犯的法規之外，它還有損於令法律有效者之權利：「即便當

24.　　阿蒂（S. P. Hardy），前引文獻，第一卷，第13頁；第四卷，第42頁；第五卷，第134頁。

中沒有任何人受害、受辱，如果人們做了於法所不容之事，那麼這便是需要受到修補（réparation）的犯行，因為高層之權柄受到侵犯、尊嚴受到侮辱。」[25] 除了直接的受害者之外，罪行還攻擊了統治者（souverain）審訂註1；因為法律如同統治者之意志，所以罪行以針對個人的方式攻擊了他；因為法律的力量就是君王（prince）的力量，所以罪行也在肉體上攻擊了他。因為「要讓法律能夠在王國中有其效力，就必然需要它直接來自統治者，或者至少是由代表其權威之國璽來予以肯定。」[26] 因此，統治者的介入並非在兩名對手間進行仲裁；它甚至遠遠超出了一個讓各方權利都受到尊重的行動；統治者的介入是對冒犯他的人所做的直接反擊。「在罪行的懲罰中，統治權勢（la puissance souveraine）之展現可能是司法審判中最重要的部分之一。」[27] 因此，懲罰既不能等同於損害之修補，也不能以此來衡量；在懲罰中，至少永遠都要算上君王的一份：即便是除了這個部分之外，還加上了修補的部分，它仍構成罪行的刑罰了結（liquidation pénale）中最重要的成分。而君王這一部分就其自身而言並非簡單的：一方面，它意味著某人對他的王國所犯過錯的修補（帶來失序、做出不良示範，這嚴重的過錯與從個人層面來看的過錯不可混為一談）；但它也意味著國王對於冒犯他本人的行為施以報復。

因此，懲罰的權利就如同統治者手中握有的向敵人發動戰爭的權利的一個面向：懲罰屬於這種「生殺大權（droit de glaive）xxii，在羅馬法中以**絕對權力（merum imperium）**之名所說的這種生或死的絕對權

力，根據這種權利，君王下令懲罰罪行來執行其法律。」[28] 但懲罰也是施以報復的——同時是個人的與公共的——一種方式，因為統治者的肉體－政治力量（force physico-politique）某種程度上存在在法律當中：「我們從法律的定義本身看出，它不僅要禁止對其權威的蔑視，而且要藉著對違反其禁令者施以懲罰來報復之。」[29] 在刑罰最司空見慣的執行當中，在對司法形式最確切的遵行中，積極的報復力量無所不在。

因此，酷刑具有一種司法－政治功能。它係旨在恢復一時受損的統治權（souveraineté）的典禮。酷刑透過將統治權展示在它十足的亮光中而重新樹立了它。公開處決即便既急促又尋常，它仍該名列於一整套針對蒙羞而再度揚威的權力所舉辦的重要儀式之中（加

25. 希齊（P. Risi），《刑事判例案件觀察》（*Observations sur les matières de jurisprudence criminelle*），一七六八年，第9頁，原文參考高蓋士（Cocceius）論文（Dissertationes ad Grotium, XII, §545）。
26. 謬亞·德·伏格郎（P.F. Muyart de Vouglans），《法國的刑法》（*Les Lois criminelles de France*），一七八〇年，第XXXIV頁。
27. 茹斯（D. Jousse），《論刑事司法》（*Traité de la justice criminelle*），一七七一年，第VII頁。
28. 謬亞·德·伏格郎（P.F. Muyart de Vouglans），前引書，第XXXIV頁。
29. 前引書。

冕、國王踏入被攻克城市、反叛臣民之歸順）；除了鎮壓了蔑視統治者的罪行之外，它還在所有人的眼前展現出一股所向無敵的力量。其目的比較不是著眼於重建一種平衡（un équilibre），而是在於讓存在於鋌而走險的違法者與彰顯其威力的全能統治者二者間的不對稱（dissymétrie）發揮到極致。如果對犯行所造成的私人損害的修補必須是相稱合宜的，如果判決必須是公平的，然而刑罰的執行卻非以呈現出合乎尺度的展演（le spectacle de la mesure）為目的，而是旨在展現出失衡（le déséquilibre）和過度的展演；在刑罰的盛典中需要出現對於權力及其固有優越性（supériorité intrinsèque）的清楚肯定。而這種優越性不僅僅涉及法律的優越性，而是打擊並制伏對手身體的統治者在肉體力量上所具有的優越性：一旦犯法，違法者甚至有損於君王的個人；控制著犯人的身體，以便讓它被烙印、屈服及受到摧殘的是這一個人，或至少是受命於他的人。因此，總的來說，刑罰典禮是「恫嚇性的」（terrorisant）。當十八世紀的法學家展開與改革派之間的爭論，他們針對刑罰的肉體殘酷性提出了一種約束性的及「現代派的」（moderniste）解釋：如果嚴厲的刑罰有其必要，那麼是因為其範例（exemple）必須深深嵌入所有人的心裡。然而，實際上，直到此時，支撐著酷刑的因素並非範例之經管方式（économie de l'exemple），此乃就觀念學家（idéologues）時期所理解的意思（對刑罰再現〔représentaion〕^{審訂註2}的重視大過於對罪行本身的重視）而言的^{xxiii}，真正支撐著酷刑的因素是一種恐懼政治（politique de l'effroi）：讓

每個人都感受到，在罪犯的身體上有著統治者脫韁般的在場（présence déchaînée）；酷刑並沒有重新樹立司法；它重新伸張了權力。因此，在十七世紀、乃至在十八世紀初仍然可見的酷刑以及它一整套的恐怖劇場，並不是另一個時代尚未被抹除的殘餘。它的猛烈、它的亮光、身體暴力、力量之無度（démesuré）運作、精心安排的典禮，簡而言之，它的整套機制皆隸屬於刑罰之政治運作的一環。

由此處，我們可以理解酷刑盛典的某些特徵。首先是儀式的重要性，它們必須在公眾面前展現出其盛大場面。法律的勝利不應受到任何的遮蔽。這類儀式傳統上所包含的情節都是相同的，它們在刑罰機制中是如此重要，以至於每份判令照舊一一列舉出來：遊街、路口停留、教堂門前罰站、公開宣讀判決、下跪、大聲表現出為冒犯上帝及國王之舉而懺悔。有時候，法庭本身就規定了順序上及儀式上的細節：「官員們上馬，並依循著下列順序辦理：兩位警官前導；接著是受刑人；受刑人之後，是邦弗（Bonfort）及在左側的勒‧郭赫（Le Corre），眾人一起前進，他們並留一個位置給跟在後面的法院書記

---

30. 引自郭赫（A. Corre），《布列塔尼司法刑求史文獻》（*Documents pour servir à l'histoire de la torture judiciaire en Bretagne*），一八九六年，第7頁。

官，以這樣的隊形，前往大市場的廣場，判決將於此處執行。」[30] 這種仔細安排的儀式很明顯地不僅是司法性的，還是軍事的。國王的司法表現有如以武裝為後盾的司法（justice armée）。懲罰有罪者的劍也是消滅敵人的劍。圍繞著酷刑，有著一整套的軍事機制：戍衛騎兵、弓箭手、騎兵士官、士兵。這當然是為了防止任何逃脫或武力衝突；同時也防備群眾出於同情而挺身拯救受刑人或者是在憤怒的驅使下想要立刻致犯人於死地；但是，它也要人們別忘了，任何罪行中皆存在著反抗法律的造反，而罪犯便是君王的敵人。這一切理由——無論是針對特定情況的預防措施、還是在儀式進行的過程中具有怎樣的作用——皆讓公開處決不僅僅是一樁司法的事，而且是一種力量的展現；或者，更確切地說，司法就是施展在其中的統治者之肉體的、物質的，及令人生畏的力量。酷刑典禮在光天化日之下照亮了那個將其權力賦予法律的力量關係（rapport de force）。

作為以武裝為後盾的法律之儀式（而在其中，君王同時且以合而為一的方式展現出司法首領及戰爭首領的雙重面向），公開處決具有兩個面貌：勝利的面貌及鬥爭（lutte）的面貌。一方面，它以隆重的方式在罪犯及統治者之間終結了一場戰爭，其結果事前已定；相對於那些被他所壓制而處於無能為力狀態下的人，公開處決必須展現出統治者無度的權力。力量之不對稱及不可逆式的失衡（irréversible déséquilibre）屬於酷刑的功能。一個被統治權力之無限（l'infini du pouvoir souverain）所抹去、化成灰並擲向風中的身體，一個被統治權

之無限一塊一塊毀損的身體，不僅是懲罰理想上的極限、更是現實上的極限。在亞維儂執行的著名的馬索拉（la Massola）酷刑就是這方面的見證，它也是激起群情憤慨的最早的案例之一。這個酷刑看起來頗為弔詭，因為它幾乎完全發生在受刑人死後，司法只好在一具屍體上施展其精采劇碼，對其力量一篇儀式性的讚美：受刑人被綁在柱子上，蒙住雙眼；旁邊，在行刑臺上，豎立著一些具有鐵鉤的木樁。「聆聽告解的神父在受刑人耳邊說話，在賜予其祝福後，隨即一位手持大鐵棒（massue）——像用於屠宰場燙洗水槽（échaudoirs）的那種——的行刑者，使出全力朝不幸者的太陽穴猛力一擊，受刑者殞命：此時，手持大刀的劊子手（mortis exactor）割斷他的喉嚨，屍體滿布鮮血；這真是觸目驚心的一幕；他切斷腳後跟處的肌腱，接著剖開腹部，拉出心、肝、脾、肺，一邊割下一邊掛上鐵鉤，就如同人們宰殺著牲畜一樣。看誰能眼睜睜地看著這一幕啊。」[31] 在讓人清楚想到屠宰的形式下，〔如千刀萬剮這類的〕無窮小的毀滅（destruction

---

31.　布魯諾（A. Bruneau），《刑事案件的觀察及準則》（*Observations et maximes sur les matières criminelles*），第259頁。

infinitésimale）於此在表演中上場：每一塊都擺上肉攤。

酷刑在一整套的勝利典禮中竟其功；但它同時還包含著一個對抗的場面，如同在其〔朝向勝利的〕單調推進中的一個戲劇性核心：這是劊子手對「受刑人」身體立即且直接的行動。這當然是受到規範的行動，因為慣例及判令（它常常以一種明確的方式）規定了主要的情節。然而，當中也保留了某種戰鬥的成分。行刑者不單單只是執行法律者，也是施展力量的人；他是為了制服罪行的暴力而生的暴力之代理人。相對於這個罪行，他在物質上、肉體上都是其對手。一位有時仁慈、有時凶殘的對手。達姆戴赫（Damhoudère）[xxiv] 與他許許多多的同代人抱怨劊子手「對犯法的受刑人極度殘忍，對待他們、扔擲他們、殺死他們就如同在手中的是牲畜一樣。」[32] 這類做法持續了很長一段時間[33]。在酷刑的儀式中，還存在著挑戰及對決。如果劊子手勝利，如果他能讓該砍下的頭一下子就身首異處，他「向群眾展示這顆頭，把它重新放在地上，然後向那些為他俐落身手而鼓掌的群眾致意。」[34] 相反地，如果他失敗了，如果他無法按規定殺人，他可能會遭致懲罰。這正是負責處決達米安的劊子手的情況，由於沒能按照規則完成車裂，只得用刀來割；人們就將原本允諾要給他的這幾匹執行酷刑的馬沒收了，受惠的是窮人。幾年之後，亞維儂的劊子手讓三名該被他吊死的匪徒受了太多的苦[xxv]，儘管這三人確實窮凶惡極；圍觀群眾因而不悅；他們同聲譴責他；為了處罰他並讓他免去暴民正義（vindicte populaire），他被關入監牢[35]。在對笨拙的劊子手施以懲罰的

背後，還存在著一個距離我們猶近的傳統：據此，如果處決失敗，那麼犯人將獲得赦免。這是一種在某些地方行之有年的慣例[36]。人們經常期待這種慣例有機會派上用場，以保護才剛逃過一次死劫的犯人。為了打消這種習俗及期待，就必須重視「絞刑柱不會失手」（le gibet ne perd pas sa proie）這句明訓；務必留意要在死刑判決中加上明確的指示：「被吊及被勒至死」、「直到生命結束」。〔乃至於〕在十八世

32. 德・達姆戴赫（J. de Damhoudère），《民事的司法實務》（*Pratique judiciaire ès causes civiles*），一五七二年，第219頁。

33. 一八三七年七月六日《法庭報》（*Gazette des tribunaux*）引述《格洛斯特日報》（*Journal de Gloucester*）內容，報導了一名行刑者「殘暴及噁心的」行徑，在吊死一名囚犯之後，他「抓住屍體的肩部，猛烈地讓它旋轉起來，並打了好幾下，嘴邊說著：『老壞蛋，這樣你可死了嗎？』然後轉身面向群眾，以嘲諷的語調，滿口下流之言。」

34. 這是哥列特（T. S. Gueulette）針對一七三七年騎兵士官蒙提涅（Montigny）處決所記載的一幕。參照翁薛勒（R. Anchel），《十八世紀的罪行與懲罰》（*Crimes et châtiments au XVIIIe siècle*），一九三三年，第62-69頁。

35. 參照杜亞梅（L. Duhamel），《十八世紀亞維儂的處決》（*Les Exécutions capitales à Avignon au XVIIIe siècle*），一八九○年，第25頁。

36. 例如在勃艮第（Bourgogne）。參見夏沙內（Chassanée），《勃艮第慣俗》（*Consuetudo Burgundi*），第55頁（folio）。

紀中期，針對此事，一些法學家如塞皮永（Serpillon）[xxvi] 或布雷克斯頓強調劊子手的失敗並不表示犯人可免除一死[37]。在處決的儀式中，還存在著某種可進行解讀的上帝考驗與審判。在與受刑者的對抗中，行刑者有點像國王的捍衛者。然而，卻是一個不可明言、被否認的捍衛者：據說，當劊子手的派令被密封起來，依照傳統，人們不將之擱上桌，而是擲到地上。人們都清楚圍繞著這個「非常必要」但卻「傷天害理」（contre nature）[38] 職務的所有禁忌。儘管從某種意義上說，劊子手是國王之劍（glaive du roi），然而他也從對手身上分享了其不名譽。命令他殺人、藉由他打擊的統治權勢並沒有在他身上現身；對他的凶殘，它並沒有視同己出。而且情況恰恰相反，君權正是透過赦免令中斷了行刑者的動作而綻放出其亮光。將判決與處決隔開的時間一般很短（經常是幾個小時），這讓赦免通常發生在最後一刻。但典禮被安排在緩慢中進行，可能好讓這樣的轉圜機會存在[39]。囚犯們期盼著這樣的事能夠降臨，而為了拖延時間，即便將要登上行刑臺，他們仍舊佯稱猶有隱情未吐。當群眾也這麼希望時，便呼喊要求赦免，想方設法來拖延最終時刻的到來，一邊守候著攜帶著綠蠟戳封密函前來的差使，並視情況需要，讓人以為信差就要到來（這就是一七五〇年八月三日在處決那些因兒童綁架騷動案的犯罪者時所發生的情況[xxvii]）。在處決儀式中，統治者不僅作為為法律報仇的力量而在場，他也如同可以中止法律及報復的權力而在場。他是唯一能夠放他一馬的主宰者；他確實委任法庭來行使他的司法權力，然而他並沒有將之讓

渡出來；他完整握有這種權力，對於刑罰，他既可以網開一面，也可以加重刑罰。

我們必須將直到十八世紀還以儀式化方式進行的酷刑視為一種政治運作裝置（opérateur politique）。在邏輯上，它是懲罰體系的一部分，在其中，當統治者經由法律的中介而受到罪行所侵害，他便以直接或間接的方式要求、決定並命人執行懲罰。在每一樁違法行為中，

37. 塞皮永（F. Serpillon），《刑法》（*Code criminel*），一七六七年，第三卷，第1100頁。布雷克斯頓：「這一點很明確，如果一名罪犯被判處上吊至死，卻由於行刑者的笨拙或其他意外而逃過一劫，那麼執行官（sheriff）必須重新執行處決，因為判決並未執行；如果我們放任這種虛假的同情心不管，就將開啟沒完沒了的私相勾結之門。」參見《英格蘭刑法評論》（*Commen taire sur le Code criminel d'Angleterre*），法譯本，一七七六年，第201頁。
38. 羅索（Ch. Loyseau），《職務法五篇》（*Cinq livres du droit des offices*），一六一三年版，第80-81頁。
39. 參見阿蒂（S.P. Hardy），《我的閒暇》（*Mes loisirs*）第一卷，第125頁，「一七六九年一月三十日」；第四卷，第229頁，「一七七九年十二月十四日」；翁薛勒（R. Anchel），《十八世紀的罪行與懲罰》（*Crimes et châtiments au XVIIIe siècle*），一九三三年，第162-163頁講述了布勒鐵（Antoine Boulleteix）的故事，當一名騎兵帶著著名的羊皮紙文件抵達時，他已經站在行刑臺邊。人們大喊「國王萬歲」；當法院書記官用帽子為他募捐的時候，布勒鐵被帶到小酒館。

都有著逆君之罪（crimen majestatis），在罪行最輕微的罪犯身上，都帶著一點潛在弒君者的性質。至於弒君者既不多也不少地就是全面而絕對的犯罪者（criminel total et absolu），因為他不像任何其他的犯法者侵害的是某項統治權力的決定或意志，而是在君王的肉身個人上侵犯了這些決定或意志的源頭。對弒君者理想的懲罰應該是所有可能酷刑之集大成。它應該是無限的報復：無論如何，對於此等的凶殘（monstruosité），法國相關法律沒有規定固定的刑罰。於是，人們便需要組合各式各樣曾經在法國施行過的最殘酷刑罰，來發明出對哈瓦亞克（Ravaillac）[xxviii] 的刑罰方式。對於達米安，人們希望能想像出更加殘暴的刑罰。一些方案出爐，但被認為不夠理想。於是，人們只好再度採行了哈瓦亞克的場面。不過，我們應該可以同意，只要想到一五八四年刺殺威廉・奧蘭治（Guillaume d'Orange）[xxix] 的凶嫌落在報復之無限（l'infini de la vengeance）手中的景況，人們便會收斂起來。「第一天，他被帶到廣場上，此處擺好一鍋滾燙熱水，他那隻行凶的手掌被浸入鍋中。隔天，這隻手掌被砍下，他一直跪地求饒，用腳把手掌從行刑臺上踢下；第三天從正面乳房及手臂處對他施以鉗刑；第四天，從手臂背側及臀部處施以相同的鉗刑；如此，接連十八天遭受折磨。」最後一天，他遭受輪刑及「包刑」（mailloté）[xxx]。又過了六個小時，他還要求喝水，但沒有給他。「最後，他向檢察長求饒，了結他及勒死他，好讓他的靈魂不會絕望，也不會迷失。」[40]

＊　＊　＊

　　毫無疑問，酷刑之存在並不單是與這種內部的組織有關。魯舍和科希海姆正確地從中看到生產制度所起的作用，其中勞動力，因此包括人類身體在內，並不具有在工業型經濟體系中所被賦予的用處及商品價值。同樣確定的是，對身體的「蔑視」關聯著對於死亡的一般性態度；而在這種態度中，人們可以找到與基督教有關的價值，以及一種人口方面的、某種程度上是生物方面的處境：疾病及飢荒的肆虐、流行病的定期摧殘、高居不下的兒童死亡率、生物－經濟平衡狀態（équilibres bio-économiques）的不穩定──所有這一切使得死亡讓人熟悉，並且圍繞著它，人們發展出許多儀式，以便融合它，令之成為可以接受的，同時為它不斷的肆虐賦予一種意義。要分析酷刑之所以長期持續，我們還須注意到一些機緣性的因素；我們別忘了，較諸早期的法令，一直到法國大革命前夕長期主導法國刑事司法的一六七○年

40.　　布朗屯（Brantôme），《名人傳》（*La vie des hommes illustres*），一七二二年版，第二卷，第191-192頁。（譯按：布朗屯領主〔seigneur de Brantôme〕，本名Pierre de Bourdeilles，出生於一五三七年前後，卒於一六一四年。）

救令，在某些方面甚至還加重了其嚴屬程度；在負責起草條文的委員中，普梭（Pussort）[xxxi] 代表了國王的意向，因此儘管有某些法官如拉摩紐（Lamoignon）[xxxii] 反對，他仍舊貫徹到底；直到古典時代中期，民間造反依舊此起彼落，內戰一觸即發的威脅、以及國王以犧牲高等法院為代價而維護其權力的意志，以上種種皆在很大程度上解釋了「嚴酷的」（dur）刑罰制度的持續存在。

對於說明這種酷刑式懲罰的存在，我們在此有著一般的、從某種意義上說是外部的原因；它們解釋了肉體懲罰之所以長期維持的可能及反對這類懲罰方式的抗議何以如此微弱和孤立。但是在這個背景上，我們有必要讓它確切的功能呈現出來。假如說酷刑是如此緊密地鑲嵌在司法實踐當中，那是因為它是真相的揭露裝置（révélateur de vérité）及權力的運作裝置。酷刑確保書寫對口頭、保密程序對公開儀式、調查程序對招認操作之連結；它允許人們可以將罪行複製及歸還在罪犯可見的身體上；它在同樣的恐怖中將罪行呈現出來並予以抵銷。它也使被判刑者的身體成為統治者制裁的施作處，權力展示的定錨點（point d'ancrage），對力量之不對稱予以肯定的場合。我們將會在後文中看到，真相－權力的關係（rapport vérité-pouvoir）居於一切懲罰機制的核心，它也存在於當代刑罰實踐當中，只不過是在一種非常不同的形式下，並帶著非常不同的作用。啟蒙運動很快便將矛頭對準酷刑，指責它們的「殘酷」（atrocité）。法學家們過往也常將這個字眼用在酷刑之上，只是不帶批判的意圖。這種「殘酷」的概念也許是最

能夠代表過往刑罰實踐當中這套酷刑經管方式（économie du supplice）的概念之一。殘酷首先是一些重大罪行所具有的一個特徵：它所涉及的是這些罪行所觸犯的自然法或實證法的、神聖法或人類法的數量、罪行被犯下時在醜聞這個方向上所引發的亮光（éclat scandaleux）或相反地所涉及在暗處密謀的詭計、這些罪行的犯案者或受害人所相關的社會等級及地位、它們所預期帶來或實際造成的混亂，以及它們所引發的恐怖。在懲罰必須要在每個人眼中完整照亮出罪行嚴重性的情況下，懲罰必須包含著這種殘酷：藉著招認、發言及使之公諸於世的告示，它必須讓這種殘酷攤在光下；它必須在以羞辱及折磨的形式將這種殘酷施加在有罪者身體上的儀式中複製這種殘酷。殘酷是罪行的一部分，是懲罰為了在全光之下（en pleine lumière）照亮它而逆轉（retourner）為酷刑的部分：殘酷內含在那個位於懲罰核心中負責生產出罪行之可見真相（vérité visible）的機制裡頭。酷刑隸屬於人們藉以確立所要懲罰事由之真實性的程序當中。但它還不僅止於此：一項罪行所帶有的殘酷也是對統治者發動的挑戰所帶有的暴力；這將引來他的反擊，其作用是超越這樣的殘酷、控制它、透過一個抵銷它的更大殘酷來戰勝它。因此，在酷刑中揮之不去的殘酷起著雙重作用：除了作為犯罪與刑罰相通（communication）之原理，它另一方面係相對於罪行，懲罰之變本加厲（exaspération）。它同時確保了真相及權力之亮光；它是即將大功告成的調查程序之儀式及統治者登上勝利寶座的典禮。它在受酷刑折磨的身體中將這二者連結起來。十九世紀的懲

罰努力在對真相「四平八穩的」（sereine）尋求與人們無法完全從懲罰中抹除的暴力之間盡可能地保持著最大的距離。人們留意展現出能將需要被懲罰的罪行與由公權力所施予的懲罰二者區分開來的異質性（hétérogénéité）。在真相與懲罰之間，將只能存在一種〔後者是前者的〕正當後果的關係。進行制裁的權力不再受到一個比它所要懲罰的罪行更大的罪行所玷汙。它自外於它所施加的刑罰。「讓我們趕緊廢除諸如此類的酷刑吧。它們僅與統治羅馬人的暴君相稱。」[41]然而，根據上一個時期的刑事實踐，統治者與罪行在酷刑中的比鄰（proximité），「證明」與懲罰在當中出現的混合情況，並不來自於一種野蠻的混亂（confusion）；當中所進行的是一套殘酷的機制及其間必要的串連方式。贖罪之殘酷組織了無上權力對恥辱之儀式性去除。

　　過錯與懲罰相通，並在殘酷的形式中連結起來，這並不是以牙還牙報復法則（loi de talion）暗中獲得接受的結果。這是在懲罰儀式中某種權力機制作用的結果：這結果來自一種權力，它不僅不會掩飾其對身體的直接作用，而且還透過它在肉體上的表現來受到激勵及強化；這結果來自一種權力，其以武力為後盾的權力（pouvoir armé）自居，其秩序功能並未全然擺脫戰爭功能；這結果來自一種權力，它讓規則與職責（obligations）如同個人約束（liens personnels）般地起作用，其中斷（rupture）便構成一樁攻擊，招來報復；這結果來自一種權力，對它而言，不服從便意味著敵對、造反的開端，在其根源上與內戰的差異不大；這結果來自一種權力，它無須證明（démontrer）何以它施

行其法律，而是指出（montrer）誰是它的敵人、他們將面臨的是力量何種的迸發；這結果來自一種權力，在缺乏一種不間斷監視的情況下，它在其每一次個別展現之亮光中尋求其效果不輟；這結果來自一種權力，其不斷以儀式性的方式重新照亮其上位權力（surpouvoir）xxxiii 之實在性。

＊ ＊ ＊

令人們以那種標舉著身而為「人」之榮耀的懲罰來取代那種不以「殘酷」為恥的刑罰的所有原因當中，有一個應當立刻給予分析，因為它內在於酷刑之中：既是其運作之要素，也是其長久失序之源頭。

在酷刑典禮中，人民是主要人物，典禮的圓滿完成要求民眾實際且直接的在場。一場該廣為周知但其進行卻是祕密的酷刑是毫無意義的。樹立範例的目的不僅在於讓人意識到一絲一毫的違法行為便極有可能受到懲罰；更是要藉著權力對著罪犯發出雷霆之怒的展演來引發

---

41. 德・巴斯多黑（C. E. de Pastoret），有關弒君之刑罰，《論刑法》（*Des lois pénales*），一七九〇年，第二卷，第61頁。

恐怖效應（effet de terreur）；「在刑事案件中，最困難的一點是刑罰之判處：這是司法程序的目標與終點，並且當它恰當地施予犯罪者時，藉著範例及恐怖之作用，它所獲得的唯一成果。」[42]

但在這種恐怖的場景中，人們的角色是模棱兩可的。他們以觀眾的身分被號召到場：他們被找來參加犯人的示眾、公開認罪；示眾柱、絞架及行刑臺被設置在廣場上或路旁；有時候，當局將飽受酷刑折磨的屍體陳放數日，地點當然離犯罪現場不遠。不僅要人們知之，也要人們親眼睹之。因為需要讓他們心生懼怕；但也因為需要他們成為見證者，如同成為懲罰的保證人，並且因為他們必須在一定程度上參與其中。作為見證者，這是他們所擁有並且所主張的權利；被隱藏起來的酷刑是特權者之酷刑，人們常常懷疑這類酷刑並無嚴格執行。當受刑人在最後一刻從觀眾眼前被人帶離，他們便抗議。那位郵局總出納因為殺害其妻子而被判處示眾，接著從人群中被帶走；「他們讓他登上一輛馬車；如果他沒有受到妥善的護送，他們認為很難確保他不會受到那些對他大吼大叫的暴民拳腳相向。」[43] 當萊斯康巴妻子（Lescombat）[xxxiv] 被吊死時，她的臉被小心翼翼地用一頂「類似芭紐蕾（bagnolette）的布質包帽」遮住；她被「一塊布巾蓋住頸部及頭部，此舉引發群眾議論紛紛，說她可能不是萊斯康巴夫人。」[44] 人民主張其見證酷刑及見證是誰遭受酷刑的權利[45]。他們也有權參與其中。歷經漫長的遊街、示眾、遭受羞辱，並數次重複述說其罪行之恐怖，犯人面對著觀眾的侮辱、有時甚至是攻擊。人民的報復被召來加

入統治者的報復中。這絕非意味著人民的報復是統治者報復的基礎，而國王必須以他的方式表達出人民對罪行的追究；情況毋寧是，當國王展開「對其敵人的報復」時，甚至是且特別是當敵人出自人民時，人民必須助國王一臂之力。這有點類似對於國王的報復，人民所該盡的一種「行刑臺服務」（service d'échafaud）。下述係早期的舊敕令所明訂的「服務」；對於褻瀆者，一三四七年詔書（l'édit de 1347）規定他們會被綁縛在示眾柱上「從第一時辰至第九時辰[xxxv]。人們可以朝他們眼睛丟擲泥巴與其他穢物，但不可丟擲石塊或任何造成傷害的東

42. 布魯諾（A. Bruneau），《刑事案件的觀察及準則》（*Observations et maximes sur les matières criminelles*），第一部分前言（Préface），無頁碼。

43. 阿蒂（S. P. Hardy），《我的閒暇》（*Mes loisirs*），印行第一卷，第328頁。

44. 哥列特（T. S. Gueulette），引自翁薛勒（R. Anchel），《十八世紀的罪行與懲罰》（*Crimes et châtiments au XVIIIe siècle*），一九三三年，第70-71頁。

45. 《巴黎記事報》（*Chronique de Paris*）報導，斷頭臺第一次被使用時，人們抱怨說他們什麼也沒看見，並呼喊著「把我們的絞刑柱還來」。參見勞倫斯（J. Laurence），《死刑史》（*A history of capital punishment*），一九三二年，第71頁起。

西　　　第二次，在再犯的情況下，要挑一天正式集市的日子，將他綁在示眾柱上，並切開他的上唇讓牙齒外露。」到了古典時期，對於酷刑的這種參與形式可能已經處於當局欲加以限制的容許邊緣：原因是它所激起的野蠻行為及它對懲罰權力的僭越。但它與一般的酷刑經管方式間的關係太密切了，以至於很難將之絕對禁止。在十八世紀，我們依舊可見一些例如蒙提涅（Montigny）被施以酷刑時所出現過的場景；正當劊子手在處決囚犯的同時，市場的女魚販帶著一具頭被她們砍掉的假人遊街[46]。許多時候，必須出手「保護」那些以慢速度在人群中遊街的犯罪者——他們既是範例的樣板也是群眾攻擊的目標，既是潛在的威脅也是既被允許又受到禁止的獵物。統治者召喚群眾來參加他權力的展示，並暫時容忍他們對犯人所做的一些暴力行為——他視之為一種效忠的表徵，但也旋即出自他的特權來對這些暴力予以限制。

正是在這一點上，原本被吸引去參加一場意在恐嚇他們的展演的人民可能會加速步向對懲罰權力的拒絕當中，有時甚至是暴動。阻止一場他們認為不公的處決，將人犯從劊子手的刀下搶走，以脅迫的方式取得其特赦，必要時追逐並攻擊行刑者，在任何情況下咒罵法官一頓，製造喧鬧，阻撓判決，凡此種種皆屬於那些常常投注在酷刑儀式上、穿插其間並製造干擾的群眾行為。當然，當定罪所制裁的對象涉及到民眾騷亂時，這種情況便經常發生：那樁兒童綁架案所碰到的就是這種情況，群眾想要阻止三名被指控的暴徒遭到處決——他

們被判處在聖－讓墓園（cimetière Saint-Jean）吊死，「因為〔此處〕較少的出口及較少需要守衛的隘道[47]」；心生恐懼的劊子手解開一位被綑綁的犯人；弓箭手亂箭四射。同樣的情況出現在一七七五年所爆發的糧食暴動之後；或者也出現在一七八六年，在參與騷亂的打零工工人攻擊凡爾賽之後，想方設法要營救遭到逮捕的同夥。但除了這些

46.　哥列特（T. S. Gueulette），參照翁薛勒（R. Anchel），前引書，第63頁。文中所描述的這一幕發生在一七三七年。

47.　阿炯松侯爵（Marquis d'Argenson），《日記與回憶》（*Journal et Mémoires*），第六卷，第241頁。參見《巴赫比耶日記》（*Journal de Barbier*），第四卷，第455頁。此外，這一事件最早發生的一段插曲非常鮮明地表現出十八世紀肇因於刑事司法所引發的民眾騷動之特性。警察總長貝希葉（Berryer）命人逮捕了那些「行為放肆及四處流浪的兒童」；騎兵士官不同意將他們歸還給其父母，「除非付錢」；人們口耳相傳說這是為了供給國王取樂。群眾發現了一名打聽消息的奸細，便以「極端不人道的方式」殺了他，並「在他死後，用繩索繫住脖子，將他拖行到貝希葉先生的門前」。這名奸細犯了竊盜罪，原本應該與他的同夥哈菲亞（Raffiat）一樣接受輪刑的制裁，除非他願意擔任警方的眼線；基於他對整件事來龍去脈的掌握，讓他為警方所器重；他在這份新任務中「非常受到重視」。我們在此處所碰到的是一個內容非常豐富的案例：一樁反抗運動，受到一種相對新穎的鎮壓手段所引發，其所涉及的不是刑事司法，而是警察；一個在犯法者（délinquants）與警察之間的技術合作（collaboration technique）之案例，從十八世紀開始，這將成為系統性的方式；一樁民眾騷動，這當中人民自己來對一位犯人施以酷刑，而他才以違反規定的方式逃過了上行刑臺的命運。

動盪（agitations）發生在司法程序之先、原因也與刑事司法措施無關的案例之外，我們還可以找到許多案例，其滋生的動盪直接導因於司法判決及處決。還有規模小但數不盡的「行刑臺衝動」（émotions d'échafaud）。

在其最基本的形式中，這些出自民間的動盪，始自一路伴隨著受刑人直到處決時刻的鼓勵、有時甚至是喝采。在他步向刑場的漫漫長路中，他得到了「那些有著一顆溫柔之心的人的同情，以及那些凶狠、冷酷的人之鼓掌、叫好、想置之於死地的急切。」[48]如果群眾聚集在行刑臺四周，這不單是為了親眼目睹受刑人遭受折磨或挑起創子手的情緒：這也是為了聽聞這個再無可失的人詛咒法官、法律、權力、宗教。酷刑容許了受刑人擁有這一瞬間的縱情放肆，無所禁忌或不受懲罰。在即將到來的死亡之庇護下，受刑人可以暢所欲言，而圍觀者為他喝采。「假如存在著一些史冊，當中人們詳載了受刑人臨終之言，而人們有流通它們的勇氣，假如人們單單只是質問這些在一股殘忍的好奇心驅使下群聚在行刑臺四周的卑下賤民，他們會說被綁在輪上受死的人，沒有一個不怨恨天讓悲慘一步一步引領他走向犯罪，沒有一個不控訴法官的蠻橫，沒有一個不詛咒陪伴他們的神職人員，並且褻瀆他作為其工具（organe）的上帝。」[49]在這些原本應該只展現出君王恫嚇性權力的處決中，明白存在著角色顛倒的嘉年華會面向，有權勢者受到嘲弄，而罪犯則變成英雄。恥辱反轉；他們的勇氣，如同他們的啜泣或他們的吶喊只會讓法律蒙塵，菲爾丁（Fielding）[xxxvi]

帶著遺憾寫下：「當我們看到一名囚犯身體顫抖時，我們不會想到可恥。如果他神色無懼，那麼我們就更不會這麼想了。」[50] 對於在現場並且觀看的人民來說，即便是在統治者最嚴厲的報復中，也總是有著還以顏色的機會（prétexte）。

如果司法所宣判的罪狀被視為不公平，如果人們看到一位平民被處死，但對身家較好或更富有的人而言，同一罪行卻只是一項相對輕微的罪，那麼情況就更是如此了。一些刑事司法的作為在十八世紀時——也許早就如此——已不再受到最底層的民眾所支持。這便很容易釀成至少是動盪的開端。因為最貧窮的人——這種情形由一位法官所注意到[xxxvii]——在司法上沒有發聲的餘地[51]，正是在司法公開展

48.　菲爾丁（H. Fielding），《近來搶劫案件增多之調查》（*An inquiry, in The Causes of the late increase of Robbers*），一七五一年，第61頁。

49.　布雪・達吉（A. Boucher d'Argis），《刑法觀察》（*Observation sur les lois criminelles*），一七八一年，第128-129頁。他曾任巴黎夏特雷法院推事（conseiller）。

50.　菲爾丁（H. Fielding），前引書，第41頁。

51.　杜巴蒂（C. Dupaty），《為三位輪刑犯人陳情》（*Mémoire pour trois hommes condamnés à la roue*），一七八六年，第247頁。

露之處，正是在他們以見證者及幾乎是這種司法幫手的身分被號召到場的地方，他們可以介入其中，並且以肉體的方式進行：以暴力的方式進入懲罰機制，重新配置其作用；從另一個方向拿回懲罰儀式的暴力。反對因社會階級差異而量刑的抗議掀起風潮：一七八一年，香沛（Champré）當地的神父被領主殺死，有人試圖將之認定為瘋子以便脫罪；「由於他們對這位神父非常地愛戴，憤怒的鄉民一開始就擺出他們準備好不惜一切對抗領主的架式，包含作勢會一把火燒掉城堡……所有的人都確有其理地抗議檢察官的縱容，他奪走司法去嚴懲如此令人髮指罪行的方法。」[52] 反對以重刑來對付常見並且被認為不嚴重的犯行（破門偷竊）的抗議風潮；或反對某些牽連著社會因素的違法行為受到懲處，例如僕役偷竊（larcin domestique）；對這種罪行判處死刑引來了許多的不滿，因為家僕的人數頗眾，因為他們在這方面難以證明清白，因為他們很容易成為雇主惡意的受害者，以及因為〔對比於〕某些主人〔對此類行為〕視而不見的寬容，使得受到控訴、定罪及吊死的僕人的命運更加不公平。對這類犯法僕役的處決經常引發抗議[53]。一七六一年在巴黎發生了一場小規模的騷動，事關一名女僕偷了主人一匹布。儘管物歸原主，儘管女僕不斷懇求，她的主人還是不肯撤回告訴：在處決當天，街區的民眾阻撓吊刑，入侵了這位商人的店裡進行搶劫；女僕最後獲得赦免；不過另一位婦女企圖用針刺她惡劣的主人，沒刺成，則被判處流刑二年[54]。

關於十八世紀，人們記得那些在哲學家及若干法官助陣之下受

到開明的輿論給予關切的重要司法案件：卡拉斯案、席爾文案、拉‧巴赫騎士案[xxxviii]。但人們較少談到這些與刑罰實踐有關的民眾動盪。實際上，它們很少超出城市的規模，有時甚至是侷限在街區。然而，它們卻具有實質的重要性。要不就是這些來自社會底層的運動向外擴散，引起較有力人士的關注及呼應，並賦予它們一種新的面向（是以，在法國大革命發生的前幾年，有一七八五年被誤認弒親的凱瑟琳‧埃斯皮納斯〔Catherine Espinas〕一案；有肖蒙一地三位輪刑犯的案子，為此杜巴蒂在一七八六年寫了他那本著名的陳情書，或者還有一七八二年被胡昂〔Rouen〕最高法院視為施毒殺人犯而判處火刑但到一七八六年都尚未處決的瑪莉‧法蘭索‧莎樂蒙〔Marie Françoise Salmon〕一案）；要不就是而且尤其是這些群眾動盪，圍繞著刑事司

52. 阿蒂（S. P. Hardy），《我的閒暇》（Mes loisirs），「一七八一年一月十四日」，第四卷，第394頁。

53. 針對這些類型的判罪所引發的不滿，參見阿蒂（S. P. Hardy），前引書，第一卷，第319、367頁；第三卷，第227-228；第四卷，第180頁。

54. 翁薛勒（R. Anchel），《十八世紀的罪行與懲罰》（Crimes et châtiments au XVIIIe siècle），一九三三年，第226頁。

法及圍繞著它那些應該要產生示範作用的展示活動，帶來一種揮之不去的擔憂。為了確保行刑臺四周的平靜，有多少次必須要採取「讓人民惱火」的做法及「令當局蒙羞」[55]的預防措施？很明顯地，場面盛大的懲罰展演有可能會被它所訴求的觀眾逆轉。事實上，酷刑的恐怖會點燃非法行為（illégalisme）[xxxix]的火苗：在處決日，工作擱在一旁，小酒館被擠得水洩不通，有人侮辱官員，有人向劊子手、騎兵士官及士兵辱罵或投以石塊；有人撲向犯人，或是為了拯救他，或者是好好地宰了他；人們打鬧不休，而對小偷來說，再也沒有比行刑臺周遭所湧現的群眾推擠及湊熱鬧場面更好的下手機會了[56]。然而，最重要的是——而且正是在此處，這些麻煩轉變成一種政治上的危險——除了在這些原本應當展現出令人髮指的罪行及所向披靡的權力的儀式中，別無他處會讓人民更加感受到自己與受罰者之間是如此地接近；別無他處會讓他們感受到自己如同這些罪犯一樣受到一種既失衡又無度的（sans équilibre ni mesure）司法暴力所威脅。整個底層人口相當長期地表現出他們對那些我們可能會稱為輕案犯法者（petits délinquants）的那些人——流民、假乞丐、混混、扒手、收贓者及銷贓者——的連帶關係（solidarité）：阻撓警方勤務、驅逐線民、攻擊夜間巡警隊或警官皆見證了這一點[57]。而打斷這樣的連帶關係現在正成為刑罰及警方鎮壓的目標。而從酷刑典禮、從這種暴力轉瞬間便逆轉的不確定節慶中，現在更有機會獲得增強的，是這種連帶關係，而非統治權力。十八世紀和十九世紀的改革者們不會忘記，處決到了最後並不單是讓人民畏

懼而已。而他們最早發出的吶喊之一，就是要廢除這些酷刑儀式。

　　要點出在酷刑場面中民眾的介入所導致的政治問題，我們只需舉出兩幕場景便足夠。其中一幕發生在十七世紀末的亞維儂，殘酷劇場的所有主要元素皆無一缺席：劊子手與受刑人之間肉體的對抗、對決場面的逆轉、行刑者遭受民眾追打、受刑人被群眾騷動所救，以及刑罰機制的激烈反轉。這一幕涉及到要吊死一名叫做皮埃爾·杜佛（Pierre du Fort）的殺人犯；他好幾次「用腳勾住梯子的踏板」而無法被懸在空中。「〔民眾〕看到劊子手用他的外衣蓋住受刑人的臉，然後用膝蓋由下方頂撞他的上腹及腹部。民眾看到劊子手下手太狠，甚至以為他用一把尖刀從下方割向受刑人的頸部⋯⋯在同情受刑人及對劊子手憤怒的情緒感染下，他們朝劊子手丟擲石塊，此時劊子手拉

---

55. 阿炯松侯爵（Marquis d'Argenson），《日記與回憶》（*Journal et Mémoires*），第六卷，第241頁。
56. 阿蒂講述了好幾個這類例子：如同一樁重大竊案就發生在刑事長官為了出席一場處決而歇腳的屋內。參見阿蒂（S. P. Hardy），前引書，第四卷，第56頁。
57. 參見希樹（D. Richet），《現代法國》（*La France moderne*），一九七四年，第118-119頁。

開兩片梯子，受刑人從梯上跌落，劊子手躍上他的肩頭，不斷壓著他，此時劊子手的妻子則從絞架下方拉扯他的腳。血從受刑人嘴中淌出。不過，此時如冰雹般落在劊子手身上的石塊也加強火力，有些甚至還命中被吊著的受刑人頭上，劊子手被迫從絞刑臺的梯子上逃下，因為過於倉促，以至於他在梯子中段被絆到，一頭栽倒在地。人群於是一擁而上。劊子手起身，一手抓著利刃，威脅要殺掉任何向他靠近的人；但歷經數次被撲倒又起身後，他終於被擊倒在地，帶著一身髒汙，被拖到小溪溺斃，群眾挾著高漲的情緒及怒火一路拖行到大學，再從這裡拖到科德利埃墓園。他的隨從也被痛毆，頭部及身上傷痕累累，被送去醫院（幾天後死在這裡）。同時，受刑人在被懸吊了一段時間之後（長於完整吟唱一遍〈上帝憐我〉詩篇的時間[xl]），幾位外地人及陌生人士攀上梯子，割斷脖子上的繩索，其他人則在下方接應。就在此際，絞架也遭到破壞，民眾把劊子手所爬的梯子拆的七零八落……孩子們一溜煙地將絞架丟入隆河裡。」至於那位遭受酷刑的人，人們把他運送到一個墓園，「以免司法當局逮到他，再從這裡送他到聖安東尼教堂。」大主教赦免了他，遣人將他送到醫院，並囑咐相關人員給予妥善的照料。最後，本報告的撰寫人補充道，「我們在此命人為他做了一套新上衣、兩條褲子、鞋子，把他從頭到腳打扮得煥然一新。一些弟兄於此致贈他襯衣、褲子[xli]、手套及一頂假髮。」[58]

另一幕場景在一個世紀後發生在巴黎。時間是一七七五年，也就是緊接著糧食騷動之後[xlii]。緊繃的局勢——在民間尤其高漲——讓

當局想要進行一場「乾淨的」（propre）處決。在行刑臺及公眾之間小心翼翼地保持距離，並且站了兩排士兵保持警戒，一排士兵面向即將登場的處決儀式，一排則朝向可能發生的群眾騷動。直接相鄰的情況被阻絕：一場公開的酷刑，但是當中展演的部分卻被淡化，或者更確切地說是改為抽象的恫嚇。在軍隊的保護下，在一個空蕩蕩的廣場上，司法小心翼翼地執行處決。如果它展露出它所賜予的死亡，那是從高處、從遠處來展露：「兩座絞架在下午三點始安置妥當，高十八呎，可能是有史以來最高的。從兩點開始，格列夫廣場及周邊區域就被不同部隊步行或騎馬的分遣隊所布滿；瑞士人衛隊及法國衛隊持續在鄰近街道巡邏。受刑人不會在格列夫廣場上遭受到任何折磨，放眼環視，人們只見兩排士兵，刺刀上步槍，背對背地排列著，其中一排注視著廣場外側，另一排注視著廣場內側；這兩個不幸的人……沿路

58.　杜亞梅（L. Duhamel），《十八世紀亞維儂的處決》（*Les Exécutions capitales à Avignon au XVIIIe siècle*），一八九〇年，第5-6頁。這一類的場面猶可見於十九世紀；參見勞倫斯（J. Laurence），《死刑史》（*A history of capital punishment*），一九三二年，第195-198頁及第56頁。

59.　阿蒂（S. P. Hardy），《我的閒暇》（*Mes loisirs*），第三卷，第67頁，「一七七五年五月十一日」。

嚷著自己的清白，在步上行刑臺的階梯時依然不改相同的抗議。」[59] 在捨棄不用酷刑盛典一事當中，對受刑人的人道關懷到底扮演了怎樣的角色？無論如何，至少就權力這一端而言，在這種曖昧不明的儀式（rituels ambigus）的效應之前，總是存在著一種政治恐懼。

* * *

這種曖昧不明的色彩也清楚地出現在我們也許可以稱之為「行刑臺演說」（discours d'échafaud）這樣的東西裡頭。因此，處決儀式要求罪犯透過自己宣讀的公開認罪、透過他所佩戴起來的掛牌，也透過可能是被迫做出的聲明等方式來親自昭告其罪行。除了上述作法，在處決的時刻，似乎司法當局也再讓受刑人有機會發言，這不是為了申冤，而是為了證明他的罪行及判罪之公允。史料中提到了許許多多這一類的演說。這些是真實的演說嗎？在某些例子中情況確實如此。它們係虛假的演說、發表後當成範例及勸誡而四處傳播嗎？這種情況可能應該更多吧。例如，瑪莉昂‧勒高夫（Marion Le Goff）是十八世紀中期在布列塔尼一帶活動的幫派頭目，人們關於她的死所講述的內容應該具有怎樣的可信度呢？根據描述，她從行刑臺的頂端高喊著：「諸位聽我說話的父與母，好好看管及教導你們的孩子吧；我自幼說謊成性又遊手好閒；我從一把六里亞（liard）的刀子偷起……然後，我偷竊路上往來的小販及牛商；最後，一幫竊賊聽我發落，這就是我

今日在此的原因。把這些轉告你們的孩子吧，而這一切至少可讓他們引以為戒。」[60] 這一番演說、甚至是所使用的語彙，實在太接近於人們傳統上可以在那種由小販四處兜售散播的飛訊（feuilles volantes）、小報（canards）及文學中見到的道德觀，而不可能不是杜撰的。但是，「一位犯人的臨終遺言」此一文類的存在本身就有其意義。司法需要受刑人在某種程度上印證他所遭受的酷刑。罪犯被要求藉著昭告天下其罪行之惡毒，而由他親自獻上他自己的懲罰；就像對謀殺了三條人命的讓－多米尼克・朗格萊德（Jean-Dominique Langlade）一樣，人們讓他說出：「你們來聽我在亞維儂市——在此我留有昭彰的惡名——所做的所有可怕、可恥及可悲的行為，因為我泯滅人性地違背了友誼不可侵犯的權利。」[61] 從某種角度來看，飛訊與亡者之歌（chant du mort）是這個過程的延續；或者更確切地說，它們繼續了酷刑藉以將司法程序中受到保密及書寫的真相傳遞到罪犯的身體、姿態及演說

60. 柯爾（A. Corre），《溯往犯罪學檔案》（*Documents de criminologie rétrospective*），一八九六年，第257頁。
61. 參見杜亞梅（L. Duhamel），前引書，第32頁。

上頭的這個機制。司法需要仰賴這些杜撰內容（apocryphes）來確立為真理。因此，它所做的決定受到所有這些死後的「證據」所圍繞。有時也會出現一些關於罪行及這些惡徒的故事，帶著純粹的宣傳性質，而在審判之前獲得出版，以便向被認為太過寬容的司法施以壓力。為了詆毀走私者，包稅人公司[xliii] 出版了一些「通報」（bulletins），敘述他們的罪行：在一七六八年，針對一幫走私者的首領蒙塔聶（Montagne），該協會發行了小冊子，負責的編輯自己說道：「我們把幾樁實情還不明朗的竊案歸在他身上……我們把蒙塔聶描繪成一隻凶猛的野獸，一個務必繩之以法的二流陰險狠毒人物（une seconde hyène），絕對不可放過；奧弗涅人個性衝動，這個看法被接受。」[62]

然而，這種文學的效果及運用是曖昧不明的。罪犯的罪行受到大量鋪陳，其神通廣大反而讓他被奉為英雄，有時則是對他最終的悔意予以肯定。對抗法律、對抗有錢人、權勢、法官、憲兵騎警隊（maréchaussée）或夜間巡警隊，反對包租（ferme）及其稅收員，他宛如投身於一場戰鬥，人們很容易感同身受。這些被昭告的罪行不斷開展，直到成為每日受陰影庇護的細小鬥爭所交織成的史詩。如果罪犯表現出悔改之意，接受判決，請求上帝及人們赦免他的罪行，人們認為他被潔淨了：他以自己的方式死去並成聖。但光憑他的不屈不撓便成就其偉大：不屈服於酷刑，他展示了一種沒有任何權力可以使之折服的力量：「處決日，這似乎令人難以置信，在進行公開認罪時，人們看不到我表現出任何的情緒，最後我被架上十字架上，不露一絲

恐懼。」[63] 無論是黑色英雄或浪子回頭的罪犯，無論是真正權利的捍衛者或一股無法令之屈服的力量，在應當要引以為戒的道德教化外表之下，這個刊載在飛訊、手抄報導（nouvelles à la main）、民間年曆（almanachs）、庶民文學（bibliothèques bleues）上頭的罪犯在其身上其實更承載著一股鬥爭及對抗的記憶。我們已經看過一些罪犯在死後成聖，人們緬懷有關回憶並在其墓前致敬[64]。我們已經看過一些罪犯，對他們而言，光榮與可惡不但沒有分開，而且良久之後依舊並存在一

62. 「裴依－德－多姆檔案」（Archives du Puy-de-Dôme），引自朱亞（M. Juillard），《十八世紀高奧弗涅的搶劫及走私》（*Brigandage et contrebande en haute Auvergne au XVIIIe siècle*），一九三七年，第24頁。

63. 朗格拉德悲歌（Complainte de J. D. Langlade），他於一七六八年四月十二日於亞維儂遭處決。

64. 這是一七四〇年左右在布列塔尼被處決的唐基（Tanguy）的案例。在被判處死刑之前，他確實在告解神父的引導下開始一段很長時間的懺悔。這是一場世俗司法與宗教懺悔之間的衝突嗎？在這方面，請參見柯爾（A. Corre），《溯往犯罪學檔案》（*Documents de criminologie rétrospective*），一八九五年，第21頁。柯爾參考泰威迪（Trevedy），《朝著正義山與唐基墳墓散步》（*Une promenade à la montagne de justice et à la tombe Tanguy*）。

個〔在正邪間〕可逆轉的形象（figure réversible）中。有可能，在這整個圍繞著幾個重要人物身影[65] 而擴增起來的犯罪文學裡頭，我們所看到的既不該是一種原汁原味的「庶民表達」，亦非一種來自上層、套好的宣傳與道德教化事業；這裡是兩種對刑罰實踐投注方式的交會之處——某種圍繞著犯罪、其懲罰及其記憶而展開的鬥爭前線（front de lutte）。這些故事之所以能夠被印刷並且流通，確實是有人期待從中達到意識形態控制的效果[66]、產生出小歷史（la petite histoire）之真實寓言。但是如果它們受到如此多的關注，如果它們成為庶民階級的基本閱讀的一部分，那是因為這些階級的民眾不僅從中找到一些回憶，而且還有支撐點；「好奇」之旨趣也是一種政治的旨趣。以至於這些文本可以當成雙面的論述來閱讀，這包含在它們所講述的事蹟當中，在它們針對這些事蹟所給予迴響及在它們賦予這些被稱為「不凡的」罪犯的榮耀當中，以及可能也在它們所使用的詞語本身當中（我們應該在例如像《圭也立及同夥之生平、不凡盜術及機巧，以及他們可悲及不幸的結局》[xliv] 這一類的故事中，研究一些範疇（catégories）的用法，例如「不幸」的範疇、「恐怖」的範疇，或「有名的」、「可悲的」的修飾語[67]）。

我們可能還需要拉近「行刑臺衝動」——其中，透過受刑人的身體，負責判罪的權力與作為這場處決的見證者、參與者、潛在的與「突出的」（éminente）受害者的人民之間相互對抗——與這種文學的關係。一旦欲將權力關係加以儀式化（ritualiser）的處決典禮對這種權

力關係疏通（canaliser）不良，隨之而來的是大量的論述依循著相同的對抗而迅速湧現；在罪犯死後，關於他們罪行的宣揚正當化了司法，然而卻也同時讓罪犯受到頌揚。這便是不久後刑罰體系的改革者會要求禁止這些飛訊刊行的原因[68]。這是人民對那些在非法行為所譜成的下層及尋常史詩（l'épopée mineure et quotidienne）中扮演了一點角色的人具有如此高度興致的原因。這是在庶民非法行為的政治作用有所改

65. 這包括被蒙德胡（Mandrou）稱為兩位偉大罪犯的卡圖許（Cartouche）和蒙德翰（Mandrin），此外，還必須加上圭也立（Guilleri），參見《十七及十八世紀的庶民文化》（De la culture populaire aux XVIIe et XVIIIe siècles），一九六四年，第112頁。在英格蘭，強納生・威德（Jonathan Wild）、傑克・雪柏德（Jack Sheppard）和克洛德・杜瓦爾（Claude Duval）所起的作用相當類似。

66. 原則上，民間年曆、飛訊等的印刷及流通受到嚴格控制。

67. 這本書同時收錄在「諾曼地的庶民文學」（Bibliothèque bleue de Normandie）及「特瓦的庶民文學」（Bibliothèque bleue de Troyes）中。參見埃洛特（R. Helot），《諾曼地的庶民文學》，一九二八年。

68. 例如參見拉可代勒（Pierre Louis de Lacretelle）：「為了滿足這些對我們起作用的強烈情緒的需要，為了加深重大範例所帶來的印象，人們讓這些可怕的故事四處流傳，庶民的詩人就運用了這些故事作為素材，並將它們的名聲四處傳播。有一天，家屬會在自家門口聽到人們傳唱著其子的罪行及酷刑。」參見《論加辱刑》（Discours sur les peines infamantes），一七八四年，第106頁。

弦更張的情況下，飛訊失去其重要性的原因。

　　在一種全然不同的犯罪文學的發展之下，飛訊消聲匿跡：在這種文學中，罪行受到頌揚。不過〔跟前面的情況不同〕，這是因為它是美的藝術（beaux-arts）之一，因為它只能是屬性非凡的作品，因為它揭示了強者及能者的凶殘，因為邪惡（scélératesse）仍舊是作為特權者的一種方式：從黑色小說（roman noir）到昆西（Quincey）[xlv]，或從《奧托蘭多城堡》（*Château d'Otrante*）[xlvi] 到波德萊爾，當中有著一整套對於犯罪的美學重新書寫，它在一些可接受的形式下將犯罪納入。在表面上，這是對犯罪之美及偉大（la grandeur）的發現；實際上，這是肯定了偉大也有犯罪的權利，它甚至成為那些真正偉大者的專屬特權。美妙的謀殺可不是那些搞非法行為的散工幹的。至於偵探文學（littérature policière），從加博里歐（Gaboriau）[xlvii] 開始，並追隨著他所邁出的第一步繼續發展：詭計多端、機靈狡猾、銳不可當的聰明才智，它所描繪出的罪犯高深莫測；兩股純然精神之間的爭鬥——殺人犯的精神與偵探的精神——構成了對抗的主要形式。我們已經遠遠脫離了那些一五一十描述罪犯生平及壞事、讓他自招罪狀，並鉅細靡遺地述說著其所遭受酷刑的故事：我們從事實的鋪陳或罪犯自我招認轉變成對案情抽絲剝繭的緩慢過程；從酷刑的時刻轉換到偵查的階段；從對權力的肉體對抗到罪犯與偵探之間的鬥智。當偵探文學誕生，開始退場的不單單只是飛訊：一併消失的是那種散發著草莽氣息的犯罪者之榮耀，一併消失的是那種在酷刑之下所造就出來的灰暗的英雄化

（la sombre héroïsation）。現在，〔出身自〕人民之人物（l'homme du peuple）顯得過於簡單，無法勝任穿梭在各種精巧真相中的主角。在這種新文學類型中，不再有庶民英雄及盛大的處決場面；在其中，人雖惡毒卻聰穎；如果他受到懲罰，他卻不必再遭受折磨。偵探文學將過往環繞在罪犯身上的這種亮光轉移到另一個社會階級身上。至於報紙，在其每天的社會新聞中，它們將重拾單調平淡的方式，不再有那些犯行及其懲罰所交織出的史詩鋪陳。分界底定；人民褪去了其罪行曾經有過的古老驕傲；偉大的謀殺則成為聰明人所玩的無聲把戲。

i｜「證據保留刑求」（la question avec réserve de preuves）是法國一六七〇年刑事
敕令所新增的一種罪名，在嚴重程度上僅次於死刑。在刑案審理中，在認定嫌犯
涉案程度高卻缺乏足夠證據予以定罪的情況下，若要件符合，司法單位得以對嫌
犯施以刑求，迫使嫌犯招認。若未果，按照以往規定，既有證據失效，法庭不得
判罪。一六七〇年敕令引進保留證據刑求的作法，法庭得以在刑求未獲招認的情
況下，繼續保留證據效力，宣判死刑以下的罪名。

ii｜蘇拉吉斯（Jean-Antoine Soulatges, 1700-1784），法國律師、法學家。

iii｜古典時代（l'âge classique）是傅柯在歷史研究上所提出的一個時間段落，約為
十七、十八世紀，是現代奠基的時期，傅柯做了許多在「古典時代」的思想及歷
史考古挖掘工作，如本書及《臨床的誕生》皆是。

iv｜在中世紀，一般說到夏特雷（Châtelet）便是指舊址位於今日巴黎夏特雷廣場
（Place du Châtelet）一帶的大夏特雷（le Grand Châtelet），châtelet指成守橋
樑、要道的小要塞、小城堡，而建造於十二世紀的巴黎大夏特雷就是負責鎮守連
接巴黎右岸與西堤島的人橋（Grand Pont）的要塞。稍後，負責巴黎警政及刑事
司法的司法官署設置於此，成為負責巴黎司法及治安的重鎮。

v｜臼古（Louis de Jaucourt, 1704-1780），法國醫生，在狄德羅（Diderot）、達朗貝（D'Alembert）負責主編的《百科全書》中，貢獻了多項辭條。

vi｜該引文出自《刑法論》（*Traite de droit penal*），一八二九年，第二十六頁註釋。當中羅西説道，許多刑罰之所以被制定出來，不見得是為了施行，有些刑罰執行的情況罕少，有些甚至不可能施行。這些刑罰只是為了滿足立法者或人民的心理，讓他們可以根據刑罰的選擇，描繪出犯行之罪惡及其所引發的恐懼，這如同將但丁的詩歌放入法律當中（la poésie de Dante mise en lois）。

vii｜名詞éclat兼有爆裂、碎片、巨響、光芒等意涵，或許傅柯在使用這個字的時候，這些內涵同時兼有，既是爆裂又帶聲響及光亮。不過，考量傅柯認為酷刑有如讓罪行真相大白、讓罪行攤在光天化日之下受光所照明的儀式，因此循此將éclat譯為「亮光」，兼有發亮、照亮及光芒的內涵，而éclater譯為照亮、éclatant發出亮光。

viii｜此處的en plein jour應該要與後文傅柯所説的pleine lumière放在一起看待。

ix｜vérité有真相、真理的意思，傅柯在特定脈絡中使用此字時所要説的是真相還是真理，有些時候出現模糊的空間。不過如果文段所關聯的是事實問題，中文一律譯為「真相」。

x｜皮耶‧艾侯（Pierre Ayrault, 1536-1601），法國法學家，曾任昂熱法庭（le présidial d'Angers）的刑事長官（lieutenant criminel）。

xi｜字源上，casuistique來自拉丁文casus，指「事件」（événement）。決疑論指一種運用於神學倫理、法律、醫學及心理學領域中，透過綜合參照根本原則、類似案例及個案情況，來處理及解決實際疑難的過程（參考來源：法文版維基百科）。

xii｜審問式程序（procédure inquisitoire）是法官兼檢察官主動成案，進行調查，試圖證明被告有罪的審理訴訟程序，其特色是法官兼檢察官。與此相對的是由控訴者發起，法院被動成案、審理的控告式程序（procédure accusatoire）。

xiii｜明顯事實（evidentia rei），拉丁文，指具有事實（rei）之明顯的、可見的、客觀的等性質。

xiv｜參見本章譯註xii。

xv｜指夾刑（brodequins）中用以施加夾力的木楔。夾刑以是逼取供詞的酷刑之一。

xvi｜神判（ordalies）與上帝審判（jugements de Dieu）等同，皆涉及藉著讓嫌疑人經歷折磨或死亡考驗，由神來決定其結果，如同作出判決。如裁判決鬥（duels judiciaires）也是神旨降判的一種方式，由訴訟的雙方以一對一的方式決鬥，由結果定審判。

xvii｜en lui是直接施展在肉體上，如各種酷刑；sur lui是外加在身體上，如戴鐐銬、掛字牌。

xviii｜維柯（Giambattista Vico, 1668-1744），義大利政治哲學家、歷史學家、法學家。

xix｜傳統刑事司法中所運用的拷問分為兩種：預備拷問（question préparatoire）及先決拷問（question préalable）。預備拷問用於偵辦過程，目的是逼迫嫌犯招認；先決拷問用於被判處死刑的犯人身上，用於逼迫罪犯供出同謀。

xx｜Gallimard印行於二〇一六年的紙本在此處漏掉部分文句，中譯參照較早版本。

xxi｜這句話應與前面「遭受酷刑的身體首先要放在司法典禮中來理解」這句話放在一起看。

xxii｜除了指涉一種兵器，劍（glaive）也象徵著一種定奪生死的權力、司法。這種權力握在君王手中，或由司法單位來行使。

xxiii｜不從殺人償命或君王立威或報復的角度來看待刑罰，這些觀念學家將刑罰視為一種傳達觀念的再現（représentation）、一種溝通符號，透過意識層次上的運作，來達到嚇阻、勸解犯罪的作用。

xxiv｜達姆戴赫（Josse de Damhoudère, 1507-1581），出生於布呂赫（Bruges）的法學家。

xxv｜此處的受苦應該理解為劊子手無法俐落地處決人犯，而令他們受太多折騰。

xxvi｜塞皮永（François Serpillon, 1695-1772），勃艮第法學家、犯罪學家、警察總

監。

xxvii｜兒童綁架騷動（l'émeute des enlèvements d'enfants）於一七五〇年五月發生於巴黎的群眾暴動。另參見本章原註47。

xxviii｜哈瓦亞克（François Ravaillac, 1577-1610），弒君者。一六一〇年五月十四日於巴黎刺殺法國國王亨利四世，五月二十七日於格雷夫廣場上公開處決。

xxix｜即威廉一世，出生於一五三三年，曾擔任荷蘭共和國第一任執政。因反抗西班牙哈布斯堡王朝統治，一五八四年遭刺客巴達扎・傑哈（Balthazar Gérard）所謀殺。

xxx｜maillot指包裹新生兒的「襁褓」，mailloter指（將嬰兒）「置入襁褓中」。考量其一般意涵，暫譯為「包刑」。

xxxi｜普梭（Henri Pussort），出生於一六一三或一六一五年，卒於一六九七年，路易十四時期的大臣、立法者。

xxxii｜拉摩紐・德・吉永一世（Guillaume Ier de Lamoignon, 1617-1677），巴斯維勒侯爵（marquis de Basville），巴黎高等法院首席院長、法學家，著有《拉摩紐法令彙編》（Arrêtés de Lamoignon），出版於一七〇二年，是一本法令彙編，並披露其司法改革構想。

xxxiii｜Surpouvoir或可譯為「超權力」，有凌駕、超越的意思，但考量後文傅柯提到infra-pouvoir，故將二者分別譯為「上位權力」、「下位權力」。

xxxiv｜萊斯康巴夫人本名瑪莉・達伯黑（Marie Catherine Taperet, 1728-1755）。據載，她唆使情夫殺死其丈夫萊斯康巴先生（Louis Alexandre Lescombat），成為轟動一時的凶案，被處以絞刑。

xxxv｜傅柯原文為「depuis l'heure de prime, jusqu'à celle de mort」，經複查引文，應為「depuis l'heure de prime, jusqu'à celle de nonne」意指天主教禮儀時辰的第一時辰（l'heure de prime）至第九時辰（l'heure de none），即上午六時至下午三時。

xxxvi｜亨利・菲爾丁（Henry Fielding, 1707-1754），英格蘭劇作家、文學作家。

xxxvii｜杜巴蒂（C.-M.-Jean-Baptiste Mercier Dupaty, 1746-1788），曾任波爾多最高法院庭長（président à mortier）。一七八六年他挺身而出，撰寫陳情書為三位因暴力竊盜案而被判處輪刑的犯人辯護，三人最終皆獲釋。

xxxviii｜卡拉斯案（Affaire Calas）於一七六一至一七六五年發生於土魯斯（Toulouse），讓‧卡拉斯是新教商人，其子遭殺害，卡拉斯被控為阻止兒子信仰天主教而謀殺了他，處以輪刑；席爾文案（Affaire Sirven）一七六〇年發生馬札梅（Mazamet），皮耶－保羅‧席爾文（Pierre-Paul Sirven）的二女兒遇害，信仰新教的席爾文一家被控因反對女兒改宗天主教而下毒手，全家均遭判刑；拉‧巴赫騎士案（Affaire La Barre）一七六五年發生於阿貝維勒（Abbeville），出身貴族的拉‧巴赫騎士列菲弗爾（François-Jean Lefebvre, 1745-1766）被控瀆神，儘管始終堅持清白，最終仍被處死。三案發生年代相近，均與宗教有關，伏爾泰皆有所涉入，參與辯護。

xxxix｜傅柯關於非法行為的探討見於第四部分第二章。

xl｜〈上帝憐我〉（Miserere）是天主教第五十首讚美詩，首句為拉丁文「Miserere mei」（憐憫我）。因篇幅不長，即便整首詠唱也費時不多，因此miserere也衍生出「很短時間」的意思。是以，傅柯引文中的這段話可意譯為「受刑人在被懸吊了一段不算久的時間後」。

xli｜原文為grantes，不解其意。暫參英譯本譯法breeches，指馬褲、褲子。

xlii｜指發生於一七七五年四至五月間由於穀物漲價在法國各地所引發大規模民眾騷動事件，被稱「麵粉戰爭」（la guerre des farines）。

xliii｜包稅人（fermiers）為法國舊制度時期受王室委託負責在各地徵收間接稅的人。包稅人公司（Compagnie des fermiers generaux）於一六八〇年成立，負責管理徵稅事宜。

xliv｜《圭也立及同夥之生平、不凡盜術及機巧，以及他們可悲及不幸的結局》（*Histoire de la vie, grandes voleries et subtilités de Guilleri et de ses compagnons et de leur fin lamentable et malheureuse*）出版於一六七四年或更早。故事主角圭也立據傳原本是一名參與宗教戰爭的士兵，戰爭結束後解甲歸田，他卻跟許多彼時解甲兵士的命運一樣走上不歸路，在十六世紀末、十七世紀初，他成為打家劫

舍、攔路取財的盜匪，橫行於布列塔尼、旺代及普瓦圖一帶。

xlv｜昆西（Thomas de Quincey, 1785-1859），英國作家，一八二七年在雜誌上發表散文〈論被視為一種藝術的謀殺〉（On Murder Considered as one of the Fine Arts），文中視犯罪為作品，並從美學角度來探討凶案。

xlvi｜英國作家霍勒斯‧渥波爾（Horace Walpole, 1717-1797）所寫的小説，出版於一七六四年，被認為是以恐怖、死亡、厄運、神祕、超自然為主要元素的哥德小説（Gothic fiction）之濫觴。

xlvii｜埃米爾‧加博里歐（Émile Gaboriau, 1832-1873），法國作家、偵探小説先驅。一八六五年，《勒滬菊命案》（L'Affaire Lerouge）先以連載方式在報上發表，是他的第一本推理小説及代表作。

審訂註

1｜「souverain」乃傅柯常用字詞，在本書譯為「統治者」，另亦有「主權」、「至高權」與「君王」的意思。若從本書探討的時代背景而言，十七、八世紀的法國處於君主制時期，確實當時的「至高主權者」乃是「君王」，故與作者另外用的「prince」等詞堪稱同義詞。但考思想上的旨趣，傅柯著重在探討規訓權力在至高主權與個別化客體之間諸種微妙的關係與特徵，則不只是討論君王與子民間的關係。

2｜「représentaion」這個字在中文通常被翻譯成「展演」、「表象」或「再現」。本書是用來描述權力透過「戲劇」式、「情節」式的效果，讓歷史故事中的人物被懲罰的場景深植在每個個體（或對象〔objet〕）心中。並能屢屢在腦中自動浮現出該刑罰（peine，也作「痛苦」）的「意象」或「映象」，而規訓效果也可以由內而生。參見本書第二部分第一章的討論。涂爾幹（E. Durkheim）也曾用「représentaion collective」（集體展演）來談論部落社會中「圖騰」等神聖記號，用此描述集體思維以及社會性的認識能力。

第二部分

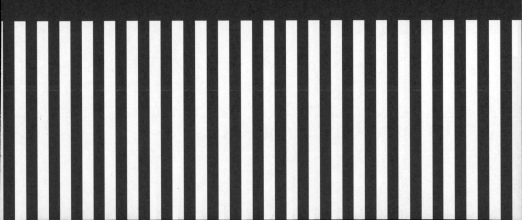

第一章

普遍化的懲罰

La punition généralisée

「刑罰應依犯行減輕、相稱，死刑唯賜予殺人犯，酷刑與人性相違，應予廢除。」[1] 在十八世紀下半葉，對酷刑的抗議在各處皆可見：哲學家與法律理論家反對；法學家、法界人士、議員反對；在陳情書[i]中及立法議員身上也存在著這樣的反對。懲罰的方式必須改變：解除統治者與犯人之間的肉體對抗；消解這種透過受刑人與劊子手之中介而發生在遂行報復的君王與強忍憤怒的人民之間的肉搏戰。很快地，酷刑變得無可忍受。如果我們從權力這一邊來看，酷刑引來反抗，它曝露出暴政、過度、復仇之飢渴，以及「懲罰之殘忍樂趣」[2]。當我們從受罰者這一邊來看，酷刑讓人感到可恥，他被推入絕望，並且還期許他能夠讚美「看起來將他遺棄的上天及法官」[3]。而無論是那一

1.　　一七八九年掌璽大臣公署（chancellerie）便是以如此的方式總結出陳情書中有關酷刑的基本立場。參見賽利格曼（E. Seligman），《法國大革命時期的司法》（*La Justice sous la Révolution*），1901，第一卷；德賈丹（A. Desjardin），《三級會議的陳情書與刑事司法》（*Les Cahiers des États généraux et la justice criminelle*），一八八三年，第13-20頁。

2.　　德‧維勒訥夫（J. Petion de Villeneuve），國民制憲議會中的發言，《議會檔案》（*Archives parlementaires*），第二十六卷，第641頁。

3.　　布雪‧達吉（A. Boucher d'Argis），《刑法觀察》（*Observation sur les lois criminelles*），一七八一年，第125頁。

邊，酷刑皆是危險的，國王的暴力與人民的暴力都在其中找到支撐而相互對抗。正如同設若統治權力並未在這場殘酷較量中看到他自己所發出的挑戰，而有一天這項挑戰很有可能會被接受：習慣「看到血流成河」的場面，人民很快就會明白「他們只能血債血還」[4]。在這些引發敵對雙方大量投注的儀式當中，我們看到以武裝為後盾的司法之過度與受恫嚇的人民之憤怒是交織在一起的。在這種關係中，約瑟夫‧德‧邁斯特（Joseph de Maistre）[ii] 確認了絕對權力在運作上的一項基本機制：在君王及人民之間，劊子手形成了齒輪；他所帶來的死亡就如同那些在沼澤地及瘟疫之上建造起聖彼得堡的農奴之死一樣：死亡是普遍性原理（principe d'universalité）；出於暴君一人的特殊意志，死亡為所有人立下一條法律，從每一具被摧殘的屍體上，死亡為國家填上了一塊基石；死亡就算釀成冤魂又有何要緊呢！相反地，十八世紀的改革者們在這種隨機（hasardeuse）與儀式的相同暴力中，譴責了任何一方對於權力之正當行使的逾越：根據他們的看法，暴政在暴力中招致反抗；二者互相招引。當中存在著雙重危險。刑事司法必須總算開始懲罰，而非報復。

這種無酷刑懲罰之必要首先以宛如一股從內心油然而生的或是在憤慨之下自然發出的吶喊而獲得表述：即便是最惡劣的殺人凶手，當我們要施以懲罰時，至少有一件事是必須尊重的：其「人性」（humanité）。〔雖然〕這麼一天將會在十九世紀到來，此時這個在罪犯身上被發現到的「人」將成為刑罰干預的目標，成為它自許要加

以矯正及改造的對象，成為一整套知識及奇特實踐——名之為「懲治的」（pénitentiaires）、「犯罪學的」實踐——所投入的領域。但在這個啟蒙運動的時代裡頭，人並非作為一個實證知識的主題來反對酷刑的野蠻，而是他作為一道權利的限制（limite de droit）：懲罰權力的正當性界線。不是假若這種刑罰干預力量要調整他時，它所需要觸及的東西，而是它該別碰以便能夠尊重他的東西。**別碰我（Noli me tangere）**。改革者們予以伸張來反對行刑臺專制（le despotisme d'échafaud）的「人」，其本身也是一種人－尺度（un homme-mesure）：然而不是關於事物的尺度，而是關於權力的尺度。

那麼，問題是：這種人－限制（homme-limite）是如何被拿來反對傳統的懲罰實踐？它以何種方式成為改革運動重要的道德正當化方式？為什麼對於酷刑出現了這麼一致的厭惡，而對於應該是「人性的」懲罰表現出如此熱切的堅持？或者，殊途同歸地，在關於一種被柔和化的刑罰（pénalité adoucie）的要求中無處不在的兩個組成要素——「尺度」及「人性」——是如何在單一策略中結合起來？在懲罰

4. 拉薛茲（Lachèze），國民制憲議會中的發言，一七九一年六月三日，《議會檔案》，第二十六卷。

經管方式的問題再一次被提出並始終被提出的今日，我們所面對的仍舊是這兩個如此必要卻又如此不確定的元素，在一種相同問題重重的關係中同樣模糊不清又劃分不開。一切看起來好像十八世紀開始了這套〔懲罰〕經管方式的危機，它並提出懲罰應該要以「人性」為「尺度」這樣的基本法則來解決危機，但卻沒能賦予這個被視為不可或缺的原理一種明確的意涵。因此，我們有必要說明一下這種令人費解的「柔和」（douceur）之誕生及最初的歷史。

* * *

人們讚揚那些偉大的「改革者」——讚揚貝卡里亞、塞爾萬（Servan）[iii]、杜巴蒂（Dupaty）或拉可代勒（Lacretelle）[iv]，讚揚杜波（Duport）[v]、巴斯多黑（Pastoret）[vi]、塔傑（Target）[vii]、貝加斯（Bergasse）[viii]，讚揚陳情書的編纂者或是制憲議員（Constituants）——將這樣的柔和注入司法機制裡，灌輸給那些遲至十八世紀晚期仍然嚴詞拒斥之的「古典的」理論家[5]。

然而，我們需要將這樣的改革放回晚近歷史學家透過司法檔案研究所梳理出的過程中來看：在十八世紀期間，刑罰逐漸放寬。或者，更確切地說，這涉及一個帶著雙重性質的運動，在這段期間，犯罪看來降低了暴力的成分，同時在交互作用下，懲罰在部分上也減輕了強度，但代價是干預方式的增多。實際上，從十七世紀末期以來，

我們注意到致死罪（crimes de sang）[ix]及更廣泛地人身攻擊明顯減少了；侵犯財產的犯行看起來取代了暴力犯罪；盜竊及欺詐取代了謀殺、傷害及毆打；最貧窮階級所觸犯的那種的分散、偶發但頻繁的犯法活動被有限但「狡猾的」犯法活動所替換；十七世紀的罪犯是「疲憊不堪、營養不良、一時衝動、出於憤怒的男人，是夏季的罪犯」[x]；十八世紀的罪犯則是「一些奸的人、詭計多端者、充滿算計的狡猾之徒」，是「邊緣人」（marginaux）[6]的犯罪；最後，犯法活動的內部組織也出現改變：大型的犯罪集團（由若干小型武裝單元所組成的搶劫者、攻擊包稅人員的走私者、結伴一起流浪的解甲士兵或逃兵）趨向瓦解；更有力的緝捕可能也迫使他們化整為零，以避人耳目（很少超過一小撮人），他們偏好更隱蔽的行動，盡可能少動用武力，冒著最低的殺戮風險：「大型犯罪集團實際上被清除或者是制度性的解體……在一七五五年之後讓一種侵犯財產權的犯法活動有了發

5.　特別參見德・福格拉那（Muyart de Vouglana）反對貝卡里亞的爭論。《關於「論犯法與刑罰」之駁斥》（*Réfutation du Traité des délits et des peines*），一七六六年。

6.　修努（Pierre Chaunu），《諾曼第年鑑》（*Annales de Normandie*），一九六二年分，第236頁；以及一九六六年分，第107-108頁。

展空間，這種犯罪型態以個人為單元，或轉變為由搶匪或小偷所組成的規模極小的團體：其成員不超過四人。」[7] 一股全面性的演變讓非法行為從人身攻擊轉移到對財物直接程度不一的侵占；以及從「群體犯罪」（criminalité de masse）轉為「縫隙及邊緣犯罪」（criminalité de franges et de marges），並且一部分是由職業罪犯所為。因此，一切看來似乎犯罪情況不斷降低（「在人類關係中主宰著一切的緊張趨於緩和……暴力衝動獲得更有效的控制」[8]），一切看來似乎非法行為放鬆了對於身體的控制，另尋其他目標。犯罪之柔和（adoucissement）先於法律之柔和。而這種轉變不能自外於其背後幾股發展趨勢；正如修努（Chaunu）[xi] 所指出的，首先是經濟壓力的作用方面的改變、生活水平普遍提高、人口快速增長、財富及財產的增加、以及「隨著上述改變而來的對於安全的需求」[9]。此外，我們發現，在整個十八世紀期間，司法上出現了某種刑罰加重的情況，其法條在若干方面變得更為嚴厲：在十九世紀初，英格蘭所判處的二百二十三件死罪當中有一百五十六件是發生在過去的一百年間[10]；在法國，從十七世紀以來，關於流浪（vagabondage）的立法已經歷經多次修正及加重；對於過往很容易逃過法律制裁的一堆輕型犯法活動，司法更嚴格亦更仔細的運作也趨向不予放過：「在十八世紀，對於發生頻率相對增加的竊盜案，它變得更緩慢、更加重、更嚴厲，在竊盜這方面，它開始顯現出階級司法的布爾喬亞樣貌」[11]；尤其在法國，其中在巴黎尤有甚之，一種遏止有組織及在光天化日之下犯罪的警察機制不斷擴展，導

7.　勒華－拉杜里（E. Le Roy-Ladurie），《對位法》（*Contrepoint*），
　　一九七三年。

8.　摩根森（N. W. Mogensen）：《十七及十八世紀奧吉一地的社會風貌》
　　（*Aspects de la société augeronne aux XVIIe et XVIIIe siècles*），一九七一年，
　　打字論文，第326頁。作者提到，在法國大革命前夕，奧吉（Auge）一地
　　的暴力犯罪數量僅有路易十四時期的四分之一。以一種更加一般的方式，
　　在修努指導之下所進行的諾曼地犯罪研究，則顯示出欺詐案增多而暴力案
　　減少的變化。參見布特雷（B. Boutelet）、杰郭（J.Cl. Gégot）與布旭弘
　　（V. Boucheron）在一九六二年、一九六六年及一九七一年的《諾曼第紀
　　要》（*Annales de Normandie*）上的文章。針對巴黎在這方面的情況，參見
　　貝托維奇（P. Petrovitch）的文章，收錄於《舊制度時期法國的犯罪與犯罪
　　性，十七至十八世紀》（*Crime et criminalité en France sous l'Ancien Régime,
　　17-18e siècles*），一九七一年。在英格蘭似乎情況也是如此，參照希伯特
　　（Ch. Hibbert），《惡之根源》（*The Roots of evil*），一九六六年，第72
　　頁；以及托比亞斯（J. Tobias），《犯罪與工業社會》（*Crime and industrial
　　society*），一九六七年，第37頁起。

9.　修努（Pierre Chaunu），《諾曼第年鑑》（*Annales de Normandie*），
　　一九七一年分，第56頁。

10.　巴克斯頓（Thomas Fowell Buxton），《議會討論》（*Parliamentary
　　Debate*），一八一九年，第XXXIX頁。

11.　勒華－拉杜里（E. Roy-Ladurie），《對位法》（*Contrepoint*），一九七三
　　年。法吉（A. Farge）在其研究中證實了這個趨勢：從一七五〇到一七五五
　　年間，竊盜案的判決中有百分之五判處勞役監，然而一七七五到一七九〇年
　　間，其比例變為百分之十五：「隨著時代的演進，法院加重其判決的嚴厲
　　性⋯⋯在那些對一個講究秩序及尊重財產權的社會而言是有用的價值上它造
　　成威脅。」參見《十八世紀巴黎的食物竊案》（*Le Vol d'aliments à Paris au
　　XVIIIe siècle*），一九七四年，第130-142頁。

致犯罪開始採取更為隱密的形式。在這整套防範措施中，我們還需要納入一個相當廣泛受到支持的看法，認為犯罪情況正持續增加並具有危險性。當今日的歷史學家所注意到的是大型犯罪集團減少的情況，勒屯（Le Trosne）[xii] 卻看到他們像成群的蝗蟲一樣撲向法國整個鄉村地區：「這盡是些貪婪的蟲子，每日劫掠農人的生存所需。讓我們挑明了說，這盡是些遍布在領土上的敵軍，其恣意盤據著，如同在一個被占領的國家中，以得到施捨的名義從中抽取真正的稅金」：他們會讓最窮苦的農民付出比人頭稅（la taille）還要高的代價：而在稅金抽最高的地方，也至少達到稅金的三分之一[12]。大多數觀察家都支持犯法案件增多的看法；那些主張司法應當更為嚴厲的人當然對此肯定；而那些認為在其暴力上更謹慎的司法將更有效、較不會面臨到在它自己的後果前倒退的人也這麼認為[13]；那些宣稱被審理案件數量所淹沒的司法官也會這麼認為：「人民的悲慘狀態與道德的腐敗使犯罪及罪犯倍增」[14]；無論如何，法庭的實際情況也如此顯示。「舊制度（l'Ancien Régime）的最後幾年確實已然宣告著革命及帝國年代的到來。在一七八二至一七八九年間的訴訟案件中，人們可能會驚訝地發現危險情勢的升高。對窮人的嚴厲，特意的拒絕作證，不信任、仇恨及恐懼的交互攀升。」[15]

　　事實上，從致死犯罪到欺詐犯罪的轉移是一整套複雜機制的一部分，它牽涉到生產發展、財富增加、財產關係被賦予更大的法律及道德價值、更嚴密的監視方法、對人口更加緊密的管控、在案情掌握、

逮捕及情報方面更精準的技術：非法活動之轉移與懲罰活動之擴張及提升二者間有著對應關係。

　　這涉及到一種態度方面的普遍轉變、一種「隸屬於精神及潛意識層面的變化」嗎[16]？或許如此，但是可以更加肯定也更為直接的原因是，在校準（ajuster）負責看管個體存在的權力機制上頭的努力；針對那些對他們的日常行為、身分、活動、看似無關緊要的舉動負有責任並進行監視的機制加以調整及提升；對於人口所代表的這種身體及力量之多重性提出另一種政策。這當中所顯現的可能比較不是對於被判罪者之人性給予某種新的尊重，實際上酷刑依舊常見，甚至對於輕

12.　　勒屯（G. Le Trosne），《論流民》（*Mémoire sur les vagabonds*），一七六四年，第4頁。

13.　　參見例如杜巴蒂（C. Dupaty），《為三位輪刑犯人陳情》（*Mémoire pour trois hommes condamnés à la roue*），一七八六年，第247頁。

14.　　這是杜奈勒（la Tournelle）法院的一位庭長在一份呈給國王的請願書中所說的內容，由法吉引用，參見前引書，第66頁。

15.　　修努（Pierre Chaunu），《諾曼第年鑑》（*Annales de Normandie*），一九六六年分，第108頁。

16.　　摩根森（N. W. Mogensen）所言，參見前引文獻。

度的罪行也不放過；其所顯現的毋寧是趨向一個更靈活也更精細的司法、趨向一種對社會體（corps social）更加緊密的刑罰管控。在〔上述因素相互拉抬的〕循環發展中，跨入暴力犯罪的門檻提高，對於經濟性犯法行為的容忍度降低，控制措施更加綿密，刑罰介入的時機更早、程度也更大。

如果將這個轉變過程與改革者們的批判性言論對照起來看的話，我們會注意到一項重要的策略交集。實際上，在提出新的刑罰原理之前，他們在傳統司法中所攻擊的目標確實是懲罰過度的問題；但這種過度所涉及的比較是一種不規則的情況，而不是懲罰權力之濫用。一七九〇年三月二十四日，圖雷（Thouret）[xiii] 在國民制憲議會中開啟了對於司法權力新組織方式的討論。在他看來，在法國，這項權力以三個方式「受到扭曲」。首先是私人占有：法官的職位可被販賣；可被繼承；它們具有商品價值，並且在實際情況中，司法判決甚至是可以計價的。第二個方式涉及到兩種權力類型的混淆：維護司法並依法進行宣判的權力與立法的權力。最後則是存在著一堆特權讓司法的執行不確定：有一些「享有特權的」法庭、訴訟程序、訴訟人（plaideurs），甚至是犯行，它們不歸屬普通法（droit commun）的範圍[17]。這只不過是距離此時最短半個世紀前不計其數的批評方式中的一個，它們所有皆在這種扭曲狀態中揭露出一套不規則的司法之源頭。說刑事司法不規則，首先係因為負責執法機關之多重性，而沒有形成一個唯一而連貫的金字塔[18]。即便先將宗教司法擱在一旁，我們

也必須正視這些不同司法間所出現的種種不連貫、犬牙交錯及衝突的情況：這包括對於打擊輕度犯行仍然起著重要作用的封建領主司法；還有本身就為數眾多又整合不佳的王室司法（王室法院與執行官法庭經常出現扞格情況，而它與此前才設置未久、作為中介法庭的初等法院之間的衝突更是嚴重xiv）；還有，無論是合法上或實然上由行政機關（如〔管轄一至數個省分的〕總督〔intendants〕）或警政機關（如憲兵司令〔prévôts〕及警察總長〔lieutenants de police〕）所確保的司法；除了上述，還得再加上國王或其代表在一切正常管道之外關於拘留或放逐方面所具有的決定權。存在著如此眾多的司法機關，甚至正是由於其數量上過多而相互抵消，同時也無法完整涵蓋整個社會體。它們之間的犬牙交錯弔詭地導致這整套司法制度是缺漏的。它是缺漏

17.　《議會檔案》（*Archives parlementaires*），第十二卷，第344頁。

18.　在這方面的諸多參考資料當中，我們可以參考朗杰（S. Linguet），《司法行政改革之必要》（*Nécessité d'une réforme dans l'administration de la justice*），一七六四年，或是布雪‧達吉（A. Boucher d'Argis），《一位司法官的陳情書》（*Cahier d'un magistrat*），一七八九年。

的，因為儘管一六七〇年刑事敕令頒行，但是同時還是存在著各種習慣法及訴訟程序上的差異；它是缺漏的，因為存在著職能的內部衝突；它是缺漏的，因為每個司法機關捍衛著各自的利益，無論是政治的或經濟的利益；它是缺漏的，最後是因為王權（pouvoir royal）的介入，它可以透過赦免、減刑、提審（évocations en conseil）等方式或直接施壓法官來阻撓司法正常及嚴厲的運作。

改革者們所批判，比較是一種糟糕的權力經管方式，而比較不是權力的積弱不振或殘酷。下級法院的權力太大，其可忽略合法的上訴權利，草率執行失允的判決，在這方面，嫌犯的無知與貧窮也產生推波助瀾的效果；控訴方擁有過多權力，它被賦予幾乎沒有限制的起訴手段，另一端面對著指控的被告人則處於赤手空拳的狀態下，這導致法官一下過於嚴厲，在反彈之下，一下又過於縱容；太多的權力交到負責審判的法官手中，一些瑣碎的證據如果是「合法的」，他們可以採納，而在決定刑罰方面，他們也擁有相當大的自由空間；太多的權力給予「國王的人馬」（gens du roi），這不僅是相對於被告而言的，也是相對於其他的檢察官來說的；最後，國王自己也行使了過多的權力，因為他可以中止司法程序、修改決定、讓法官交出案件、撤銷他們或者將他們排除在外，而由王室所指派的人來取代他們。司法之陷於癱瘓狀態所牽連的較不是羸弱，而是不當的權力配置，而是它在某些點上的集中，以及，而是因此造成的衝突及不連貫。

而這種權力的運作不良關聯上一種核心的過度：我們可以稱之為

君主制「上位權力」，它將懲罰的權利與統治者個人權力等同起來。這是一種理論上的等同，其中國王成為正義之泉（fons justitiae）；然而，其實踐的結果可以想見，甚至是與它產生矛盾，並且損及其專制主義。這是因為國王出於財政的因素，賦予自己出售「屬於」他的司法職位的權利，於是他面對一些法官——他們是其職務的所有人——不僅不聽話，同時也無知、利慾薰心、隨時可視情況妥協。這是因為他不斷設置新的頭銜，於是讓權力及權限的衝突加劇。這是因為他太過緊密地透過其「人馬」來施展權力，於是他授予他們一種幾乎視情況權宜處理的權力，從而強化了司法官內部的衝突。這是因為他讓司法與太多速成的處理程序（憲兵司令及警察總長的司法）或一些行政措施並行，因而他癱瘓了井然有序的司法，他讓司法有時失之縱容及不明確，有時急促並嚴厲[19]。

19. 關於這種「太多的權力」及其在司法機制中分配失當的批判，特別可參考杜巴蒂（C. Dupaty），《刑事訴訟文集》（*Lettres sur la procédure criminelle*），一七八八年。德・拉可代勒（P. L. de Lacretelle），〈申論檢查公訴人〉（*Dissertation sur le ministère public*），出自《論對加辱刑之偏見》（*Discours sur le préjugé des peines infamantes*），一七八四年。塔傑（G. Target），《提交三級會議陳情書之精神》（*L'Esprit des cahiers présentés aux Etats généraux*），一七八九年。

受到批判並不那麼是或單單只是司法的特權、專斷、由來已久的傲慢、不受控制的權利；受到批判的毋寧是在它的羸弱與過度之間、以及在它的誇大與缺漏之間的混合狀態，尤其是這種混合本身的來源，即君主制的上位權力。從最一般性的表述來看，改革的真正目標不是真的那麼要根據更加公平的原則來奠定一種新的懲罰權利；而是要建立一套新的懲罰權力的「經管方式」，確保關於懲罰權力更好的配置，使其既不會過度集中在少數享特權處，同時也避免分散在相互對立的司法機關之間；它被分配在可於各處發揮作用的同質性管道中，它的方式不但連貫而且可及於社會體最細微處[20]。刑法之改革應該被理解為一種重新整理懲罰權力的策略，根據一些模式，讓懲罰權力更有規則、更有效、更穩定、作用也更為貫徹；簡而言之，透過降低其經管成本（即讓懲罰權力跟司法的所有權、買與賣、對職位乃至於判決加以販售的體系一刀兩斷）及降低其政治成本（即將它與君主制權力的專斷一刀兩斷）而提高其作用。實際上，新的刑罰法律理論涵蓋了一套對於懲罰權力的新「政治經管方式」（économie politique）。如此，我們才能理解為什麼這種「改革」並不具有單一的起源點。改革的開端既不是那些思想開明的社會人士，也不是反對專制主義並與人性為友的哲學家，甚至也不是那些站在改革起點、起身對抗高等法院司法官的社會團體。或者毋寧說，不單單是他們；在懲罰權力之新配置及其效果之新分配中，有許多不同的利益交錯其間。改革並不是醞釀在既有的司法機制之外並反對其所有的代表；改革主

要來自內部，它由為數頗眾的司法官所謀劃著，既有著相同的目標，也有著讓他們互相對立的權力衝突。的確，在所有的司法官當中，改革者並不占多數；然而，確實是由這些法律人擘劃出基本的改革原則：一種君王統治權（souveraineté du prince）的直接影響不可及的審判權力；它擺脫了染指立法之意圖；它褪去司法為私人所有的種種瓜葛；它充分行使權力，但功能僅限於審判。簡言之，審判的權力不來自統治權各式各樣、不連貫、時而矛盾的特權，而是公權力以連貫的方式進行配置的結果。這個基本原則確立了一個包容了不同抗爭路線的共同策略。是如同伏爾泰這類的哲學家及像布里索（Brissot）[xv] 或馬拉（Marat）[xvi] 這樣的政論家所投身的抗爭；但也是那些利益南轅北轍的法官的抗爭：奧爾良初級法院的法官勒屯、擔任高等法院主任檢察官（avocat général）的拉可代勒；與議會一起反對莫普（Maupeou）

20. 參考貝佳斯（N. Bergasse），關於司法權力的討論：「去除任何對抗國家政治體制的活動，不對努力建構這個體制或對它進行維護的意志施加任何影響，它為了保護所有人及所有權利應該具備著一種力量，這種力量在進行捍衛及支持時具有全能（toute-puissante），但一旦其目的改變，人們試圖用它來從事壓迫，則絕對變成無。」參見《向國民制憲會議報告司法權力》（*Rapport à la Constituante sur le pouvoir judiciaire*），一七八九年，第11-12頁。

改革[xvii] 的塔傑；但是也包括反對高等法院司法官、支持王權的莫侯（Moreau）[xviii]；同屬法官但反對他們同僚的塞爾萬及杜巴蒂等。

在整個十八世紀，在司法機制的內部及外部，在日復一日的刑罰實踐中，如同在對既存機構的批判中，關於懲罰權力的行使逐漸形成了一種新策略。所謂的「改革」，無論是在法律理論上受到倡議或者是在實際方案中被擬定，其實都只是同一項策略在政治上或哲學上的重提，其主要目標是：讓對非法行為的懲罰及壓制成為一項有規則並涵蓋整個社會的功能；不是要懲罰更少，而是要懲罰更好；懲罰的嚴屬性可能因此降低，但是這會讓懲罰的普遍性（universalité）及必然性（nécessité）更高；並將懲罰的權力嵌入社會體的更深處。

* * *

因此，看著改革誕生的局面，並不是一種新的感性（sensibilité）之局面；而是針對非法行為出現了另一套政治之局面。

概略上，我們可以說，在舊制度時期不同的社會階層在非法行為上皆擁有獲得容許的灰色地帶：有法但不執行、對許許多多的法令或條例不予遵守的情況曾是整個社會在政治及經濟運作上的一個條件。這並非舊制度時期所獨有的特質？有可能。但是，在這個時期，非法行為是如此根深蒂固，在生活上對每一個社會的階層是如此的必要，以至於在某種程度上它有它自己的一種協調性及一套經管方式。有

時，它帶有一種絕對法規（absolument statutaire）的形式——這讓它變得比較不像非法行為而接近於一種合乎規定的豁免：這是給予個人及社群的特權。有時，它具有一種大幅度及普遍上不予遵守的形式，而造就了幾十年間、有時甚至幾個世紀一些法令一面持續公布並更新但同時未曾執行的情況。有時，它採取逐步廢除的方式，這為有時法令的突然重啟預留了空間。有時，這涉及當局的默許、忽略或只是單純因為在實際上不可能施行法律及阻止違法者。原則上，社會人口中處境最糟的一些階層並不享有什麼特權：不過，實際上，在法律及慣例的邊緣，靠著強力或頑強，他們仍享有容許的空間；對他們而言，這個空間在生存上是如此的不可或缺，乃至於他們隨時準備好起身捍衛；透過對既有法規的重申或者是壓制措施上的提升，當局每一段期間就祭出一次去除這種空間的努力，然而，無論任何情況下，這類舉動都會引發民眾反彈，一如想要削減某些特權的努力一樣也會激怒貴族、神職人員及資產階級。

但是，這種必要且每個社會階層各有其形式的非法行為面臨著著許許多多的矛盾。在其下端，它與犯罪相鄰，它在法律上、要不就是在道德上很難與之區分開來：從財稅的非法行為到關稅的非法行為、到走私、到搶劫、到武裝反抗稅務人員、到對抗官兵、最後到造反，其間存在著連續性，分界線很難劃定；或者是流浪（受到法令嚴屬的懲罰，但幾乎從未實施），伴隨著搶劫、暴力竊盜、有時謀殺，是失業者、非法離開雇主的工人、逃離主人的家僕、受虐待的學徒、逃兵

及所有想逃避強迫徵召者的去處。基於上述，因此犯罪根植於一套更廣的非法行為中，而後者又是庶民階層在生存上所依附的條件；反過來說，這種非法行為是犯罪增長的長期因素。由此處，在人民的態度中存在著一種模擬兩可的情況：一方面，犯罪者——特別是涉及到走私者或是被主人虐待所趕走的農民——獲得一種油然而生的肯定：人們在他的暴行中看到古老鬥爭一脈相承的軸線；但另一方面，在人民容許的非法行為的庇護下，卻犯下有損人民罪行的犯罪者（例如犯下偷竊及謀殺的流浪乞丐），便很容易變成人民所痛恨的對象：他把最弱勢階層當成生存條件的非法行為轉而對付他們。如此，圍繞著罪行，同時交織著光榮與責難；人們一方面明白自己與這個飄移乎不定的族群是如此地接近，一方面又清楚地感覺到犯罪可能從中孳長，面對他們，實質的幫助與恐懼交替著。庶民的非法行為裡頭包裹著一個犯罪的內核，它同時是這個非法行為的極端形式及內在危險。

但是，在底層的非法行為與其他社會階層的非法行為之間，既沒有全然殊途同歸，但也沒有根本的對立。總的來說，每個群體所特有的不同非法行為之間保持著既敵對、競爭、利益衝突、同時又相互支持、共謀的關係：農民拒絕支付某些國家或教會特許權費用的行為，在地主的眼裡不一定是壞事；工匠不遵行一些製造規定的做法往往獲得新企業主的鼓勵；在走私方面——曼德林（Mandrin）[xix] 受到民眾歡迎、在城堡中受到接待並獲得高等法院官員保護的事蹟可以對此證明——得到了廣泛的支持。在必要時，十七世紀我們還看到不同的抗

稅行動在大規模的造反中促成社會距離甚遠的階層間的結盟。簡而言之，非法行為間的交互作用構成了社會之政治及經濟生活的一部分。更好的是：一些轉變（法規過時，如柯爾貝^{xx}所制訂下的規定，以及不遵守王國內部關稅障礙、行會陋習的崩解）都是發生在種種非法行為日益拉開的缺口上；甚至，資產階級需要這些轉變；在這些轉變的基礎上，它確立了一部分的經濟成長。容忍在此時成為一種鼓勵。

不過，到了十八世紀下半葉，這個過程開始出現反轉的跡象。首先，隨著財富的普遍增加，同時也因為人口大規模的成長，庶民非法行為的主要目標不再以權利為優先對象，而改為以財物為目標：順手牽羊、偷竊開始取代走私及反稅務人員的武裝抗爭。在這種情況下，農民、包稅人及工匠往往成了主要的受害者。當勒屯說到農民遭受流民侵擾之苦更勝於封建領主的要求時，他可能只是誇大了一種真實的情況：竊賊今日可能像成群的害蟲一樣撲向他們，啃食作物，摧毀糧倉[21]。我們可以說，在十八世紀，一場庶民非法行為的危機一步一步地展開；事實上，無論是大革命爆發初期的運動（圍繞著對領主權的

21.　　勒屯（Le Trosne），《論流民》（*Mémoire sur les vagabonds*），一七六四年，第4頁。

抗拒），或時間上更晚、由反地主權利（droits des propriétaires）的鬥爭、政治及宗教抗議、對兵役徵召的拒絕等所匯聚起來的運動，它們並沒有在庶民非法行為舊有及受歡迎的形式下被連結起來。再者，如果資產階級當中有相當比例的人沒有太大的困難便可以接受〔以權利為侵犯對象的〕權利型非法行為（illégalisme des droits），但是當現在非法行為是以它視為其所擁有的所有權為目標時，資產階級便很難繼續支持。在這方面，沒有什麼比十八世紀末期、尤其是大革命爆發以來所發生的農民犯法情況更能彰顯箇中問題[22]。朝向密集農業發展的轉變，對於使用權利、各種被容忍的項目及被認可的輕度非法行為，帶來一種越來越緊縮的壓力。此外，一部分由資產階級取得並免除了過往封建雜稅的土地財產現在成為〔由所有權人完全擁有的〕絕對財產：以往農民獲得或保有的一切被容忍的項目（古老義務之拋棄或不規矩作法之鞏固：公共放牧權、木材撿拾權[xxi] 等）現在開始被新的所有者視為純粹而簡單的違法行為而受到追究（因而在各地造成一系列連鎖反應，其非法程度越來越高，或者假如想要，也可以說犯罪程度越來越嚴重：打破圍欄、盜竊或屠宰牲畜、放火、暴力、謀殺[23]）。隨著財產在法律上所取得的新地位，過往經常有助於底層人民謀生的權利型非法行為開始變成財物型非法行為（illégalisme de biens）。因此將會受到懲罰。

如果說在土地財方面，這種財物型非法行為受資產階級支持的情況並不好，那麼在商業及工業財方面則是無可容忍的：港口的發展、

堆放商品的大型倉庫的出現、占地廣闊的工廠之組織（存放相當多的原料、工具、製品，財產上屬於企業主，又難以監管）也要求對任何非法行為施以嚴厲的打擊。財富以前所未有的金額規模投入在商品及機器上，這便注定了對非法行為採取一種系統性及以武裝為後盾的零容忍態度。在經濟發展越旺盛的地方，這種現象必然就非常明顯。由於迫切需要壓制住這些數不清的非法行為，柯古漢（Colquhoun）[xxii] 試圖單就倫敦市的情況提出數量上的證據：根據企業主及保險公司的估計，自美國進口、在泰晤士沿岸存放的貨品每年失竊的金額平均達二十五萬英鎊；若各項目合併計算，單單是倫敦港遭竊的貨品每年就達到五十萬英鎊（這還不包含海軍造船廠的損失）；此外，還得加上城市失竊部分所估算出的七十萬英鎊。在這種持續發生的失竊情

22.　柏舍（Y.-M. Bercé），《造反農民與赤腳漢》（*Croquants et nu-pieds*），一九七四年，第161頁。

23.　參見費斯帝（O. Festy），《農村犯法行為與大革命時期及執政府時期的壓制》（*Les Délits ruraux et leur répression sous la Révolution et le Consulat*），一九五六年。歐居榮（M. Agulhon），《普羅旺斯的社會生活》（*La vie sociale en Provence*），一九七〇年。

況裡頭，柯古漢認為有三個現象值得關注：雇員、監工、工頭與工人間的共謀及經常出現的積極參與：「每當大量的工人聚集在同一處，那裡肯定有不少壞蛋」；存在著一整套非法交易機制，從工廠或碼頭開始，接著是收贓者——各自專精在某些類型的貨物、只做批發的銷贓者，以及負責零售的銷贓者，其貨架上只擺放著「便宜貨、破銅爛鐵、舊布料、破舊衣服」，而店面後頭則藏了「價值最昂貴的海軍彈藥、螺栓和銅釘、鑄鐵及貴重金屬製成的零件、西印度群島的產品、家具及從各類工人手中購得的物品」——接著經由零售商及小販再將這些偷來的貨品賣到遙遠的鄉間[24]；最後，還有偽幣的製造（整個英格蘭有四十至五十間分布各地的偽幣製造工廠）。而促成這種既侵占又〔與正規市場發生〕競爭的龐大活動的原因是各個方面的容忍：有些被當作既得權利（例如，在船隻周邊拾取鐵製零件與剩餘纜繩，或者將散糖轉賣）；其他則被歸在道德上可以接受的範圍內：在其行為者的腦海中，這種盜取行為與走私相近而將之「等同於這類被認為沒什麼大不了的犯法行為」[25]。

　　因此，有必要控制及重新規範所有這些非法行為。各種違法行為必須被清楚界定及明確受到懲罰；在這麼大量被容忍並以不連貫、帶著一種比例不符亮光的方式受到制裁的不規矩狀況中，人們必須確定哪些是不可容忍的違法行為，必須受到懲罰而無可遁逃。隨著資本積累、生產關係及財產之法律地位等方面出現了新的形式，所有在過去被歸在權利型非法行為的庶民實踐，無論是在一種沉默、日常、

被容忍的形式下，或是在一種暴力的形式下，現在皆被悍然地導向財物型非法行為上頭。在這種從司法─政治性的抽取社會（société du prélèvement）到勞動工具及產品的占有社會（société de l'appropriation）的變動中，盜竊開始成為脫離合法性的首要方式。或者換一種方式說：隨著資本主義社會的發展，非法行為的經管方式已經重構。侵犯財物型的非法行為與侵犯權利型的非法行為被區隔開。這種劃分與階級對立重疊，一方面諸庶民階級最容易觸犯的是財物型非法行為——以暴力方式轉移財產；另一方面，資產階級會保留給自己的則是權利型非法行為：規避它自己的規則及法律之可能性；讓規模龐大的經濟流通部門游走在法律邊緣——法律在此沒有明確規範或者是實然上被容忍——之可能性。在非法行為方面，這種大規模的重新配置甚至也反映在司法管道的專門化上：對於侵犯財物型的非法行為——例如竊盜——由一般法庭審理，並施以懲罰；對於侵犯權利的非法行為——

24. 柯古漢（P. Colquhoun），《論倫敦警察》（*Traité sur la police de Londres*），法譯本，一八〇七年，第一卷，第153-182頁及第292-339頁。柯古漢對這些不同的管道提供了非常詳盡的數據。

25. 前引書，第397-398頁。

例如欺詐、逃稅、不符規定的商業操作——則由特殊的法庭負責，並判處和解、調停及從輕罰款（amendes atténuées）等。資產階級為自己保留了權利型違法行為這種有利可圖的領域。在這種劃分方式進行的同時，一種以財物型違法為主要目標的常態管控方式（quadrillage constant）之必要性也確立起來。同時確立起來的必要性還包括要讓舊有的懲罰權力之經管方式壽終正寢，其要素包括數量眾多而既混雜又缺漏的機關之多重性、與一種實然的阻力（inertie de fait）及一種無可避免的容忍相對應的權力分配與集中方式，以及在呈現上發出亮光但在施行上卻又隨機的懲罰方式。確立起來的必要性還包括要界定出一種懲罰的策略及相關技術，當中一種具有連貫性及常態性的司法經管方式取代了消耗性與過度性的經管方式。簡而言之，刑法改革正出現在反對統治者之上位權力的鬥爭與反對被贏得及被容忍的非法行為所代表的下位權力（infra-pouvoir）的鬥爭這兩種鬥爭的交會點上。而如果這項改革不只是純粹因緣際會之下一場相遇的一時性結果，那麼，這是因為在這個上位權力與這個下位權力之間已經交織著一整套的關係網絡。君主制統治權（souveraineté monarchique）形式一方面在統治者這一邊擺放著由一種由閃著亮光、無限制、個人色彩、不規則且不連貫權力所形成的超載狀態，另一方面在人民這一邊則對常態的非法行為留下了放任的空間；這種非法行為有如這種權力形態的對應方。以至於對統治者各式各樣的特權進行攻擊，這的確同時也攻擊了非法行為的運作。這兩個目標是相連的。改革者們便根據機緣條件或

特定的戰術先對此或彼下手。勒屯這位曾經擔任過奧爾良初等法院法官的重農主義者可被舉出來當做一個例證。一七六四年他發表了一篇關於流浪的論文：竊賊及殺人犯的溫床，「他們棲居在社會中，卻不是其一分子」，其「以全體公民為對象」進行著「一場真正的戰爭」，他們就在我們當中，活「在我們設想在公民社會建立前曾經出現過的狀態中」。針對他們，他主張施以最嚴屬的刑罰（以一種相當富有說明性的方式，他驚訝於他們比起走私者更受到縱容）；他要求警力加強，並在受偷竊之苦的民眾協助下由騎警隊負責追捕他們；他主張這些既無用又危險的人「應該歸給國家，他們之歸屬它就如同奴隸歸屬其主人一樣」；如有必要時，我們在樹林裡組織集體的驅趕活動（battues collectives），以便將他們趕出來，緝捕到他們的人可獲獎金：「人們為每顆狼頭發給十里弗爾（livres）的獎勵。一個流民對社會所帶來的危險遠逾之。」[26] 一七七七年，在《對刑事司法之見》（*Vues sur la justice criminelle*）中，同一位勒屯主張要減少來自公家的特權，主張在最終定罪之前將被告視為無罪，主張法官應該是被告與社

---

26. 勒屯（G. Le Trosne），《論流民》（*Mémoire sur les vagabonds*），
一七六四年，第8、50、54、61-62頁。

會之間的公正仲裁者，主張法律應該要「固定、不變、以最精確的方式受到界定」，從而讓人民知道「他們所面臨的是什麼」，以及主張法官只是「法律的工具」（organe de la loi）[27]。對勒屯而言，如同對同一時代許許多多的其他人而言，對懲罰權力加以限定的鬥爭與要求對民眾非法行為施以更嚴格、更穩定的控制，這二者間是直接關聯的。我們可以理解，在刑法改革中，對於酷刑的批判會具有如此的重要性：因為，很明顯地這是統治者不受限制的權力與人民總是持續不輟的非法行為匯聚在一起的表徵。刑罰之人性，這是人們針對一個應該確立此二者各自界限的懲罰體制所給予的尺規（règle）。人們欲令之在刑罰中受到尊重的「人」，此乃人們賦予這項雙重限定的司法及道德形式（forme juridique et morale）。

　　但是，如果說改革——作為刑罰理論及作為懲罰權力的策略——確實是在這兩項目標的交會點上所擘劃出來的，它在後續階段中的穩定性長期仰賴於第二項目標占據著優先地位這一點。這是因為在大革命時期、接著在帝國時期、最後在整個十九世紀期間，對庶民非法行為施加壓力變成最基本的迫切需要，因而改革得以從計畫之狀態步入制度及實踐整體之狀態。也就是說，如果從表面上看，新的刑事立法的特點是刑罰的柔和化、更清楚的法典化（codification）[xxiii]、專斷性明顯減少、關於懲罰權力建立起更好的共識（缺乏一個它在運作上更實際的劃分），〔真正〕支撐它的是出現在非法行為的傳統經管方式中的劇烈變動，以及一套讓它們新的校準（ajustement）能夠維持下去

的嚴格限制。人們必須構想出一套刑罰體系，有如一套機制以能區別開來的方式管理非法行為，而完全不是要將之全部去除殆盡。

* * *

移動鏡頭並調整其刻度。界定新的戰術以觸及到一個現在變得更不明顯（ténu），但在社會體中分布得更廣泛的標的。尋找新的技術，以便在其中校準懲罰並調整作用。奠定新的原則，藉以規則化、細緻化和普遍化懲罰藝術。令其運作同質化。透過提高效率及增加其通路（circuits）來降低其經管的及政治的成本。簡而言之，為懲罰權力構建一套新經管方式及一套新技術：這些可能才是十八世紀刑罰改革的根本原因。

在原則的層次上，這套新策略很容易在契約的一般理論架構中提出。公民被認為一勞永逸地隨著接受社會的所有法律，也接受了這種有可能以他為懲罰對象的社會。在這樣的情況下，罪犯看起來如同一個在法律上自相矛盾的人。他打破了公約（le pacte），因此他是整

27. 勒屯（G. Le Trosne），《對刑事司法之見》（*Vues sur la justice criminelle*），一七七七年，第31、37、103-106頁。

個社會的敵人，但他也參與了施加在他身上的懲罰。〔即便〕最輕微的罪行〔也一樣〕攻擊了整個社會；即便是最輕微的懲罰，整個社會——包括罪犯本人——都涉入其中。因此，刑罰是一種普遍化的功能[xxiv]，其全面涵蓋社會體及它的每一個元素。於是，「尺度」（mesure）及懲罰權力經管的問題就來了。

實際上，違法行為將個體與整個社會體對立起來；為了懲罰他，社會有權以整個社會的方式反對他。這是一場不對等的鬥爭：一邊，使出所有的力量、一切權力、所有法律。它必須如此，因為它要捍衛每一個人。一項良好的懲罰權利便是如此，因為違法者成為公敵（ennemi commun）。他甚至比敵人更糟糕，因為他來自社會內部，他攻擊社會——他是一個叛徒。他也是一個「怪物」。社會怎麼會沒有一種絕對權利行使在他身上？它怎麼能不要求純粹而簡單的壓制？而假如懲罰的原則確實應當納入公約中一併獲得簽屬，那麼每位公民接受針對他們當中那些對他們進行人身攻擊者施以最嚴屬的刑罰這難道不是順理成章嗎。「所有的違法者，皆攻擊了社會權（le droit social），對祖國而言，因為其重大過失，而成為造反者及叛徒；於是國家之存續不相容於他的存續；它們當中有一方該消亡，而當我們讓犯人消亡，這更如同是讓敵人消亡，多過於讓公民消亡。」[28] 懲罰的權利已經從統治者之報復被移動到社會之防衛。然而，此時它由一些如此強烈的元素所重新組合而成，以至於它幾乎變得更加可怕。人們使違法者從一種在性質上過度的威脅中脫身，然而卻讓他面臨到一種

看不出有何限制的刑罰。一種可怕上位權力之重返。因而必須對懲罰的權力設下一個節制（modération）的原則。

「看到歷史上有那麼多可怕而無用的酷刑被自稱為有理智者的怪物冰冰冷冷地發明出來並使用，誰不會被嚇到顫抖呢？」[29] 再或者：「法律叫我去見證對最嚴重罪行之懲罰。我懷著這種罪行在我身上所激起的所有憤怒前去。但結果呢？法律所做的比起它猶有過之……上帝在我們的心中刻印上了對於疼痛的厭惡，無論這是對我們自身或對我們同類而言，那麼是祢所創造出的如此脆弱又敏感的人發明了這般野蠻又精緻的酷刑嗎？」[30] 即使在懲罰社會體之敵人時，懲罰節制

28. 羅梭（J.-J. Rousseau），《社會契約論》（*Contrat social*），第二卷，第五章。我們應該注意的是，盧梭的這些想法曾經在國民制憲議會中受到某些主張維持極嚴厲刑罰體系的議員所引用。契約論的原理竟然可以奇特地被用來支持在罪行與懲罰之間殘酷相當的古老主張。「公民所應當獲得的保護要求根據罪行的殘酷程度來衡量刑罰，以及不要以人性之名犧牲了人性本身。」穆將・德・霍克佛（Mougins de Roquefort）從《社會契約論》中引用了上述段落，參見他在國民制憲議會中的發言，《議會檔案》（*Archives parlementaires*），第二十六卷，第637頁。

29. 貝卡里亞（C. de Beccaria），《論犯法與刑罰》（*Traité des délits et des peines*, 1764），一八五六年版，第87頁。

30. 德・拉可代勒（P. L. de Lacretelle），《論對加辱刑之偏見》（*Discours sur le préjugé des peines infamantes*），一七八四年，第129頁。

之原則首先以一種如同發自心中之言的方式被闡述。再好一點，它如同種身體之吶喊而衝出來，這身體抗拒著視覺上或想像上過多的殘酷 xxv。在改革者身上，刑罰應該不失「人性的」這一原則的表述透過第一人稱提出。彷彿是說話者的感性直接表達；彷彿是在劊子手的凶猛與受刑人之間，哲學家或理論家的身體冒了出來確立它自己的法則，並最終將之施加在整個刑罰經管方式上。這種抒情的表達方式（lyrisme）表現找到一套刑罰計算之理性基礎方面的無能嗎？在將罪犯逐出社會的契約論原理與被自然所「嘔吐」出的怪物意象之間，如果不是在一種自己顯現出來的人類本性中——不是在法律的嚴厲中，也不是在犯法者之殘忍中——而是在負責制定法律並且本身並不犯罪的理性人的感性之中，何處可以找到一道限制呢？

　　但是這種對「感性」的訴諸並不真正表現出一種理論的不可能。在事實上，它本身帶著一種計算的原則。需要受到尊重的身體、想像、折磨、心靈實際上並不是應受到懲罰的罪犯的身體、想像、折磨、心靈，而是那些曾簽屬公約而具有權利行使團結力量來反對他的這些人的身體、想像、折磨、心靈。刑罰柔和化所應排除的折磨是法官或觀眾所受到的折磨、以及所有它們所能夠引起的冷酷無情、由於習以為常而導致的凶殘，或者相反地是它們所能夠引起的所有不該有的憐憫、沒什麼根據的縱容：「對可怕的酷刑在其身上產生出某種折磨的這些溫和及敏感的人的赦免」[31]。需要妥善處理及計算的是懲罰反過來對施懲的機關及它想要施展的權力所造成的〔負面〕影響。

一個罪犯就算他是一個叛徒、一個怪物也永遠只能施以「人性的」懲罰的這個原則正是立基於此。如果現在法律應當「人性地」處置「背離天理的」（hors nature）人（而從前的司法以不人性的方式對待「脫離法律」人），那麼其原因並不在於罪犯身上藏著一個深層的人性，而是權力在其作用上所必要的調節。正是這種「經管的」理性必須度量（mesurer）懲罰並規定經過校準的技術。「人性」是給予這種經管方式及其細緻計算的引人尊重的名字。「在刑罰方面，最輕量刑（le minimum）是由人性所規定並由政治所建議。」[32]

31.　　前引書，第131頁。

32.　　杜伯（A. Duport），國民制憲會議中的發言，一七八九年十二月二十二日，《議會檔案》（*Archives parlementaires*），第十卷，第744頁。在同一個方向上，我們還可以舉出十八世紀末由一些知識社團及學院所舉辦的各種徵文比賽為例：怎麼做「以便讓調查與刑罰之柔和得以與明快且具示範性的懲罰相調和，以及怎麼做以便讓公民社會為自由及人性找到最大的安全可能」由伯恩經濟學會（Société économique de Berne）舉辦，一七七七年。馬拉（Marat）以其《刑事立法計畫》（*Plan de Législation criminelle*）來加以應答。什麼是「在不損及公共安全的情況下，在法國柔和化刑法嚴厲性的方法」，一七八〇年由馬恩河畔夏隆學院（Académie de Châlons-sur-Marne）所舉辦，獲獎者是布里索（Brissot）和伯納第（Bernardi）；「在一個道德敗壞的國家，法律的極端嚴厲有助於減少犯罪的數量及嚴重性嗎？」由馬賽學院（Académie de Marseille）舉辦，一七八六年，獲獎者是艾瑪（Eymar）。

為了理解這種懲罰之技術－政治，假設一個極端的例子，即最後的罪行：一樁違反了一切要法的滔天之罪。它發生在如此特殊的情況下，埋藏在如此深層的祕密中，帶著如此的無度（démesure），如同達到了一切可能極限的地步，它只能是唯一的，無論如何是同類中最後的一個：沒有任何罪行能夠模仿它；沒有任何罪行能夠引之為例，甚至對它所犯下的罪感到憤慨。它注定要消失得無影無蹤。在新的刑罰中，這則「罪行之極」（l'extrémité du crime）的寓言[33]有點像是在舊的刑罰當中的原始過錯（la faute originelle）：讓懲罰之原因從中出現的純粹形式。

一個這樣的罪行應該受到懲罰嗎？依據哪一個尺度？在懲罰權力的經管方式中，這樁罪行的懲罰有著怎樣的用處？當這個懲罰能夠修復「對社會所造成的傷害」[34]，那麼它就是有用的。然而，如果我們撇開純屬物質層面的傷害（這類傷害，即便如同謀殺案造成了無可彌補的傷害，〔然而〕從整個社會層次上來看，其廣度依舊很有限），一項罪行對社會體所造成的傷害是它在其中所引起的失序：它所激起的憤慨，它所帶來的示範作用，如果沒受到懲罰就會導致再度發生的鼓動效果及擴大的可能性。為了有效，懲罰應當將罪行所引發的種種後果當成其目標，這些後果所指的是全部它所能夠引發的失序。「刑罰與犯行性質之間的對應取決於它侵犯公約這件事對於社會秩序所造成的影響。」[35]然而，一項罪行的影響不必然與其殘酷程度成正比；一項讓意識感到驚恐的罪行，其作用常常不如一樁所有人皆容忍並自

己也想效尤的勾當。重大罪行少有；危險的反而是層出不窮、司空見慣的小罪行。因此，在犯罪與其懲罰之間無庸再尋求一種質的關係、一種在恐怖上的對等：「在酷刑中，不幸者的喊叫能從一去不返的過去當中取消一個已經犯下的行為？」[36] 計算刑罰，不是根據罪行，而是根據它重複的可能。不是瞄準過去的犯行，而是瞄準未來的失序。確保為非作歹者不再有重新開始的渴望，也不會有效尤者之可能[37]。因此，懲罰是一種關於效果之藝術；它比較不是將懲罰之嚴重性

33. 塔傑（G. Target），《針對刑法法案的幾點觀察》（*Observations sur le projet du Code pénal*），引自洛克雷（Locré），《法國之立法》（*La Législation de la France*），第二十九卷，第7-8頁。此外，我們可以在康德那裡找到這個寓言的相反形式。

34. 德・巴斯多黑（C. E. de Pastoret），《論刑法》（*Des lois pénales*），一七九〇年，第二卷，第21頁。

35. 費蘭傑立（G. Filangieri），《立法學》（*La Science de la législation*），法譯本，一七八六年，第四卷，第214頁。

36. 貝卡里亞（C. de Beccaria），《論犯法與刑罰》（*Traité des délits et des peines*），一八五六年，第87頁。

37. 巴赫納夫（A. Barnave），國民制憲議會中的發言：「社會並沒有在它所施予的懲罰中看到使人受苦之野蠻享受；它在其中看到為了防止類似的犯罪所必需的預防措施、為了讓社會遠離一樁威脅著它的罪行所帶來的惡。」（《議會檔案》，第二十七卷，一七九一年六月六日，第9頁。）

與過錯的嚴重性兩相對比，而是應該要讓隨著罪行而來的兩個系列（séries）相互校準：其自身的影響及懲罰的影響。沒有後續的罪行無須懲罰[xxvi]。同樣地，根據相同寓言的另一個版本，一個社會在瓦解及消失的前夕也不再有權利去設置行刑臺。最後的罪行只能不受懲罰。

這不是什麼新的概念。無須等待十八世紀的改革來讓懲罰的這種示範作用獲得凸顯。懲罰注視著未來，預防最起碼算是它的主要功能之一，這是幾個世紀以來對於懲罰權常見的正當化方式之一。然而，其不同之處在於，預防在過往被當作懲罰及其亮光的一種結果，因此也是其無度的一種結果，而現在預防則成為懲罰經管方式的原理，以及其恰如其分的尺度。我們必須懲罰得剛好足夠，以產生防止的效果。因此，在範例作用的機制中有了轉移：在酷刑的刑罰中，範例是罪行之反擊；透過一種成對的展現方式，範例必須展現出罪行，同時展現出制服罪行的統治權力；而在一種計算自身效果的刑罰中，範例必須關聯上罪行，但要以最謹慎的方式進行，同時範例必須指出權力對罪行之處置，但要帶著最大的節約，而且在最理想的情況下必須避免〔罪行及懲罰〕任何一個後續再發生的可能。範例不再是一種旨在展現的儀式，現在它是一種記號（signe），起著嚇阻作用。藉著這種致力於反轉整套刑事行動時間場域的懲罰符號技術[xxvii]，司法的改革者們希望賦予懲罰權力一個節約的、有效的、可普及整個社會體的、有助於規範所有行為並且因此有助於減少整個非法行為分散性領域的工具。人們試圖用來將懲罰權力裝配起來的符號－技術（la sémiotechnique）立足於五或六項主要規則。

最少量規則（Règle de la quantité minimale）。罪行之所以犯下，是因為它提供了一些好處。如果我們將一個壞處再略大一些的觀念（idée）跟罪行的觀念連在一起，那麼這個罪行將不再可欲。「為了讓懲罰產生出我們期待它產生出的效果，所需要做的是讓它所帶來的壞處多過於罪犯從罪行中所得的好處。」[38] 我們可以承認，也確實必須承認，〔在這種想法中〕刑罰與罪行之間存在著一種相近性；然而，這已不再是在過去的形式下，其中酷刑必須在強度上與罪行旗鼓相當，並帶著一個外加的部分，其彰顯出正遂行著其正當報仇的統治者「更多的權力」的特性；現在，在利益得失的層面上涉及到一種幾乎等同的狀態：免受刑罰的利益略大過於鋌而走險的利益。

充足觀念性規則（Règle de l'idéalité suffisante）。如果犯罪的動機是人們想像出來的好處，那麼刑罰之有效就在我們在其中預料到的壞處。在懲罰的核心當中，造就「刑罰」的關鍵並不在於〔實際上〕被折磨的感覺，而是一種關於痛苦、不快、不便的觀念——此乃「刑

38.　　貝卡里亞（Beccaria），前引書，第89頁。

罰」觀念之「刑罰」。因此，懲罰所要運用的不是身體，而是再現（repr，而是處，l'id）。或者，毋寧說，如果它要運用身體，那麼是在身體比較不是一種折磨之主體（le sujet d'une souffrance）而是一種再現之客體（l'objet d'une représentation）的情況下：對痛苦的回憶可以遏阻再犯，正如肉體刑罰展演——其人為色彩並不重要——可以預防罪行蔓延。但並不是痛苦本身將作為懲罰技術工具。因此，〔回憶〕能多久就多久，而除非攸關要激起有效的再現，否則擺出行刑臺的大陣仗是沒什麼必要的。被當成刑罰之主體的身體被省略，但作為展演中元素的身體卻不盡然。在跨入理論的門檻前，過往對於酷刑之否決只能以抒情的方式來加以表述，如今在此處找到了予以理性陳述的可能性：<u>應當要極大化的東西，是刑罰之再現，而不是它的身體真實性。</u>

周邊效果規則（**Règle des effets latéraux**）。懲罰必須對那些沒有犯過錯的人產生最強烈的影響；說得極端一點，如果人們可以篤定罪犯不會再犯，那麼人們所需要做的就只是讓人相信他已受罰便足夠。離心的效果強化（intensification centrifuge des effets）導致一種弔詭，亦即在關於刑罰的計算中，最不重要的項目竟然是罪犯（除非他有可能再犯）。在貝卡里亞所提出來的代替死刑的懲罰方式中，他說明了這種弔詭：奴隸無期徒刑。在肉體上，這是比死刑更加殘忍的刑罰嗎？完全不是，他說道：因為對受刑人而言，奴隸狀態被他有生之年的每一個瞬間分割成數量上一樣多的小片段；一個無窮可分割的懲罰，一個埃利亞式的刑罰（peine éléatique）[xxviii]，其嚴厲程度遠遠比不上一個

只消一瞬間便成就酷刑的斬首。另一方面，對於那些看到這些奴隸或者想像到這些奴隸的人而言，這些奴隸們所〔分分秒秒〕感受到的折磨被聚集在單一觀念上；奴隸狀態的每一瞬間全部收縮在一種此時變得比死亡的觀念還要可怕的再現上[xxix]。這是在節約上理想的刑罰：對遭受它所懲罰的人而言，它是最小的（同時變成奴隸的犯人也無法再犯），對想像它的人而言，它是最大的。「在各種刑罰當中，並且在依犯行量刑的方式中，我們必須選擇能夠在人民的精神上造成最有效及最持久印象的方式，而同時對於受刑人的身體而言，是最不殘忍的刑罰。」[39]

完全明確規則（Règle de la certitude parfaite）。我們必須將每一項罪行的觀念及人們預期從中獲得的好處、跟確定的懲罰及所帶來的所有不利連在一起；我們必須讓兩者之間的連結被視為必然的、無可動搖的。這種應當將其效力賦予刑罰體系的普遍確定性元素隱含著一些確切的措施。這包括定義罪行及規定刑罰的法律應該非常明確，「以便社會的每一分子都能區分犯罪行為和良善行為。」[40] 這些法律必須

---

39. 前引書，第87頁。
40. 布里索（J.-P. Brissot），《刑法理論》（*Théorie des lois criminelles*），一七八一年，第一卷，第24頁。

公布，任何人皆可獲知；口說的傳統及習慣法已經結束，取而代之的是一套書面的立法，其當如「社會公約穩固的紀念碑」，印刷的文本，供所有人認識：「單憑印刷便可讓全體公眾而不是幾個特定人成為神聖法典的保管者。」[41] 君主（monarque）必須放棄他的赦免權，讓呈現在刑罰觀念中的力量不會因為對這種介入的期盼而削減：「如果我們讓人們看到罪行可以受到原諒，懲罰不是必然的後果，我們便在他們身上滋養著逍遙法外的期盼……法律應該是不打折扣的，執行者應該是不可改變的。」[42] 最重要的是，沒有任何犯罪行為能夠逃脫那些必須伸張正義者的目光；再也沒有比逍遙法外之期盼更能讓法律機制變得脆弱的；如果有著某種未必如此的機率在其中起作用，我們怎麼能在那些受審者的心中建立起在惡行與刑罰間的嚴謹連結？當刑罰由於其確定性不高而較不那麼令人害怕的情況下，我們不是應該藉由暴力讓刑罰變得更加令人生畏嗎？我們不應該如此仿效舊體系並「更加嚴厲，而是應該要更加警戒」[43]。正因為如此，才有了如下的看法，認為司法機制上必須添加一個直接由它號令的監視機關（organe de surveillance），其或者可以阻止犯罪，或者在犯案的情況下可以逮捕犯案者；警察與司法必須一起運行，如同一個相同過程的兩個互補行動——警察確保「社會針對每位個體之行動」（l'action de la société sur chaque individu），司法限制[xxx]「反社會個體之權利」（les droits des individus contre la société）[44]；如此，每一樁罪行將攤在光天化日之下，並且明確會受到懲罰。不過，除此之外，司法程序也不應該被保密，

被告者受到定罪或無罪釋放的理由應該讓所有人知悉，並且每個人應該都可以辨識懲罰的理由：「法官當人聲宣讀其見解，他當在審判中列舉令罪犯定罪的法條……神祕塵封在法院書記室幽暗中的司法訴訟檔案應該向任何對被定罪者命運感興趣的公民開放。」[45]

共同真理規則（Règle de la vérité commune）。在這種看起來非常普通的原則下，藏著一個重要的轉變。舊的司法證據體系——動用刑求，逼取招認，利用酷刑、身體及展演來進行真相之再生產——曾經

---

41. 貝卡里亞（Beccaria），《論犯法與刑罰》（*Traité des délits et des peines*），第26頁。
42. 貝卡里亞（Beccaria），同上。另外也參見布里索（J.-P. Brissot）：「如果赦免是公平的，那麼不好的就是法律；在立法良好之處，赦免只是反法律的罪行。」（《刑法理論》，第一卷，第200頁）。
43. 馬伯利（G. de Mably），〈論立法〉（De la législation），《全集》（*Œuvres complètes*），一七八九年，第九卷，第327頁。同時也參見瓦泰勒（Vattel）：「將所有人約束在其本份中的，比較不是刑罰的殘酷程度，而是動用它們的準確性。」參見《人民的權利》（*Le Droit des gens*），一七六八年，第163頁。
44. 杜波（A. Duport），在國民制憲會議中的發言，《議會檔案》（*Archives parlementaires*），第二十一卷，第45頁。
45. 馬伯利（G. de Mably），前引書，第348頁。

長期讓刑罰實踐隔絕於共同的證明形式：半證據得半真相與半有罪；透過折磨所取得的供詞具有證實之價值；推定引致某種刑罰。這種證據體系有別於一般證據格式的異質性並沒有真正構成什麼引人非議的事，直到懲罰的權力為了自身的經管方式而需要一種無可辯駁的明確性氛圍，情況才有所改變。如果，在所有的案件中，懲罰之內容都不依循著罪行之內容，那麼如何能夠在人的精神中將罪行觀念與懲罰觀念以絕對的方式連結起來呢？了無疑義，並根據對任何人而言皆有效的方式來確立罪行之內容，便成為首要任務之一。對犯罪的驗證必須遵循任何真理所共通的一般標準。在其所用的論證中、在它提出的證據中，司法判斷必須與其他任何判斷是同質的。因此，放棄〔自成一格的〕司法證據；拒絕刑求，為了得出公正的真相，就必須具有完整的證明，以及去除任何在懷疑程度與刑罰程度之間的對應性[xxxi]。就像數學的真理一樣，犯罪的真相只有在完整證明之後才能被接受。因此，在最終證明其罪行之前，被告必須被視為無罪的；以及為了完成證明，法官所必須運用的，不是儀式的形式，而是共同的工具，這種所有人皆具有的理性，一樣也是哲學家和學者的理性：「理論上，我視法官跟一個企圖發現重要真理的哲學家一樣……他的睿智將使他能夠掌握所有的情況及所有的關係，以及為了獲得正確判斷，要放在一起或分開的事物。」[46] 作為共同理性之運作，調查（enquête）剔除了舊的審問式模式，而迎向經驗研究更靈活的（並由科學〔science〕及常識雙重確立）模式。法官將如同一位「在暗礁間航行的領航員」：

「什麼會是證據或什麼線索可以被接受？這是我或任何人都不敢全然確定的；發生背景有可能不斷變化；而證據及線索應該從這些背景中推導出來，最明確的線索及證據必須跟著變化。」[47] 從此以後，刑事實踐將受制於一套共同的真理體制，或者更確切地說是一套複雜的體制，其中，為了得出法官的「由衷確信」（intime conviction），科學證明、可感證據及常識等異質元素交織在一起。如果刑事司法維持著保證其公正性的形式，那麼它現在便可以邁向禁得起各方考驗的真理的境地，只要它們是明確的、有扎實根據的、所有人皆能接受的。司法儀式本身不再是一套為人所共享真相之形構者。它被重新放到共同證據的參考領域裡頭。於是，與各式各樣的科學論述之間，形成了一種困難且無止盡的關係，刑事司法直到今天仍無法掌控。司法的主宰者不再是其真相的主宰者。

46.　德‧柯黑凡（G. Seigneux de Correvon），《論刑求的使用、濫用與缺點》（*Essai sur l'usage, l'abus et les inconvénients de la torture*），一七六八年，第49頁。

47.　希齊（P. Risi），《刑事判例案件觀察》（*Observations sur les matières de jurisprudence criminelle*），一七六八年，第53頁。

最佳明確化規則（Règle de la spécification optimale）。為了使整套的刑事符號（la sémiotique pénale）周延地涵蓋人們想要限縮的非法行為的整個領域，所有的違法行為的性質皆必須受到判定（qualifier）；它們必須被分類，並且歸入類別中，不容有任何非法行為從中遺漏。因此，一套法典是必要的，並且足夠精確，好讓每一類的違法行為得以在其中清楚呈現出來。在法律沒有明確規範處，不該讓不受制裁的期望勃然生起。需要一套完整而清楚的法典，界定罪行，確立刑罰[48]。不過，這個推促著效果－記號（effets-signes）懲罰方式完整涵蓋的同一種要求還不僅止於此。同一種懲罰之觀念對所有的人並不具有相同的力量；罰款對富人來說並不怎麼可怕，恥辱對於已經示眾者而言也不算什麼嚴重的事。由於違法者地位的不同，一項犯法行為之危害性及其引發作用也會不相同；貴族犯罪對社會的危害大過於民眾的犯罪[49]。最後，由於懲罰必須遏止再犯，因此非常必要考慮犯罪者在其深層本性上到底是怎麼回事、可判定的惡毒程度、其意志的固有特質：「在犯了相同竊盜案的兩個人之間，在有罪這一點上，幾乎一無所有的人在怎樣的程度上低於被多餘之物所淹沒的人？在兩位背信者當中，在成為犯罪者的這一點上，這位從小就被灌輸榮譽感的人在多大的程度高於那位被遺棄、任其自生自滅、未受教育的人[50]。我們看到，有必要對罪行與懲罰進行平行分類的同時，也顯露出一種符合每個犯罪者獨具特質的刑罰個別化（individualisation des peines）之必要。這種個別化的發展將在整個現代刑法史上產生非常重要的影響；它的

根植點就在此處；在法律理論方面及司法日常實踐上的要求，它可能與法典化原理（principe de la codification）澈底相反；但是，從懲罰權力經管方式的角度來看，以及從人們想要讓精確校準過的、不過度也無缺漏的（sans excès ni lacunes）、無不具恫嚇作用的權力無用「消耗」的懲罰記號在整個社會體中流通這樣的角度來看，我們清楚地看到犯行－懲罰體系之法典化與罪犯－刑罰組合的微調二者是攜手共進、相輔相成的。個別化如同一套具精確切合性之法典（code exactement adapté）的最終目標。

而這種個別化在其性質上與過去判例法中的刑罰微調間有很大的不同。後者——在這一點上，它與基督教感化院做法相符——運用兩個系列的變項來校準懲罰，即「背景」系列與「意圖」系列，也就是

48.　在這個主題上，其他文獻之外，請參考朗杰（S. Linguet），《司法行政改革之必要》（*Nécessité d'une réforme dans l'administration de la justice*），一七六四年，第8頁。

49.　拉可代勒（P.L. de Lacretelle），《論加辱刑》（*Discours sur les peines infamantes*），一七八四年，第144頁。

50.　馬拉（J.-P. Marat），《刑事立法方案》（*Plan de Législation criminelle*），一七八〇年，第34頁。

說一些可以對行為本身加以判定的項目。刑罰的微調涉及一種廣義上的決疑論[51]。但現在開始浮現出的是一種微調，其所參照的是違法者本人、他的本性、生活及思想方式、過往、意志的「品質」（qualité）而不再是他的意志之意圖。我們可以看到——如同一個仍然空著的位置——在刑事實踐中心理學知識將會取代決疑論判例法之處。當然，在此時十八世紀末，人們距離這個時候還很遙遠。人們是在當時的科學模式中探索這種法典－個別化的連結方式。〔當時〕自然史可能提供了最合適的模式：根據一種連續漸層（gradation ininterrompue）方式而建立起來的物種分類學。人們想要造就一位犯罪及刑罰方面的林奈[xxxii]，以便讓每一樁特殊的違法行為、每一位可受懲罰的個體都能夠毫不專斷地納在一套一般法律的審理下。「我們必須把在不同國度中看到的各種罪行製成表格。根據罪行之列舉，我們必須以類種（espèces）來劃分。在我看來，進行劃分的最佳規則是依據其目標（objets）的差異來區分罪行。這種劃分務必讓每個類種與其他類種有別，而每一樁特殊的罪行，參酌它所有的關係，應當被放在先於它的類種與後於它的類種之間的位置，並放在最正確的層級（gradation）上；這張表格還必須能夠貼近於另一張為了刑罰而做的表格，並讓二者能夠準確地互相呼應。」[52] 在理論上，或者更確切地說在夢想上，懲罰及犯罪的二重性分類可以解決以下問題：如何將一成不變的條文的法律應用在特定的個體身上？

但與這套思辨性的模式相距甚遠，同一時間，一些人類學式的個

別化形式以一種還相當粗糙的方式發展出來。首先是再犯（récidive）的概念。這全然不是要說在過去的刑法中此一概念受到漠視[53]。而是，它開始成為一種針對犯法者本身所做的判定，並可能對已經判處的刑罰加以調整：根據一七九一年的立法，幾乎所有的再犯都被處以加倍的刑罰；根據共和曆十年花月[xxxiii]的法律，他們必須烙上字母R；一八一〇年刑典（le Code pénal de 1810）對他們施以最高刑罰或是次高的刑罰。現在，透過再犯，人們所對準的不是一個由法律所界定的行為之作者，而是對準從事犯法行為的主體（le sujet délinquant），而是對準表現出其犯罪天性的某種意志。逐漸地，隨著犯罪性

51.　針對決疑論非個性化特質（le caractère non individualisant）參見卡希歐（P. Cariou），*Les Idéalités casuistiques*，博士論文（打字稿）。

52.　拉可代勒（P.L. de Lacretelle），〈對於刑事立法的省思〉（Réflexions sur la législation pénale），收錄於《論加辱刑》（*Discours sur les peines infamantes*），一七八四年，第351-352頁。

53.　與卡爾諾（Carnot）或埃利（Faustin Hélie, 1799-1884）與修弗（Adolphe Chauveau, 1802-1868）等人所說的相反，在多項舊制度時期的法律中都針對再犯予以明確的制裁。一五四九年的敕令（l'ordonnance de 1549）宣布，再犯的罪犯是「對公眾事務而言，是非常惡劣、卑鄙、極端有害的」；褻瀆罪、盜竊罪及流浪罪等的再犯，可判處特殊刑罰（peines spéciales）。

（criminalité）取代罪行成為刑事干預的目標，初犯與再犯之間的差別將變得更加重要。在這種差別的基礎上，並且在很多方面受到進一步強化的情況下，在同一個時期，發展出了「激情的」犯罪（crime passionnel）概念，這種罪行是無意的、不經思索的、與一些特殊背景有所牽連的，確實它還不具有瘋狂這樣的辯解理由，但它允許不再只是一般犯罪。勒·貝列提耶在一七九一年已經提到，他向國民制憲議會所提出的細緻的刑罰分級方式可以讓「冷血籌劃著一椿壞事的惡人」放棄犯罪、出於擔心遭受刑罰而有所節制；但這套分級方式無法遏止出於「不計後果的強烈激情」的罪行；但這並不重要，這類罪行沒有表露出其作者身上帶有「任何出於理智的罪惡」[54]。

在刑罰的人道化之下，我們所看到的是所有的這些規則，其允許「柔和」或更好一些要求「柔和」，如同一套懲罰權力計算好的經管方式。不過，它們也要求在這種權力的施行點上進行一種轉移：不再是身體，以及連同的過度折磨的儀式作用、在酷刑儀式中發出亮光的印記；現在是精神，或毋寧說是一套再現及記號的作用，其以低調不起眼的方式流通，但在所有人的精神中卻帶著必然性及明確性。馬布利說，不再是身體，而是靈魂。而我們很清楚這個詞語所指的含義：一種權力技術之對應方（corrélatif）。人們中止了古老的刑罰「解剖學」（anatomies punitives）。但人們就因此並真正地進入了非關身體懲罰方式的時代嗎？

　　在起點上，人們因此可以設置政策方案來準確管控非法行為、來普遍化懲罰功能、來限定懲罰權力以便控制它。從這裡，針對罪行及罪犯展開了兩條客體化（objectivation）的路線。在其中一邊，罪犯被視為所有人的敵人，追捕他對所有人皆有利，他落在公約之外，不具備公民資格，〔如同〕突然冒出來，在身上帶著一種本性的野蠻部分；他看起來像惡棍、怪物、也許是瘋子、病人、以及不久之後的「異常的人」（l'anormal）。正是在這樣的名目下，未來他將會被歸入一種科學的客體化範圍內，以及與之對應的「治療」。在另一邊，出自內部，對於懲罰權力所產生的效果予以度量的必要性，規定了針對所有實際或潛在罪犯所採取的種種干預戰術：一個預防場域之組織、利益之計算、再現及記號之流通、針對〔相關事證的〕確定性及真相

54.　勒・貝列提耶（Le Peletier de Saint-Fargeau），《議會檔案》（*Archive parlementaires*），第二十六卷，第321-322頁。隔年，貝拉（Bellart）提出了可以被視為針對激情罪行第一份辯護的言論，即葛拉斯案（l'affaire Gras）。參見《現代律師年鑑》（*Annales du barreau moderne*），一八二三年，第三卷，第34頁。

範圍之構成、根據越來越精細的項目進行刑罰的校準；同樣地，所有這些也導向罪犯及罪行方面的客體化。在這兩種情況下，我們都看到懲罰運作背後的權力關係開始與一種客體關係（relation d'objet）並行，在這種客體關係中，不僅罪行被視為一個要根據共同規範來加以查證的事實，罪犯也被視為一個必須依據特定標準來加以認識的個體。我們也看到這種客體關係並不會從外部加到懲罰實踐上頭，就像藉著限定感受範圍而對酷刑之殘暴加以禁止所做的，或者就像對於人們所要懲罰的這個人到底是什麼而加以理性的或「科學的」質問所作的。客體化的過程誕生在權力之戰術本身之中及在其運作之部署之中[xxxiv]。

然而，這兩種隨著刑法改革方案而浮現出來的客體化型態彼此截然不同：它們發生的時程不同，它們的效果也不同。關於自外於法律的罪犯——受制於本性的人（homme de nature）——之客體化方式還僅是一種潛在性、一條透視線（ligne de fuite）[xxxv]，其間，政治批判的主題與想像中的形象交織著。尚須等待良久，在知識場域中，**犯罪人（l'homo criminalis）**才會成為一個被界定清楚的客體。相對地，另一種〔客體化〕則由於它與刑罰權力重組之間有著更直接的關連而具有更為快速及決定性的作用：法典化、犯法行為之界定、刑度之制定（tarification des peines）、司法程序之規則、司法官角色之定義。此外，這也因為它立足在觀念學家（Idéologues）已經建構好的一套論述之上。實際上，透過利益理論，這套論述提出了一些再現及記號，而透過它所重構的系列及創生[xxxvi]，它針對權力在人身上的作用提供出了

某種整體方案:「精神」作為權力的刻畫面（surface d'inscription），並以符號學為工具；通過觀念的控制，來達到身體的服從；在一種身體政治中，再現之分析被奉為遠比酷刑之儀式解剖學更有效的原理。觀念學家之思想不單單只是關於個人與社會的一種理論；它已經發展成為一種靈活、有效及節約的權力之技術，相對於統治者權力之奢侈耗費。讓我們再一次聽聽塞爾萬的意見：罪行與懲罰的觀念必須緊密地相連，「無間隔地接續……當您們已經以如此的方式在公民腦海中形構出觀念鏈（la chaîne des idées）時，那麼您們就能夠以領導他們並成為他們的主人而自豪。昏庸的暴君會用鐵鏈（chaînes de fer）脅迫奴隸；但一位真正的政治家會用公民們自己的觀念將他們束縛得遠遠更緊；他將它們的開端接在理性穩固的平面上；如果我們無識於其構造（texture），如果我們認為它是我們自己所為的結果，則這種連結還要更強；絕望與時間啃噬著鐵做的、鋼做的連結，但什麼都無法與觀念間習以為常的連結相抗衡，只會讓它連得更緊；在大腦的柔軟纖維上，建立著最堅固帝國屹立不搖的基礎。」[55]

55.　塞爾萬（J.M. Servan），《論刑事司法行政》（*Discours sur l'administration de la justice criminelle*），一七六七年，第35頁。

正是這種懲罰的符號技術、這種「觀念學權力」（pouvoir idéologique），至少在某個部分上，將處於擱置狀態，並由一種新的政治解剖學所接替，其中身體再次成為主角，但在一種從所未見的形式下。而這種新的政治解剖學將讓我們看到在十八世紀所形成的這兩條分叉的客體化路線再度交會起來：那種拒絕「來自另一邊」的罪犯——來自一種傷天害理的本性（une nature contre nature）的這一邊——的路線；以及通過一種計算好的懲罰經管方式來控制犯法的路線。對這種新的懲罰藝術投以一瞥，便清楚地呈現出懲罰符號技術由一套新的身體政治所取代。

譯註 ——————————————————————————————

i | 陳情書（cahiers de doléances）是法國舊制度時期由三級會議（États généraux）
的各級所彙整出要向國王提出之各項願望及不滿的紀錄冊，此作法可上溯至十四
世紀。

ii | 約瑟夫・德・邁斯特（Joseph de Maistre, 1753-1821），當時隸屬薩丁王國的薩
伏依地區（Savoie）政治人物、法官、歷史學家、作家。一七九二年法軍占領薩
伏依時，曾避居俄國數年。

iii | 塞爾萬（Joseph Michel Antoine Servan, 1737-1807），司法官，受啟蒙思想影
響，批判舊制度時期刑法。

iv | 拉可代勒（Pierre Louis de Lacretelle, 1751-1824），法學家、律師，法國大革命
時期、督政府時期曾任國會議員。

v | 杜波（Adrien Jean-François Duport, 1759-1798），司法官，法國大革命時期國會
議員，推動司法改革。

vi | 巴斯多黑（Emmanuel de Pastoret, 1755-1840），司法官、一七九一年擔任國民
立法議會（l'Assemblée législative）議員。

vii｜塔傑（Guy-Jean-Baptiste Target, 1733-1806），巴黎高等法院律師、三級會議議員、國民制憲議會（l'Assemblée constituante）議員、議長。

viii｜貝加斯（Nicolas Bergasse, 1750-1832），律師、三級會議議員、一七八九年國民議會議員。

ix｜致死罪只是慣用説法，並非司法正式用語，涵蓋計畫或非計畫、有意或無意致人於死。

x｜該引文為：「十七世紀的罪犯：是呂西安・費夫賀（Lucien Febvre）所説的暴力分子。是我們所説的一些疲憊不堪、營養不良、一時衝動、憤怒之下的男人，一些夏季出沒的、一些拖著被秋收折騰其身體的、如同暴風雨之日所迸發之靜電的、『精神失調的』罪犯。」（Les inculpés du 17e siècle : les violents de Lucien Febvre. Des hommes harassés, mal nourris, tout à l'instant, tout à la colère, des criminels d'été, de la moisson qui brise les corps, de l'électricité statique des jours d'orage, des « névrosés » dirions-nous.）

xi｜皮耶・修努（Pierre Chaunu, 1923-2009），歷史學者，專精於量化歷史學、歐洲人口史、十六至十八世紀法國社會及宗教史等。

xii｜勒屯（Guillaume-François Le Trosne, 1728-1780），法學家、經濟學家。一七七七年出版反映其重農派思想的名著《論社會秩序》（De l'ordre social）。

xiii｜圖雷（Jacques-Guillaume Thouret, 1746-1794），諾曼第高等法院律師、三級會議議員、國民制憲會議議員、議長。

xiv｜在舊體制時期，王室法庭（cours souveraines）是隸屬於國王的高等司法機構，例如各地的高等法院（Parlements）便是。執行官（bailli）是國王任命並派駐在各轄區的負責人（大革命前全國共分為四百多個執行官轄區），兼有行政、軍事及司法權，執行官所負責審理的法庭稱為執行官法庭（bailliages）；初等法院（présidiaux）於十六世紀中葉開始設置，最初目的是在高等司法機構與執行官法庭之間增設一個層級，減輕上層審理負擔、健全司法體系，設置地點選在規模較大的執行官轄區，一七六四年全法共有一百零一所初等法院。

xv｜雅克・皮耶・布里索（Jacques Pierre Brissot, 1754-1793），法學者、司法官、

大革命時期國民立法會議議員、國民公會議員、吉倫特派（girondins）領導成員。

xvi | 讓・保羅・馬拉（Jean-Paul Marat, 1743-1793），醫生、大革命時期著名的活動家及政論家、國民公會議員。

xvii | 莫普（René-Nicolas-Charles-Augustin de Maupeou, 1714-1792），出身法官世家、巴黎高等法院院長、路易十五任內的司法大臣。莫普改革發生在一七七〇至一七七四年間，擔任司法大臣的莫普以高壓手段抑制地方高等法院對王權的反抗，並推行一些司法改革措施。

xviii | 雅可布－尼可拉・莫侯（Jacob-Nicolas Moreau, 1717-1803），律師、歷史學家、路易十五任命為國史官（historiographe de France），贊同莫普改革，舊制度的擁護者。

xix | 路易・曼德林（Louis Mandrin, 1725-1755），十八世紀中葉法國走私集團首領。一七五三年因鬥毆致死案於被判處絞刑，僥倖逃過一劫，遂加入出沒於法瑞邊境的走私集團，並迅速成為統轄數百人、勢力龐大的走私集團首領，在法國東南一帶活動，與負責抽取貨物稅、頗受詬病的包稅人公司相抗衡，最終被法軍逮捕，一七五五年於瓦朗斯（Valence）處以輪刑。因一生極富傳奇色彩，多次成為電影、戲劇、漫畫題材。

xx | 讓－巴普蒂斯特・柯爾貝（Jean-Baptiste Colbert, 1619-1683），路易十四時期財務大臣、海軍國務大臣，是帶著經濟保護色彩濃厚的重商主義的代表人物，也因此與後續資本主義發展產生扞格，而有法規過時之議。

xxi | 二者皆屬傳統上受到容忍的使用權（droit d'usage）。公共放牧權（droit de vaine pâture）允許人們將牲畜在自家土地外、合乎規定的土地上放牧，如路旁、荒地、收割後的田地及其他等；木材撿拾（ramassage de bois）規範人們何種情況下在自家以外的土地上撿拾木頭是受到允許的。

xxii | 派屈克・柯古漢（Patrick Colquhoun, 1745-1820），蘇格蘭人，從事貿易起家，對公共事務亦有所關注。一七八五年遷居倫敦，被任命為東區（East End）一地法官。泰晤士河岸舊港區（the Pool of London）所面臨的貨品失竊問題引起他的關注，遂說服私人出資，一七九八年成立泰晤士河警備隊（Thames River

Police），有效打擊犯罪，一八〇〇年警備隊轉為公有，成為英國現代警政開端。

xxiii｜亦可理解為系統化。

xxiv｜這裡「普遍化的」（généralisée）概念也見於本章標題：「普遍化的懲罰」（la punition généralisée）。

xxv｜對照本章第二段的類似說法。

xxvi｜這就是前段「罪之終極」寓言所說的情況。

xxvii｜這裡所說的「逆轉刑事行動整個時間場域」（inverser tout le champ temporel de l'action pénale）指的是，在舊的刑法體制中，刑罰針對的是懲罰過去已經犯下的罪行，在現在的概念下，刑罰著眼的是未來可能的犯行，透過懲罰來阻止未來的犯罪。

xxviii｜埃利亞學派是古希臘哲學的一個派別，傅柯的比喻方式應該與該學派成員芝諾（Zénon d'Élée）圍繞著無窮分割概念所提出的悖論有關。

xxix｜對奴隸而言，無期徒刑實際上被每分每秒的瞬間分割成極小的片段，反過來說，這種每分每秒組成的終身奴隸狀態被觀者在再現上合而為一個單一觀念，前者極輕，後者極重。

xxx｜譯文此處恢復原始文本中的renfermer一詞（譯為「限制」），為傅柯引文所遺漏。

xxxi｜指前文提到，在舊刑法體制中，儘管並無充分證據，但仍可以依據方法，計算出有幾分證據並據此判定幾分罪的情況。

xxxii｜卡爾・馮・林奈（Carl von Linné, 1707-1778），瑞典自然學家，將為生物命名的二名法系統化（以屬名及種加詞來為物種名命），是現代生物分類學之父。

xxxiii｜共和曆十年花月（Floréa）即一八〇二年四月二十一日至五月二十日之間。

xxxiv｜注意這裡說的「從外部」跟稍早提到的「出自內部」兩者間的呼應與關聯。

xxxv｜透視線關聯上繪畫中的透視法，傅柯藉此譬喻著墨於犯罪者個體的這條客體化

路線在此際還宛如透視線向深處延伸出去遠景。

xxxvi｜傅柯在本書第三部分第一章還會再次提到創生（genèses）的概念。

第二章

刑罰的柔和

La douceur des peines

懲罰的藝術因此必須立基於一整套的再現技術學之上。這份工作無法竟其功，除非它發生在一種自然力學（mécanique naturelle）中。「相似於物體之引力，一種隱密的力量總是將我們推向滿足。這種衝動只受到法律給它的阻礙所影響。人類的各種行為都是這種內在傾向的結果。」為一項罪行找到適切的懲罰，就是要去找到一種壞處，其觀念斷然讓一樁惡行之觀念喪失吸引力。相互對抗的能量之藝術，相互連結的印象之藝術，經得起時間考驗的穩固連結之製造：這涉及到建構價值相對、兩兩成雙的再現組合（couples de représentation à valeurs opposées）、在存在的力量之間建立起量化差異、建立起能夠讓力量運動服膺於權力關係的一套記號－障礙運作方式（jeu de signes-obstacles）。「酷刑的觀念應當長存於脆弱的人心中，控制促使他犯罪的感覺。」[1] 這些記號－障礙必須建構出刑罰的新寶庫，如同烙印－制裁（marques-vindictes）組織了過往的酷刑一樣。但是要運作起來，它們必須服膺幾項條件。

1. 　　貝卡里亞（Beccaria），《論犯法與刑罰》（*Traité des délits et des peines*, 1764），一八五六年版，第119頁。

一、專斷色彩盡量少。什麼應該被視為犯罪，這確實是由社會根據其自身的利益來界定的：犯罪因此並非天然的。但是，如果希望一旦人們想到犯罪，懲罰便輕易呈現在腦海中，那麼就應該讓這二者間的連結越直接越好：相似的、類比的、相鄰的。我們必須給予「刑罰一切跟犯行的性質之間可能存在的一致性，以便讓對懲罰的恐懼帶著精神遠離受到犯罪有利可圖的觀點所導引的道路上。」[2] 理想的懲罰對其所制裁的罪行是一目了然的；如此，對於凝想著它的人來說，它萬無一失地會是它所懲罰的罪行之記號；而對於有志犯罪的人而言，單單罪行的觀念便會喚起懲罰的記號。〔如此，得以〕有利於連結關係之穩定性，有利於犯罪與懲罰之間的比例計算及關於利益的量化解讀；還有利的是，由於採取一種自然後果（suite naturelle）之形式，懲罰看起來不像是人類權力之專斷結果：「從犯行中得出懲罰[i]，這是論罪量刑的最佳方式。如果說，在此處，這代表著司法之勝利，這也是自由之勝利，因為當刑罰不再來自立法者之意志，而是來自事物之性質，我們也不再看到人施暴於人的情況。」[3] 在類比的懲罰中，施懲的權力隱匿。

刑罰在制定上宜自然，並且在其形式上重拾了犯罪之內容，對此，改革者們提出了洋洋灑灑的主張。例如維梅勒（Vermeil）[ii]：對於那些濫用公民自由者，我們也剝奪他們

的；對於那些濫用法律之好處及公職之特權者，我們取消他們的公民權；罰款施予貪汙及高利貸；以沒收來懲罰盜竊；以羞辱來懲罰「愛慕虛榮」的犯行；死刑懲罰謀殺；火刑懲罰縱火。至於施毒者，「劊子手會拿出一只杯子，將杯中的毒藥潑在他臉上，藉著將他罪行的形象呈現在他面前，以便用其行之恐怖來折磨他，接著將他推入一鍋滾燙的水中。」[4] 這只是單純的夢想嗎？或許是。但是，當勒·貝列提耶在一七九一年介紹新的刑事立法時，一套象徵溝通（communication symbolique）的原理再次被清楚地表述：「在犯行的性質和懲罰的性質之間需要有準確的關係」；在罪行中凶殘的人將遭受身體上的痛苦；游手好閒的人將被迫從事

2.　　前引書。

3.　　馬拉（J.-P. Marat），《刑事立法計畫》（*Plan de Législation criminelle*），一七八〇年，第33頁。

4.　　維梅勒（F. M. Vermeil），《論我國刑事立法之改革》（*Essai sur les réformes à faire dans notre législation criminelle*），一七八一年，第68-145頁。另見德·瓦拉茲（Ch.E. Dufriche de Valaze），《論刑法》（*Des lois pénales*），一七八四年，第349頁。

艱苦的工作；卑鄙的人會受到羞辱性刑罰[5]。

儘管其殘忍程度讓人高度回想起舊制度時期的酷刑，但是在類比式刑罰中起作用的完全是另一套機制。人們不再是處在一種權力對決中，以殘酷對抗殘酷；這不再與報復有著對稱關係，這是記號相對於其所指示的內容一目了然的關係；人們希望在懲罰劇場上建立起一種跟意義之間馬上就清楚明白的連結，並且可以進行一種不複雜的計算。某種刑罰的理性審美（esthétique raisonnable de la peine）。「不僅在美術領域裡，我們必須忠實地追隨自然；政治制度，至少那些具有審慎特質及持久成分的政治制度也都是立基於自然之上。」[6]懲罰應該來自罪行；法律應該看起來如同是事物之必然，而權力將隱藏在自然溫和的力量之下起作用。

二、這種記號之運作必須嵌在力量之力學（la mécanique des forces）中：減少使犯罪顯得誘人的欲望、增加使刑罰令人生畏的代價；反轉強弱關係，使刑罰及其壞處之再現強過於罪行及其樂趣之再現。因此，這是一整套利益、其運動、人們想像它的方式及這種再現之生動性（vivacité）的力學。「立法者必須是一位技術嫻熟的建築師，同時知道如何利用一切有助於提高建築物堅固性的力量及降低所有可能破壞建築物的力量。」[7]

其方式有幾種。「直搗惡源」[8]。破壞鼓舞犯罪再現的原動力。令滋生犯罪的利益失去力量。在流浪所衍生的各種犯法行為背後有著懶惰；我們所須出手打擊的是它。「將乞丐關在毋寧說是藏汙納垢之處的骯髒監獄中是不會成功的」，該做的是迫使他們工作。「使用他們是懲罰他們的最好方法」[9]。能夠與一種壞的激情相抗衡的是一種好的習慣；能夠對抗一種力量的是另一種力量，但這涉及的是感性與激情之力量，而不是那種動用武器的權力之力量。「從最具抑制犯罪激情效果的地方入手，我們難道不應該從如此簡單、如此令

5.　　勒・貝列提耶（Le Peletier de Saint-Fargeau），《議會檔案》（*Archives parlementaires*），第二十六卷，第321-322頁。

6.　　貝卡里亞（Beccaria），《論犯罪與刑罰》（*Traité des délits et des peines*），一八五六年版，第114頁。

7.　　前引書，第135頁。

8.　　馬布利（G. de Mably），〈論立法〉（De la législation），《全集》（*OEuvres complètes*），第九卷，第246頁。

9.　　布里索（J.-P. Brissot），《刑法理論》（*Théorie des lois criminelles*），一七八一年，第一卷，第258頁。

人滿意並且為人所熟知的原則中推導出所有的刑罰嗎？」[10]

令滋生犯法行為的力量自我對抗。分化利益，運用它來讓刑罰令人生畏。讓懲罰激怒它的、刺激它的多過於犯罪所滿足它的。如果驕傲導致犯罪，那麼人們要斲傷它，那麼人們要透過懲罰來對抗它。羞辱性刑罰之有效便是要作用在位於罪行根本的虛榮心上頭。狂熱分子基於他們的信念及為此所忍受的折磨而引以為榮，因此我們要運用在狂熱背後支持它的高傲偏執來對抗它：「用嘲笑及羞辱來壓制它；如果我們在一大群觀眾面前羞辱狂熱分子高傲的虛榮，我們可以等著看這項刑罰所帶來的滿意效果。」相反地，對他們施加肉體的痛苦則毫無用處[11]。

振興有其用處及符合美德的利益，就會看到犯罪是如何被削弱。當一個罪犯偷竊、誹謗、綁架或殺人時，他失去了對所有權的尊重，這指財富的所有權，但也包括榮譽、自由及生命的所有權。因此必須讓他重新學習。我們將開始以他本人為對象來教導尊重：我們讓他知曉失去對其財物、榮譽、時間及身體的自由支配是怎麼一回事，以便在事關他人的情況下輪到他來表現尊重[12]。一套能夠形成穩定而一目了然記號的刑罰也必須重組利益的經管方式及激情動力學（la dynamique des passions）。

三、在這樣的情況下，刑期微調的用處便出現了。刑罰改造、修正、建立了記號，設置了障礙。如果刑罰必須是固定不變的，那麼它的用處何在？一項沒有期限的刑罰是矛盾的：它加諸被定罪者身上的一切限制，並且當他改過遷善時也永遠無法從中受益的這些束縛只會是酷刑；而為了改造他所做的努力也只會是社會虛擲的辛勞及成本。如果有不可矯正者，我們必須決意將之去除。但對於所有其他人而言，刑罰只有在它們完成時才能產生功能。這套分析獲得國民制憲議員所支持：一七九一年的刑法為叛國者及殺人犯規定了死刑；而其他所有刑罰皆必須有所期限（最長為二十年）。

但最重要的是，期限所起的作用必須被融入刑罰的經管方式

10. 拉可代勒（P.L. de Lacretelle），〈對於刑事立法的省思〉（Réflexions sur la législation pénale），收錄於《論加辱刑》（*Discours sur les peines infamantes*），一七八四年，第361頁。
11. 貝卡里亞（Beccaria），《論犯法與刑罰》（*Traité des délits et des peines*），第113頁。
12. 德・巴斯多黑（C. E. de Pastoret），《論刑法》（*Des lois pénales*），一七九〇年，第一卷，第49頁。

中。在暴力行使下，酷刑可能面臨著這樣一種局面：罪行越重，懲罰越短。在於舊的刑罰體系中，期限確實存在：示眾柱刑多少日、流刑多少年、輪刑多少小時。但這僅係折磨的時間，而不是擬妥的改造時間。現在，期限應該可以成為懲罰行動本身：「相較於稍縱即逝的瞬間痛苦，各種痛苦的剝奪在時間上加以延長的後果——為人類免除了酷刑的恐怖——對罪犯的影響更大……它不斷地在其見證者人民的眼中重溫法律有罪必懲的記憶，並讓一種有益的恐懼在每一刻復燃。」[13] 時間是刑罰之運作裝置（opérateur）。

但是〔在激情犯罪的情況下〕，當激情獲得導正，有鑑於激情在力學方面的脆弱屬性，人們若以〔跟利益驅動的犯罪〕同樣的方式、以同樣的堅持來限制它們，並不恰當；〔在這裡〕刑罰隨著它所產生的效果而減輕是好的。刑罰可以完全是固定的，但這是就它是針對所有人、以相同方式由法律所決定的這個意義上說的；它的內部機制必須是可變化的。在向國民制憲議會所提交的法案中，勒‧貝列提耶提出強度遞減的刑罰方式：一位被處以最重刑罰的犯人只有在第一階段才關入地牢（手腳銬上鍊條、黑暗、孤獨、只供麵包及水）；他有機會每週工作兩至三天。在服滿三分之二刑期的時候，他可以改為「拘禁」（régime de gêne）方案（有所照明的地牢，腰部繫上鏈條，每週單獨工作五天，但在另外兩

天與其他人一同工作；這項勞動將付酬，讓他改善日常伙食）。最後，當刑期接近尾聲時，他可以改為坐監牢方案（régime de la prison）：「他每日可與其他所有囚犯會合，以便投入共同的勞動。如果願意，他也可以單獨勞動。他的伙食端視其勞動成果而定。」[14]

四、在受刑人這一邊，刑罰是一套記號、利益及刑期的力學。但犯人只是懲罰的目標之一。懲罰所關注的尤其是其他目標：所有潛在的罪犯。因此，一筆一畫被刻劃在受刑人之再現中的這些記號－障礙，應該要迅速及廣泛地流通；它們應該被所有的人接收並繼續散播；它們應該化成每個人跟所有的人所說的話語，並且藉著這樣的話語，人們相互遏止犯罪——〔這就如同〕在精神中，良幣逐罪行之偽利。

13.　勒・貝列提耶（Le Peletier de Saint-Fargeau），《議會檔案》，第二十六卷。那些放棄死刑的作者提出了一些明確的刑罰：布里索（J.P. Brissot），《刑法理論》（*Théorie des lois criminelles*），一七八一年，第29-30頁。德・瓦拉茲（Ch.E. Dufriche de Valaze），《論刑法》（*Des lois pénales*），一七八四年，第344頁：那些被判斷為「無可挽回地邪惡」（irrémédiablement méchants）的人終身監禁。

14.　勒・貝列提耶（Le Peletier de Saint-Fargeau），前引書，第329-330頁。

為此，懲罰不僅必須被視為自然、而且還要帶有利益；必須要讓每個人都能從中看到他自己的好處。不再有這些發出亮光卻無用處的刑罰了。也不再有這些受到保密的刑罰；而是懲罰應該能夠被看到，如同犯人針對其傷害所有同胞的罪行而對每一位同胞的回饋：「在公民眼前不斷重複」，並且「凸顯出共同及個別運動[iii]之公共效用」的刑罰[15]。理想的目標是讓犯人有如一種可收益的財產（propriété rentable）：一個為所有人服務的奴隸。社會為什麼要去除它能據為己有的一條人命及一副身軀呢？讓他「在一種依據罪行的性質而有長有短的奴隸身份中服務國家」更有用的；法國有著太多不堪用的道路，阻礙了商業活動；同樣，小偷也阻礙貨物的自由流通，他們所需要做的就是修路。「一個人總是出現在人們的目光下，其自由被剝奪了，並且必得用餘生來修補對社會所造成的損害，這樣的範例」[16]其說服力更勝於死刑。

在舊的體系中，犯人的身體成為國王之物（chose du roi），統治者在上頭劃上了他的印記，並施展著他的權力。現在，它毋寧是社會財產（bien social），一個集體所有並且有用的客體。正是基於這一點，改革者們幾乎總是主張公共工程是最好的刑罰之一；此外，陳情書上的主張也追隨著他們的腳步：「那些其刑罰不及處死的犯人，應該判處從事國家的公共工程，其時間與其罪行相稱。」[17]公共勞動意味著兩

件事：罪犯刑罰的公共利益與懲罰可見、可控制的特質。如此，犯人付出兩次代價：藉著他所提供的勞動及所產生的記號。在社會中，在廣場或要道上，犯人是利益及涵義（significations）的一處發生據點（foyer）。以可見的方式，他為每個人服務；但與此同時，它讓罪行－懲罰的記號（le signe crime-châtiment）逐漸溜進所有人的精神中：次要的效用，而且純粹是心理上的，但卻是更為實際。

15.　德・瓦拉茲（Ch.E. Dufriche de Valaze），《論刑法》（*Des lois pénales*），一七八四年，第346頁。

16.　布雪・達吉（A. Boucher d'Argis），《刑法觀察》（*Observation sur les lois criminelles*），一七八一年，第139頁。

17.　參見馬森（L. Masson），《一七九一年的刑法革命》（*La Révolution pénale en 1791*），第139頁。然而，針對刑罰勞動，有人認為它涉及了對暴力的使用（勒・貝列提耶）或是褻瀆了工作的神聖（杜波）而予以反對。拉布・聖艾蒂安（Rabaud Saint-Etienne）讓人們採用「強迫勞動」（travaux forcés）這樣的說法，相對於只屬於自由人的「自由勞動」（travaux libres），《議會檔案》，第二十六卷，第710頁開始。

五、據此而出現了一整套關於宣傳（publicité）方面富含知識的經管方式。〔過去〕在身體的酷刑中，恐怖是範例據以立足的基礎：肉體的驚恐、集體的恐懼，這些畫面必須印刻在觀眾的記憶中，如同在犯人臉頰或肩膀上的烙印。現在，範例的載體是教訓、論述、可解讀的記號、透過演出或繪畫的方式呈現公德。不再是促成懲罰儀式的可怕統治權之修補，而是法典的重新激活，對於罪行之觀念與刑罰之觀念間的連結予以集體性的強化。在懲罰中，與其說看到統治者之存在，人們毋寧是看到法律本身。這些法律已經將某種罪行與某種懲罰連結起來。罪行一旦犯下，沒有什麼時間好浪費，懲罰將要到來，啟動法律之論述，表現出將觀念連結起來的法典也將現實連結起來。連結，在文本中是立即的，在行為中也應該是如此。「您想想當關於某樁殘酷行徑的消息開始在我們的城市及我們的鄉村傳開來的這些最初時刻；民眾看起來宛如閃電落在其周遭的人一樣；每個人被憤慨及恐懼所影響……懲罰罪行的時刻終於到來：您不讓罪行逍遙法外；您趕忙著戰勝它、審判它。您設置好行刑臺及柴堆，拖著犯人抵達廣場，高聲招喚群眾；當您的審判宣告迎來掌聲，一如宣告平靜與自由重新到來時所迎來的掌聲，您會聽聞得到；您會看到他們朝向這些恐怖的表演蜂擁而來，一如朝向法律的勝利蜂擁而來。」[18] 公開懲罰是立即的重新編碼

（recodage immédiat）的儀式。

法律進行改革，它在侵犯它的罪行旁邊重新取得一個位置。

相對地，罪犯則從社會中被分開。他離開了它。但〔他〕不是在舊制度時期的這些曖昧不明的慶典——其中，人民命定地或者參與了罪行、或者參與了處決——中離開社會，而是在一種哀悼儀式中離開。重新樹立其法律的社會〔同時也〕失去了一位侵犯法律的公民。公開懲罰必須表現出這種雙重的悲傷：人們竟然可以忽視於法律，以及人們被迫與一位公民分離。「將最悽慘及最令人有感的場面連結到酷刑上；對國家而言，這個可怕的日子該是一個哀悼日；一股全面性的苦楚應該以鮮明的方式在四處表露……披著黑紗的司法官應當向人民宣布罪行及進行司法報復的不幸必要性。這場悲劇的不同場景應當觸動所有的感官，撼動所有溫和及正直的感情。」[19]

18.　塞爾萬（J.M. Servan），《論刑事司法行政》（*Discours sur l'administration de la justice criminelle*），一七六七年，第35-36頁。

19.　杜佛（Dufau），國民制憲議會中的發言，《議會檔案》（*Archives parlementaires*），第二十六卷，第688頁。

這種哀悼其意義必須對所有的人皆清楚；儀式中的每一個元素都必須表達，講述罪行，提示法律，顯現懲罰之必要性，賦予其尺度正當性。告示、掛牌、記號、標記皆必須增多，以便使每個人皆可知曉其意涵。懲罰之宣傳不應該散播出一種肉體〔感受上〕的恐怖效果；它必須開啟一本閱讀之書。勒·貝列提耶建議讓人民每月一次造訪犯人，「在其痛苦的狹小空間：他將讀到其案情的概述，而在地牢門上方寫著犯人姓名、罪名及判決。」[20] 在帝國儀式的樸實、軍事風格中，貝克森（Bexon）[iv] 幾年後想像了一整套刑事紋章（armoiries pénales）項目表：「死刑犯將搭乘一輛『被覆上或漆上黑紅相間顏色』的車，押送到行刑臺；假如他背叛了祖國，他將會穿上一件紅色襯衣，在前面和後面皆寫著『叛徒』；假如他是殺害父母或親長者，他的頭上會蒙上黑紗，他的襯衣上會繡上匕首或他將受用的殺人工具之圖樣；假如他施毒，他的紅色襯衣將飾以蛇和其他有毒動物的圖案。」[21] 這種一目了然的教訓，這種儀式性的重新編碼，必須不厭其煩地重複；懲罰毋寧是學校而不是慶典；毋寧是一本始終攤開的書而不是儀式。令懲罰對犯人產生效果的刑期對觀眾也是有用的。他們必須能夠隨時查詢罪行及懲罰的常備詞典（lexique permanent）。保密的刑罰，算是半失敗的刑罰。必須讓小孩可以來執行刑罰的地方；他們在此進行他們的公民

課。成人在此定期地溫習法律。讓我們將懲罰的地點設計成一處家庭可以在週日闔家光臨的法律園地（Jardin des Lois）。「我希望，在灌輸過一套闡述著社會秩序維護及懲罰效用的論述之後，人們三不五時地引領年輕人，甚至是成人到礦區、到工地去體會這些被流放者的悲慘命運。這些朝聖之旅將比土耳其人去麥加朝聖更為有用。」[22] 勒·貝列提耶認為，這種懲罰之可見性是新刑事法典的基本原則之一：「以頻繁的方式並在固定的時間，民眾之現身會讓犯人臉上無光；而犯人因其罪行而身陷在痛苦狀態中的景況也為民眾的靈魂帶來有益的教導。」[23] 罪犯被冀望成為教訓之素材，遠遠早於被視為科學之對象。繼以分擔囚犯痛苦為目的的慈善

20.　　前引書，第329-330頁。
21.　　貝克森（S. Bexon），《公共安全法》（*Code de sûreté publique*），一八〇七年，第二部分，第24-25頁。此乃一項提交給巴伐利亞國王的方案。
22.　　布里索（J.P. Brissot），《刑法理論》（*Théorie des lois criminelles*），一七八一年。
23.　　《議會檔案》（*Archives parlementaires*），第二十六卷，第322頁。

慰問——十七世紀才被發明或恢復——之後，人們渴望著這些兒童的訪問，他們前來瞭解法律之好處如何施予罪行：在秩序博物館裡的一篇活生生教誨。

六、在如此的情況下，便可以對社會中關於罪行的傳統論述加以反轉。對十八世紀立法者而言，一項非常受到關切的事情是：如何讓罪犯身上那種有問題的榮耀熄滅？如何能讓那些被民間年曆、飛訊、庶民敘事所傳頌的大盜事蹟沉寂下來？如果懲罰重新編碼的工作圓滿達成，如果哀悼儀式按照正確的方式辦理，那麼罪行只會表現為不幸，而罪犯則係好讓我們重新學習社會生活的敵人。再也不是那些讓罪犯化身為英雄的讚美，在人們的論述中，現在流通的只是藉由計算過的懲罰恐懼來遏止犯罪欲望的這些記號－障礙。積極的力學將在日常語言中火力全開，而這種日常語言再透過新敘事不斷地鞏固它。論述將成為法律之傳播媒介：全面性重新編碼之恆定源頭。庶民詩人終將加入那些自稱為「永恆理性之傳道士」（missionnaires de l'éternelle raison）的人當中；他們將以道德家自居。「腦子裡裝滿著這些駭人畫面及有益觀念，每位公民會將之散播到家庭。在此，透過那些迫不及待被聽到、再用著同樣的熱切講述出來的長篇故事，他的孩子，圍在四周，敞開他們年幼的記憶，以不可抹滅的方式接收著

罪行及懲罰之觀念、對法律及國家之愛、對司法人員的尊敬及信賴。鄉村的居民，同樣也是這些範例的見證者，將向他們棲居的小屋四周散播，對於美德的愛好將植根在這些粗俗的靈魂中。同時，愕然於公眾的喜悅、驚惶著見識到這麼多對手的壞人，或許便會放棄那些其結局來得快又致命的計謀。」[24]

因此，以下是對於懲罰城（la cité punitive），我們所該想像的方式。在十字路口、在公園、在修繕中的路旁或在興建中的橋樑旁邊，在所有人皆可參觀的工廠、人們將造訪的礦井深處，散布著千百個小小的懲罰劇場。對每一樁罪行有其法律；對每一個罪犯有其刑罰。這是可見的刑罰，這是多話的刑罰，它知無不言、忙著說明、辯解、說服：掛牌、囚帽、海報、告示、標記、被公開朗讀或印行的文本，所有這一切都毫不鬆懈地反覆重申法律。有時，再加上裝飾、畫面、視覺效果、以假亂真的做法讓場面更壯觀，使之比實際情況更

24.　塞爾萬（J.M. Servan），《論刑事司法行政》（*Discours sur l'administration de la justice criminelle*），一七六七年，第37頁。

讓人生畏，同時也更明白。從觀眾被安置之處，人們可能相信當中存在著某些實際上並未發生的殘忍事情。但是，無論是真實的或被放大，至關重要的是這些嚴厲措施必須在一套嚴謹的經管方式之下帶來教訓：每一項懲罰都應該是一則寓言。而站在美德的所有直接範例之對立面，讓人們可以在每個時刻以一種活生生場景的方式見識到罪惡之種種苦果。在每一個這類道德「再現」四周，學童連同他們的老師齊聚著，成年人從中得知怎樣的教訓該傳授給小孩。不再是酷刑那種可怕又盛大的儀式，而是在日常中、在街頭上，這種嚴肅的劇場，以及它那些許許多多並有說服力的場景。而民眾的記憶會在口耳相傳中再生產出法律的嚴厲論述。但是，在這些數以千計的表演及敘事上頭，針對最可怕的罪行，或許有必要放上主要的懲罰記號：刑罰大廈之基石。無論如何，維梅勒想像過一個應當主宰所有日常懲罰劇場的絕對懲罰之場景：唯一一個人們必須尋求要達到刑罰無限（l'infini punitif）的案例。有點像是舊刑罰中的弒君者在新刑罰當中的相同者。罪犯雙眼將被挖去；他將被關在鐵籠中，在廣場上吊掛起來；他會完全裸身；一條鐵腰帶繫在腰上，並將他捆上鐵桿；人們用麵包和水餵他，直到其時日終結。「因此，他將被暴露在並承受著季節的所有嚴苛，有時是冰雪覆蓋著額頭，有時被烈日所燒灼。而正是在這種猛烈的酷刑——其

所表現出的毋寧是一種痛苦死亡之延長，而非受苦生命之延長——當中，人們才可能真正地對照出一個犯下致極之恐怖、被判處不再見他所忤逆的天、不再住在被他所玷汙土地上的敗類。」[25] 在懲罰城的上空，盤踞著這隻鐵蜘蛛；而新法律應當如此釘上十字架的是弒親者。

＊　＊　＊

　　一整間陳放了五花八門懲罰方式之寶庫。「切勿施以同樣的刑罰」，馬布利說。單一形式、僅依罪行嚴重程度進行微調的刑罰觀念受到擯棄。更精確地說：在這些特定、可見及說話的（parlantes）[v]刑罰方案中，將坐牢（prison）當成一般懲罰形式來加以運用從未被提出過。監禁（emprisonnement）可能受到考量，不過只是當作不同刑罰中的一個；它是施予某些犯法行為的特定懲罰，即損害了個體自由的罪行（如綁架）或濫用自由（失序、暴力）所造成的罪行。它也作為某

25.　維梅勒（F. M. Vermeil），《論我國刑事立法之改革》（*Essai sur les réformes à faire dans notre législation criminelle*），一七八一年，第148-149頁。

些刑罰得以執行的條件（例如強迫勞動）而受到考量。但單憑刑期長短來量刑的方式尚未涵蓋整個刑罰領域。再者，許多改革者明確地批評了刑罰禁閉（enfermement pénal）的概念，因為禁閉無法反映出犯罪的特定性。因為它並沒有對公眾產生作用。因為它對社會來說是無用的[vi]，甚至是有害的：它所費不貲，它讓犯人處於懶惰之中，滋長其惡習[26]。因為這樣一種刑罰的執行難以掌控，並且很可能讓犯人暴露在獄卒的恣意妄為之下。因為剝奪人自由並負責在獄中監視他的行業是一種暴政的作為。「你們要求在你們之中有怪物；而這些可憎的人，如果他們〔在現實中〕存在，立法者或許應該待之如殺人犯一樣。」[27] 基本上，監獄與「刑罰－效果」、「刑罰－再現」、「刑罰－一般功能」及「刑罰－記號與論述」的這整套技術並不相容[vii]。監獄所代表的是不透明、暴力及可疑。「這是黑暗之地，在此處國民無法親眼算出到底有多少位受刑人，因此在此處，對示範而言，他們的人數沒有作用……然而假如在不增加罪行數量的情況下，我們可以增加懲罰之範例[viii]，人們最終會讓懲罰比較沒那麼必要了；此外，監獄的不透明，對公民而言，成為一個無法信賴的事情；他們很容易就能想到當中發生了極為不公正的事……當法律是為了多數人的福祉而制訂的，沒有激起多數人的贊許，而是不停引發竊竊私語，這當中一定有什麼東西出了問題。」[28]

監禁可以像今日的情況一樣，涵蓋了死刑與輕罪間整個居中的懲罰範圍，如此的概念距離當年的改革者們還相當遙遠。

那麼問題來了：何以拘留（détention）可以在這麼短的時間內成為懲罰的基本形式。在一八一〇年刑事法典中，它已經透過不同的形式填滿了死刑與罰款之間幾乎所有可能的懲罰領域。「新法律所認定的刑罰制度是什麼呢？它是各種形式的監懲（incarcération）。請您比較一下還保留在刑事法典中的四種主要刑罰。強迫勞動只是一種監懲形式。勞役監獄是一處露天監獄。從某種意義上說，拘留、徒刑、矯正監禁都只是單一而相同懲罰的不同名稱。」[29] 對於這部法典所規定的監禁，法蘭西第一帝國[ix]立即決定按照一種兼容刑罰、行政及地理等面向的層級架構予以實現：在最低的層級上，被納入治安司法所[x]中，設置若干處市立警察拘留所（maisons de police municipale）；在每個城區設置若干處拘留所；在各省設置一所矯正監獄；在最上層，

26.　　參見《議會檔案》（*Archives parlementaires*），第二十六卷，第712頁。
27.　　馬布利（G. de Mably），〈論立法〉（De la législation），《全集》（*OEuvres complètes*），一七八九年，第九卷，第338頁。
28.　　德・瓦拉茲（Ch.E. Dufriche de Valaze），《論刑法》（*Des lois pénales*），一七八四年，第344-345頁。
29.　　德・黑幕沙（M. de Rémusat），《議會檔案》（*Archives parlementaires*），第七十二卷，一八三一年十二月一日，第185頁。

設置幾處中央監獄，收容被判刑的重刑犯或被判刑一年以上的輕刑犯（correctionnels）；最後，在一些港口，設置勞役監獄。計畫興建一棟規模龐大的監懲大樓，其不同樓層必須準確搭配行政集中化的層次。一個封閉、複合、等級化並被直接整合在國家機制體上頭的大型建築，取代了在其上遭受酷刑的身體被暴露於透過儀式而展現出來的統治者力量下的行刑臺、取代了懲罰再現可能曾經持續被呈現給社會體的刑罰劇場。全然不同的物質性，全然不同的權力物理學，在人類身體上全然不同的投注方式。從復辟時期開始、到七月王朝下[xi]，不消多久，法國監獄裡的人犯將會從四十名增加到四萬三千名（平均大約是每六百位居民中有一名囚犯）。高牆，不再是圍繞並保護著權勢及財富的高牆，不再是透過其威望而展示著權勢和財富的高牆，它現在是小心翼翼封閉起來、無論從外向內或從內向外都難以越過雷池一步，並且謹守著如今神祕起來的懲罰任務的牆——緊鄰著十九世紀的城市、有時甚至就坐落在城市中心點——將成為懲罰力量無論在物質上還是在象徵上千篇一律的形象。早在執政府時期[xii]，內政部長便銜命調查在各城市內運作中的或可資運用的各種拘留空間。幾年後，一些預算獲得編列，用來在能夠彰顯其所代表並服務的權力的高度上興建這些新公共秩序堡壘。不過，實際上，帝國政府將之挪用在另一場戰爭上[30]。最終是一種不那麼鋪張卻更加堅定的經管方式將在十九世紀中逐步地將它們興建起來。

無論如何，在不到二十年間，在國民制憲議會中受到如此明確表

述的原則——刑罰必須是特殊、校準、有效、每一次皆能對所有人帶來教訓的這個原則——已經變成一套針對任何罪不及死而有一定嚴重性的違法行為的拘留法律。監獄這種單一形式的大型機構——其由巨大建物所組成的網絡將蔓延到整個法國及歐洲——取代了那個在十八世紀所追求、基本上作用在可受審者（justiciables）精神上的懲罰劇場。不過，說這樣的轉變歷經二十年，或許這樣的說法仍然有點言過其實。我們可以說，這種轉變幾乎是在一瞬間便完成的。我們只消稍微研究一下勒‧貝列提耶在國民制憲議會中的刑法提案即可。最早提出的原則是務求「犯法行為的性質與懲罰的性質之間的精確關係」：對於那些殘暴的人施以痛苦，對那些懶惰的人罰以勞動，對於其靈魂淪喪的人懲以羞辱。然而，被提舉出來的身受刑（peines afflictives）[xiii] 實際上涉及三種拘留形式：地牢（cachot），這種禁閉刑罰可透過各種方式進一步加重（如孤獨、無光、食物限制等）；「拘禁」（le gêne），將上述的附帶作法予以減輕；最後是坐牢（prison）本身，它

30.　參見德卡茲（E. Decazes），〈呈國王之監獄報告〉（Rapport au roi sur les prisons），《箴言報》（*Le Moniteur*），一八一九年四月十一日。

被限定為純粹而簡單的禁閉。以如此隆重的方式許諾的多樣性最終變成單一形式又灰暗的刑罰。此外，就在此時，有些議員驚訝地發現，有別於在犯行與懲罰之間建立性質上的關聯，實際上人們所遵循的全然是不同的計畫：「以致於，如果我背叛了國家，人們把我關起來；如果我殺了父親，人們把我關起來；所有可以想像的犯法行為都以最單一的方式受到懲罰。猶如我去看一位醫生，他針對所有的疾病都給予相同的治療。」[31]

迅速的取代並非法國獨有。完全相同的情況也出現在各國。當凱瑟琳二世[xiv]在《論犯法及刑罰》出版後的幾年間，命人為了一部「新法典」而擬訂草案時，貝卡里亞關於刑罰之特定性與多樣性的教誨並沒有被遺忘；它幾乎以一字一句的方式被重申：「當刑法從每種罪行的特殊性質中得出每一項刑罰時，這是公民自由之勝利。於是，所有的專斷性都終結；刑罰不取決於立法者心血來潮的結果，而是取決於事物之性質；對人施加暴力的不是人，而是人自己的行為。」[32]幾年之後，仍舊還是貝卡里亞的基本原理作為托斯卡尼新法典的基礎，同時也是約瑟夫二世[xv]為奧地利所制定的新法典的基礎；然而，這兩地的立法將可按照刑期進行微調並在某些情況下可以透過面具或鐵鍊來加重的監禁變成一種幾乎單一形式的刑罰：針對統治者的恐怖攻擊、製造偽幣及謀殺取財，至少監禁三十年；蓄意殺人或持械搶劫，判處十五至三十年；一般盜竊則是 個月至五年不等[33]。

但是，如果刑罰被監獄所盤據這一點具有令人驚訝之處，這是

因為情況跟我們所想像的不一樣，監獄在彼時並非已穩穩被安插在刑罰體系中，位居死刑之下，並且完全自然而然地占據了由於酷刑消失而留下的空缺。事實上，在許多國家跟在法國的情況都一樣，當時監獄在刑罰制度中只占據有限並邊緣的地位。相關文獻可以予以證明。一六七○年法令在其所涵蓋的身受刑當中隻字未提拘留。終身或有期坐牢有可能存在於某些習慣法的刑罰方式中[34]。然而，有人說它像其他酷刑一樣已經廢棄不用了：「有些從前的刑罰已經不再實行於法國，例如在罪犯的面部或額頭寫上他所判處的刑罰，以及終身坐牢，還有就像罪犯不該被判處置身於猛獸或礦場的危險之下一樣。」[35] 事

31. 夏伯胡（Ch. Chabroud），《議會檔案》，第二十六卷，第618頁。

32. 凱瑟琳二世（Catherine II），《給新法典法案起草委員會的相關指示》（*Instructions pour la commission chargée de dresser le projet du nouveau code des lois*），第六十七條。

33. 這部法典的部分內容已在柯古漢（P. Colquhoun）的《論倫敦警察》（*Traité sur la police de Londres*）一八○七年法譯本的導論中被翻譯，參見該書第一卷，第84頁。

34. 參見例如郭奇（Coquille），《尼維內習俗法》（*Coutume du Nivernais*）。

35. 德・拉貢柏（G. du Rousseaud de la Combe），《論刑事》（*Traité des matières criminelles*），一七四一年，第3頁。

實上，可以確定的是，坐牢以頑強的方式維持下來，用以制裁不具嚴重性的罪行，並且配合著習慣法或地方習俗。在這方面，蘇拉吉斯談到了若干一六七○年法令沒有提到的「輕刑」：斥責、訓誡、禁止靠近、向受冒犯者賠罪、有期坐牢。在某些地區，特別是那些最能保留其司法特殊性的地區，坐牢的刑罰依然很廣泛地被使用，但如同在不久前才併入的胡西雍地區（le Roussillon），情況便不盡然如此。

但是，擺開這些差異，法學家堅守「在我們的民法中，坐牢不被視為一種刑罰」[36]的原則。其所扮演的角色是以人及其身體來做擔保：諺語說，**禁閉人，而非懲罰人（ad continendos homines, non ad puniendos）**；從這個意義上說，對嫌疑人監禁所起的作用，與對債務人監禁有點類似。通過監獄，我們防範某人，而非懲罰他[37]。這是基本原則。如果監獄有時起著刑罰的作用，並且是在一些重大案件中，那麼它基本上是充作替代選項的緣故：在那些不適用的對象——婦女、行動不便的兒童——身上，它取代了勞役監：「有期或終身監禁在強制院（maison de force）[xvi]的刑罰等同於勞役監獄的刑罰。」[38]在這樣的等同中，我們看到一種接替的可能從中浮現出來。但要實現這一目標，監獄必須先改變其司法地位。

還有第二重障礙必須要克服，至少對法國而言，這個障礙是相當大的。在運作上，法國的監獄直接受到王室的恣意妄為及統治權力之過度所影響，所以事實上其資格不符的情況更為嚴重。「強制院」、收容所（hôpitaux généraux）、「國王的命令」或警察總長的命令、一

些貴族或家族握有的密令[xvii]等，構成了一整套侵害「正常司法」、與之並存、而更常是與之相違的實際做法。這種司法外部的（extra-judiciaire）禁閉既被古典法學家也被改革者們所摒棄。監獄是君王的事，像塞皮永這樣的傳統派委身在布耶庭長[xviii]權威的身後說：「雖然君王為了國政的理由有時會去判處這種刑罰，但普通的司法並未運用這類的判處方式。」[39] 在不可計數的主張當中，改革者們說拘留體現了專制的形象及其偏好的工具：「對於這些由君主制政體（le

36. 塞皮永（F. Serpillon），《刑法》（*Code criminel*），一七六七年，第三卷，第1095頁。然而，我們在塞皮永身上可以發現監獄之嚴苛是刑罰的一個起頭這樣的想法。

37. 我們需要以這樣的方式來理解關於監獄的眾多規定，其攸關獄卒濫權、場所安全及禁止囚犯互通聲息。例如一七〇六年九月二十一日第戎（Dijon）議會所頒布的命令。另參見塞皮永（F. Serpillon），前引書，第三卷，第601-647頁。

38. 此乃一七二四年三月四日關於盜竊累犯的法令或一七二四年七月十八日關於流浪的法令所規定的。一個年齡不到送勞役監獄的男孩留在強制所中，直至可以被送去為止，有時在此服完他全部刑期。參見《舊制度時期法國之罪行與犯罪性，十七至十八世紀》（*Crime et criminalité en France sous l'Ancien Régime, 17-18e siècles*），一九七一年，第226頁及後續頁面。

39. 塞皮永（F. Serpillon），前引文。

monarchisme）掌握生殺大權的精神所想像——其主要對象或是天理將其火炬交到他們的手中而他們也勇於照亮其世紀的哲學家，或是那些有尊嚴又獨立的人，他們在祖國罪惡面前沒有甘於沉默——的祕密監獄，人們會怎麼說呢？對於這些由神祕信件打開其死亡之門、以便永遠埋葬其不幸受害者的監獄，人們會怎麼說呢？甚至對於這些信件，人們會怎麼說呢？它們是手段靈活的暴政之傑作，顛覆了每個公民在被審判前先被聽聞的權利，相較於法拉里斯（Phalaris）的發明[xix]，其對人的危險高出千百倍……」[40]

　　來自立場這麼不同的各種反彈所涉及的，可能並非作為合法刑罰的監禁，而是帶有專斷色彩並無固定期限的這類拘留的「法外」使用。然而，一般而言，監獄仍然顯現出了權力濫用的色彩。許多的陳情書都斥之與良好的司法相違。有時，是以古典法律原理之名來斥責它：「在法律的意圖中，監獄的目的不是為了懲罰，而是為了防範它們〔所監禁〕的人……」[41] 有時，是以監獄的作用為名來斥責它，例如說它懲罰了那些尚未被判罪的人，它讓原本應該避免的罪惡交流及擴散，以及它制裁了一整個家庭而有損於刑罰個別性的原理；有人說「坐牢不是刑罰。人性起身來反對這種可怕的想法，其認為剝奪公民最有價值的財產、可恥地將他投入犯罪之地、奪去他所有珍貴的東西、或許讓他墜入毀滅之中、以及不僅從他身上也從他不幸的家庭上拿走一切的生存手段等不是一種懲罰。」[42] 請願書多次要求廢除這些強制收容所：「我們認為強制院必須被剷除……」[43] 事實上，一七九

〇年三月十三日法令命令釋放「所有通過密令或是執行權代理人的命令而被羈押在城堡、宗教處所（maisons religieuses）、強制院、警察拘留所或任何其他監獄的人。」

為何拘留──其與人們可一路揭發直至君王權力（pouvoir du prince）上頭的非法行為有如此明顯的關係──能夠在如此短的時間內成為最普遍的合法懲罰形式之一呢？

* * *

40. 布里索（J.-P. Brissot），《刑法理論》（*Théorie des lois criminelles*），一七八一年，第一卷，第173頁。

41. 〈巴黎城內（貴族）〉（Paris intra muros [Noblesse]），引自德賈丹（A. Desjardin），《三級會議的陳情書與刑事司法》（*Les Cahiers des États généraux et la justice criminelle*），第477頁。

42. 朗格轄區（Langres）陳情書，前引書，第483。

43. 布利耶轄區（Briey）陳情書，前引書，第484頁。參照辜貝（P. Goubert）及德尼（M. Denis），《法國人暢言》（*Les Français ont la parole*），一九六四年，第203頁。在陳情書中，還有一些訴求，主張維護可供家庭使用的拘留所。

古典時期發展出的一些重要刑罰監禁模式就是最常被提到的一種解釋方式。這些模式的聲響——猶勝於不久前來自英格蘭，特別是來自美國模式的聲響——得以克服由經久的法律規則及監獄的專制運作所造成的雙重障礙，並且很快它們會將改革派曾經想過的那些懲罰妙見一掃而空，將拘留真實不虛的現實性端上檯面。這些模式具有其重要性，這點或許沒錯。但在有助於化解問題前，實際上正是它們造成了問題：這包括它們存在的問題及擴散的問題。它們如何得以誕生？特別是它們如何能以這樣普遍的方式被接受？因為很容易便可證明，如果說它們與刑法改革的一般原則有著相當程度的一致性，然而同時在很多方面它們與之存在著異質性，有時甚至水火不相容。

　　在這些模式當中最早並被視為相當程度啟發了所有其他模型的，是一五九六年啟用於阿姆斯特丹的銼木所（Rasphuis）[44]。原則上，它以乞丐或年輕犯人為對象。它的運作遵循著三個主要原則：根據囚犯的表現，刑期至少在一定範圍內是由獄政單位所決定（此外，這樣的彈性可以在判決裡頭便預先確定：在一五九七年，一名被判處坐牢十二年的囚犯，如果他的行為良好，可減至八年）。在此，勞動是強制性的，以團體方式進行（此外，單間牢房只有在額外懲罰的情況下才會派上用場；每二至三名囚犯睡一張床，每間牢房容納四至十二名）；完成工作，囚犯領取工資。最後，還有一份規定嚴格的作息表、一套禁止事項及相關義務規定、全天候監視、勸誡、宗教閱讀，一整套「向善」與「遷過」的手段，日復一日地約束著囚犯。我們可

以把阿姆斯特丹的銼木所當成〔刑罰監禁方面的〕一個基本樣貌。從歷史上看，它將個人通過持續練習（exercice continu）而實現一種教育上及精神上的改造這種帶著十六世紀色彩的理論與在十八世紀下半葉所想出的懲治監獄技術（techniques pénitentiaires）聯繫起來。它為當時建立起來的三種制度提供了基本原理，而它們將各自在特定方向上發展之。

根特（Gand）的強制院[xx]特別是圍繞著經濟的必要（impératifs économiques）打轉來組織刑罰勞動。其所標舉的理由是，懶惰是大多數犯罪的普遍原因。一七四九年在〔根特附近的〕阿羅斯特司法管轄

44. 托斯坦・塞林（Thorsten Sellin）對阿姆斯特丹的銼木所及紡織所（Spinhuis）進行了詳盡的研究，參見《刑罰學拓荒》（*Pioneering in Penology*），一九四四年。我們可以將十八世紀經常被提到的另一個「模型」擱在一旁。這是馬比雍（Jean Mabillon, 1632-1707）在《關於教團監獄之思考》（*Réflexions sur les prisons des ordres religieux*）中所提出的模型，該著作在一八四五年重新出版。這份文獻在十九世紀被重新發掘出來，情況似乎與當時天主教徒跟新教徒爭辯他們在慈善運動及某些行政方面所占的地位有關。馬比雍這本似乎鮮為人知、沒什麼影響力的小冊子指出「儘管我們可以提出相關說法而賦予美國懲治監獄體系（système pénitentiaire）的原初思想日內瓦或賓夕法尼亞州的源頭」，然而它是一個「徹頭徹尾修道院的及法式想法」（雷翁・佛榭〔L. Faucher〕）。

區（la juridiction d'Alost）內針對被判罪者所進行的一項調查——有可能是最早的調查之一——顯示，犯人並非「工匠或勞動者（工人只會想到能令他們餬口的勞動），而是自甘乞討的懶惰鬼。」[45] 由此產生出設置一個針對抗拒勞動的人提供某種基本勞動教育處所的想法。這麼做有四項優點：減少對國家來說成本高昂的刑事訴訟數量（在法蘭德斯，這可以節省超過十萬里弗爾）；無需再針對遭受流民破壞而蒙受損失的木材主辦理退稅；培養出一批工人新血，這將「通過競爭，有助於降低勞動費用」；最終，讓真正的窮人獲得必要的慈善救濟，而無需被瓜分[46]。這種如此有用的教育將在懶惰者身上重新建構出對勞動的興趣（goût），強制他重新回到一個利益的體制內（在其中勞動比懶惰更有利），他的四周將形成一個縮小、簡化及強制性的小型社會，並清楚呈現這句格言的內涵：誰想活著便要勞動。勞動是必要的，但勞動同時也帶來一份報酬，讓囚犯可以在拘留期間及此後藉以改善他的境遇。「一個缺乏生存所需的人必然會受到由勞動來獲取所需的欲望所牽引；透過管理及規訓（discipline），我們將生存所需供給他；我們某種程度上強迫他投入其中；所得的誘惑進一步激發他；習性受到改正，習於勞動，帶著一點留待出獄後用的外快而溫飽無虞」，他學會了一份本事「確保他謀生所需，並無須冒任何危險」[47]。**經濟人**（l'homo œconomicus）之重建，其排除過短刑罰之使用（這將有礙於技能及勞動興趣的取得），或者排除終身監禁（這會讓任何學習變得沒有必要）。「六個月的刑期太短，無法讓罪犯受到矯

正，並將他們導向勞動精神」；反之，「終身刑期令他們絕望；他們對習性矯正及勞動精神漠不關心；他們滿腦子只想脫逃及反抗；既然我們沒有以剝奪生命的方式來判處他們，為什麼我們要讓生命對他們而言是難以忍受的呢？」[48] 刑期唯一的意義在於可能的矯正，以及受矯正罪犯之經濟利用。

在勞動原則上，英格蘭模式再加上了隔離（isolement）作為矯正的基本條件。這個框架於一七七五年由漢威（Hanway）[xxi] 提出，他先從負面的理由入手提出論證：監獄的雜處提供了壞榜樣、逃獄的可

45. 維朗十四（Jean Jacques Philippe Vilan XIV），《論罪犯矯正方式》（*Mémoire sur les moyens de corriger les malfaiteurs*），一七七三年，第64頁。這本與根特強制院之設置有關的論文遲至一八四一年始發表。流刑判處的頻率進一步加劇犯罪與流浪間的關聯。一七七一年，法蘭德斯省三級會議（États de Flandre）發現「對乞丐所頒布的流刑是無效的，因為各省對其境內有害之徒互踢皮球。結果是一名乞丐從一地被驅逐到另一地，最後以絞死告終，然而如果讓他習慣於勞動的生活，他就不會走上這條不歸路。」參見司徒邦（L. Stoobant），《根特歷史學會年鑑》（*Annales de la Société d'histoire de Gand*），一八九八年，第三卷，第228頁。參照本書圖15。
46. 維朗十四（Jean Jacques Philippe Vilan XIV），前引書，第68頁。
47. 前引書，第107頁。
48. 前引書，第102-103頁。

能，以及在未來發生勒索或共謀的可能。如果讓囚犯一起勞動，監獄則跟工廠太過相似。接著是正面的理由：隔離構成了一種「可怕的衝擊」，由此受刑人避免不良影響之外，可以反省，並且在良心深處發現良善之聲；此時，孤獨的工作將成為一種同時跟改造和學習有關的練習；它所重新形塑的不僅是與**經濟人**有關的利益方面的作用，而且也包含道德主體之必要（impératifs du sujet moral）。單人小室（cellule）這種基督教修道院的技術，其只在天主教國家存留下來，現今在這個新教社會中成為人們可以同時重建**經濟人**及宗教良知的工具。在犯罪與返回法律及美德之間，監獄構成一個「介於兩個世界之間的空間」，一處讓個體改造的地方，將國家丟失的子民歸還給它。漢威稱修正個體的機制為「改良所」（réformatoire）[49]。一七七九年霍華德（Howard）[xxii] 和布雷克斯頓所實施的正是這些基本原則，當時美國的獨立阻絕了流放的作法，人們開始起草法律，以便修正刑罰體系。帶著改造靈魂及行為的目標，監懲進入了民法體系[xxiii]。布雷克斯頓和霍華德為這套法律所撰寫的序言從令人生畏的範例、轉化工具及學習環境等三重功能的角度來描述個別監禁：歷經「孤立的拘留、規律的勞動及宗教教誨之薰陶」，一些罪犯可能「不僅會讓那些受誘惑有意效尤他們的人感到退卻，而且他們自己也獲得矯正，並養成了勞動習慣。」[50] 之所以決定建立一處給男性、一處給女性的兩所懲治監獄（pénitenciers）的道理就在此，單獨隔離的囚犯將從事「最卑微的、最合適於罪犯之無知、粗心大意及執拗脾性的勞動」：踩在輪上轉動機

器、固定絞盤、拋光大理石、打麻、銼木、碎布、製作繩索及袋子。
實際完工的只有一所懲治監獄，也就是格洛斯特（Gloucester）懲治監
獄[xxiv]，也僅在部分符合最初的架構：完全禁閉只針對最危險的罪犯；
至於其他犯人則是日間共同勞動與夜間隔離。

最後，還有費城模式。這是最為人所熟知的模式，這可能是因
為它看來與美國系統的政治創新有所關聯，但同時也因為它不像其他
模式隨即面臨窒礙難行的困境而遭到摒棄；直到一八三〇年代在懲治
監獄改革方面引發重大討論之前，費城模式曾經持續受到採用並被調
整。在貴格會（quaker）團體的直接影響下於一七九〇年啟用的胡桃
街監獄[xxv]在許多方面都恢復了根特和格洛斯特的模式[51]。在工廠中的

49.　漢威（J. Hanway），《警察之缺陷》（*The Defects of Police*），一七七五
　　　年。

50.　一七七九年法案（Bill de 1779）前言，引自胡里歐斯（Nicolaus Heinrich
　　　Julius），《監獄的教訓》（*Leçons sur les prisons*），法譯本，一八三一
　　　年，第一卷，第299頁。

51.　此外，我們也確定貴格會對阿姆斯特丹的銼木所及紡織所有所瞭解，參見塞
　　　林（Thorsten Sellin），《刑罰學拓荒》（*Pioneering in Penology*），第109-
　　　110頁。無論如何，胡桃街監獄都是一七六七年啟用的奧姆院（Almhouse）
　　　及儘管英國行政當局反對但貴格會教徒仍希望施行的刑事立法〔構想〕之延
　　　續。

強制勞動，囚犯被填得密不透風的作息，藉著勞動來資助監獄財務，但同時也成為囚犯個人報酬，確保他們在精神上和及物質上重新嵌入（réinsertion）在嚴厲的經濟世界中；因此，囚犯們「經常被用於從事些生產性的勞動，好讓他們負擔監獄的費用，不讓他們無所事事，並為囚禁結束時準備一些財源。」[52] 因此，生活依循著絕對嚴格的時間表、在持續的監視下受到管控；一日的每個時刻都受到編派，規定活動型態，並擔負著其責任及禁令：「囚犯一律在破曉時分起床，整理被褥、清潔梳洗並完成其他規定事項後，他們一般會在日出時分開始工作。從這一刻起，如果不是工廠及指定勞動的地方，沒有人可以到房間或……一日結束時，鈴聲響起，通知他們離開勞動崗位……他們有半小時時間鋪床，之後他們不得再大聲交談或發出一絲聲響。」[53] 如同在格洛斯特監獄，孤獨禁閉不是全面的；它限於那些按照過往刑罰會被判死的犯人，以及獄中那些有必要施以特殊懲罰的人：「在此，沒有任何工作，沒有任何可供他排遣的活兒，他處於對被釋放時刻的等待及不確定中」，囚犯渡過了「漫長的焦慮時刻，被禁閉在浮現於每一位犯人腦海中的反省中。」[54] 最後，如同在根特監獄，監禁可依囚犯的表現加以變化：監獄視察員在調閱犯人檔案後，從當局獲得——直到一八二〇年代，這樣的可能性皆存在——赦免那些表現良好囚犯的權力。

〔除了共通處之外〕胡桃街監獄還具有多項獨具的特點，或者至少說是將其他模型中潛在的特點予以發展出來。首先是刑罰不公開

原則。如果判罪及其原因確有必要讓所有人明白，那麼反過來說，刑罰的執行則須祕密進行；公眾無須以見證人的身份或作為懲罰的保證人介入其中；囚犯在圍牆後履行其刑罰的確定無疑應該便足以構成範例：一七八六年法律所規定的某些犯人必須在城區或道路上執行公共工程而出現的街頭展演不再有[55]。懲罰及其必須進行的矯正〔現在只〕是發生在犯人及其監視者間的過程。這個過程針對個體施加了一

52. 拉赫許傅柯－里昂古（G. de La Rochefoucauld-Liancourt），《論費城監獄》（*Des prisons de Philadelphie*），一七九六年，第9頁。

53. 騰柏（J. Turnbull），《費城監獄參訪》（*Visite à la prison de Philadelphie*），法譯本，一七九七年，第 15-16頁。

54. 卡萊柏·羅納斯（Caleb Lownes），參見梯特斯（N. K. Teeters），《懲治監獄的搖籃》（*The Cradle of the penitentiary*），一九五五年，第49頁。

55. 關於這項法律所引起的混亂，參見若許（B. Rush），《關於公開懲罰效果之調查》（*An inquiry into the effects of public punishments*），一七八七年，第5-9頁，以及羅伯·沃（Roberts Vaux），《關於改善費城監獄紀律的最初及後續工作要點》（*Notices of the Original and Successive Efforts to improve the Discipline of the Prison at Philadelphia*），一八二六年，第45頁。應該指出的是，歇傑爾（J.-L. Siegel）受到阿姆斯特丹銼木所之啟發，在其報告中，他主張刑罰不應該公開宣判，囚犯應當在夜晚被送進矯正監獄，警衛應當宣誓不洩漏犯人的真實身分，任何參訪也不允許，參見塞林（T. Sellin），《刑罰學拓荒》（*Pioneering in Penology*），第27-28頁。

種徹頭徹尾的改造——藉著囚犯必須投入的日常勞動而促成了他的身體及習慣之改造，藉著以他為目標的精神照顧（soins spirituels）而促成了他的精神及意志之改造：「提供聖經及其他有關宗教信仰方面的書籍；在城市及郊區可以找到的不同分堂的神職人員負責每週一次的宗教活動，任何其他具教化力量的人隨時皆可接觸囚犯。」[56] 但對於促成受刑人改造，行政部門自身也具有該扮演的角色。孤獨及反省是不夠的；純粹宗教的勸誡也不充分。對受刑人心靈方面的工作不應當放棄任何機會。監獄既是一個行政機關，同時也是修正思想的機制。當受刑人一踏入監獄大門，獄方便向他宣讀各項規則；「與此同時，視察員試圖在他身上強化他所身其中的道德義務；向他指陳出，在他們眼裡，他身陷其中的違法行為及對庇護他的社會所造成的傷害，以及透過他的下場及改正來進行補償的必要性。他們敦促他以愉快的態度履行他的責任，以合宜的方式表現，允諾他或引他期盼，在刑期屆滿之前，如果表現良好，他將會獲得自由……視察員不時需要從他們生而為人及作為社會一分子責任的角度跟犯人們一一交談。」[57]

但可能，最為重要的是，以一種既是其條件又是其結果的方式，這種對行為之控制及改造伴隨著一種關於個人知識（un savoir des individus）的發展。在收容犯人的同時，胡桃街獄方也會收到一份關於其罪行及發生背景的報告、一份被告審訊摘要、一些關於宣判前及其後他行為方式的註記。如果人們想要「確定哪些才是必要的照顧方式，以便瓦解他的舊習性」[58]，那麼這些都是不可或缺的要件。在拘

留期間，犯人將受到觀察；人們將日復一日地記錄他的行為，而視察員——在一七九五年有十二位本市知名人士獲得任命——以每週一次、每次兩位的方式訪視監獄，必須詢問監獄裡所發生的事情，瞭解每一位受刑人的情況，並決定可替誰提出赦免要求。這種對於每個個體不斷增加的認識，使得在監獄中對於受刑人的區分所依循的比較不是他們所犯的罪行，而是他們所表現出來的狀況。監獄成為某種持續運作的觀察站（observatoire），可以劃分各式各樣的惡習或弱點。從一七九七年開始，因犯被分為四類：第一類是被明確判處單獨囚禁的人或是在獄中犯下嚴重過錯的人；另一類是保留給那些「為人所熟知

56. 內容出自胡桃街監獄視察員所做的第一份報告，引自梯特斯（N. K. Teeters），《懲治監獄的搖籃》（*The Cradle of the penitentiary*），第53-54頁。

57. 騰柏（J. Turnbull），《費城監獄參訪》（*Visite à la prison de Philadelphie*），法譯本，一七九七年，第27頁。

58. 若許（B. Rush）是一位監獄視察員，在一次參訪胡桃街監獄過後，他寫下：「道德方面的照顧：聽聞布道、閱讀好書、保持衣物及房間整潔、洗澡；不大聲喧嘩、不飲酒、盡可能少抽菸、少說下流或褻瀆言論。持續勞動；照顧菜園；菜園真是美：有一千兩百顆甘藍菜。」引自梯特斯，前引書，第50頁。

的老犯法者……」或者是在他們入獄期間表現出「道德淪喪、具危險性、狀態不穩或行為混亂」的人；另一類針對那些「在判罪前及判罪後，其個體特質及犯案背景都表明他們並非慣犯」的人。最後，還有一個特殊的部分，是一種緩刑的類別，針對那些個體特質尚屬未知，或者是已經獲得明確認識卻不該歸入前一類的人[59]。這當中發展出一整套個體化知識，它並不那麼以所犯下的罪行為它的參照範圍（至少在孤立的狀態下），而是以個人隱含著並在日常行為中被觀察到的危險潛在性作為其參照範圍。監獄在此如同一部知識機器般地運行著。

* * *

在法蘭德斯模式、英格蘭模式及美國模式所提出的懲罰機制之間，在這些「改良所」及改革者們所想像出的所有懲罰方式之間，我們可以找出其共通點及不同處。

共通點。首先是懲罰的時間逆轉（retournement temporel）。「改良所」所設定的功能也一樣，不是去除罪行，而是避免它再發生。這是面向未來的措施，旨在阻止惡行之重複。「刑罰的目標不是犯行的贖罪，罪行之定奪必須留待神明來為之；而是要防止同類的犯行再度發生。」[60] 在賓夕法尼亞州，巴克斯頓（Buxton）主張，孟德斯鳩與貝卡里亞所揭櫫的原理現在必須具備「公理的力量」，「預防犯罪是懲罰的唯一目的」[61]。因此，我們並不會為了抹除罪行而懲罰，而是為

了改造罪犯（無論是實際的或潛在的）；懲罰必須帶著某種的矯正技術。再一次，若許的想法跟改革派法學家們非常接近——〔儘管〕他所使用的比喻方式或許有所不同——當他說：人們很棒地發明出使勞動如虎添翼的機器；那麼人們當在何等程度上更加讚揚那位或許發明了「最迅速、最有效的方法，好讓人類最壞的部分重返美德與幸福，好將在世界上的部分罪惡予以清除」[62] 的人。最後，那些盎格魯－撒克遜的模式，如同〔主張改革的〕立法者及理論家所提出的種種方

59. 　一七九七年六月十六日會議紀錄（Minutes of the Board），參見梯特斯（N. K. Teeters），前引書，第59頁。

60. 　布雷克斯頓（W. Blackstone），《英格蘭刑法法典評論》（*Commentaire sur le Code criminel d'Angleterre*），法譯本，一七七六年，第19頁。

61. 　布萊佛德（W. Bradford），《死刑在賓州有多麼必要之調查》（*An inquiry how far the punishment of death is necessary in Pennsylvania*），一七九三年，第3頁。

62. 　若許（B. Rush），《關於公開懲罰效果之調查》（*An inquiry into the effects of public punishments*），一七八七年，第14頁。這種有關改造機制的想法已經出現在漢威的「改良所」方案中：「醫院的概念和罪犯的概念是不相容的；但是，讓我們試著讓監獄成為真正並有效的改良所（reformatory），而不是像其他監獄一樣是惡習的學校。」參見漢威（J. Hanway），《警察之缺陷》（*The Defects of Police*），第52頁。

案，要求一些能夠獨特化（singulariser）刑罰的做法：透過其刑期、性質、強度及作法，懲罰應當根據個人特質及其對他人而言所帶有的危險而受到校準。刑罰體系必須將個別差異納入考慮。那些或多或少衍生自阿姆斯特丹銼木所的模式，在基本方案上與改革派所提出的構想並不矛盾。乍看之下，人們甚至可以認為它們只是改革派構想在具體制度層面上的開展或雛型。

然而，當問題涉及如何界定個體化矯正（correction individualisante）之相關技術時，兩者的差異便凸顯出來。差異產生之處出現在通向個體的程序（procédure d'accès à l'individu）、懲罰權力掌控個體的方式、它用來確保這種改造的工具等方面；在刑罰技術中，而非在其理論基礎上；在它與身體及靈魂所建立的關係當中，而非在它被納入法律體系內部的方式上。

先說改革派的方法。刑罰所立足的基礎——藉此刑罰作用在個體上——何在？即再現：個體的利益之再現，他的好處、壞處、快樂與痛苦之再現；如果懲罰施加在身體上並對之施以與酷刑全然有別的技術，這是因為無論是對犯人還是對觀眾而言，身體都是再現的客體。人們藉以作用於再現的工具為何？是其他的再現，或者更確切地說是成對觀念的組合（犯罪－刑罰、被想像到的犯罪好處－被感知到的懲罰壞處）；這些配對只能在宣傳的成分中發揮作用：懲罰的場面，其在所有人的眼前建立或強化這些配對；促使它們流通，並在每一刻重新肯定記號的作用（jeu des signes）。在懲罰中，罪犯的角色就是在法

典與罪行面前將所指（signifié）之真實存在重新導引進來，也就是說將這種刑罰——其根據法典的界定必須絕對無誤地關聯上違法行為——之真實存在重新引導進來[xxvi]。這種所指被大量且明確地生產，藉此重新激活法典的指示系統（système signifiant），使罪行之觀念如同懲罰之記號一樣地起作用，罪犯正是以這樣的代價來支付他對社會的債務。因此，個體的矯正必須完成個體重新認可（requalification）為法律主體（sujet de droit）的過程，其方法是強化記號及它們促使流通的再現的體系。

矯正懲罰的機制則以完全不同的方式起作用。刑罰的施力點不是再現，而是身體、是時間、是每天的姿態及活動；靈魂也包含在內，但僅就其乃習慣所在地（siège d'habitudes）這一點而言。作為行為之源頭，身體與靈魂現在成為刑罰介入的項目。有別於立足於一種再現的藝術上，懲罰必須建立在一種精心思慮的個體操縱上：「每一種罪行都有其在身體及精神作用方面的治癒方式」；因此，為了確定懲罰，我們必須「瞭解神經系統中感覺及交感（sympathies）作用的原理。」[63] 至於所運用的工具，則不再是人們要去強化及促使流通的

63. 若許（B. Rush），《關於公開懲罰效果之調查》（*An inquiry into the effects of public punishments*），一七八七年，第13頁。

再現之作用；而是一些強制（coercition）的形式、一些被施予並重複的約束性模式。現在是練習，而非記號：時刻表、作息表、強制性動作、規律性活動、孤獨冥想、共同勞動、靜默、投入、尊重、良好習慣。到了最後，人們所試圖透過這種矯正技術所重建的，並非那麼是被控制在社會公約基本利益中的法律主體；而是服從的主體（le sujet obéissant），是受制於習慣、規則、秩序的個體，一個不斷在他的周遭及身上施展並且必須讓它在他身上自動運作的權威。因此，這是對違法行為兩種完全不同的回應方式：重建社會公約的司法主體；或是以一種既全面又細微的方式塑造出向任何權力低頭的服從主體。

如果「強制」之懲罰沒有帶來一些重要的後果的話，上述的種種或許只不過造成一種相當思辨性的差別——因為總的來說，在這兩種情況中，所涉及的無非都是塑造出臣服的個體。透過塞得滿滿的作息來進行行為訓練（dressage de la conduite），養成習慣，對身體施加種種約束，這些都隱含著一種在受懲者與施懲者之間相當特殊的關係。這種關係不單只是讓刑罰展演的面向變得沒用：它根本上就要將之排除在外[64]。施懲者必須行使一種不受任何第三方干擾的完整權力；而應當被矯正的個體必須由在他身上起作用的權力將他完整地包覆起來。這是隱密的必要（impératif du secret）[xxvii]。因此，至少在相對意義上，這種懲罰技術也具有自主性：它必須具有屬於它的運作、規則、技術及知識；它必須確立它的種種規範，設定目標：相對於負責宣判有罪並設定基本懲罰範圍的司法權力而言，這所顯現的是一種不連續性，

或者至少是特定性[xxviii]。而這兩種後果——在懲罰權力行使當中的隱密性與自主性——對於一個在過去設定了兩項目標的刑罰理論及政策而言是越了界的：讓所有公民參與對社會公敵之懲罰；相對於負責公開界定懲罰的法律，懲罰權力在執行上必須完全服膺並且透明。祕密進行且並未被司法所規定的懲罰、在陰暗中依據著不受管控的標準及工具而運作的懲罰權力，將導致整個改革方案都受到危害。在宣判之後，橫生出一種權力，不禁讓人聯想起運作在舊體系中的權力。執行刑罰的權力同樣也面臨著失之專斷及專制之虞，一如過去那種決定刑罰的權力一樣。

總的來說，二者的分歧是：懲罰城或強制機構（institution coercitive）嗎？一邊涉及一種刑罰權力之運作，其分布在整個社會空間中；無處不在，無論是場景、展演、記號、還是論述；它是可讀的，如同一本敞開的書；通過一種對於國民精神不間斷的再法典化（recodification）[xxix]方式來運作；透過將這些障礙放進犯罪的觀念中來確保對於犯罪的遏止；如同塞爾萬所說的，它以不可見及無用的方

64. 　參見若許（B. Rush）針對懲罰展演所提出的批判，特別是針對德·瓦拉茲（Dufriche de Valaze）所設想的那些方式，參見若許，前引書，第5-9頁。

式作用在「大腦的軟纖維」上。一種貫穿整個社會網絡的懲罰力量，作用在它的每一處，到最後不再被認定為是某些人施加在某些人身上的權力，而是視為所有的人面對任何人的一種直接反應。另一邊涉及一種懲罰權力密實的（compact）運作：透過一套權威與知識體系，而形成一種針對受刑人的身體及時間的細膩掌控、一種對於他的姿態及行為的約束；一種配套的整形外科（orthopédie）施用在受刑人身上，以便個別地導正他們；一種自外於社會體及尤其是司法權的權力的自主管理。監獄興起所涉及的問題是懲罰權力機構化的問題，或者說得更明白，此問題是：懲罰權力（以及它在十八世紀末所立定的策略目標：降低庶民的非法行為）是透過藏身在普遍社會功能中，也就是說在「懲罰城」中比較好？還是委身於一種強制機構，也就是說在「改良所」的封閉場所內比較好呢？

　　無論如何，我們可以說，在十八世紀末，人們面對著三種懲罰權力的組織方式。第一種是在當年仍舊運作著、以舊的君主制權利為基礎的方式。其他的兩種都相應於一種講求預防、效用及矯正的懲罰權利概念，這種權利隸屬於社會整體；但就它們所擘劃出的方案而言，兩者非常不同。以簡略的方式我們可以說，在君主制權利當中，懲罰是一種統治權的儀式；它運用著它施展在受刑人身體上的儀式性報復印記；它向觀眾展示了一種相較之下更強的恐怖效果，因為統治者及其權力之具體呈現方式總是不連貫、不規則而且總是高於他自己所制定的法律。而在改革派法學家們所提出的方案中，懲罰是重新確

立個體為主體、法律的主體的過程；它所運用的不是印記，而是記號、被規範好的再現整體，其懲罰的場景務求最迅速的流通、最廣泛的接受。最後，在此時尚在發展中的監懲制度（institution carcéral）方案中，懲罰是一種施加在個體身上的強制技術；透過它在行為上頭以習慣這樣的形式所留下的軌跡（traces），它所運行的是一些身體訓練的措施而非記號；它預設了一種刑罰管理的個別權力運作。統治者及其力量、社會體、行政機制。印記、記號、軌跡。儀式、再現、練習。投降的敵人、重新認可過程中的法律主體、受制於直接強制作用的個體。被施以酷刑的身體、其再現被操縱的靈魂、受矯正的身體：在十八世紀後半葉，三組元素刻劃出互別苗頭的三套方案。這些方案不能被簡化為不同的法律理論（儘管它們與之相印證），或將它們等同於機制或機構（儘管它們確實建立在後者之上），或者是認為它們出於不同的道德選擇（儘管它們從中獲得了各自的正當化）。〔實際上〕這是懲罰權力在作用上所依循的不同模式。三種權力的技術學。

　　於是，我們要問的是：到底發生了什麼讓第三種方式最後脫穎而出？懲罰權力的強制的、身體的、孤獨的、隱密的模式如何得以取代了再現、場景的、〔記號〕指示的、公開的及集體的模式？在監獄作為支撐它的機構的情況下，為什麼懲罰的身體練習（這不是酷刑）可以取代了懲罰記號及讓這些記號得以流通的滔滔不絕慶典（la fête bavarde）的社會作用？

譯註 ────────────────────────────────

i｜本處傅柯引文疑有誤，傅柯引文為tirer le délit du châtiment（譯為「從懲罰中得出犯行」），原文應為tirer du délit le châtiment。

ii｜維梅勒（François-Michel Vermeil, 1730-1810），司法官。

iii｜原引文為l'utilité publique des mouvements communs et particuliers，當中mouvements一詞難解，暫譯「運動」。

iv｜貝克森（Scipion-Jérôme Bexon, 1750-1825），司法官、法學家。

v｜指稍早提到的刑罰透過各種方式講述罪行。

vi｜沒有對公眾產生作用是因為監禁是不公開的，不像一座座露天、日常的懲罰劇場。它對社會來說是無用的，因為監禁不事生產，不像那些從事公共工程的苦役。

vii｜本處引號由譯者所加，以方便閱讀。

viii｜這指讓懲罰更為可見，不像懲罰一旦只隱蔽在監獄中，再多也不可見，其範例效果必然大打折扣。

ix | 指第一帝國時期，從一八〇四年拿破崙稱帝開始，經短暫中斷（波旁王朝復辟），於一八一五年滑鐵盧戰敗而告終。

x | 治安司法所（justice de paix）設置於一七九〇年至一九五八年間，每區（canton）設置一所，由治安法官（juge de paix）負責，處理最基層的司法問題及紛爭。

xi | 指一八一四至一八四八年間。其中復辟時期（la Restauration）指一八一四至一八三〇年波旁王朝掌權時期，其間曾因拿破崙重掌政權數月而中斷；七月王朝（la monarchie de Juillet）開始於一八三〇年，結束於一八四八年，由奧爾良家族的路易－菲利普一世掌權。

xii | 執政府時期（le.Consulat）是法國介於一七九九至一八〇四年的歷史時期，上承督政府時期（le Directoire），後繼第一帝國時期。

xiii | 身受刑是以肉體為對象、直接施展其上的刑罰，與折損受刑人名譽的加辱刑（peines infamantes）同為刑度介於死刑及輕罪之間的刑罰方式。

xiv | 凱瑟琳二世（Catherine II, 1729-1796），俄國女皇，在位長達三十四年（1762-1796）。

xv | 約瑟夫二世（Joseph II, 1741-1790），是哈布斯堡－洛林王朝的奧地利大公，一七六五年加冕為神聖羅馬帝國皇帝。

xvi | 根據一份文獻：「在一般司法……也就是以國王的名義，作為整個司法的源頭的代理司法（la justice déléguée）之外，還存在著保留司法（la justice retenue），它依循著兩個主要形式進行：或者是國王親為（國王的命令，那些為人所熟知的「密令」），或者是他指定取代一般司法的特別司法管道。保留司法最常見的方式是監禁，其時間長短很少先確定：它端視君王的恩賜與（或）被監禁者悔改的程度。在十八世紀，這類被稱為強制院及（或）矯正監獄（maisons de correction）的監禁處所共有數百個。」參見卡賀列（Christian Carlier），〈法國監獄及獄政史：從舊制度時期至今日〉（Histoire des prisons et de l'administration pénitentiaire française de l'Ancien Régime à nos jours, 2009）。

xvii | 在舊制度時期的法國，密令（lettres de cachet）就是國王下達命令的函件，以

保密的方式直接送達受令者手中，相較於正常政令管道，密令既快速又隱密，例如下令監禁、放逐等。

xviii｜可能指讓·布耶（Jean Bouhier, 1673-1746），法學家、司法官，勃艮第高等法院（le parlement de Bourgogne）第一任庭長（président à mortier, 1704-1728）。

xix｜法拉里斯，西元前六世紀西西里島阿克拉伽斯城邦（Acragas）暴君，以殘暴聞名，據稱曾將敵人活生生置於青銅牛形雕塑中空腹中燒烤。

xx｜根特強制院由維朗十四子爵（Jean Jacques Philippe Vilain XIV, 1712-1777）於一七七五年設立。維朗十四曾任根特市及阿羅斯特市的市長。

xxi｜裘納斯·漢威（Jonas Hanway, 1712-1786），英格蘭商人、作家、慈善家。

xxii｜約翰·霍華德（John Howard, 1726-1790），英格蘭慈善家，曾於旅程中被俘入監，這段經歷影響了他往後對於監獄問題的關注。一七七七年出版《監獄之狀況》（The State of the Prisons），提出監獄改革建議。

xxiii｜即「一七七九年監獄法案」（the 1779 Penitentiary Act）。主其事者包括監獄改革者霍華德、高等法院法官布雷克斯頓、以及擔任國會議員的威廉·艾頓（William Eden）。針對放逐管道受阻，法案中建議興建兩所監獄，分別收容男囚及女囚。

xxiv｜格洛斯特監獄（Prison Gloucester）位於英格蘭格洛斯特市，由威廉·布雷克斯頓規劃，一七九二年啟用，二〇一三年關閉。

xxv｜胡桃街監獄（prison de Walnut Street）是一所位於美國費城的市立監獄及懲治所（penitentiary house），其中監獄部分自一七七三年開始運作，因為坐落於胡桃街而得名。懲治所部分起建於一七九〇年，規劃了單間監禁室及勞動設施，被視為全美首例。懲治所旨在透過孤獨監禁、勞動生活等方式達到身心矯正之功效，構想與賓州桂格會視懺悔（penitence）及自省為靈魂解救之道的思維有關。胡桃街監獄至一八三八年關閉。

xxvi｜所指（signifié）與能指（signifiant）為索緒爾語言學概念，一般指記號（signe）這個概念的兩個互補面向。所指是記號的指涉內容的心理再現；能指是

記號的形式及物質面向的心理表現。

xxvii｜比較本章前文針對監禁模式所依次提到的「經濟的必要」及道德主體之必要。

xxviii｜這指儘管司法負責審判、定罪及判刑，但在定罪後執行刑罰的過程中，監禁過程本身有其自主的權力運作空間，而與司法權產生不連續（discontinuité）或特殊性（spécificité）的情況。

xxix｜或再系統化。

HÆC EST REGULA RECTI.

圖1｜昂惕（N. Andry），《整型術或兒童身體畸形預防及矯正的藝術》（*L'orthopédie ou l'art de prévenir et de corriger dans les enfants les difformités du corps*），一七四九年出版。

圖2｜一六六六年路易十四第一次軍事校閱紀念章（法國國家圖書館，紀念章收藏室）。同時對照本書第357頁。

FIGURE LXVI.

Reposez-vous sur vos armes.

CE commandement s'éxecute en quatre temps : le premier, en étendant le bras droit vis-à-vis la cravatte, le mousquet planté droit sur sa crosse : le second temps, en laissant glisser le mousquet au dessous de la ceinture de la culotte, & en haussant la main gauche au bout du canon du mousquet : le troisiéme, en laissant tomber la crosse du mousquet : & le quatriéme, en glissant la main droite pour la joindre à la main gauche.

FIGURE LXVI.

Reposez vous sur vos armes.

R ij

FIGURE LXX.

Reprenez vos mesches.

CE commandement s'éxecute en quatre temps : le premier est, d'avancer la pointe du pied droit à quatre doigts de la mesche, ayant le bras droit étendu à la hauteur de la cravatte : le deuxiéme est, de baisser le corps en tenant le jarret roide, & le genouil droit un peu plié pour prendre la mesche dans les doigts de la main droite : le troisiéme temps est, de se relever droit en mettant le pied droit vis-à-vis du pied gauche, & en glissant la crosse du mousquet en dedans pour remettre la mesche dans les doigts de la main gauche : le quatriéme temps est, de repousser son mousquet sur l'épaule, & d'étendre le bras droit le long de la cuisse.

FIGURE LXX.

Reprenez vos méches

S ij

圖3/4｜吉法（P. Giffart），《法蘭西軍事藝術》（*L'art militaire français*）書上插圖，一六九六年。同時對照本書第297頁。

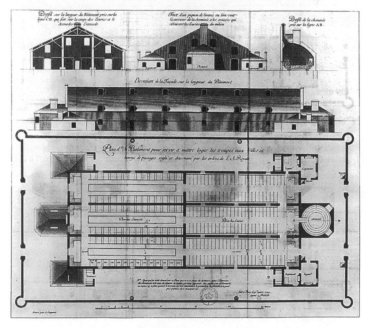

圖5/6｜《一七一九年九月二十五日有關營房建造飭令》附圖。同時對照本書第275頁。

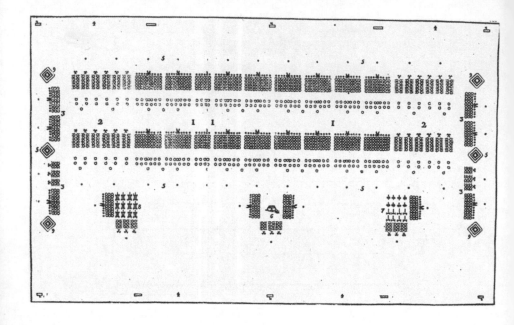

圖7｜可容納十八個營（bataillons）及二十四個騎兵連（escadrons）的軍營，參見梅茲華（P. G. Joly de Maizeroy），《戰爭理論》（*Théorie de la guerre*），一七七七年。圖上標號對照：

1.步兵營房

2.騎兵營房

3.輕裝部隊（troupes légères）營房

4.前哨（grands gardes）

5.營哨線（alignement des gardes du camp）

6.司令部（quartier général）

7.砲場（Parc de l'artillerie）

8.糧場（Parc de vivres）

9.稜堡（Redoute）

同時對照本書第331頁。

圖8｜握筆姿勢及坐姿，法國國立教育研究及資料所歷史收藏（Collections historiques de l'I. N.R.D.P.）。同時對照本書第293頁。

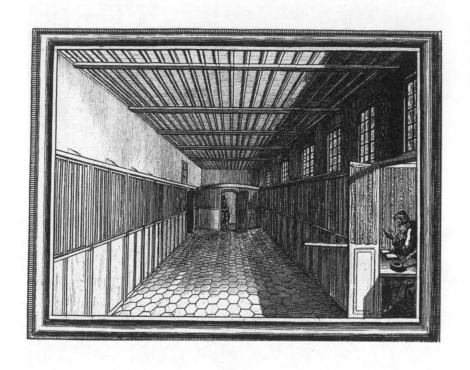

圖9｜納瓦爾學院（Collège Navarre），尼古拉・馬丁內（François Nicolas Martinet）繪製及刻版，一七六〇年前後，法國國立教育研究及資料所歷史收藏（Collections historiques de l'I. N.R.D.P.）。同時對照本書第277頁。

圖10/11｜「位於馬翁港路（rue du Port-Mahon）的互助教育學校內景，進行書寫練習之際」，伊波利・勒弓特（Hippolite Lecomte）所做的石版畫，一八一八年，法國國立教育研究及資料所歷史收藏（Collections historiques de l'I.N.R.D.P.）。同時對照本書第285頁。

Intérieur de l'École d'Enseignement Mutuel, située rue du Port-Mahon,
au moment de l'Exercice d'Écriture.

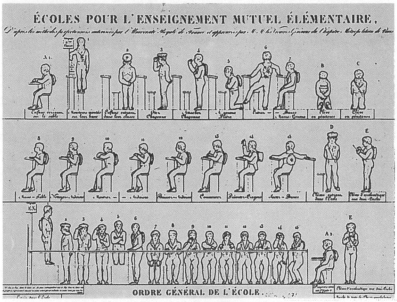

ÉCOLES POUR L'ENSEIGNEMENT MUTUEL ÉLÉMENTAIRE,

ORDRE GÉNÉRAL DE L'ÉCOLE.

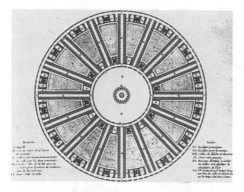

圖12｜醫院規劃案，波也（B. Poyet），
一七八六年。同時對照本書第335頁。

圖13｜醫院規劃案，德‧納佛吉（J. F. de
Neufforge），《建築基礎彙編：一七五七
至一七八〇年》（*Recueil élémentaire
d'architecture, 1757-1780*）。同時對照本
書第335頁。

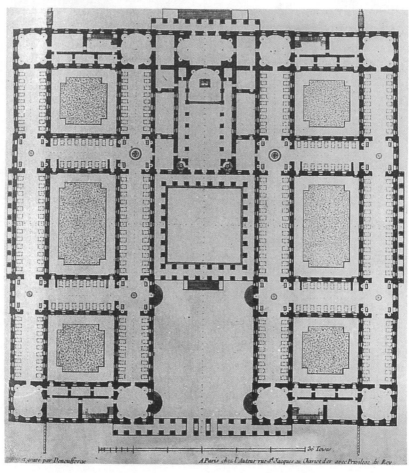

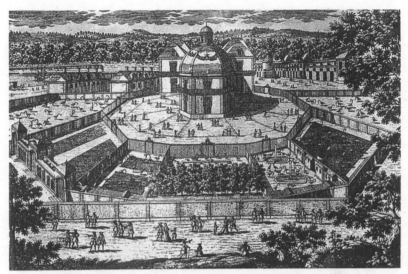

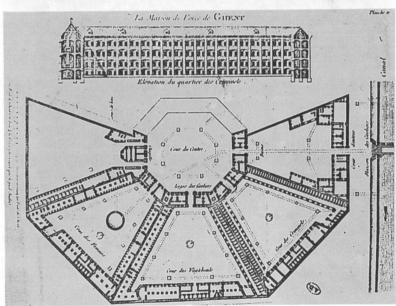

圖14｜路易十四時代的凡爾賽動物園（Ménagerie de Versailles à l'époque de Louis XIV），皮耶・阿弗林（Pierre Aveline）的版畫。同時對照本書第383頁。

圖15｜根特強制院平面圖，一七七三年。同時對照本書第217頁。

Plan pour une grande Prison.

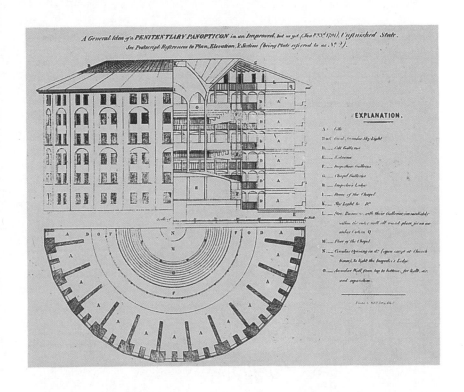

圖16｜監獄規劃案，德‧納佛吉（J. F. de Neufforge），前引書。同時對照本書第335頁。

圖17｜全景監獄（panopticon）平面圖，由邊沁（J. Bentham）設計，《傑瑞米‧邊沁作品集》（The Works of Jeremy Bentham），Bowring出版，第172-173頁。同時對照本書第379頁。

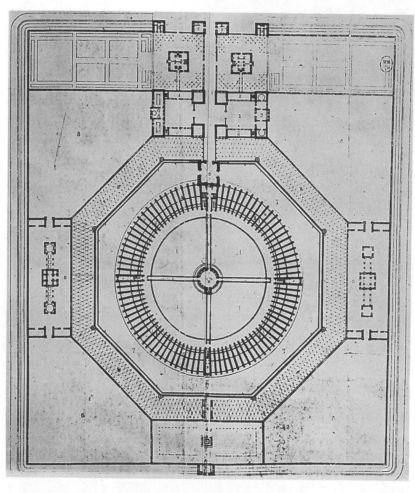

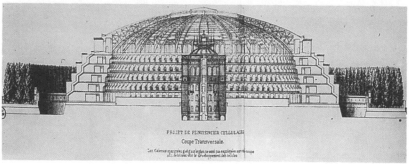

PROJET DE PÉNITENCIER CELLULAIRE
Coupe Transversale.

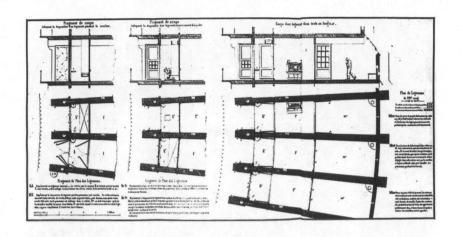

圖18/19｜懲治監獄（pénitencier）規劃案，哈胡－羅曼（N. Harou-Romain），一八四〇年。同時對照本書第459頁。

圖20｜懲治監獄規劃案，哈胡－羅曼（N. Harou-Romain），一八四〇年。單囚房平面圖與剖面圖。對照本書第459頁。
單間囚房包含一門廳、一臥房、一工作間、一散步區（promenoir）。進行禱告時，房門敞開，囚犯跪下（中圖）

圖21｜懲治監獄規劃案，哈胡－羅曼（N. Harou-Romain），一八四〇年。
一位囚犯在單間囚房中進行禱告，身前是中央監視塔。對照本書第459頁。

圖22｜可容納五百八十五位囚犯的單間式監獄（prison cellulaire）規劃案，布魯埃（A. Blouet），
一八四三年。同時對照本書第459頁。

PRISON CELLULAIRE
Pour 585 Condamnés

Plan Général

Echelle de |⸺⸺⸺⸺⸺⸺⸺⸺⸺| 50 Mètres.

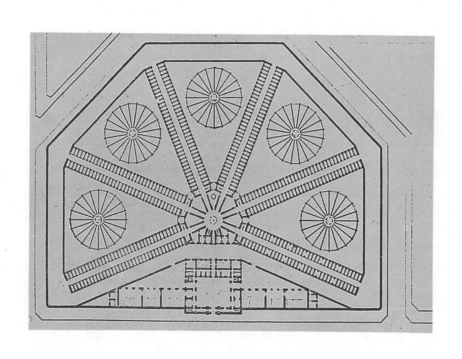

圖23｜巴黎馬扎斯監獄（Prison de Mazas）平面圖。對照本書第459頁。

圖24｜巴黎火箭街小監獄（Prison de la Petite Roquette）。同時對照本書第459頁。

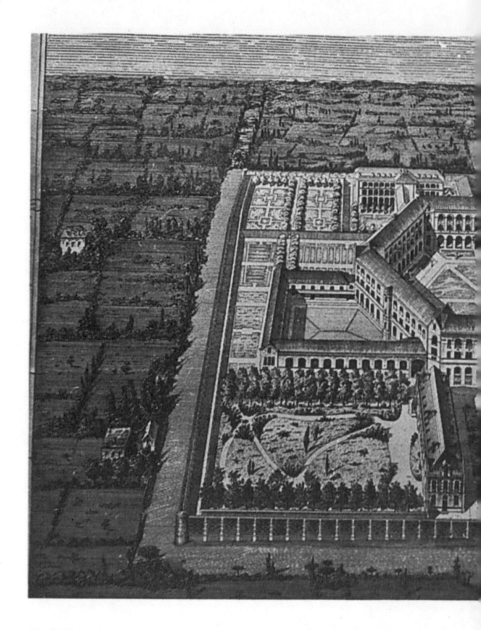

圖25｜雷恩中央監獄（La Maison centrale de Rennes），攝於一八七七年。同時對照本書第459頁。

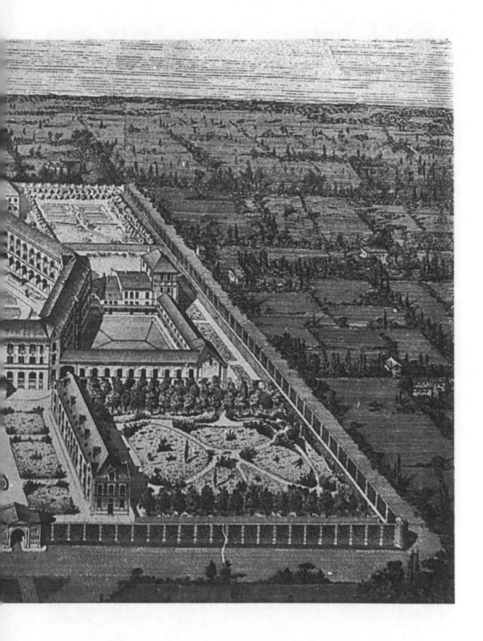

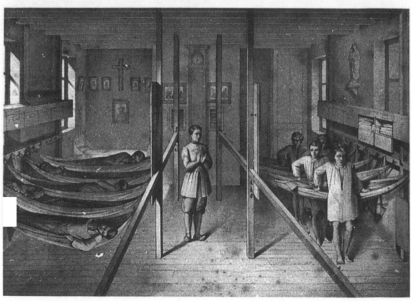

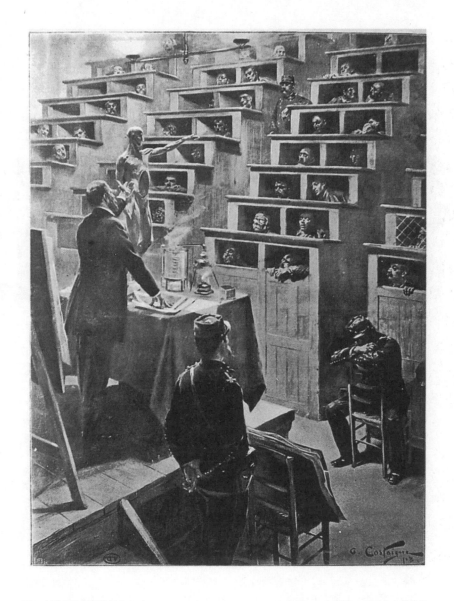

圖26｜斯泰特維爾懲教中心（Stateville Correctional Center）內景，二十世紀，美國北卡羅萊納州。同時對照本書第459頁。

圖27｜梅特懲治院（Colonie pénitentiaire de Mettray）入寢。對照本書第543頁。

圖28｜在弗雷納監獄（Prison de Fresnes）演講廳中所舉辦的一場演講，主題是酗酒之壞處。

MACHINE A VAPEUR POUR LA CORRECTION CÉLÉRIFÈRE DES PETITES FILLES ET DES PETITS GARÇONS

圖29│快速矯正小女孩及小男孩的蒸汽機（Machine à vapeur pour la correction célérifère des petites filles et des petits garçons）。十八世紀末版畫，法國國立教育研究及資料所歷史收藏（Collections historiques de l'I.N.R.D.P.）。版畫下方文字：
「爸爸與媽媽、叔叔、阿姨、男監護（tuteurs）、女監護、寄宿學校的男老師與女老師，以及基本上所有的人，只要身邊有懶惰、好吃、不聽話、任性、傲慢、愛爭吵、愛告狀、愛講話、不信神，或者是其他缺點的小孩，大家聽著，啃手套先生（M. Croquemitaine）及雜七雜八夫人（Mme Briquabrac）剛剛在巴黎市每一區政府的中心設置了一臺機器，類似這張版畫上所畫的樣子，每天從正午到下午兩點，每一處服務站都接受所有需要糾正的壞孩子前來報到。
狼人先生（Loupgarrou）、賣媒的活脱瑪苟先生（le charbonnier Rotomago）、吃不餓先生（Mange sans faim），以及猛豹夫人（Penthere furieuse）、無情傻夫人（Ganache sans pitié）及喝不渴夫人（Bois sans soif），這些啃手套先生及雜七雜八夫人的朋友和親戚，他們很快會建造好類似的機器，好送到外省的城市裡，他們自己也會不間斷地在各地，好來指導有關執行。蒸汽機所帶來的矯正很便宜，所產生的效果又很驚人，所以只要小孩惡行惡狀，有此需要，這便致使家長們採用它。我們也收容矯正不了的小孩，會給他們吃麵包跟喝水。」

圖30│昂惕（N. Andry），《整型術或兒童身體畸形預防及矯正的藝術》（L'orthopédie ou l'art de prévenir et de corriger dans les enfants les difformités du corps），一七四九年出版。

第三部分

DISCIPLINE

規訓

第一章

順服的身體

Les corps dociles

到了十七世紀初，士兵的理想形象仍舊受到如此的描繪。首先，士兵是從大老遠就可被一眼認出的人；他帶著一些特徵：他的強健及勇氣的自然特徵，還有他驕傲的表露；他的身體是力量及英勇的標章；儘管他確實必須逐步學習戰爭的行業（基本上透過戰鬥），然而一些像行進這樣的演練、一些像頭部儀表這類的姿態，它們主要涉及的是一種榮譽感的身體修辭（rhétorique corporelle）：「用以辨識出最適合這份行業者的特徵，包括充滿活力並炯炯有神的人、端正的頭、挺直的胸、寬肩、長臂、粗壯的手指、小的腹部、渾圓的大腿、修長的小腿，以及精瘦的腳掌，因為有著一副如此身材者，必然敏捷又強壯」；成為長槍手後，士兵「在行進時必須配合步伐的節拍，以展現出最大的優雅及穩重，因為長槍是一種令人景仰的武器，配得上以莊重而果敢的姿態來持有。」[1] 到了十八世紀下半葉：士兵已經成為一種被製造出來的物；從一塊不具形的麵團中，從一副不適合兵役的身體中，人們做成了他們所需的一部機器；人們逐步矯正其姿勢；一種被計算好的約束狀態慢慢地遍布身體的每一部分，進而成為其主宰，令

1.　　蒙哥梅希（L. de Montgommery），《法國軍隊》（*La Milice française*），一六三六年版，第6、7頁。

其全面屈服，隨時聽從使喚，並且無聲無息地在習慣的自動自發中延續著；長話短說，人們「趕走了農民」，並給予他「士兵的模樣」[2]。培養新兵習慣於「頭挺直抬高；保持正直而不要駝背，打直腰桿，挺起胸膛，收攏背部；為了讓他們養成習慣，他們被要求靠在一面牆上維持此姿勢，並讓腳跟、小腿肚、肩膀及腰部貼牆，然後手臂外翻，讓掌背也貼牆，但雙手保持靠攏身體……同樣地，他們被教導目光絕不朝下，要雄糾糾地注視著錯身而過的人……紋風不動地等候命令下達，不搖首晃腦或手腳亂動……最後，以堅定的步伐行進，腳打直，腳尖壓低並在外。」[3]

在古典時代期間，將身體當成權力之客體及目標方面有著頗為可觀的發現。我們應該可以輕易就找到當時對身體投注大量關注的跡象：這個被操縱、被形塑、被訓練的身體，這個遵循、聽命、變得靈活或力量增強的身體。這本偉大的人－機器（l'Homme-machine）之書同時被寫在兩本冊子上：一本是解剖學－形而上學的冊子，笛卡爾為此寫下了最初的幾頁，再由醫生們、哲學家們接著寫；一本是技術－政治的冊子，它由一整套軍事、學校、醫院的規則，以及為了控制或矯正身體活動之經驗的或是精心思慮的措施所構成。兩本相當不同的冊子，因為此處涉及臣服與利用，彼處涉及運作與說明：此處是可用的身體，彼處是可理解的身體。然而，從其中一本到另一本，其間存在著一些交會點。拉・美悌（La Mettrie）的《人－機器》[i]不僅對靈魂提出了唯物論化約，同時也是一套關於訓練的一般理論，而在此二者

的核心中起著主導作用的是「順服」（docilité）的概念，它在可分析的身體上添加了可操控的身體。一個順服的身體是一個可以被制服、被利用、被改造及被改善的身體。此外，著名的自動機（automates）不僅僅是一種對照說明有機體的方式；它們也是政治玩偶、縮小版的權力模型：如同腓特烈二世[ii]的癖好，一位注重細節的國王，著迷於小機械，要求軍隊訓練精良及長時間的練習（exercices）。

在十八世紀對之抱持著如此高昂興趣的這些順服方案當中，還有什麼是新的呢？我們可以很確定的是，身體成為如此專橫、壓迫的投注目標並非第一遭；在整個社會中，身體被包裹在緊迫盯人的權力之內，並將種種限制、禁令或義務加諸在身上。然而，在這些技術中，有些是不同於以往的。首先是控制的尺度（échelle）：它所涉及的不是團塊式地、粗略地處理身體，就如同身體是一個不可分割的單元一樣；它所涉及的是在細節中對它作用；向它施加一種細膩的強制作用，其控制甚至達到力學的層次——運動、動作、姿勢、速度：無窮

2.　　《一七六四年三月二十日飭令》（*Ordonnance du 20 mars 1764*）。
3.　　前引文。

小的權力（pouvoir infinitésimal）施展在活動的身體上。其次是控制的對象：不是或不再是行為的能指元素或身體語言（langage du corps），而是運動的經管方式、效率、它們的內部組織；約束加諸在力量之上而不是在符號上；唯一真正重要的儀式是練習的儀式。最後是方式：它意味著一種不間斷、常態的強制作用，它監控的是活動過程而不是它的結果，它在運作上所依據的，是以最貼近的方式，對時間、空間、運動進行管控的一套系統化（codification）。這些得以對身體操作進行細膩控制、這些確保其力量之穩定臣服並且對它們施加了一種順服－效用（docilité-utilité）關係的方法，我們可以稱之為「規訓」（disciplines）。許多規訓的做法存在久矣——在修道院裡、在軍隊裡，還有在工廠裡。但是，規訓卻在十七世紀及十八世紀成為一套一般性的宰制方式。規訓有別於奴隸制，因為它並不以身體的所有權關係為基礎；甚至我們還可以說，正是規訓的優雅身段避開了那種代價高昂又帶有暴力性質的關係，但同時在效果上又至少取得不亞於奴隸制的效用。規訓也有別於家僕性質（domesticité），這涉及一種建立在主人特定意志形式下的——也就是他的「個人喜怒」之下的——穩定的、全面的、團塊式的、非分析的、無限的宰制關係。規訓也不同於臣屬性質（vassalité），這種狀態是一種受到高度規範的服從關係，然而卻是距離遙遠的關係，並且主要作用在勞動的產出與效忠的儀式表現，而不是在身體操作上。此外，規訓猶不同於修道院型態的禁欲主義及「戒律」，其作用是確保捨棄而不是增加效用，如果它們涉及

服從他人，則主要目的是增加每個人對自己身體的掌控。規訓的歷史時刻，這正是一門人體藝術（art du corps humain）誕生的時刻，它不單單以增強其熟練（habiletés）為目標，也不單單以提高它的服從為目標，而是在於一種關係之形構，這種關係在同一種機制中既讓身體更加順服也讓它更為有用，並且反之亦然。於是一套強制政治（politique des coercitions）形成了，它是一種對身體的工作，一種對身體的各個項目、它的動作、它的行為舉止在計算下的操縱。人類身體被納入了一整套權力機器中：權力在身體裡東翻西找、拆卸它並重組它。一種「政治解剖學」——這也是一種「權力力學」——正在誕生；這種政治解剖學界定了其他人的身體如何可被控制，不僅是讓它們做人們所要的，更是讓它們按照我們想要的方式來運作，以我們所決定的技術、速度及效果來進行。如此，規訓製造出屈服、受過練習的身體，一些「順服的」的身體。規訓增強身體的力量（就經濟上的效用而言），並且減弱了相同的這些力量（就政治上的服從而言）。簡言之：規訓拆解（dissocier）了身體之權力；一方面，規訓使身體權力成為它想要增加的一種「才幹」（aptitude）、一種「能力」；另一方面，它將能量及可能從能量中產生出來的力量予以反轉，並打造成一種嚴格的服從關係。如果經濟剝削將力量與勞動產品分開，那麼我們會說，在身體中，規訓的強制作用在被加值的才幹與被升高的宰制之間建立了必然的連結。

這種新政治解剖學之「發明」不應該被當作一種突如其來的發

現。而是如同許許多多一般而言不那麼起眼、來源不一、位置分散的過程，它們之間相互重疊、相互重複、或相互模仿、相互支持，又同時根據各自所在的不同領域而相互區別，然後匯聚起來，一點一滴地浮現出一套一般方法之輪廓。我們很早便可以在中學（collèges）找到它們的蹤跡；後來在小學；慢慢地它們投注在醫院的空間中；在幾十年間，它們重組了軍事組織。有時，它們以很快的速度從一處擴散到另一處（例如在軍隊與技術學校之間或是在初中與高中之間），有時，其速度緩慢而較不起眼（如大型工廠隱含的軍事化）。每一次或是幾乎如此，它們都以應時所需的方式強加進來：此處涉及工業創新方面的需要，彼處則是為了要抑制來勢洶洶的某些流行病，再不則是因為步槍的發明或普魯士的勝利。但是，這種種並不否認它們全都隸屬於一些努力冒出頭、既一般又根本的變遷過程中。

此處不可能以保有各自獨特性的方式針對所有不同的規訓機制做出歷史。此處要做的，僅僅是從一系列例子中，找出幾個最容易普及的重要技術。這些技術都是關注細節的技術，通常微不足道，然而卻具有其重要性：因為它們界定出某種政治的、精細的投注身體之模式，一種新的權力「微觀物理學」；也因為從十七世紀以來，這些技術持續占據越來越廣的領域，好像要將整個社會體都涵蓋進來一樣。小小的計謀（ruses）但擴散力卻十足，看似沒什麼的細瑣安排但骨子裡卻帶有幺機，一些配置方式遵循著未言明的經濟因素或是延續著沒啥大不了的強制作用，然而正是它們在邁入當代之際促成了懲

罰制度的轉變。描述這些技術將意味著在細節中打轉及注意枝微末節：在最微不足道的形貌中，尋找的不是一種意義，而是一種預防（précaution）；不單要將之重新放到一種功能運作所涉及的連帶中，也要重新放到一項戰術所具有的連貫性中。計謀比較不具有那種即便在睡夢中依舊起作用、將意義賦予微不足道之事的偉大理性，而比較是那種對一切都不放過、虎視眈眈的「惡意」（malveillance）。規訓是一門關乎細節的政治解剖學（anatomie politique du détail）。

為了讓不耐煩的人有點心理準備，請回想一下薩克森元帥[iii]所說的話：「雖然那些關切細節的人會被視為目光如豆的人，但在我看來，這部分是必不可少的，因為它是基礎，沒有相關的原理就不可能蓋出任何建築或建立任何方法。光對做建築感興趣是不夠的。你必須知道如何切割石頭。」[4]從這個「切割石頭」中，可以寫出一整部歷史——一部在道德帳本（comptabilité morale）及政治控制中的細節的效用理性化（rationalisation utilitaire）歷史。古典時代並未替這部歷史揭開序幕；古典時代僅讓它加快速度，改變了它的尺度，為它提供了一些

4.　薩克森元帥（Maréchal de Saxe），《我的沉思》（*Mes rêveries*），第一卷，前言，第5頁。

精準的工具，在無限小的計算中或者在自然存在（êtres naturels）最細小特質的描述中也許找到一些對它的迴響。無論情況如何，「細節」很早以來就是一個神學與禁欲主義上的範疇：每一個細節都很重要，因為在上帝的眼中，沒有任何的巨大可以大過於一個細節，沒有任何東西小到不是出於上帝的一種個別意志。在這種細節受到抬舉的偉大傳統中，基督教教養、學校或軍事教育、最後還有所有訓練形式對於細節的注重都將自然而然地找到發展的空間。對於受規訓的人而言，如同對真正的信徒一樣，沒有任何細節是無關緊要的，而這比較不是有什麼意義隱藏在細節中的緣故，而是意欲掌握細節的權力在當中所找到的控制。由若翰・喇沙[iv]在《論基督教學校修士會之義務》中所歌詠的這首對「小事」（petites choses）及其永恆重要性的偉大讚歌便很能說明其特性。日常之神祕在此連接上敬小慎微之規訓（discipline du minuscule）。「忽視小事是多麼危險。對於像我這樣不擅長於什麼偉大行動的靈魂來說，想到專注於小事便能夠在察覺不到的進展中將我們提升到至聖之境，這真是一個非常令人欣慰的想法：因為小事為大事做準備……小事，人們會說，唉，我的上帝啊，我們能為祢做出什麼偉大的事呢，我們此等孱弱以及終究一死的受造物。小事；如果大事來臨，我們能做得了嗎？難道我們不認為它們凌駕在我們力量之上嗎？小事；如果上帝同意了它們並且確實願意當成大事來接受它們呢？小事；人們如此感受到嗎？還是根據經驗所做的判斷呢？小事；因此這是人們自己的問題，如果這樣看待它們，而拒絕它們？小事；

然而，從長遠來看，正是它們造就了偉大的聖徒！是的，小事；卻是偉大的動機，偉大的感情，偉大的虔敬，偉大的熱情，因而偉大的功績，偉大的寶藏，偉大的回報。」[5] 不久之後，規則之巨細靡遺、檢查之吹毛求疵的注視、一絲一毫的生活及身體之受到控制，在學校、軍營、醫院或工廠裡頭，將為這種具有無窮小及無限性等特性的神祕計算帶來一種世俗化的內容、一種經濟或技術的理性。在若翰・喇沙的庇護下，一部十八世紀細節史（Histoire du Détail）輕拂過萊布尼茲（Leibniz）與布豐（Buffon）[v]、經過了腓特烈二世、穿過教育學、醫學、軍事戰術、還有經濟學，應該在這一個世紀之尾聲通達那位渴望成為新牛頓的人，他不再是那位浩瀚天空或成群星辰的牛頓，而是這位「小物體」、小行動、小行動的牛頓；通達這位如此答覆蒙日（Monge）[vi] 的人（可被發現的世界只有一個」）[vii]：「我這裡所指的是什麼呢？是細節的世界，誰曾經想過這另一個世界、這個細節的世界呢？我想過，從十五歲時就這麼想了。我那時一心專注在這上頭，

5.　若翰・喇沙（J.-B. de La Salle），《論基督教學校修士會之義務》（*Traité sur les obligations des frères des Écoles chrétiennes*），一七八三年版，第238-239頁。

這股記憶還鮮明地存在我的身上，就像一個永遠不會離我而去的固定想法……這另一個世界是我引以為傲要去發現的事情當中最重要的一個：思及此，我不禁心都痛了起來。」[6] 細節的世界並不是他發現的；但眾所周知，他著手組織它；還有他想要在他周圍安排一套權力配置，讓他能夠察覺到他所統治的政府中最小的事情；他希望通過他所推行的嚴格規訓來「處理這整部龐大的機器，而不讓任何最微小的細節逃出他的手掌心。」[7]

對細節的精細觀察、以及與此同時，那種為了對人進行控制及利用而對這些小事進行政治考量，均在古典時代浮出檯面，並且伴隨著一整套技術、一整部包羅各種做法與知識、描述、方案及資料的寶典。從這些瑣事當中可能誕生了現代人文主義的人（l'homme de l'humanisme moderne）[8]。

配置之藝術

規訓首先透過空間中個體配置的方式進行。為此，它運用了幾種技術。

一、規訓有時要求**封閉**（clôture），將一個有別於所有其他地方並自成一格之處予以明確化（spécification）。這是規訓單一調性受到保護的地方。過往針對流民及貧民實施大規模

的「禁閉」；此外，過往也存在著其他較不那麼顯眼、隱藏並更有效的禁閉方式。中學：修道院模式逐漸當道；寄宿制以教育之一環的姿態出現，就算不是最常見的方案，至少也是最完美的；在路易大帝中學[viii]，寄宿制成為強制性的，待耶穌會士離開後，這成為中學的典範[9]。軍營：軍隊這種數量龐大的流動人口有固定駐紮的必要；防止搶劫及暴力；安撫那些因軍隊路過而無法忍受的居民；避免與民政當局發生衝突；停止逃兵；控制開支。一七一九年飭令規定興建數百

6. 傑爾弗・聖・伊萊爾（E. Geoffroy Saint-Hilaire）引述這段話，稱是拿破崙所言，出自《關於自然哲學的綜合及歷史概念》（*Notions synthétiques et historiques de philosophie naturelle*）一書的導言。

7. 特雅（J. B. Treilhard），《刑事訴訟法據》（*Motifs du code d'instruction criminelle*），一八〇八年，第14頁。

8. 我將從軍事、醫療、教育及產業機構中選擇一些例子。這一類的例子也可見於殖民化、奴隸制、幼兒照顧。

9. 參考阿希耶斯（Ph. Ariès），《兒童與家庭》（*L'Enfant et la famille*），一九六〇年，第308-313頁，以及桑德斯（G. Synders），《十七及十八世紀法國教育學》（*La Pédagogie en France aux XVIIe et XVIIIe siècles*），一九六五年，第35-41頁。

處軍營，仿效南方（le Midi）已經設置的營區；採行嚴格的禁閉：「整個營區將被十呎高的圍牆包圍起來並關閉，在每一邊每三十呎間隔設置亭哨」——這是為了保持部隊「在秩序與紀律中，並且軍官可隨時應變。」[10] 在一七四五年，大約有三百二十座城市中設有軍營；據估計，在一七七五年，軍營總共可容納大約二十萬人[11]。除了位置分散的作坊（ateliers），一些性質相同又在範圍上清楚劃定的大型生產基地也應運而生：在十八世紀下半葉，首先是手工廠（manufactures）聚集在一起，接著是工廠（usines）也聚集起來（修薩德鍛造工廠幾乎占滿了位於涅夫勒河與羅亞爾河交會處的梅丁半島[ix]；在一七七七年，為了設置昂德黑鑄造廠，威金森透過填土及築堤的方式整理了羅亞爾河上的一座小島[x]；杜菲在他重新規劃的煤礦山谷建造了勒可佐鎮，他甚至將工人住宅設置在工廠中[xi]）；這是一種等級上的變化，這也是一種新的控制類型。工廠以明顯的方式相似於修道院、堡壘、封閉的城市；廠房警衛「只會在工人返回工作崗位時而且在恢復工作的鐘聲響起之後才會打開大門」；一刻鐘後，不再允許任何人進入；在一天結束時，工廠領班需要將鑰匙交還負責在此時關門的工廠警衛[12]。隨著生產力的集中，上述的做法可以獲得最大的利益並排除弊端（失竊、工作中斷、騷動及「暗中搞鬼」）；保護原料及工具，控制勞動

力：「我們必須予以維持的秩序及公安要求所有工人集中在同一個屋簷下，以便讓受合夥人委託、負責生產管理的工人可以預防及處理工人之間可能出現的違反規定的情況，並在源頭上阻止其擴大。」[13]

二、但是，「封閉」的原則在規訓機制中既不是固定的、也不是必不可少或足夠的。這些機制以一種遠為靈活及更為細緻的方式來處理空間。首先是要根據基本定位（localisation

10. 《軍事飭令》（*L'ordonnance militaire*），第十二卷，一七一九年九月二十五日，參考圖5。
11. 戴琦（Daisy），《法蘭西王國》（*Le Royaume de France*），一七四五年，第201-209頁；一份一七七五年的佚名論文，編入軍事檔案類（Dépôt de la guerre），編號3689 f. 156。納福侯（A. Navereau），《一四三九至一七八九年戰爭相關人員的安置與用具》（*Le Logement et les ustensiles des gens de guerre de 1439 à 1789*），1924年，第132-135頁，參考圖5、圖6。昂布瓦斯鋼鐵廠管理方案（Projet de règlement pour l'aciérie d'Amboise），
12. 國家檔案館（Archives nationales），編號f. 12 1301。
13. 這是一份向國王提出的陳情書，事關安杰（Angers）一地的帆布生產，參見：都方（V. Dauphin），《安茹紡織業研究》（*Recherches sur l'industrie textile en Anjou*），一九一三年，第199頁。

élémentaire）或分區管控（quadrillage）原則。每個人有他的位置；每個地點一人。避免以分組方式進行配置；分解集體式安置；解析混雜的、團塊的或捉摸不定的多數狀態（pluralités）。在規訓空間中，有多少個身體或項目需要分配，往往便劃分成多少個空間小區。必須去除不明確配置的後果、個體不受管控的消失、發散式的通行、無用並危險的聚集；反擅離崗位、反閒逛、反聚眾的戰術。這些牽涉到掌握出缺席情況、知道何處及如何找到每一個人、建立有用的聯繫、並能夠在任何時刻監控每個人的行為、予以評鑑或制裁、度量品質或功勞。因此，這是為了知道、控制及利用的程序。規訓組織起一種解析性空間（espace analytique）。

在這裡，規訓與一套古老的建築及宗教操作方式交會：修道院的單人小室。即便是這套方式所規定的框格變成純粹觀念性的，規訓空間在骨子裡總是採取單間式的（cellulaire）。在過往，身體與靈魂所必要的孤獨訴說著某種禁欲主義：它們必須至少在某些時候單獨面對誘惑及也許是上帝的嚴格。「睡覺就是死亡的形象，宿舍是墳墓的形象……雖然宿舍是共用的，但是床鋪是以這樣的方式排列，並藉著床簾如此恰當地封閉，以至於女孩們能夠起床及入睡而互不相見。」[14]不過，這還只是一種非常粗糙的形式。

三、在規訓制度中，對於過往建築學基本上不限定、多用途的空間，**功能性座落（emplacements fonctionnels）** 的規則將逐漸予以規範。一些特定的位置不僅為了監控的必要性、阻斷危險的聯繫而予以界定，也是為了創造一種有用的空間。這樣的發展過程在醫院裡便表現得很明顯，尤其是在軍醫院及海洋醫院。以法國而言，羅什福爾（Rochefort）似乎是曾經進行試驗及作為模範的地方。此處有一座港口及一座軍港，南來北往的貨物，自願或強迫入伍的軍人，上船及下船的水手，一些疾病與流行病，一處人員潛逃、貨品走私、疾病傳染的地方：一個龍蛇雜處、具危險性的十字路口，一些地下管道的交會處。因此，海洋醫院必須擔負起治療之責，但也正是為此，它還必須是一個過濾器、一個鎖定問題並管控問題的措施；它必須拆解這個由各種非法及罪惡所構成的混雜狀態，從而確保對整個動態及群聚的場面能夠有所控

14.　〈好牧羊人之家女子修會規則〉（Règlement pour la communauté des filles du Bon Pasteur），參見德拉瑪（Delamare），《論警政》（*Traité de Police*），第三卷，標題五，第507頁，另參考圖9。

制。在此，對疾病及傳染病的醫療監控關聯上一系列其他的控制措施：對逃兵的軍事控制、對商品的財稅控制、對藥品、糧配、失蹤、治癒、死亡、偽病的行政控制。這是何以需要嚴格配置及封閉空間。在羅什福爾所採取的第一批措施針對的是物而不是人，是貴重商品而不是病患。對於財稅及經濟方面監控的安排先於醫療觀察技術：藥物按規定擺放在列管的箱子裡並登錄使用情況；未久，院方再推出一套制度，來確認病患的實際人數、身分及所屬單位；接著，院方制訂進出規則，並且限制他們待在病房中；每張床上附上病患名字；所有接受治療的患者都被登記在一本簿冊上，醫生在訪視期間必須查閱；稍晚，傳染病患者會予以隔離，病床分開。一套行政與政治的空間逐漸在治療空間上成形；它趨向個別化（individualiser）身體、疾病、症狀、活人與死人；它構成了一幅由既並陳又加以仔細區別的諸多個別性所組成的真實畫面。一個醫療上有用的空間從規訓中誕生。

在十八世紀末出現的工廠裡頭，個別化分區管控（quadrillage individualisant）的原則變得更加複雜。這既牽涉到在一個可以將個體配置在一個可將之隔絕及定位的空間中；同時也涉及到將這種空間配置與一個有其自身需求的生產機制銜接起來。必須將身體的配置、生產機制的空間安排及不同的活動形式這三者連結在「崗位」（postes）的配置當中。位於茹伊

鎮（Jouy）的奧貝康夫紡織廠（la manufacture d'Oberkampf）便遵循著此一原則。它由一系列因應每一類主要生產程序而被確立的廠區所組成：印花工、梳紗工、染色工、補色工、製版工、染色工。當中最大的廠房由杜桑‧巴黑（Toussaint Barré）建於一七九一年，長一百一十公尺，〔不含地面層〕共三層。地面層主要用於粗印；它包含一百三十二張工作桌，沿著開了八十八扇窗的廠房大廳排成兩排；一張桌子一位印花工，並搭配一位備色、上色的「射手」（tireur）。一共二百六十四人。在每張桌子的一端，有某種整經架（râtelier），工人在此擱上剛印好的布料，待其乾燥[15]。走過廠區的中央通道便可以確保既全面又個別的監控：確認工人堅守崗位與否、工人的工作情況、他的勞動品質；對工人進行比較，根據他們的熟練及速度來對他們分級；追蹤生產的流程。所有這些系列化便形成了一種固定的框格（grille）：

15. 聖－摩爾製造廠（la fabrique de Saint-Maur）守則。參見：法國國家圖書館－手稿類－德拉馬檔案－製造：第三卷（B. N. Ms. coll. Delamare. Manufactures III）。

種種混亂的狀態被消弭殆盡[16]：這也就是說，生產活動被劃分成不同部分，勞動過程一方面根據其時期、階段或基本操作而銜接起來，另一方面則是根據執行它的個體、投入其中的個別身體而銜接起來：其力量的每個變項——精力、敏捷、熟練、耐力——都可以被觀察，從而受到描述、評斷、計算並呈報給特定的負責者。如此，以一目了然的方式固定在整個由個別身體所組成的系列上，勞動力便可以分析成個別單元（unités individuelles）。在大型工業誕生之際，在生產過程的分工之下，在同一時間，我們發現了勞動力個別化分解的情況；規訓空間的配置經常確保了此二者。

四、在規訓中，項目是可互換的，因為每個項目都由它在一系列中所占據的位置以及將它與其他項目分開的間距（écart）來加以界定。因此，當中的單元既不是管轄範圍（宰制的單元）也不是所在地點（駐紮的單元），而是行列（rang）：亦即在一套排列（classement）中所占據的位置，一行跟一列相交的點，以及在一個人們可以依序經過的間距序列（série d'intervalles）中的一段間距。規訓是行列之藝術及針對安排方式（arrangements）進行轉換的技術。它透過一套定位方式（localisation）來個別化身體，這種定位方式不是將身體落定（implanter）在某處，而是將身體配置在某處，並

且讓它們在一套關係網絡中流通。

我們可以舉「班級」為例。在耶穌會中學中，仍然有一個兼具二元式（binaire）及團塊式的組織方式；最多可由兩、三百名學生所成的各個班級，以十人為單位進行分組；每一組連同其隊長（décurion）被安排在同一個陣營中，無論是羅馬式的或迦太基式的；每一位隊長搭配一位敵方隊長。基本的形式是戰鬥及敵對的形式；勞動、見習、排名都透過兩軍對抗而在對決的形式下進行；每個學生的貢獻都從這種全面性的一對一決鬥的角度上來看；就他的部分而言，它確立了陣營的勝利或失敗；相應於其在這個合成一體的十人團體中所扮演的作用及其戰士的價值，每位學生被賦予一個位置[17]。此外，我們可以注意到，這齣羅馬式的劇碼還允許將一

16.　參照拉梅特西（Jean-Claude de La Métherie）在參觀勒可佐鎮（Le Creusot）時所説的話：「這一棟棟為了如此美好的機構、為了數量如此多的各種工作所興建的建築物應該有足夠的空間，讓勞動時段中工人之間的任何混亂場面不可能發生。」《物理、化學、自然史及藝術報》（*Journal de physique, de chemie, d'histoire naturelle et des arts*），一七八七年，第三十卷，第66頁。

17.　參見荷許蒙德（C. de Rochemonteix），《一所十七世紀的中學》（*Un collège au XVIIe siècle*），一八八九年，第三卷，第51頁起。

套受到羅馬軍團（légion）所啟發的空間部署方式——包含行列、層級、以及金字塔式的監控系統——與這種二元對抗形式結合起來。不要忘記，一般而言，在啟蒙時期，古羅馬模式扮演了雙重角色；在其共和政體的面貌下，它甚至是自由的制度；在其軍事的面貌下，它是規訓的理想方案。十八世紀及法國大革命時期的羅馬，既是元老院的羅馬，也是羅馬軍團的羅馬；既是廣場（le Forum）的羅馬、也是軍營的羅馬。直到法蘭西第一帝國時期，這種對古羅馬的參照以一種歧義的方式同時傳遞了在公民性之法制理想及規訓措施之技術。無論如何，古代傳說中嚴格地屬於規訓這一部分持續在耶穌會中學當中產生作用，贏過了對決及仿效戰爭的部分。逐步地——特別是在一七六二年之後——學校空間開始發展；班級變得同質，現在它只由那些到來，在老師的目光下，一些挨著另一些被緊密部署起來的個別項目所組成。在十八世紀，「行列」開始界定在學校秩序中個體空間配置的主要形式：學生在教室、走廊、內庭中都要排列整齊；行列位置針對每一項任務及每一項測驗而分配給每位學生；還有以週為期、以月為期、以年為期的行列位置；按年齡劃分的班級之排列方式；根據由易至難的順序，依次安排所教授的科目、所處理的問題。在這整套強制性排列的體系中，每位學生根據年齡、表現、行為時而占據一個行列位置、時而占

據另一個；他不停地在這些框格系列（séries de cases）上移動——這些系列中，有些是觀念性的，展現出一套依知識或能力而分的階層體系，有些則必須要以物質的方式將這種價值（valeur）或成績的分配方式在教室或中學的空間中呈現出來。在由整齊排列的間隔所標定的空間中，個體之間互相替換，呈現出永恆的運動。

系列性空間（espace sériel）的組織是基礎教育當中的重大技術變革之一。它走出了傳統方式（一位學生有幾分鐘的時間接受老師的指導，同一時間，在一旁等待的學生所構成的混亂嘈雜團體則虛度閒耗、無人看管）。藉著指派個別的位置，這樣的系列空間讓對每一個人進行控管又讓所有人同時工作成為可能。它為學習時間組織了一種嶄新的經管方式。它讓學校空間如同一部學習機器而運作著，但同時也是監控、層級化、獎勵的機器。若翰‧喇沙夢想著一種班級，其空間配置可以同時兼顧一整套差別：依據學生進步的程度、根據每個學生所表現出的價值、根據他們品格的良莠、根據他們投入情況的深淺、根據他們的整潔程度，以及根據他們父母的財富狀況。於是，在老師的細心「分類的」注視下，教室就有如形成了單一一張填上許多內容的大表格：「在所有的班級裡，有分配給全部課目全部學生的位置，好讓所有上相同課程的人都被安排在相同且總是固定的座位上。修最高級課

程的學生將被安排在最靠牆的長椅上，其他人接著按照課程順序朝教室中央靠近……每個學生都有被指定的座位，除非有學校督察的命令及同意，否則任何學生都不得擅離其座位或改變之。」必須確保「其父母教育程度低並且身上帶著蝨蚤的學生與那些乾淨、無蝨蚤的學生座位分開；一位輕佻而膚淺的學生應該坐在兩位乖巧而穩重的學生中間，一位行為放縱的學生或者自己一人獨坐或者坐在兩位態度恭敬的學生之間。」[18]

透過組織「單間」（cellules）、「位置」及「行列」，規訓產生了複合性空間：同時是建築的、功能的與層級的。這些是既能確保穩定又能允許流通的空間；它們切割出一些個別片段（segments individuels），並建立了操作關係；它們標誌出座位並指明價值；它們保證個體的服從，但同時也保證了一套更好的時間與動作的經管方式。這些是混合空間：是實在性的空間，因為它們決定了建築物、廳堂、家具的部署；但也是觀念性的空間，因為種種的特性、評價、層級性便投射在這種布置之上。因此，在規訓方面，第一項主要操作就是構成「活的表格」（tableaux vivants），將混淆、無用或危險的多數（multitudes），轉換成有序的多重性（multiplicités）。「表格」的構成曾經是十八世紀在科學、政治及經濟技術方面的重要問題之一：設置植物園及動物

園，同時針對動植物建立一套理性的分類方式；監看、掌握、管制貨物及貨幣之流通，也從這裡建立起一套經濟表格，具有著致富圭桌的價值；查核兵員，確認出缺席情況，建立起一份全面及常態的軍力紀錄；配置病人，將他們互相隔開，仔細劃分醫院空間，對疾病進行系統性的分類：相同的成對操作，其兩項構成要素——配置與分析、控制與理解——相互關聯著。表格在十八世紀同時是一種權力技術及知識程序。這涉及將多數組織起來，取得一種掌握狀況及掌控全局的工具；這涉及給它加上一種「秩序」。如同基博伯爵[xii]所談到的軍隊領導者、以及自然學家、醫生、經濟學家

18. 若翰・喇沙（J.-B. de La Salle），《基督教學校行為準則》（*Conduite des écoles chrétiennes*），法國國家圖書館手稿（B. N. Ms 11759），第248-249頁。稍早，巴東谷（Batencour）提議將教室區分為三個部分：「最榮譽的部分規劃給那些學習拉丁文的學生……希望帶書桌的位置跟寫字者的人數一樣多，以避免那些懶惰學生常常造成的混淆。」另一個部分，保留給那些學習識字的人：有錢人小孩一張板凳，窮人小孩一張板凳，「以避免蚤蟲交互傳染」。第三個部分留給那些新到的學生：「當他們的能力得到認定，就會獲得一個位置。」參見雅克・巴東谷（Jacques de Batencour），《教區學校指南》（*Instruction méthodique pour l'école paroissiale*），一六六九年，第56-57頁。另外參考圖10、圖11。

皆「被巨大所蒙蔽，被對象的多數搞得昏頭轉向，合起來如此大量的專注形成了一個超出其能力範圍的重擔。現代戰爭之科學透過精益求精及向真正的原理靠攏的方式，可以變得更簡單、困難更少」；軍隊「運用簡單、類似、適用於所有動作的戰術……將更容易動員及指揮」[19]。戰術，人的空間配置；分類學（taxinomie），自然存在的規訓空間；經濟表格，受到控管的財富運動。

不過，在這些不同領域中，表格所起的作用並不相同。在經濟方面，表格允許數量之度量及運動之分析。而在分類學的形式下，其功能是描述特徵（並因此降低了個體的獨特性），並劃分成類（因此排除了數量上的考慮）。然而，相反地，在規訓配置的形式下，表格化的作用就是為了多重性本身而處理多重性、配置它並從中獲得最大可能效果。當自然分類學位在從特徵通向類別的軸線上時，規訓戰術則位在將單一與多數連結起來的軸線上。它同時允許將個體當成個體確立其特徵，同時又允許為多重性建立秩序。這是控制及利用一個由不同項目組成的整體時的第一個要件：這是權力微觀物理學的一種可被稱為「單間式的」基礎。

活動之控制

一、作息表（emploi du temps）是一項古老的遺產。在這方面，隱修僧侶團體可能提供了嚴格的典範。這套典範迅速流傳開來。它的三項主要做法——建立一些規律作息（scansions）[xiii]、限定從事某些特定活動、規定重複的週期——很早便出現在學院、作坊、醫院中。在舊模式的框架內，新式的規訓毫無困難地便置身其中；教育所（maisons d'éducation）及救濟機構延續了修道院的生活方式及規矩，並且它們經常亦附屬修道院。工業時間的一絲不苟曾經長期保留著宗教作風；在十七世紀，大型手工製造廠的規則明確列出活動，為勞動設定一套作息：「所有人……早晨上工前先洗手，將他們的勞動奉獻給上帝，在胸口畫十字，然後開始工作」[20]；但是直到十九世紀，當人們想在工業生產活動

19.　　基博伯爵（J.A. de Guibert），《戰術通論》（*Essai général de tactique*），一七七二年，第一卷，前言，第36頁。

20.　　「聖－摩爾製造廠守則」，第一條。

中引進農村人口時，為了讓他們習慣作坊的勞動方式，仍舊有可能會招來修會（congrégations）；工人被納入若干「工廠－修道院」的框架裡頭。透過一套由祈禱所架構出來的時間節奏，偉大的軍事規訓在奧蘭治親王（Maurice d'Orange）及古斯塔夫・阿道夫（Gustave Adolphe）所率領的新教軍隊中[xiv]發展成形；在許久後，布薩奈爾（Boussanelle）[xv]說，生活在軍隊中，應當要具有某些「修道院的美德」[21]。在許多世紀中，教團（ordres religieux）曾經是戒律的導師：它們是時間的專家、節奏及規律活動的偉大技師。但是對於這些承襲下來的時間規則化做法，規訓進行了修改。首先是讓它們更細。以刻鐘計、以分鐘計、以秒計，人們開始計算時間。在軍隊裡，這情況自然不在話下：基博伯爵有系統地參照沃邦（Vauban）[xvi]曾經想過的射擊計時方式（chronométrages de tir）。在小學，時間的切割變得越來越細；透過必須即刻回應的命令，所有的活動皆受到最緊密地限定：「在鐘點的最後一刻，一位學童敲響鐘聲，在第一時間，所有學童跪下，雙臂交叉，雙目朝下。禱告結束時，老師會拍手一下示意，要學生們起立，第二下告訴他們向基督敬拜，第三下讓他們坐下來。」[22]在十九世紀初，針對互助學校[xvii]，人們提出了如下的作息表：上午八點四十五分助教[xviii]到教室，八點五十二分助教召集，八點五十六分學童入教室及禱告，九

點入座長椅，九點四分第一次黑板練習，九點八分聽寫結束，九點十二分第二次黑板練習等等[23]。此外，工資制度的逐步擴散也帶來了一種更加嚴格的時間控管：「如果有工人在打鐘後遲到一刻鐘以上……」[24]；「那些在工作中被要求並且蹉跎五分鐘以上的學徒……」；「那些不準時工作的人……」[25]。不過，人們同時也努力確保雇用時間的品質：不間斷的控管、監工施加的壓力、對所有可能干擾工作及分

21. 德・布薩奈爾（Louis de Boussanelle），《模範軍人》（*Le Bon Militaire*），一七七〇年，第2頁。關於瑞典軍隊中規訓的宗教特質，請參見《瑞典的規訓》（*The Swedish Discipline*），倫敦，一六三二年。

22. 若翰・喇沙（J.-B. de La Salle），《基督教學校行為準則》（*Conduite des écoles chrétienne*），法國國家圖書館手稿（B. N. Ms 11759），第27-28頁。

23. 巴利（Bally），引自托秀（R.R. Tronchot），《法國的互助教育》（*L'Enseignement mutuel en France*），打字稿博士論文，第一單元，第221頁。

24. 「昂布瓦斯鋼鐵廠管理方案」（Projet de règlement pour l'aciérie d'Amboise），第二條規定，參見：國家檔案（Archives nationales），編號f. 12 1301。此外，文件上並指明，本項規定也適用於從事計件工作者。

25. 奧本海默工廠（la fabrique de M. S. Oppenheim）所訂定的暫時性規則，一八〇九年，第7-8款，引自：艾嚴（Hayem），《重返貿易史的論文及文獻》（*Mémoires et documents pour revenir à l'histoire du commerce*）。

散注意力的因素予以排除；其目的是建構一個完全有用的時間：「在工作中，明確禁止藉由動作或其他方式取樂同僚、或玩任何遊戲、吃東西、打瞌睡、說故事及聊戲」[26]；同樣地在用餐時間，「不要說故事、奇遇或任何會讓工人們從勞動上分心的交談內容」；「明確禁止所有工人在任何理由之下攜酒至工廠裡並在廠區內飲用。」[27] 被度量及被支付薪資的時間也必須是沒有雜質或缺陷的時間、品質優良的時間，當中身體維持專注在工作上的狀態。準確性及專注性、連同規則性是規訓時間的基本特質。然而，這並非最新穎的。還有一些其他的做法更能彰顯出規訓的性質。

二、行為在時間向度上的提升（élaboration temporelle）。以軍隊控制行進的兩種方式為例。在十七世紀初：「讓排成行或排成伍的方式行進的士兵能夠習慣根據鼓聲的節奏行進。要這麼做，就必須要從右腳開始，好讓整個部隊都能同時舉起同一腳。」[28] 到了十八世紀中葉，有四種行進步伐：「小步（le petit pas）的長度是一呎，常步（le pas ordinaire）、快步（le pas redoublé）及便步（le pas de route）的長度則是兩呎，皆從腳跟量到腳跟；至於時間長度，小步及常步是一秒，相同的時間，快步則兩步；便步的時間長度則略長於一秒。斜步（le pas oblique）同樣在一秒的範圍內；從腳跟到腳跟，它

最長不超過十八吋〔譯按：一呎半〕……向前邁出常步時，要保持抬頭身正，身體重心交替地落在單隻腿上，並使另一隻腿向前，膝蓋挺直，腳尖略為朝外並壓低，以便不矯揉造作地劃過我們要走過並將腳落下的地面，讓腳的每個部分同時貼在地面上而不拍打地面。」[29] 在這兩套規定之間，一套新的約束登場，對於動作及運動的分解中出現了另一種精確程度、另一種根據時間的號令來校準身體的方式。

一七六六年飭令所要界定的不是作為一種基本活動框架的作息表；它也不只限於一套由外所強加的集體性及強制性的節奏；它要界定的是一套「程式」（programme）；它帶來行為本身的提升；它從內部控制其進展及階段。我們從一種度量

26.　奧本海默工廠暫定規則，第十六條。

27.　昂布瓦斯鋼鐵廠管理方案，第四條。

28.　蒙哥梅希（L. de Montgommery），《法國軍隊》（_La Milice française_），一六三六年版，第86頁。

29.　《一七六六年一月一日飭令》（_Ordonnance du 1er janvier 1766_），目的在於規範步兵的練習。

或配置動作的命令形式轉變成一套在先後動作的串連中約束著它們同時也支持它們的織物（trame）。一種行為的時間解剖學方案（schéma anatomochronologique）成形。行為被分解為項目；身體、四肢、關節的位置被界定；對每一項運動，指定方向、幅度、持續時間；動作之間的先後順序是受到規定的。時間滲透身體，伴隨它的，還有所有的細膩權力控制。

三、這是何以要讓身體與動作相應的原因。規訓控制不僅僅涉及教導或強加一系列固定動作；它更強加了一個動作與身體整體姿態之間最佳的關係，後者是前者效率及速度的前提。在好好利用身體——這便得以好好利用時間——的情況下，任何東西都不能閒置或無用：一切都必須被叫來形成對所需行為的支持。一個規訓良好的身體形成任何動作的操作環境，那怕是最細微的動作亦是如此。例如，寫一手好字便預設了一套身體的操作（gymnastique）——這是一整套固定程序，其嚴格的規範投注整個身體，從腳尖到食指尖。必須「保持身體直挺，些微朝左側轉動並放鬆，以極小的幅度前傾，以便在手肘置於桌面上，除非視線不允許，否則可以讓下巴靠在拳頭上；在桌子下面，左腿應該比右腿更向前。身體與桌子間必須保留兩指幅的距離；這不僅是因為我們可以

寫得更便捷，也是因為沒有什麼事情比養成將腹部壓在桌子上的習慣更有損於健康的了；左臂從手肘到手掌的部位應該放在桌子上。右臂應該距離身體大約三指幅，距離桌子大約五指幅，並輕輕地靠在桌上。老師會讓小學生認識寫字時應該保持的姿勢，當他們沒做好時，便示意糾正或以其他的方式糾正之。」[30] 一個受規訓的身體是一個富有效率動作的基礎。

四、**身體－對象接合**。規訓界定了身體與其操控對象間必須維持的每項關係。在二者間，規訓設計了一種細緻的銜接方式。「胸前持槍」（portez l'arme en avant）。分成三個步驟。右手提槍，貼近身體，正對右膝，保持槍身垂直，槍口齊眼，左手拍握槍身，手臂伸直在腰帶處向身體靠攏。第二步驟，左手將槍置於身前，槍管置於雙目之間，保持鉛直，右手握住握把，手臂伸直，扳機護手壓在食指上，左手

30. 若翰・喇沙，《基督教學校行為準則》（*Conduite des écoles chrétiennes*），一八二八年版，第63-64頁，另參考圖8。

位於領帶的高度，拇指沿著槍管置於槍身護木上[xix]。第三步驟，左手離開槍身，沿大腿垂放，右手持槍，槍機朝外，置於胸前，右臂半曲，手肘貼靠身體，拇指平放在槍機護片上，按在第一根螺絲處，撞針靠在食指上，槍管保持鉛垂。[xx]」[31] 這是一個也許可以稱之為身體的工具性編碼（codage instrumental）的例子。它包含將整體動作分解成兩個平行系列：一個系列涉及需要動用到的身體項目（右手、左手、不同手指、膝蓋、眼睛，手肘等），另一個系列涉及被操持對象的項目（砲管、領帶[xxi]、撞針、螺絲等）；然後，這套編碼透過若干簡單的動作（壓按、彎曲）讓這兩個系列對應起來；最後，它設定了標準系列（suite canonique），讓這些對應關係中的每一項都占有特定位置。對於這套固定句法，十八世紀的軍事理論家稱為「演練」（manœuvre）。傳統的方法由明確而具約束性的規定所取代。在身體及其所操持的對象之間的所有交接面上，權力滑入其中，將二者聯繫起來。它構成了一種身體－武器、身體－工具、身體－機器的複合體。我們達到了這些臣服形式之極致，而在過往它們對身體所要求的只不過是一些記號或產品、一些表達形式或勞動的成果罷了。由權力所施加的規定同時也是操作的建構法則。規訓權力的一項特徵便如此顯現出來：在功能上，它較偏於合成（synthèse）而非抽取（prélèvement），較偏於與生

產機制的強制性關聯而非產品的榨取。

五、**窮盡的利用**。作息表的傳統形式中所隱含的原理基本上是消極的；非閒置（non-oisiveté）原理：禁止浪費被上帝所計算並被人所支付的時間；作息表應當要避免時間的浪費——浪費時間是道德上的缺失、經濟上的欺騙。規訓所布置的則是一種積極的經管方式；它提出時間的利用在理論上總是可以增加的原理：是窮盡（exhaustion）而不是利用[xxii]；從時間中總是開採出更多可用的時刻，而從每個時刻中總是開採出更多有用的力量。這便意味著我們必須努力去增強時間的使用情況，即便是最短促的時刻亦然，如同時間是用之不竭的，甚至在它的切割上也是如此；或者至少是如同通過越來越細節的內部配置，我們可以趨向於速度最快、效果最大兩者兼顧的理想目標。這正是運用在普魯士步兵著名的守則中的技術，而這套守則在腓特烈二世寫下輝煌戰績後引起全歐洲的爭相仿效[32]：我們越分解時間、我們越增加時間細分

31.　　《一七六六年一月一日飭令》，標題十一，第二項。

的數量、我們越善於在一種控制其內部元素的目光之下透過攤開這些元素而拆解時間，我們便越能夠讓一項操作加快速度，或者至少根據速度的最佳狀態來進行調整；這是為什麼這種動作的時間規定在軍隊中曾經如此重要，並且在整個人類活動技術學上其情況也應該是如此：根據一七四三年普魯士守則，將槍立在地上分為六個步驟，槍倒放四個步驟，槍反向置於肩上則需十三個步驟等等。透過不同的方式，互助學校也被當成一種得以增強時間使用的機制來加以部署；它的組織方式有助於扭轉了老師在教學上的線性及先後接續式特點：它安排同時間在助教及助手指導下由不同學生群組所完成的操作對位（contrepoint d'opérations）[xxiii]，如此讓每一個流逝的時刻都充滿了多項但又有序的活動；另一方面，透過信號、哨音及命令所施加的節奏將一些既能加快學習過程又將迅速當成一種美德來加以教導的時間規範強加在每一個人的身上[33]；「這些命令的唯一目的便是……讓兒童習慣於迅速完成相同的操作，盡可能地藉著敏捷來減少從一項操作轉換到另一項操作當中的時間損失。」[34]

而透過這種臣服的技術，一種新的客體正在成形；慢慢地，它取代了力學的身體（le corps mécanique）——這個由固體（solides）所組成並受到運動所影響的身體，其形象長期以來一直縈繞在規訓完美性的夢想者心中。這個新客體是自

然的身體（le corps naturel），力量的承載者及一種持續時間（durée）的根據地；它係可執行有其順序、時間、內部條件及構成元素的被指定操作（opérations spécifiées）的身體。成為新權力機制目標的身體也成為新知識形式的客體。毋寧是練習的身體，而非思辨性物理學（physique spéculative）的身體；毋寧是被權威操縱的身體，而不是被動物本能（esprits animaux）所穿透的身體；是接受有用訓練的身體，而不是理性力學的身體，然而卻是在這種身體中，也由於這訓練本

32. 我們只能將普魯士軍隊的成功歸功於「他們在規訓上及練習上的卓越；因此，練習的選擇並不是一件無關緊要的事；普魯士在這方面已經投入四十載歲月，並且帶著一種毫不懈怠的專注。」薩克森元帥（Maréchal de Saxe），給阿炯松侯爵（Marquis d'Argenson）的信，一七五〇年二月二十五日，阿瑟納爾圖書館（Bibliothèque de l'Arsenal），編號Ms. 2701；以及《我的沉思》（Mes rêveries），第二卷，第249頁。另參考圖3、圖4。

33. 寫作練習：……「九：雙手置於膝上，聽鈴聲動作；十：雙手置於桌上，抬頭挺胸；十一：將黑板擦拭乾淨：用一點唾液擦或用布塊擦則更佳；十二：展示黑板；十三：助教負責檢查。他們先看助理的黑板，然後再看他們學生的黑板。助理們查看他們學生的黑板，所有人都留在座位上不動。」

34. 薩謬爾・貝赫納（Samuel Bernard），一八一六年十月三十日在互助教育協會（la société de l'enseignement mutuel）上所提出報告。

身的緣故，顯露出一些先天要求及功能限制。這正是當基博伯爵針對太過不自然的演練所做的批判中所發現的身體。在人們強加給它並且受到它抵抗的練習中，身體表現出重要的相應關係，並自動排斥不相容的：「我們進入大部分練習學校，我們會看到所有這些在壓迫性及強制性姿勢中受苦的士兵，我們會看到他們所有人的肌肉緊縮、血液循環受到阻礙……讓我們研究人體在自然上及構成上的意圖，我們將找到它所清楚規定要賦予士兵的位置及能耐。頭部應該保持正直，昂然於肩膀上，直挺挺地位居左肩右肩中間。它應當不偏向左不偏向右，因為從頸椎與其所連接的肩胛骨之間的對應關係來看，沒有任何一條頸椎可以轉動卻不在其所作用的那一側微微扯動到肩膀的一絲一毫，並且當身體沒有保持端正的姿態，士兵不再能夠向前直行或利用直線方位點（point d'alignement）來對齊……被飭令〔按指一七六六年飭令〕指定為托尖（le bec de la crosse）抵靠位置的髖骨，其位置是因人而異的，因此在某些人身上步槍應該靠右一些、在另一些人身上則應該靠左一點。基於相同的結構上不一致的因素，根據持槍者肩部外側是否有肉，扳機護手可能靠在身體上太緊或不夠緊等等。」[35]

我們已經見識到，規訓配置的程序是如何在當時的分類及表格化等技術當中占有一席之地；然而它們如何將個體及多重

性的特有問題帶入其中則是一個問題。同樣地，活動的規訓控制在關於身體自然機制無論是理論性或實踐性的所有研究中開始取得位置；但是它們也開始從中發現了一些特有過程；行為舉止及其有機需求將逐步取代簡單的運動物理學（physique du mouvement）。被要求即便到最枝微末節的操作上都要表現出順服的身體產生了抗拒並顯示出有機體所特有的運作條件。規訓權力所具有的對應方：一種不僅是分析與「單間式的」個體性，同時也是自然與「有機的」個體性。

創生之組織

一六六七年，規定戈布蘭織造廠（la manufacture des Gobelins）創建的法令同時也計畫要成立一所學校。皇家營繕府負責挑選六十名受補助的兒童，在一段期間內委由一位師傅負責「他們的教育及指導」，接著他們以師徒制的方式被派去跟隨織造廠的不同織毯師傅（他們從學生獎學金中獲得一筆補償）；經過六年的學徒期、四年的服務以及

35.　基博伯爵（J.A. de Guibert），《戰術通論》（*Essai général de tactique*），一七七二年，第一卷，前言，第21-22頁。

一次資格檢驗，他們有權在法國的任何一座城市裡「開設及經營店鋪」。在此處，我們所面對到的是行會學徒制所具有的特徵：對師傅既個人又全面的依賴關係；培訓有其法定期限，並結束於一場資格檢驗，但培訓並無法依據一套詳細的規劃加以分解；介於必須傳授其知識的師傅與必須提供其服務、協助及常常還有回饋的學徒之間的全面交流。家僕身分的形式與一種知識的傳遞混合在一起[36]。一七三七年，一項法令為戈布蘭織造廠的學徒設置了一所繪畫學校；這不是為了取代工匠師傅所提供的培訓，而是為了補其不足。然而它隱含著全然有別的時間安排。除了星期日及節日，學生每天到學校兩個小時。依照牆上所張貼的學生名單進行點名；缺席者註明在冊子上。全校分為三班。第一班收對繪畫沒什麼概念的人；他們被要求臨摹範本，難易程度根據每位學生的才幹來設定。第二班「針對那些已經掌握一些原理的人」，或是從第一班升上來的學生；他們必須「透過觀察並且以不能打草稿的方式」重新繪製出一些圖畫，但只要做到素描即可。到了第三班，他們學習用色、運用粉彩、熟悉染色的理論及實務。學生定期做個人作業；每項習作標明作者姓名及製作日期後交予老師；做的最好者受到獎勵；到了年底，所有的作品匯聚起來並進行比較，如此可以看出每位學生的進步情形、現狀及在全體中的相對位置；然後，人們便可以決定那些人可以進入高級班。由教師及其助手握有一本總冊，專門記錄學生每天的所做所為，以及學校裡所發生的一切；這本冊子並定期提交督學過目[37]。

戈布蘭學校只是一個重要現象的例子：此乃古典時期發展出來的一種新技術，用以處理個別存在之時間；用以管理時間、身體及力量的關係；用以確保持續時間之累積（cumul de la durée）；用以將流逝時間之運動（le mouvement du temps qui passe）反轉成不斷擴大的利益或效用。如何資本化個體之時間、將之積累在他們每一個身上，在他們的身體中，在他們的力量或能力裡，並且以一種可資利用及控制的方式進行？如何組織有用的持續狀態？對空間予以解析、對活動加以分解及重組的規訓也應當被理解成讓時間加總及資本化的機制。這當中有四項做法，軍事組織將之清楚地呈現出來。

　　（一）將持續時間劃分成接續或平行的片段，每個片段必須抵達一個被指定的終點。例如，區分培訓時間與實務階段；不要將

36.　這種混合的情況清楚地表現在師徒關係合同上的某些條款中：師傅有責任在獲得學徒費用及勞動交換的情況下將他所有知識傳授給學徒並絕不留一手；否則，他可能遭到罰鍰。相關例證請參見葛侯諾（F. Grosrenaud），《貝桑松的工人行會》（*La Corporation ouvrière à Besançon*），一九○七年，第62頁。

37.　參見傑斯巴克（E. Gerspach），《戈布蘭織造廠》（*La Manufacture des Gobelins*），一八九二年。

新兵受訓與老兵練習混為一談；針對軍事領域開設不同的軍事學校（一七六四年巴黎軍事學校創立，一七七六年創建了十二所省級軍事學校）；職業軍人從小招募，從孩童開始，「讓他們被國家收養，讓他們在特殊的學校中養成」[38]；先從姿勢開始教起，然後是行進，然後武器操作，然後射擊，除非前一項能力已經具備，否則不可進入下一項活動：「一次就將整套練習教給士兵是主要的缺失之一」[39]；簡而言之，將時間分解為各自區隔、各有定位的學程（filière）。（二）根據一套解析式的方案來組織這些學程——盡可能簡單的項目之相繼進行，依循著複雜程度越來越高的方式組合。這意味著訓練捨棄了模擬練習的原理。在十六世紀，軍事練習主要包括模仿全部或部分的戰鬥、以及整體上提高士兵的技能或力量[40]；在十八世紀，「手冊」的指導遵循「項目式的」（élémentaire）原理；而不再是「範例的」（exemplaire）原理：只是一些簡單姿勢，如手指位置、腿部彎曲、手臂動作，它們至多也只是有用行為的基本構成部分，此外它們也確保了在力量、熟練及順服等方面的一般訓練。（三）為這些時間片段加上結尾，替它們設定一個帶著期終檢驗的期限，這具有三重功能，包括顯現出受驗者是否達到規定水平、確保受驗者的師徒制與其他人的一致，以及鑑別每個受試者能力的高下。當「負責指導其他人的」中士、下士等「認為某人已有條件升到一等，他們首先呈報給連上長官，後者將對此進行仔細查核；如果連上長官認為他訓練的還不夠，他們便會拒絕他升等；相反地，如果在他們看來，被提報上來的人符

合要求，他們便會將他提報給團的指揮官，如果他認為合宜，他會接見此人，並請少校軍官進行考核。最輕微的缺失便足以否決他，沒有任何人能夠不經過這第一關的檢驗而從二等升到一等。」[41]（四）設置系列；根據當事人的水平、資深程度、級別來規定出適合他的訓練項目；共通的訓練具有區辨的作用，每項差別皆包含著特定的訓練。在每個系列的尾聲，其他的系列展開，形成一個旁支，然後它們會再細分。因此，每個人都位處於一個暫時的系列中，它以個別的方式界定了他的水平及等級。練習之規訓多聲調（polyphonie disciplinaire）：「二等兵每天早上都要由中士、下士、上等兵（anspessades）及一等兵

38. 這是塞爾萬（J. Servan）所提出的方案，參見《國民兵》（*Le Soldat citoyen*），一七八〇年，第456頁。

39. 參見一七四三年普魯士的步兵守則，阿瑟納爾圖書館（Bibliothèque de l'Arsenal），編號Ms. 4076。

40. 在十六世紀末，拉努（F. de la Noue）建議成立軍事學院，希望人們在此學習「駕馭馬匹，著輕裝及有時全副武裝追逐幼鹿，射擊、在敵人四周靈活移動（voltiger）及跳躍；如果再加上游泳及搏鬥，這只會更好，因為這些都會讓人更健強壯、更靈活。」《政治論及軍事論》（*Discours politiques et militaires*），一六一四年版，第181-182頁。

41. 《步兵練習指導》（*Instruction par l'exercice de l'infanterie*），一七五四年五月十四日。

來加以訓練……一等兵則是每週日都要接受小組長的訓練……下士及上等兵則是每個星期二下午由連上的中士負責訓練，而中士則在每個月的二、十二及二十二日下午由少校軍官負責訓練。」[42]

正是這種規訓時間逐漸在教育領域中大行其道——將學習時間專門化，將之從成人時間、已學成出師的職業時間中分離出來；設置由各種分級檢驗所區隔開來的不同程度；決定方案，每一項都必須在某個特定時期中進行，並包含難度越來越高的練習；根據每個人通過這些系列的方式來確定個人的資格。規訓時間以數量眾多及漸進式的系列取代了傳統學習的「入門的」（initiatique）時間（由單一師傅所掌控、受單一檢驗所鑑別的全部時間）。一整套解析式教學成形，在它的細節上非常細膩（它將教育分解到其最簡單項目的地步，它將每個進步的階段以密密麻麻的差別程度來等級化），在它的歷史上則非常早熟（它在很大的程度上預見了觀念學家所提出的創生分析〔analyses génétiques〕，它正有如前者的技術模型）。十八世紀甫至，德米亞（Demia）[xxiv]希望人們將閱讀的學習分為七個等級：第一級是學習認識字母者，第二級是學習拼讀字母者，第三級是學習合併音節構成單字者，第四級是一句一句或從標點符號到標點符號來唸拉丁文的人，第五級是開始唸法語的人，第六級是閱讀能力很好的人，第七級是能夠唸手稿的人。但當學生的人數眾多，還必須加上分組；第一級應該包含四組：一組是學習「簡單字母」的人；另一組是學習混合字母的人；第三組是學習縮寫字母的人（â, ê...）；最後一組學習雙字母的人

（ff, ss, tt, st）。第二級可以分為三組：一組是那些「在拼讀音節之前非常依賴字母的人，如〔字母〕D.O.對〔音節〕DO」；一組是那些「拼讀最難的音節的人，如bant, brand, spinx」等[43]。在元素的組合當中的每一水平皆必須隸屬於一個大而暫時性系列的內部，它既是一種精神的自然進展，同時也是教育程序的規則。

將先後接續性的活動變成「系列」，這讓一整套針對時間而來的權力投注成為可能：得以進行細膩的控制及在任何時刻進行（區分、矯正、懲罰、消除的）局部性干預；得以根據每個人在他們各自系列中的位置來認定他們、因而利用他們；得以積累時間及活動、重新獲得它們、並在一項最後成果上讓它們受到總加並且是可利用的，而這代表了一個個體之最終能力（capacité finale）。我們將時間的分散狀態收集起來以從中獲得利益，並且我們掌控住流逝的時間。權力直接連結著時間；它確保對時間的控制與擔保對時間的使用。

規訓的做法造就出一種線性時間，其讓所有時刻相互整合起來

42.　　前引書。
43.　　德米亞（Demia），《里昂市及教區學校的規定》（*Règlements pour les écoles de la ville et diocèse de Lyon*），一七一六年版，第19-20頁。

並朝向一個最終及穩定的點邁進。簡而言之，就是一種「演進的」（évolutif）時間。然而，別忘了，與此同時，控制之行政及經管技術也造就了一種系列性、導向性及累積性類型的社會時間：發現了一種名之為「進步」的演進。至於規訓技術，它們則造就出個體的系列：發現了一種名之為「創生」（genèse）的演進。社會之進步、個體之創生，十八世紀這兩項偉大「發現」或許與新的權力技術之間是對應的，更確切地說，是對應於一種透過片段式切割、透過系列化（sériation）、透過合成及加總（totalisation）等方式來管理時間及使之有用的新方法。一種宏觀及一種微觀的權力物理學的確沒有促成歷史之發明（很長一段時間裡它不再需要這麼做），而是將一種時間的、統一的、連續的、累積的面向整合到控制的運作及宰制的實踐中。「演進的」歷史性（historicité）——如同它彼時所形成的樣子，並且是如此深刻，以至於直到今日，對許多人而言，這仍是一件明白了當的事——與一種權力的運作方式息息相關。這可能就如同年表、系譜、豐功偉業、歷朝歷代及事蹟所譜出的「歷史—記憶」（histoire-remémoration）曾經長期與另一種權力形式息息相關一樣。隨著新臣服技術的發展，連續演進的「動態」（dynamique）開始取代重大事件的「朝代」（dynastique）。

　　無論如何，如同個體性—單間、個體性—有機體，個體性—創生的小型時間連續體似乎確實就是規訓的一項結果與一個對象。在這種時間系列化的核心中，我們找到了一種程序，此一程序對於時間系列

化所代表的意義，就如同納入「表格」對於個體的配置及單間式切割所代表的意義、「演練」對活動之經管方式及有機體控制所代表的意義。這個程序是「練習」。練習是將既重複又不同並總是由簡單至複雜的任務加諸在身體上的技術。藉著將行為舉止朝向一個目標狀態形塑，練習讓個體得以或者相對於這個終點、或者相對於其他個體、或者相對於某種歷程類型而受到持續的評斷。因此，在連續性及約束性的形式之下，練習同時確保了成長、觀察及評鑑。在取得這種嚴格的規訓形式前，練習已經有著長久的歷史：它存在於一些軍事、宗教及大學的做法中——有時涉及入門的程序、有時涉及典禮的預備、有時是戲劇的彩排、有時則是檢驗。它線性、連續漸進的組織方式、它循著時間進行的創生式展開方式至少在軍隊及學校裡頭則相當遲晚才被引入。其源頭可能來自宗教。無論如何，一套學校「大綱」一路伴隨著孩童直到其教育階段結束並按年逐月實施由難度淺至深之練習的想法看起來首先出現在一個宗教團體中，即共同生活弟兄會[xxv]（les Frères de la Vie commune）[44]。受到雷斯博克（Ruysbroek）及萊茵河地區神祕主義的強烈啟發[xxvi]，他們將一些精神生活的技術轉移到教育方面——不僅是神職人員的教育，也是官員及商人的教育：在他們身上，由具

44. 參見郭迪納・梅爾（G. Codina Meir），《論耶穌會教育之起源》（*Aux sources de la pédagogie des Jésuites*），一九六八年，第160頁開始。

典範性的大師所引領邁向〔宗教上〕完善（perfection）的問題，轉變成由教師指導、具專制色彩的學生改善（perfectionnement）問題；禁欲生活所從事的越來越嚴格的練習，轉變成複雜程度越來越高的任務，其標示出在知識及良好行為方面所獲得的進展；整個社群為求救贖所作的努力，轉變成個體之間互相評比的集體及常態的競賽。或許正是一些生活及救贖上的社群程序成為以造就具個別特性卻對集體有用的才幹為目標之方法的最初核心[45]。在其神祕或禁欲的形式之下，練習曾經是一種安排人世間的時間以獲致救贖的方式。在西方的歷史中，在保留著某些特徵不變的情況下，它將逐步反轉其方向：它被用來經管（économiser）生命的時間，在一種有用的形式下累積它，並且在受到如此安排的時間的中介之下，對人施展權力。成為身體及時間的政治技術當中的一個項目，練習並沒有在朝向彼世（au-delà）的過程中向上攀高；它反而有助於一種至今猶未終結的臣服。

力量之組合

　　「讓我們先從破除舊日的成見開始吧。據此，人們認為增加一個部隊的深度可以增加其力量。所有關於運動的物理法則皆成幻想，一旦人們想要將之運用在戰術上。」[46] 從十七世紀末期以來，步兵在發展上所面臨到的技術問題就是如何擺脫團塊的物理模型。在過往，配備著長矛及速度慢、沒準頭而且幾乎無法朝向目標校準及瞄準的鳥銃

（mousquets），部隊或者如同一枚射向敵方的砲彈或者如同一道銅牆鐵壁或一座堡壘而受到運用：「西班牙軍隊驍勇善戰的步兵」；在這個團塊中，士兵的配置主要取決於他們資歷的深淺及勇氣；最資淺的新兵占中央，負責讓整體分量更重、體積更大、密度更高；在正面、角落及兩側，由最勇敢或身手最矯健的士兵來負責。在古典時代，這方面開始發展出一整套更精細的連結方式。單元──無論是團、營、

45. 透過列日（Liège）、德芬堡（Devenport）、茲沃勒（Zwolle）、韋塞爾（Wesel）等地學校的中介；也受惠於讓·斯特姆（Jean Sturm）一五三八年的論文，有關斯特拉斯堡一所中學的組織。參見《基督新教歷史學會通報》（*Bulletin de la société d'histoire du protestantisme*），第二十五卷，第499-505頁。
還應注意的是，軍隊、宗教組織與學校間的關係非常複雜。「十人隊」是古羅馬軍隊中的一個單元，也作為勞動單元及可能也是一個進行監控的單元而存在於本篤會的修道院裡頭。共同生活弟兄會從他們那兒取材了十人隊的做法，並轉移到教育組織方面：學生按十人分組。耶穌會士在中學的布局中再次採用這種單元，重新導入一種軍事模式。然而十人隊隨後也瓦解在行列、縱隊（colonnes）、戰線（lignes）等這套更加軍事性的框架下。

46. 基博伯爵（J.A. de Guibert），《戰術通論》（*Essai général de tactique*），一七七二年，第一卷，第18頁。說實話，出於我們將看到的經管及技術方面的原因，這個非常古老的問題在十八世紀再度成為當務之急；除了基博伯爵，這裡所說的「成見」也相當頻繁地受到其他人討論（以Folard、Pireh、Mesnil-Durand等人為主）。

排、還是後來的「師」（division）[47]——變成某種多件式機器，為了達到某種組態（configuration）並獲致特定結果，這些組件可以相互移動位置。什麼原因導致了這種轉變？其中有些是經管方面的原因：使每個人都能發揮效能並且讓部隊的養成、維護、武裝都能產生效益；每位士兵都是一個寶貴的單元，必須讓他們發揮出最大的效能。然而直到一項技術性條件出現了變化，這些經管原因一直無法具有決定性的作用：步槍的發明[48]。比鳥銃更準確、更迅速，步槍讓士兵的技能發揮出更大的價值；更容易擊中目標，步槍讓火器的威力可以在個人的層次上發揮；反過來說，它也讓每一名士兵成為可能被瞄準的目標，同時這也形成了對於更大機動性的要求；它因此便導致了團塊技術的消失，轉而有利於一種沿著相對靈活及動態的拉長的戰線來配置單元及人力之藝術的發展。由此形成了如下的必要性：尋找一整套計算的操作方式，來處理個體與集體的位置、群體或孤立元素的移動、陣地的改變、從一種部署到另一種部署的轉換；簡而言之，就是要發明一種機械裝置，其原理不再是可移動或不動的團塊，而是一種可分片段之幾何學（géométrie de segments divisibles），其基本單元是攜帶步槍的可移動士兵[49]；而且，可能在單兵之下，還有細小的動作、基本行動的時間、被占據或途經的空間片斷。

相同的情況也出現在當人們想要建構一種其取得效果大過於其基本力量總和的生產力的時候：「合併的勞動日」（la journée de travail combinée）藉著增加勞動之機械能力、在空間中擴展其行動或是依據

其規模緊縮生產範圍、在關鍵時刻動員大量的勞動而獲得這種優越的生產效果……合併日所特有的力量是一種勞動之社會力量或是一種社會勞動之力量。它誕生自合作（coopération）本身當中。」[50]

如此，浮現出一項規訓必須予以回應的新要求：構建一套機制，其效果將透過在基本組成項目間協調一致的連結方式而極大化。規訓不再僅僅是配置身體、從中汲取、並從中積累時間的藝術，而是組成

47. 根據這個詞自一七六九年以來所使用的意義而言。

48. 我們大致可將步槍開始盛行的時間定在發生於一六九九年的史當克戰役（la bataille de Steinkerque）之際。（譯按：史當克戰役實際發生於一六九二年，路易十四的軍隊在比利時史當克擊敗由歐洲多國所組成的奧格斯堡同盟軍隊。）

49. 關於幾何學在這方面的重要性，德·波索柏（J. de Beausobre）說道：「戰爭的科學基本上是幾何學式的……一個營及一個騎兵連（escadron）在整個前線、在高地上的安排只是一種深邃遙遠未知幾何學的結果。」參見德·波索柏，《評論最古老的軍事作者埃涅阿斯之論要塞的防護》（*Commentaires sur la défense des places d'Aeneas le Tacticien, le plus ancien des auteurs militaires*），一七五七年，第二卷，第307頁。

50. 馬克思（K. Marx），《資本論》（*Le Capital*），第一卷，第四篇，第十三章。馬克思多次強調勞動分工問題與軍事戰術問題之間的相似性。例如：「正如一個騎兵隊的攻擊力或一個騎兵團的抵抗力基本上與個人總和的力量不同……同樣地，孤立工人的機械力總和也不同於當他們在一個單一不分割作業中共同及同時發揮作用時所產生的機械力量。」（同上）

力量以獲得一部有效率機器的藝術。這項要求以多種方式表現出來。

一、獨特的身體成為一個我們可以擺放、移動、連結上其他身體的項目。它的勇氣或力量已經不再是界定它的主要變項；現在，界定它的是它所占據的位置、它所涵蓋的間隔、它據以執行其移動的規則、正確的順序。在成為勇氣的化身或贏取榮耀之前，士兵基本上是一個可移動的空間片斷。基博伯爵對士兵如此描述：「當他在武裝的情況下，每位士兵以占據兩呎為其最大直徑，也就是說從一邊手肘到另一邊手肘，在最大的厚度上大約一呎，取之於胸部到肩膀，此外還必須加上他跟緊接著他的人之間一呎的實際間隔；這讓每位士兵在每個方向都有兩呎，並指出一支在戰場上的步兵部隊無論是其正面或其深度都占據了與縱列數量一樣多的步幅（pas）。」[51] 身體之功能性化約。但也是在整個它連接上的整體中，這個身體－片段（corps-segment）之插入。其身體被訓練成為了特定操作能夠一部分一部分各別運作的士兵自身也在另一個層次的機制中成為一個項目。士兵首先將被訓練「一個一個來，接著是兩個兩個進行，然後是更多的人一起做……當士兵們分別接受武器操作訓練後，人們為此進行察看，讓他們兩個兩個進行武器操作，並讓他們輪流變換位置，好讓左邊的士兵學習以右邊的士兵為準、進

行自我調整。」[52] 身體成為一部多片段式機器（une machine multisegmentaire）之零件。

二、零件的情況也是如此，規訓必須結合各式各樣的時間系列以形成一種組合時間（temps composé）。一些人的時間必須跟其他人的時間相調整，以便讓最多的力量可以從每個人身上汲取出來，並合併在最佳結果中。塞爾萬便這樣夢想著一種軍事機制，其涵蓋整個國家，其中每個人都不間斷地被占用，但根據他所處的演進片段（segment évolutif）、創生序列（séquence génétique）而有不同的方式。軍事生活應當從最年幼的階段開始，此時孩童在一些「軍事莊園」（manoirs militaires）裡被教導軍人的行業；它也將會在相同的莊園中結束，當舊生將會教導孩童、讓新生進行演練、主持士兵的練習、在他們執行公共勤務時負責監督、以及最後當軍隊在

51.　基博伯爵，前引書，第一卷，第27頁（譯按：本引文應為第67頁，另書上引文略有出入，譯文以原引書為準）。

52.　《一七五五年五月六日步兵練習飭令》（*Ordonnance sur l'exercice del'infanterie, 6 mai 1755*）。

前線打仗時協助國家秩序的維護，直到他們的最後一天。沒有任何一刻軍事生活的力量無法被汲取，只要人們知道如何區別之並與其他時刻合併起來。以同樣的方式，在大型作坊中，人們找來兒童跟老人；這是因為他們皆具備一些基本能力，為了這類能力，沒有必要動用到具有其他才幹的工人；況且，他們提供廉價的勞動力；最後，如果他們能夠工作，他們便不再是任何人的負擔了：「一位稅務員談到一間昂熱（Angers）的企業時說道，勤勞的人類從十歲一直到年老都可以在這家工廠中找到避開無所事事及由此而生的悲慘之收入。」[53] 然而，在初等教育中，這種在不同時序間的校準可能是最微妙的。從十七世紀到十九世紀初蘭卡斯特方法[xxvii]的引入，互助學校這部複雜的時鐘一個零件一個零件地建構起來：剛開始，人們先將簡單的監督任務交付給最年長的學生，接著是控管工作的任務，然後是教學的任務；到了最後，所有學生的任何時間不是忙於教學、便是忙於受教。學校變成一部教育機器，如果合併得當，當中每位學生、每間級別及每個時刻，都將被持續運用在一般的教學過程中。一位互助學校的熱衷支持者對於這套方法所帶來的進步做出了衡量：「在一所擁有三百六十名孩童的學校裡，在一堂三小時的課程中，想要逐一指導每位學生的老師只能給每人半分鐘的時間。透過這種新的方法，所有三百六十名學生，每人

都可以寫作、閱讀或計算兩個半小時。」[54]

三、這種仔細受到度量的力量合併，需要一套精確的指揮系統。受規訓個體之一切活動都必須通過命令來配置及支持，其效率取決於簡潔及明確；命令沒什麼需要解釋的，甚至也無須被表述；它所必須做的及它只需要做的是能夠引發被預期行為。從規訓的發號者到服從規訓的人，兩者間的關係是信號化（signalisation）的：它所涉及的不是去理解命令，而是去感知信號，並根據一套事前建立、或多或少人為性的規則而予以立即反應。將身體置於一個信號的小世界中，每個信號都帶有一個必須且唯一的反應：訓練的技術「專橫地排除最輕微的反對、最細小的雜音」；受規訓的士兵「開始服從命令他的任何事情；他的遵循既迅速又盲目；不服從

53.　阿赫萬（Harvouin），《圖爾財政區報告》（*Rapport sur la généralité de Tours*）；參見馬旭給（P. Marchegay），《安茹檔案》（*Archives d'Anjou*），一八五〇年，第二卷，第360頁。

54.　薩謬爾・貝赫納（Samuel Bernard），一八一六年十月三十日在互助教育協會中的報告。

的態度、最輕微的延遲就是犯罪。」[55] 對小學生所進行的訓練也必須以同樣方式進行：少數的字，毫無解釋，在最極端的狀況下，一片全然肅靜，直到信號出現才中斷——鐘聲、拍手、手勢、老師簡單的注視、或者這種由基督教學校修士會所使用的木製機器；它很適切地被稱為「信號」（le Signal），在其機械性的短促上，它必須同時兼具命令之技術與服從之道德。「信號第一個及主要的作用是讓學生立即將目光投注在老師身上，並讓他們注意老師想讓他們知道的事情。如此，每當老師想要引起孩子們注意，並讓他們停止任何活動時，他都一擊。一位好學生，每當他聽到信號的聲音時，都會當成他聽到了老師的聲音，或者更確切地說甚至是藉由其名來叫喚他的上帝之聲。於是他將進入年輕撒母耳（Samuel）[xxviii] 的感受中，跟著他，在其靈魂深處說：主啊，我在這兒。」學生應該學會信號的規則，並自動自發地回應每一個信號。「祈禱完成，老師會敲出一聲信號，看著想要由他來朗讀的孩子，老師會作勢要他開始。叫正在朗讀的人停下來，老師會敲出一聲信號……當朗讀的人發錯一個字母、一個音節或一個單詞時，為了示意要他重來，老師會連續敲出兩聲信號。因為他在這個詞之後又朗讀了好幾個詞，如果他重來，卻沒從發錯的單詞處重新開始，老師將連續敲出三次信號，一次再一次，直到學生找到他發錯的音節或單

詞為止。」[56] 在這套行為控制上，互助學校還會再加上必須在當下反應的信號系統。即使是口頭命令也必須起著信號化元素的作用：「入板凳中。在聽到入這個詞時，孩子們將右手掌啪一聲地放在桌上，同時將腿移入板凳裡；在聽到**板凳中**這幾個詞時，他們將另一隻腿移入板凳裡並且面對著他們的黑板坐下……**拿黑板**，在聽到**拿**這個詞時，孩子們將右手放在用來將黑板掛在他們面前釘上的繩子上，透過左手，他們從中間位置抓住石板；在聽到石板這個詞時，他們將之取下並放在桌子上。」[57]

55. 德・布薩奈爾（Louis de Boussanelle），《模範軍人》（*Le Bon Militaire*），一七七〇年，第2頁。

56. 若翰・喇沙（J.-B. de La Salle），《基督教學校行為準則》（*Conduite des écoles chrétiennes*），一八二八年，第137-138頁。也參考德米亞（Demia），《里昂市及教區學校的規定》（*Règlements pour les écoles de la ville et diocèse de Lyon*），一七一六年，第21頁。

57. 《初等教育報》（*Journal pour l'instruction élémentaire*），一八一六年四月。參考童秀（R. R. Tronchot），《法國互助教育》（*L'enseignement mutuel en France*），打字博士論文，第一卷，該論文計算出學生每天會收到超過兩百次命令（不包含特殊命令）；光是上午就有二十六次聲音命令、二十三次手勢指令、三十七次鈴聲命令，以及二十四次哨音命令，平均每三分鐘就有一次哨音或鈴聲命令。

總而言之，我們可以說規訓從它所掌控的身體上製造出四種個體性類型，或者更確切地說是一種具有四項特徵的個體性：它是單間式的（透過空間配置的作用）、它是有機的（透過活動的編碼）、它是創生的（透過時間的積累）、它是組合的（透過力量的組合）。為此，它動用了四項主要的技術：它建構表格；它要求演練；它強加練習；最後，為了確保力量的組合，它整建了「戰術」。作為建構的藝術，戰術運用著被定位的身體、被編碼的活動、被形塑的才幹、以及讓各種力量之結果通過其計算的組合方式而得到增強的機制，它可能是規訓實踐的最高形式。在這種知識當中，十八世紀的理論家看到了整個軍事實踐的一般基礎，從對個別身體的控制與練習，到特定於最複雜多重性的力量使用。規訓身體之建築學、解剖學、力學、經管方式：「在大多數軍人的眼裡，戰術只是內容龐大的戰爭科學的一個分支罷了；在我的眼裡，它是這門科學的基礎；它就是這門科學，因為它指導如何建立部隊、指揮它們、移動它們、讓它們戰鬥……因為只有它可以彌補數量的不足及處理多數；最後，它可以包含對人、對武器、對地形、對時機的認識，因為必須決定其運動的正是所有被匯聚起來的這些知識。」[58] 再或者：「（戰術）這個術語……告訴我們組成一支部隊的成員的相應位置、組成一支軍隊的各種部隊的相應位置、以及這些部隊的調動及它們的行動、這些部隊之間的關係。」[59]

　　作為一種策略，戰爭有可能是政治的延續。但別忘了，「政治」曾經被認為是戰爭的延續，就算不是完全和直接地這麼認為，至少也

是作為預防內亂基本手段的這種軍事模式的延續。作為一種維護內部和平與內部秩序的技術，政治力求從受規訓的兵眾、從順服有用的部隊、從軍團、到軍營裡與到戰地上、到演練時與到練習中達成完美軍隊之部署。在十八世紀的那些偉大國家中，軍隊保證內部和平，這可能因為它是一股實質的力量，一把總是帶有威嚇性的劍，但也因為它是一種技術及一套知識，其模式可以投射到社會體上。如果存在著一個中間經過策略而形成的政治－戰爭系列，那麼便存在著一個經過戰術而來的軍隊－政治系列。正是策略可以讓人將戰爭理解為一種在國家間操作政治的方式；正是戰術讓人可以將軍隊理解為一個維持公民社會沒有戰爭的原理。在古典時代，誕生了偉大的政治及軍事策略，據此，各國都在經濟力量和人口力量上相互對抗；但在古典時代，也誕生了細膩的軍事及政治戰術，藉此對於身體及個體力量的控制在國

58. 基博伯爵（J.A. de Guibert），《戰術通論》（*Essai général de tactique*），一七七二年，第4頁（譯按：頁碼應為第8頁，引文與原文有兩處出入：引文tensions在原文中為terreins，現代法語拼法為terrains，譯為地形；引文末端的ces在原文中為ses）。
59. 德‧梅茲華（P. Joly de Maizeroy），《戰爭理論》（*Théorie de la guerre*），一七七七年，第2頁。

家中運行著。在這個時期，「以軍事為業者」（« le » militaire）──軍事的制度、軍事之人物、軍事的科學，與過往「戰士」（l' « homme de guerre »）所具有的特性是如此地不同──是在一邊的戰爭及戰役之聲響、與另一邊的秩序及和平順服的無聲兩者的交會點上所界定出來的。關於一個完美社會的夢想，思想史學家經常將之歸功於十八世紀的哲學家及法學家；但是當時亦存在的是一個關於社會的軍事夢想；它基本上所參照的不是自然狀態而是細膩從屬一部機器的齒輪，不是原始的契約而是永久的強制，不是基本權利而是無止盡增加的訓練，而不是普遍的意志而是自動的順服。

「應該把規訓變成全國的」，基博伯爵說。

「我所描繪的國家將會有一套簡單、堅實、容易治理的行政體系。它類似於這些巨大的機器，透過不太複雜的彈簧便能產生巨大的效果；這個國家的力量將來自它的力量，國家的興盛來自它的興盛。將一切摧毀的時間將增加它的力量。時間將拆穿這種普遍的偏見，這讓我們認為帝國都屈從於一種衰落與毀滅的絕對法則。」[60] 拿破崙政權不久之後將要到來，以及隨之而來的這種國家型態，它將會在政權結束後繼續存在，並且不該忘記它是既由法學家但也是由士兵所擘劃的，是由國務委員（conseillers d'Etat）但也是由士官所擘劃的，是法律人士（hommes de loi）也是兵營的軍人（hommes de camp）所擘劃的。這種創建所相伴的古羅馬參照明確地帶著這種雙重索引：公民（citoyens）與士兵（légionnaires）、法律與演練。正當法學家或哲學家

在公約中尋求探究一種用以建立或重建社會體的原始模式之際，軍人以及跟著他們一起的規訓技術人員一起制定關於身體的個體與集體強制之程序。

60. 基博伯爵，前引書，〈前言〉，第XXIII-XXIV頁。同時也參照馬克思關於軍隊及資產階級社會的型態所說的話，「致恩格斯書信」，一八五七年九月二十五日。

i｜《人－機器》（*L'Homme Machine*）是拉・美悌（Julien Jean Offray de La Mettrie, 1709-1751）在一七四七年出版的著作，醫生出身，他在其醫學經驗中發現，精神只是腦部複雜的物質作用，而主張機械唯物論觀點。

ii｜腓特烈二世（Frédéric II de Prusse, 1712-1786），普魯士國王（1740-1786）。曾將因主張機械物質論而遭受排擠的拉・美悌奉為上賓，除了允許他在柏林繼續以醫生為業，並賜予普魯士科學院的席位。

iii｜薩克森元帥（le maréchal de Saxe, 1696-1750）本名赫爾曼・莫里斯（Hermann Maurice），是路易十五世時期的軍事將領，著有《我的沉思》，於死後出版，是十八世紀的重要軍事著作。。

iv｜若翰·喇沙（Jean-Baptiste de La Salle, 1651-1719），法國天主教教士、教育家、天主教組織喇沙會創辦人，一九〇〇年被羅馬天主教會封為聖人。

v｜布豐伯爵（Georges-Louis Leclerc , comte de Buffon, 1707-1788），自然學家、生物學家、數學家。《自然通史》（*Histoire naturelle, générale et particulière*），出版於一七四九至一七八九年間，共三十六卷，包含了當時歐洲所有自然科學方面的知識。

vi｜加斯帕・蒙日（Gaspard Monge, 1746-1818），數學家，在幾何學上卓有貢獻。大革命後與政治事務交集日增，一七九二年被任命為海軍暨殖民部長，一七九四年籌建巴黎綜合理工大學。在拿破崙的第一次義大利戰爭及埃及遠征均受重用。一七九九年擔任護憲元老院（Sénat Conservateur）議員。

vii｜聖・伊萊爾（E. Geoffroy Saint-Hilaire）在《關於自然哲學的綜合及歷史概念》的導言中提到這段對話，發生在拿破崙擔任主帥的埃及遠征（1798-1801）中的一幕，地點在埃及艾斯貝切宮（palais Esbekieh）花園，拿破崙身邊圍繞著隨軍隊遠征的一批學者，包括對話轉述者聖・伊萊爾，以及在傅柯這段引言中與拿破崙進行對話的蒙日，拿破崙率先有感而發地說到他的第一志願不是從軍，而是追隨牛頓的腳步當一個發現者，聽聞此話，蒙日便引述拉格朗日（Lagrange）所言：「牛頓之榮耀無人可及，可被發現的世界只有一個。」（第24頁）傅柯在書中所引述的就是拿破崙對此的回覆。聖・伊萊爾用了數頁的篇幅來鋪陳兼引述這段回覆，他說拿破崙發明了「細節的世界」（monde des détails）來對比於牛頓的「天文的世界」（le monde astronomique），「他認為牛頓停在、固著在一種實際上比較哲學而不是基本上實際的思辯上。拿破崙──其精神務實而固著在人類真實的利益上──想將一種經濟上的應用及所有他看來可以從這類對感官生命的肯定、接觸及實際、對於細節之關係及作用的認識當中所獲得的好處置於任何思辯之上。」因此，細節的世界還有待發現，而從小也可以觀大。此外，聖・伊萊爾在附註中說，他認為在科學上、哲學上，「現象的世界」（monde phénoménal）一詞可以更恰當地表達拿破崙所說的細節的世界的涵義（第25頁）。

viii｜路易大帝中學（Louis-le-Grand）為巴黎第五區一所公立高中名校，歷史悠久，可追溯到一五六三年設置的耶穌會學校──克萊蒙中學（Collège de Clermont），一五九四年因被指控捲入亨利四世刺殺案而遭查封。

ix｜修薩德鍛造工廠（les forges de la Chaussade）位於巴黎南邊約兩百公里的小城Cosne-Cours-sur-Loire，地點就在羅亞爾河與涅夫勒河（Nièvre）交會處的梅丁半島（presqu'île de Médine）上，鍛造工廠設於一六七〇年左右建造，為海軍生產大炮、火槍及錨。

x｜昂德黑鑄造廠（Fonderie d'Indret）位於羅亞爾河下游的昂德鎮（Indre），承海軍

部之令設置，為皇家海軍生產大砲。由於技術上的欠缺，一七七七年委託英國人威金森（William Wilkinson）負責造廠事宜。

xi｜勒可佐市（Le Creusot）位於勃根地首府第戎（Dijon）西南約百餘公里，是法國鋼鐵重鎮。為了供應昂德黑鑄造廠所需的鑄鐵材料，威金森建議在勒可佐市設置鑄鐵廠，並委託建築師杜菲（Pierre Toufaire）規劃，發展成當年歐陸最大的鋼鐵工廠，一七八五年開始生產。

xii｜基博伯爵（comte de Guibert , Jacques-Antoine-Hippolyte, 1743-1790），將軍、軍事作家。

xiii｜scansion指「標出詩的格律」、「按格律朗誦」，並衍生出「節奏」、「強調」、「凸顯」、「加強」的意思。傅柯在關於空間及時間規訓的討論中用到這個詞，有透過配置、布局、節奏來營造、強化空間或時間的意思。此處譯文從意不從字。

xiv｜荷蘭的奧蘭治親王（Maurice de Nassau, 1567-1625）及瑞典的古斯塔夫・阿道夫二世（Gustav II Adolf, 1594-1632），兩人均被視為近代軍事上的重要革新者。

xv｜布薩奈爾（Louis de Boussanelle, 1720-1788），軍人、軍事作家，被封為聖路易皇家軍團騎士。

xvi｜沃邦侯爵（Sébastien Le Prestre, marquis de Vauban, 1633-1707），工程師、軍事建築師，對軍事建築影響深遠，被路易十四晉封為法國元帥。

xvii｜互助學校（école mutuelle）是一套流行於十九世紀初的教學方法，基本概念是一位學生同時可以是學習者及教導者。例如在「貝爾－蘭卡斯特制」（Bell-Lancaster method）中，由教師教導年長學生，再由年長學生教導年輕學生，年輕學生之間再互相輔導。

xviii｜Moniteur譯為助教，指在互助學校中負責教學的學生。

xix｜經比對原文，書上的這段引文「la main gauche à hauteur de la *crante*, le pouce allongé le long du canon contre la *moulure*」中出現兩處錯誤（斜體）：其中crante為cravate之誤、moulure為monture之誤。à hauteur de la cravate是十八世紀軍事文獻上在說明持槍、用槍方式上可見的用法（如Pierre Claude de Guignard, L'École de Mars, 1725, p.625），暫依一般字義譯為領帶。參見《一七六六年一月一日飭令》（*Ordonnance du roi, pour régler l'exercice de l'infanterie . Du 1er janvier 1766*），法國國家圖書館Gallica資料，第57頁。

xx｜針對胸前持槍的第三步驟，經比對原文也發現差異，書上引文為：「Au troisième, on quittera le fusil de la main *droite*, la platine en dehors et vis-à-vis de la poitrine, le bras droit tendu à demi, le coude serré au corps, le pouce alongé contre la platine, appuyé à la première vis, le chien appuyé sur le premier doigt, le canon à plomb.」原文則為：「Au troisième, on quittera le fusil de la main *gauche, pour la laisser tomber le long de la cuisse, l'élevant de la main droite* la platine en dehors et vis-à-vis de la poitrine, le bras droit demi-tendu, le coude serré au corps, le pouce alongé *sur la contre-platine*, appuyé à la première vis, le chien appuyé sur le premier doigt, le canon à plomb.」共有四處差異，以斜體標示於原文，本段譯文以原文為準。其次，文中提到le pouce（拇指）及le premier doigt（第一指），一般認為第一指就是拇指，但根據此處用法，二者顯然有別，此故將第一指暫譯為食指。

xxi｜實為cravate之誤，參前面譯註。

xxii｜注意此處emploi一詞與作息表（emploi du temps）的關聯。

xxiii｜Contrepoint原為音樂術語，指對位法。在此單純指學習組織方式的改變，讓學習能夠以多重、多線的方式開展。

xxiv｜德米亞（Charles Démia, 1637-1689），神職人員，教會辦學先驅，創辦多所小學及法國第一所培育師資的課程（séminaire Saint-Charles），一六七四年出版《里昂市及教區學校的規定》，是一本教育實務的著作。

xxv｜共同生活弟兄會是一個由信仰天主教的信徒所組成的共同生活團體，於一三七四年由葛魯特（Gérard Groote）創建於荷蘭代芬特爾（Deventer），其成員放棄世俗物品，過著遵守教規的共同生活，每日進行禮拜、閱讀、講道及勞動。

xxvi｜雷斯博克（Jean de Ruisbroeck, 1293-1381），出生在布拉班特公國（Duché de Brabant）的天主教神職人員，五十歲前在公國內的布魯塞爾擔任神父，五十

歲後在距此不遠的胡倫代爾（Groenendaal）創建一所修道院，過著隱修的僧侶生活，是盛行於十三至十四世紀的萊茵河地區神祕主義（la mystique rhénane）的代表人物之一。

xxvii｜蘭卡斯特方法（la méthode de Lancaster）是一套互助教育方法，由英國教育家約瑟夫·蘭卡斯特（Joseph Lancaster, 1778-1838）提倡，並於十九世紀初開始廣為流傳。

xxviii｜希伯來聖經《撒母耳記》中的人物。

第二章

良好訓練之手段

Les moyens du bon dressement

在十七世紀初，沃爾豪森（Walhausen）[i]就把「正直的規訓」說成「良好訓練」之藝術[1]。事實上，規訓權力是一種權力，它的主要作用不是巧取與抽取，而是「訓練」（dresser）；或者可能是訓練以便巧取得更好與抽取得更多。它不是為了消弭力量而控制它們；它努力將力量全部連結起來，以便讓它們倍增並利用它們。有別於以同樣及團塊的方式指使所有聽命於它的一切，規訓權力進行分隔、解析、區別、將分解做法推到極致以獲得必要且充分的獨特性。它將身體及力量之變動不定、混雜不明、不具效用的多數（multitudes），訓練為一個由個別元素──分隔的小單間、有機的自律狀態、創生的同一性與連續性、組合片段[ii]──所組成的多重性（multiplicité）。規訓「製造」個體；規訓是一種權力──個體既是其對象也是其行使上的工具──的特定技術。這不是一種耀武揚威的權力，自恃著本身的過度便可確立其上位權力；這是一種不起眼而猜疑的權力，其依據著一種精心計算且持久的經管方式來運作。如果我們將之與統治權所展現出的雄壯儀式相較、或者與國家的偉大機制相較，它們只是毫不起眼的操作方式、次等的做法。然而，卻正是它們會逐漸入侵這些重大的形式

1.　　沃爾豪森（J. J. Walhausen），《步兵軍事藝術》（*L'Art militaire pour l'infanterie*），一六一五年，第23頁。

中，修改其機制，並將它們自己的程序強加上來。司法機構無法避免這種幾乎不隱藏的入侵。規訓權力的成功可能來自於對於簡單工具的運用：層級式觀看、標準化制裁及這二者在規訓權力所特有的一種程序中的組合：檢查。

* * *

層級式監視

規訓之運作預設了一種透過觀看之作用來進行約束的措施；這是一種機制，當中讓看成為可能的技術引入了權力的作用，並且反過來，強制之手段又讓其所施展的對象變得清楚可見。在古典時代，我們看到了這些針對人類多重性的「觀察裝置」（observatoires）逐步發展出來，而在這方面科學史甚少講述其功績。除了伴隨著新物理學及新宇宙學之奠基而一同發展出來的望遠鏡、鏡片、光束等這種偉大的技術學之外，還有一些多重及交叉監視的、能看到卻不被看到的這種觀看的小小技術發展出來；這是一種光與可見之陰暗的藝術，透過讓人臣服的技術及讓人受到利用的措施，悄悄地醞釀著一種關於人的新知識。

這些「觀察裝置」有著一個幾近完美的典範：軍營。這是一座幾乎是隨著意念所建造及形塑而成、倉促且人工的城市；這是一處權力要地，這種權力必須要有很大的強度但同時也要擁有很高的隱密

性，它必須要很有效，同時它施展在軍人身上防範於未然的價值也要很強。在完美的軍營中，整套權力都透過準確監視這種單一作用而運行；每一道觀看都是權力整體運作的一部分。舊的及傳統的那種格局正方的平面，參照著不計其數的方案，進行了大幅的改進。通道的幾何設計、營帳的數量及配置、它們入口的座向、行與排的部署都受到精確地界定；一套互相監視的觀看網絡被規劃出來：「在兵器廣場上，畫出五條線，第一條線距離第二條線十六呎；餘線之間均相距八呎；最後一條線距離那些槍罩[iii] 八呎。槍罩距離士官營帳十呎，確切地說，正對著第一根桿子。一條五十一呎寬的連部道路⋯⋯所有的帳篷都相隔二呎。尉官的營帳正對著他們連上的小路。後端的桿子距離士兵的最後一頂營帳八呎，門望向上尉軍官的營帳⋯⋯上尉軍官的營帳正對著他們連上的道路而豎立。門望向這些連。」[2] 軍營是一幅權

2.　《普魯士步兵準則》（*Règlement pour l'infanterie prussienne*），法譯版，阿瑟納爾圖書館（Bibliothèque de l'Arsenal），編號ms. 4067，f° 144。針對舊式規劃，參見佩薩克（Praissac），《軍事論》（*Les Discours militaires*），一六二三年，第27-28頁。蒙哥梅希（L. de Montgommery），《法國軍隊》（*La Milice française*），第77頁。針對新式規劃，參見德・莫洪奇（Beneton de Morange），《戰爭的歷史》（*Histoire de la guerre*），一七四一年，第61-64頁，以及《申論營帳》（*Dissertations sur les Tentes*）；有許多其他軍事準則可以參照，如《營區騎兵準則服務指示》（*Instruction sur le service des règlements de Cavalerie dans les camps*），一七五三年六月二十九日，參照圖7。

力圖解，這種權力透過普遍可見性的效果來作用。很長的一段時間，在都市規劃中、在勞工城市、醫院、收容所、監獄、教育所的興建當中，我們都可以找到這種軍營模式或至少是其背後的原理：層級化監視之空間嵌套（emboîtement spatial）。「嵌合」（encastrement）的原理。軍營相對於很少被明白表露的監視藝術，正如同相對於偉大光學的黑箱。

於是浮現出一整套問題意識：建築不再只是做來被看（宮殿之宏偉），或是為了監視外部空間（堡壘的幾何造形），而是為了進行一種有組織及詳細的內部控制——為了讓身處在建物中的人成為可見；更廣泛地說，這套問題意識涉及如何讓建築成為一種改造個體的運作裝置（opérateur）：對它所容納的人產生作用，控制其行為，將權力作用導引到他們身上，讓他們受到知識掌握，改變他們。石頭可讓人順服及可知（conaissable）。關於敞開、盈與空（des pleins et des vides）、通道與透明的計算，開始取代過往那種禁閉及封閉——阻止進或出的厚牆、牢固大門——的簡單方案。正是如此，醫院－建築逐步發展成一種醫療行為的工具：它必須能夠適切地觀察患者，從而更妥善地提供照料；藉著仔細分隔病人，建物的形式必須防止傳染；保持通風並讓病床周圍空氣流通，總之必須避免有毒氣體停滯在病人四周，並透過其直接的影響，損及病人情緒並導致病情加重。醫院——人們想要在這個世紀的下半葉建造的醫院，在主宮醫院（Hôtel-Dieu）第二次火災發生後做了這麼多規劃的這種醫院——不再僅僅是收容貧苦及將死

之人的所在；它——連在其物質層面上——現在是一個治療的運作裝置。

　　這也就如同學校建築必須是一種訓練之運作裝置一樣。針對軍事學校（l'École militaire），巴希斯－杜維奈（Pâris-Duverney）腦海裡所構想的是一部教學機器，甚至在他要求嘉必葉（Gabriel）做到的細節上都可見一斑[iv]。訓練強壯的體魄，這是健康方面的必要；獲得能幹的軍官，這是人力品質方面的必要；培養服從的軍人，這是政治方面的必要；預防放蕩及同性戀，這是道德方面的必要。這是在個體之間建立起嚴密分隔的四重理由，但也是為了進行持續性的監視而打穿（percées）的理由。軍事學校的建築本身就應該是一具監視機器；寢室沿著走廊分布，如同一系列小型單間牢房；每隔一段距離，設置一處軍官宿舍，以便「每十數名學生在左右兩側都有一名軍官」；整個夜間，學生只能待在這裡；巴希斯並曾經堅持要將玻璃裝在「每間寢室靠走廊一側的牆上，從手肘高度（la hauteur d'appui）到距天花板一至二呎高的範圍。除了從這些玻璃窗向外一看，讓人不得不感到宜人之外，我們敢說它在許多方面都很有用，更甭提一些規訓方面的考量在此配置中具有決定性。」[3] 在餐廳裡，人們布置了一個「微微高起的平

3. 　　引自羅蘭（R. Laulan），《巴黎軍事學校》（L'École militaire de Paris），一九五〇年，第117-118頁。

臺來放置學監的餐桌，好讓他們在用餐期間可以看到各組別學生的所有桌子」；茅房裝了半門，以便讓派駐在此的舍監可以看到學生的頭部及腿部，但兩側隔牆高度足以「讓如廁者無法互窺」[4]。透過千百種毫不起眼的布置方式，建築繼續延伸監視方面無止盡的嚴密。對於它們，我們不會視為微不足道，除非我們忘記這種層次儘管較低但運作無誤的各種機制在個體行為舉止方面越來越高的客體化及愈趨精細的管控方面所產生的作用。規訓制度造就出一整套控制機制，其作用如同一種行為的顯微鏡；它們所完成的細小及解析性的分隔（divisions）圍繞著人形成了一個觀察、登錄及訓練的機制。在這些觀察機器中，如何讓觀看再細分、如何在觀看間建立起一些中繼（relais）、溝通？如何從它們被計算好的多重性中得出一種同質且連續的權力？

　　完美的規訓機器讓任何時候僅需一眼就足以盡覽一切。一個中心點同時是照亮一切的光源，也是所有該被知悉的東西之聚合處：任何東西都無法脫逃的完美眼睛（œil parfait），所有的觀看回返的中心。這是勒杜（Ledoux）在建造阿爾克－塞南皇家鹽場（Arc-et-Senans）[v]時心中所想的：在呈環狀排列並全部面向內側的建築群中心，一棟高樓建築必須兼具管理的行政功能、監視的治安功能、控制與查核的經管功能、鼓勵服從及勞動的宗教功能；所有的命令發自此處，任何活動都將在此被記錄，所有的錯誤都在此處被察知並受到裁決；而這樣的安排，從最直接的意義上來說，除了精確的幾何學，幾乎沒有仰賴任何其他方面的支持。在十八世紀下半葉，讓圓形建築[5]享譽盛名的諸多

因素當中，可能必須將這一點考慮在內：它們表現出某種的政治烏托邦。

　　不過，事實上，規訓的觀看出現了中繼之需要。優於環狀設計，金字塔可以滿足兩項要求：足夠完整以形成無缺漏的網絡——因此可以讓其層級倍增，並將它們配置在整個需要控制的表面上；但同時也要足夠低調，以避免將停滯作用施加在任何需要規訓的活動上，以避免對活動造成抑制或障礙[vi]；融入規訓部署中，有如一項擴大其可能效果的功能。它需要分解其所司（instances），不過是為了增加其生產功能的價值。讓監視明確化（spécifier），並使產生功能。

　　這是大型作坊及工業廠房中所面臨的問題，當中一種新型態的監視正在成形。它有別於手工工廠模式中那種負責貫徹規定的監工由外而來的監視型態；現在，這種新型態的監視涉及一種密集、連續的控制；它涵蓋整個勞動過程；它所針對的不是——或不只是——生產（原料的性質、數量、所使用的工具類型、產品的規格及品質），

4.　　邊沁（J. Bentham）提到，他的弟弟是在參觀軍事學校時第一次出現全景監獄（Panopticon）的想法，資料來源：Arch. nat. MM 666-669。

5.　　參照本書圖12、圖13、圖16。

而是去處理人的活動、他們的專業知識、進行的方式、速度、熱忱、舉止。但它也有別於那種待在工人及學徒旁邊的師傅的家庭式控制；因為它是透過職員（commis）、監工、稽查及工頭來落實的。隨著生產機制變得越來越大、越來越複雜，隨著工人的數量及勞動分工的情況不斷提高，控制任務變得更為必要也愈加困難。於是監視成為一項確立的功能，但它必須成為生產過程的一部分；它必須重疊在它整個過程上。一種專門人員變得不可或缺、固定存在，並且不同於工人：「在大型手工工廠裡，一切都聽鈴聲指揮，工人們都是被管束及受訓斥的。讓他們習於高高在上及頤指氣使態度——面對著數量頗眾的工人，這一點確實有其必要——的職員，以嚴厲的方式或蔑視的態度來對待他們；從這裡，這些工人或者變成更珍貴或只是在工廠晃一遭就離去。」[6] 然而，如果說相較於這種新式的監視模式，工人更青睞於行會式的框架，老闆們則從中看到一種與工業生產、私有財產及利潤等體系密不可分的元素。在工業工廠、大型鍛造廠或礦場這樣的尺度上看，「開支項目是如此的倍增，每個項目上微小的不詳實都會對總數帶來巨大的虛假，這不僅會吃掉利潤，並且會損及資本……對企業來說，無法察覺也因此每日重複的最微小疏失可能成為致命的因素，乃至於在極短的時間內就帶來嚴重的打擊」；因此，只有直接受命於企業主並且被賦予這單一任務的人可以確保「沒有一分錢被浪費，一日之中沒有一個片刻被錯過」；他們的角色會是「監視工人，巡視所有工作，向委員會報告所有的事情。」[7] 當監視既是一個內在於生產機制

的零件、也是一個在規訓權力中予以明確化的構件，它便成為一種在經濟上具決定性的運作裝置[8]。

　　相同的運動也發生在基礎教育的重組當中：監視之明確化，並且納入教育的關係當中。教區小學的發展、其學生人數的增加，缺乏方法得以同時管理一整個班級的活動，隨之而來的失序與混淆，這些都促使對於控制的重整成為必要。為了協助老師，巴東谷（Batencour）[vii] 從最優秀的學生中挑選出一組「教官」（officiers），包含總管、觀察員、指導員、輔教員、禱告誦讀員、寫作教官、墨水管理員、布道員及訪視員[viii]。如此界定出來的角色分屬兩類：其中若干與具體的任務有關（分發墨水與紙張、將剩餘物資分給窮學生、在節日負責朗讀宗教篇章等）；另一些則與監視有關：「觀察員」必須記錄誰曾離開

6.　《百科全書》（*Encyclopédie*），「手工工廠」（Manufacture）條目。

7.　庫爾諾（Georges-Marie-Michel Cournol），《採礦權之公共利益的思考》（*Considérations d'intérêt public sur le droit d'exploiter les mines*），一七九〇年，國家檔案局：Arch. nat. A XIII 14。

8.　馬克思：「一旦受到資本控制的勞動成為協作式的（coopératif），這種監視、指導及調節的功能就成為資本之功能，而作為資本主義功能，它獲得了特殊的性質。」參見《資本論》，第一卷，第四篇，第十三章。

其長凳、誰說個不停、誰未禱告也未做日課、誰做彌撒時態度不良、誰在街上行為失當、滋事、喧嘩；「告誡員」負責「留意那些在研讀課程時說話或低聲說話的人，那些不寫作業或開玩笑的人」；「訪視員」負責去缺席的學生家或犯下嚴重過錯的學生家進行瞭解。至於「總管」，他們監督所有的教官。只有「輔教員」具有教學的角色：他們負責讓學生以每次兩位的方式低聲朗讀[9]。然而，幾十年後，德米亞再次提出一種同型的層級架構，不過與監視有關的功能幾乎每一項在此時都添上了教學角色：一位小老師負責教握筆，指導手部，糾正錯誤，並且同時「當有人爭吵時記下那些不當之處」；另一位小老師則在閱讀課上擔負相同的任務；總務負責管控其他教官並留意整體儀容，同時也負責「根據學校的練習項目來訓練新生」；十人小組組長負責讓學生背誦課程，並「登記」那些不會背的人[10]。在此，我們看到的是一個「互助」型機構的雛型，在其中三種程序融合在單一部署中：首先是所謂的教學本身；其次是透過練習來獲取知識，甚至包括教學活動這樣的練習；最後，一種交互性及層級化監視。一套清楚界定並受到管理的監視關係被納入教育活動的核心中：不是作為一件添加的或周邊的零件，而是作為內在於它並能夠使其效能倍增的機制。

層級化、連續性及功能性的監視可能並不是十八世紀偉大技術「發明」之一，但其暗地裡擴散之規模應該歸諸於它承載於自身身上的這種新權力機制。拜這種監視之賜，規訓權力成為一種「整合在」、從內部連結在經管方式上及它運作其中的這套部署目的上的體

系。此外，它也發展成一種多重的、自動的及匿名的權力；因為如果監視確實是落在個體身上，其運作方式則是一套由上至下關係網絡的運作方式，同時在某種程度上，也包含著由下至上及水平的方式；這套網絡讓整體「維持著」，並且完整地讓互相依賴的權力作用貫穿其中：監視者永遠被監視著。存在於規訓的層級化監視中的權力並不作為一種東西而被持有，不能被當成一種財產來轉移；它如同一整套裝置（machinerie）產生作用。如果說它的金字塔型組織賦予它一位「首腦」，真正生產出「權力」並將個體配置在這種恆常並連續場域（champ permanent et continu）中的卻是這整套機制。這使得規訓權力

9. 參見M.I.D.B.，《教區學校指南》（*Instruction méthodique pour l'école paroissiale*），一六六九年，第68-83頁。

10. 德米亞（Charles Démia），《里昂市及教區學校的規定》（*Règlements pour les écoles de la ville et diocèse de Lyon*），一七一六年，第27-29頁。在中學的組織中，我們也可以注意到類似的現象：在很長一段時間裡，「訓導長」（préfets）獨立於教師之外負責學生小組的道德責任。特別是在一七六二年之後，我們看到一種行政色彩更濃、同時也更整合在層級架構中的一種控制型態：學監（surveillants）、自修室學監（maîtres de quartier）、助理學監（maîtres subalternes）。參見杜彭－費希葉（Dupont-Ferrier），《從克萊蒙中學到路易大帝中學》（*Du collège de Clermont au lycée Louis-le-Grand*），第I卷，第254頁及第476頁。

可以是絕對毫不遮掩，因為它無處不在，而且總是注意著一舉一動，因為原則上它不容任何一片陰影，因為它不停地控制著那些負責控制的人；卻也讓它同時是絕對地「隱密」，因為它持續運行並且在大部分的情況下都在無聲當中。規訓讓一套靠著它自身的機制達到自我支撐的關係性權力「運作」起來，並且用被計算好的觀看不間斷的作用來取代〔酷刑〕展演之亮光（éclat des manifestations）。拜監視技術之賜，權力的「物理學」、對身體所進行的掌控開始依據著光學及力學的法則來運作，依據著一整套的空間、線條、屏幕、光束、角度的作用來運作，並且至少在原則上並不訴諸過度、武力、暴力。當權力更加嫻熟地展現出「物理的」性質，表面上看來它更加不那麼「身體的」。

標準化制裁

一、在保列騎士孤兒院（l'orphelinat du chevalier Paulet）[ix]，每天上午召開的審判庭讓一整套儀式上演：「我們看到所有的學生在無懈可擊的整齊、靜止及肅靜中排成一列。榜首（le major）是一位十六歲少年，站在隊伍外，手持劍；在他的口令下，隊伍以快步移動，排成圓圈。委員會在中央召集；每個教官報告他那一隊二十四小時的狀況。被告獲准可以為自己辯護；證人的說詞也被聽取；委員會進行商討，當

他們達成一致看法的時候，榜首大聲報告被定罪的人數、犯行的性質及被判處的懲罰方式。接著隊伍在最井然的秩序中行進。」[11] 在所有規訓體系的核心中，一套小型的懲罰機制運作著。帶著它自己的法律、被明確指定的犯行、特殊的制裁形式、審判機構，它享有某種的司法特權。規訓發展出一種「次級懲罰」（infra-pénalité）；它們伸手去管控一個法律並未涉足的空間；它們評斷及抑制一系列由於相對無關緊要的性質而免於受主要懲罰體系處理的行為。「進廠時，同仁必須相互問候……離廠時，他們必須將貨品及用過的工具收妥，若是夜晚，必須將燈火熄滅」；「明確禁止透過動作或其他方式逗弄同仁」；他們必須「舉止誠實並得體」；在沒有事先報告奧本海默先生並缺席超過五分鐘者將被「登記為〔曠職〕半日」；為了確保沒有什麼事情被這套小刑事司法所遺忘，它規定禁止做「任何可能損及奧本海默先生及其同仁的事。」[12] 在作坊、學校、軍隊中，有一整套微懲

11. 匹克代·德·霍許蒙（Pictet de Rochemont），《日內瓦日報》（Journal de Genève），一七八八年一月五日。

12. 奧本海默工廠暫定規則，一八〇九年九月二十九日。

罰（micropénalité）針對各個面向進行嚴懲：時間（遲到、缺班、業務中斷）、活動（粗心、疏忽、冷淡）、行為方式（失禮、不服從）、言論（長舌、放肆）、身體（「不當」姿勢、不合宜動作、不衛生）、性（不檢點、猥褻）。與此同時，在懲罰的名目下，各種輕懲微罰的操作方式派上用場，從輕度的體罰，到簡單的剝奪，以及小小的屈辱。這涉及要讓行為中既便是最微不足道的部分也可能受罰，並且將懲罰功能賦予一些表面上看起來跟規訓機制無關的項目上：推到極致，任何東西都可以用來懲罰最微不足道的事情；每個人都落在一種可被懲罰－可懲罰普遍性中。「在懲罰這個詞上，我們應該想到所有能夠讓孩童對他們所犯下過錯有所感的一切，所有能夠羞辱他們、讓他們感到羞愧的一切：……某種冷淡、某種漠不關心，〔就等於〕一個問題、一種羞辱、一項解職。」[13]

二、不過，規訓具備一種特殊的懲罰方式，這不單單只是一種法庭的簡化版。歸在規訓懲罰項下的，是違規，任何不合乎規定的行為，任何的偏離，所有的差距（écarts）。不當無邊無際的範圍都是可懲罰的：當士兵沒有達到該有的水平，他就犯下一個「過錯」；不能勝任其任務，這是學生所犯的「過錯」，就如同觸犯一樁輕微的犯行一樣。普魯士步

兵的相關規定要求以「最嚴屬的方式」處置無法學會正確使用槍枝的士兵。同樣地，「當一名學生記不得前一天所學的基本教理（le catéchisme）時，我們可以要求他學會今天的部分，不能出錯，隔天再讓他重複一次；或者我們要求他站著聆聽教理或跪著聆聽，並且雙手緊握，或者對他施以其他懲罰。」

規訓懲罰讓人必須要遵守的秩序具有混合性：它是一種「人為的」秩序，明確地由一道法律、一套方案、一份規則所提出。但它也是一個由自然及可觀察的程序所界定的秩序：某套學程的年資、某項練習的時間、才幹的水平，這些都參照著某種規律性，其也是一種規則。基督教學校的孩子，在相關能力還不具備時，不該被安排上「日課」，因為我們可能讓他們處於什麼都學不來的情況中；然而，每個階段的時程都是依規定來確立的，在三次考試後無法進階的人當然就得坐到「不懂的人」的長凳上。規訓架構下的懲罰包含著司法的一自然的雙重參照。

13.　若翰・喇沙（J.-B. de La Salle），《基督教學校行為準則》（*Conduite des écoles chrétiennes*），第204-205頁。

三、規訓懲罰具有縮小差距的功能。因此，它在本質上必須是**矯正性的**。除了直接取材自司法模式中的懲罰方式（罰款、抽鞭、地牢），規訓體系特別著重練習類型的懲罰方式——加強的、加倍的、多次重複的學習：一七六六年針對步兵的規章上規定，一等士兵若「顯現出疏失或心態有問題將降級到最後一等」，並且唯有再次通過新的練習及新的檢查，他們才能重新升到一等。正如同若翰‧喇沙在針對基督教學校的情況時所說的一樣：「在所有的懲罰方式當中，罰寫作業對老師而言最實在，對父母而言好處最多並最愉快」；它們可以「透過改正孩子們的缺點，甚至從他們的過錯中，獲得讓他們進步的方式」；例如，對於那些「可能沒有寫完全部作業的學生，或者沒有用心投入做好的學生，我們可以出些罰寫或罰背的作業。」[14] 至少在很大程度上，規訓懲罰與義務本身是同構的；它比較不是受到侵犯的法律之報復，而是法律的重申、法律的更大堅持。因此，人們對它有所期望的矯正效果僅以一種次要方式從贖罪及懺悔中獲得；藉由一種訓練的機制，矯正效果才得以直接取得。懲罰即練習。

四、在規訓中，懲罰只是一套雙面性系統的元素之一：獎勵－制裁（gratification-sanction）。正是這套系統在訓練及矯

正程序中發揮作用。導師「必須盡可能地避免使用懲罰；相反地，他必須努力讓獎賞的機會多過於懲罰，懶惰的學生更容易受到想要像那些用功的孩子一樣獲得獎勵的想望所激勵，而非對於懲罰的害怕；這就是為什麼當導師被迫要運用懲罰時，如果可能的話，在讓孩童接受之前先贏得他的心，會帶來很大的收穫。」[15] 這套雙元素機制讓一些富有規訓懲罰特性的操作成為可能。首先是根據好與壞兩種對立價值來評價行為及表現；有別於只是禁止這樣簡單的區分，如同刑事司法的作法，人們在正向及負向兩端之間進行分別：一切行為都落入好成績與壞成績、好分數與壞分數的範圍內。此外，從中也可以建立起一種量化及一套數字化的經管方式。一套刑罰帳本（comptabilité pénale）日益成形，為每一個人得出懲罰加減表（bilan punitif）成為可能。學校的「司法」將這套系統推展到非常徹底的地步，而在軍隊裡或作坊中，

14.　前引文。

15.　德米亞（Charles Démia），《里昂市及教區學校的規定》（*Règlements pour les écoles de la ville et diocèse de Lyon*），一七一六年，第17頁。

至少可見到其雛形。基督教學校修士會發展出一整套關於特准及罰寫的微觀經管方式（micro-économie）：「學生可運用特准來免除一些可能加諸在他們身上的懲罰⋯⋯例如，一名學生被罰抄寫四題或六題的教理問答；他可以用特准方面所累積的幾個點數來豁免這項懲罰；導師為每一題設定其點數⋯⋯特准有其固定的點數價值，導師還有其他價值較低的特准，對前者而言，它們就可以當成貨幣來用。例如，一個孩子被處以罰寫，需要六點才能免除；他有一項價值十點的特准；他交出這項特准，導師找給他四點；諸如此類。」[16] 藉由這種量化的、這種預付及債務之流通的做法，並以一套得分高或低的常態計算為基礎，規訓機制透過比較將人層級化為「好的」人與「壞的」人。透過這種恆常懲罰（pénalité perpétuelle）之微觀經管方式，產生了一種區別，它並非行為的區別，而是個體本身、他們的本性、潛力、程度或價值的區別。透過精準地制裁行為，規訓「在實際上」是在評量個體；它所施行的懲罰整合在對個體認識的歷程中。

五、根據排行或級別所做的劃分具有雙重作用：將差距標明出來，針對品質、才能及才幹進行層級化；此外也包括懲罰及獎勵。排序的懲罰作用與制裁的順序特徵。藉著允許在排行及位置上向前推進，規訓只由進級來進行獎勵；它透過倒

退和降級來懲罰。排行本身就是獎勵或懲罰。在軍事學校，人們推出了一套複雜的「榮譽」分級系統，一些服裝在所有人的眼前將排名表現出來，而一些多少體現出尊貴或令人受辱的懲罰則作為特權或恥辱的標誌被附加在如此分配的排行上。這種類別性及懲罰性的劃分根據軍官、教師及他們助手的報告而完成，這些報告的時間間隔很短，並在不考慮年齡或級別的情況下，針對「學生的道德品質」及「他們受到普遍讚許的行為」所做。第一級稱為「極優秀學生」，以銀質肩章識別；其榮譽是被對待的方式如同「一支標準的軍事勁旅」；它有權受到的懲罰是軍人的懲罰（禁閉，以及在嚴重的情況下，監獄）。第二級稱作「優秀學生」，配戴深紅色及銀色絲質肩章；他們可以被判以監獄及禁閉的懲罰，但也包含關在囚籠（cage）裡及罰跪。「中等學生」級搭配紅色毛質肩章；除了適用前面所提及的懲罰方式，必要的話，再增加身穿棕色粗呢袍（robe de bure）的項目。最後一級，即

16. 若翰・喇沙（J.-B. de La Salle），《基督教學校行為準則》（*Conduite des écoles chrétiennes*），法國國家圖書館手稿（B. N. Ms 11759），第156頁開始。這是將〔宗教領域的〕赦罪（indulgences）制度挪移至此利用。

「壞學生」級，以棕色粗呢質肩章為標誌；「此一等級的學生適用於任何在院（l'Hôtel）內所使用的懲罰方式或任何人們認為有必要導入的方式，甚至是幽黑的地牢。」有某一段時間中，在上述之外再增加了「可恥學生」這一級，人們為之制訂了特別的規矩，「以至於組成這一級的人永遠與其他等級的人分開並穿著棕色粗呢衣服」。因為只有成績與行為才應該決定學生所占據的位置，「屬於最後兩級的學生透過其行為的改變及進步，並藉著來自各方的見證，而被認定為實至名歸地晉升到前面的等級並配戴其標誌，他們可以對此感到自豪；屬於前面等級的學生假如懈怠，並且假如各方傳來的一些負面消息顯示他們不再配得上前面等級的授予及特權，他們同樣也將降到其他等級……。」施予懲罰的分級方式必須趨於消失。「可恥等級」的存在只為了消失：「為了判斷表現良好的可恥等級學生之轉變情況」，人們會把他們再次納入其他等級，讓他們穿自己的服裝；但是在用餐及休息時間，他們跟他們可恥級的同學待在一起；如果他們不能持續表現良好，他們就會留在這裡；他們「一定會從中脫離，如果他們在這個等級及在這個部門中讓人感到滿意」[17]。因此，這種層級化懲罰具有雙重作用：根據學生的才幹及行為來安排學生，因此根據當他們離開學校時人們能用他們做什麼這一點來安排學生；對他們持續施壓，好讓他們全

都服膺於同一套模型，好讓他們全部都必須「臣屬、順服、在學習及練習中保持專注、以及確實完成功課及規訓的所有部分」。好讓所有人都一個樣子。

總括而言，在規訓權力的框架下，懲罰藝術的目的既非贖罪，甚至也不光是壓制。它運用了五種截然不同的操作方式：將具獨特性的舉動、表現、行為抬升到一個整體上來參照，這個整體同時是比較的場域、進行區別的空間及一項必須遵循的規則之源頭。在個體之間進行區別並依據著這項整體規則（règle d'ensemble）——人們讓這項整體規則發揮著最低門檻、必須遵守的一般標準或是必須追求的最高目標等作用。針對個體的能力、程度、「本性」，人們根據量化的方式來度量，而根據價值來予以層級化。藉著這種「賦予價值的」措施，讓一個有待達成的一致性（conformité）產生約束的作用。最後，劃出一道界線，界定出與其他區別都不同的一種區別，異常（anormal）的外部邊界（軍事學校中的「可恥的等級」）。恆常懲罰——其滲透在規訓制度任何地方並且控制其所有時刻——進行比較、區別、層級化、

17.　　國家檔案館（Archives nationales），編號MM 658，一七五八年五月三十日，以及編號MM 666，一七六三年九月十五日。

同質化、排除。一言以蔽之，它標準化（normaliser）。

因此，它在每個項目上都與司法懲罰針鋒相對，司法懲罰的基本作用不是去參照一個可觀察現象的整體，而是去參照一套必須銘記的法律及文本；不是去區別個體，而是在若干一般類別項下去明確化行為；不是去層級化，而是去純粹而簡單地讓被准許與受禁止的二元對立發揮作用；不是去同質化，而是去執行定罪一勞永逸的切割。規訓的部署產生了「標準之懲罰」（pénalité de la norme），在其原則上及運作上皆無法化約到法律之傳統懲罰中。似乎長存於規訓這座建築中的小型法庭，並且有時採取大型司法機制之戲劇形式的小型法庭，不應該造成錯覺：除了在一些表面的連續性上，它並非將刑事司法機制延續到日常生活的編織中；或者至少那不是重點；仰賴著一整套相當古老做法的同時，規訓創造了一種新的懲罰運作方式，而正是這種運作方式逐步投注在那個小型法庭看來那麼力有未逮或可笑仿效著的外部大型機制中。整個現代懲罰史所透顯出的司法－人類學運作方式，其源頭並不在於在刑事司法上頭添加了人文科學的觀點，以及在於這種新理性自己所提出的要求中或是在於這種新理性中可能包含的人文主義所提出的要求中；其形成的地方就在於運用著這些標準化制裁新機制的規訓技術中。

透過規訓，標準之權力（le pouvoir de la Norme）浮現出來。這是現代社會的新法律？我們毋寧這麼說，自十八世紀以來，標準權力加到其他的權力當中，並迫使它們遵照一些新的限制；諸如法律之權力、

話語與文本之權力、傳統之權力。透過設置一套標準化教育方式及成立標準的學校（écoles normales），標準（le Normal）作為一種強制原理在教育中被建立起來；在努力發展出適用一般健康標準的國家醫療體及醫院框架中，標準被建立起來；在工業程序及產品的規格化中，標準被建立起來[18]。如同監視，並且跟著監視一起，在古典時代末期，標準化成為權力重要的工具之一。對於那些只是表現出地位、特權、隸屬關係的標籤，人們開始用一整套標準等級（degrés de normalité）之作用方式來取代，或至少也是加入這些標籤當中。這些標準等級顯現出對一個同質社會體之歸屬，但它們同時也具有分類、層級化及排行劃分的作用。在某種意義上，標準化權力必走向同質性；但在允許度量差距、確定程度、確立特殊性及在差異間進行搭配來使之有用的同時，它又進行了個體化。我們理解，在一個形式平等的體系內部，標準權力容易運作，因為在一個以同質性當規則的同質性內部，它帶來個體差異的全面降低，如同一種有用的必然（impératif utile）及一種度量的結果。

18. 在這一點上，有必要參考岡吉朗（Georges Canguilhem）的重要討論，參見《正常與病理》（*Le Normal et le Pathologique*），一九六六年版，第171-191頁。

檢查

檢查（examen）結合了進行監視的層級性技術及進行標準化的制裁技術。它是一種標準化的觀看，一種進行評鑑、分級及懲罰的監視。它在所有個體上頭建立了一種可見性，藉此人們可以區別個體，也可以制裁個體。這就是為什麼，在所有規訓部署中，檢查都受到高度儀式化。權力典禮及經驗形式、力量施展及真相建立全都匯集在它上頭。位居規訓諸程序的核心，檢查顯現出那些被感知為客體的人之臣服及那些臣服的人之客體化。權力關係與知識關係二者之重疊，在檢查上頭，展現出所有可見的光彩。一項依然被科學史學家遺留在黑暗中的古典時代創新。人們會針對先天性盲人、狼童（enfants-loups）或針對催眠的相關經驗進行歷史研究。但是，誰會做一部更廣泛、更模糊、也更具決定性的「檢查」歷史，當中包含其儀式、方法、人物及其角色、問與答的作用方式、評分與分級的系統？因為就在這種無足輕重的技術中，一整個知識領域、一整個權力類型都牽涉在裡面。人們時常談論人類「科學」以低調或高調的方式所夾帶的意識形態部分。但它們的技術學本身，這套具有著如此大的擴散性（從精神病學到教育學、從疾病診斷到人力招募）的小小操作模式，這個如此為人所熟悉的做法——檢查，它難道不是在一個單一機制內部讓一些令知識得以抽取（prélever）及建立起來的權力關係運作著嗎？這不僅僅是在意識、再現的層面上，以及在我們自認為知道的範圍中，而是在使

一套由政治投注為自身所打造的知識成為可能的層面上。

在十八世紀後期，讓醫學在認識論上得以突破瓶頸（déblocage）的一項基本條件是作為一種「檢查」機制的醫院之組織。病房巡視的儀式就是檢查當中最醒目的形式。在十七世紀，醫生來自外部，將他所做的察看與〔醫院〕許多其他的管控——宗教的、行政的——結合起來〔以促成醫院的運作〕；他鮮少參與醫院的日常管理。漸漸地，醫院巡視變得越來越規律，越來越嚴謹，尤其是越來越廣泛：它涵蓋了醫院運作中份量越來越重要的一個部分。一六六一年，巴黎主宮醫院的醫生一天負責巡房一次；在一六八七年，一位「孚眾望的」的醫生應該在下午察看若干病情嚴重的病人。十八世紀的規定明確指出巡房的時間及長度（至少兩個小時）；這些規定堅持要有一套輪班制確保每一天都能夠做到巡房的工作，「甚至在復活節那一天的星期日也不例外」；一七七一年，一名住院醫生之員額終獲確立，他肩負著「根據其狀態，在外部醫生巡視的間隔中，不分日夜，提供所有的服務。」[19] 以往的察看，既不連續又倉促，現在轉變為定期觀察，這讓

19. 《主宮醫院議事錄》（*Registre des délibérations du bureau de l'Hôtel-Dieu*）。

病患處在幾乎持續的檢查狀態。兩項後果：在醫院內部科層制中，醫生迄今為止一直是外部因素，現在開始凌駕在宗教人員之上，並在檢查技術中賦予宗教人員一個明確但從屬的角色；「護理人員」這一類別在此時出現；至於醫院本身，在過往它基本上是一處救濟的場所，現在它則成為知識形成及授予（collation）之地：權力關係之翻轉與一套知識之構成。受到良好規訓的（discipliné）醫院將成為醫療「學科」（discipline）之合適場所；醫療學科這時將失去其文本特徵，並且較少在決定性的醫學作者的傳統中尋找其參照，而多半在持續接受檢查的客體領域中尋找。

同樣地，學校也成為一種不間斷examen（考核）之機構，涵蓋著整個教育活動的過程。學生間在力量上的較勁（joute）越來越少，越來越多的是每個人與所有人之間的持續比較，其允許同時進行評量及制裁。基督教學校修士會希望其學生每天都做測驗練習：第一天是拼寫，第二天是算術，第三天早上進行教理問答、晚上寫作，諸如此類。此外，每個月都要舉行一次月考，以確定那些可堪接受督學考核的人[20]。從一七七五年以來，國立橋路學校（l'école des Ponts et Chaussées）每年舉行十六次考核：數學三回，建築三回，繪圖三回，寫作二回，石材切割一回，風格一回，平面測繪一回，水平測量一回，營建測量一回[21]。考核不止於對學習進行制裁；它是學習的常態因素之一；它依循著權力之一種不斷重來的儀式支持著學習。此外，考核讓導師在傳授其知識時，也針對其學生建立起一整個認識場域。

在行會傳統中，學徒生涯結束前所舉行的檢驗（épreuve）認可一項才幹已經取得——「結業作品」證實了知識傳遞圓滿達成；但是，在學校中的考核是真實且常態進行的知識交換裝置（échangeur de savoir）：它確保了知識從導師傳遞給學生，但它同時也從學生身上抽取了一種以導師為目標、保留給他的知識。學校成為教育學提升的地方。正如醫院檢查的程序讓醫學的認識論突破瓶頸成為可能，「檢查式」（examinatoire）學校的時代則標誌著如科學般運作的教育學之開端。軍隊裡進行著一次又一次視察及演練的時代，也標誌著一套龐大的戰術知識的發展，而這套知識在拿破崙征戰的年代中展現出成效。

　　檢查（或考核）自身帶著一整套機制，其將某種知識發展的類型與某種權力的運作形式聯繫起來。

一、檢查在權力運作中顛倒可見性經管方式（l'économie de la visibilité）。傳統上，權力是讓自己被看到的一方，是露出

20.　　若翰・喇沙（J.-B. de La Salle），《基督教學校行為準則》（*Conduite des écoles chrétiennes*），一八二八年，第160頁。
21.　　參見《十八世紀科學教育及傳播》（*L'Enseignement et la diffusion des sciences au XVIIIe*），一九六四年，第360頁。

者，是展示者，並且以一種弔詭的方式，權力在藉以施展它的力量的運動中找到它力量之源頭。它施展其上的對象可以躲在陰影中；除非是來自權力讓與他們的這個部分，或者是他們一時披上了它的反射，否則他們不會獲得光。至於規訓權力，它透過將自己變得不可見來運作；反過來，它將強迫可見的原則強加在屈服於它的對象身上。在規訓中，是那些從屬於權力的對象才必須被看到。他們的亮度確保了施加在他們身上的權力的控制。正是不斷被看到、總是能夠被看到的這個事實，讓規訓的個體（l'individu disciplinaire）繼續處於其臣服中。而檢查是一種技術，藉著它，權力不是發射出它威力的記號，不是將它的烙印強加在其對象身上，而是將他們納入一種客體化的機制當中。在它所主宰的空間中，規訓權力在很大程度上透過處置對象來展現其威力。檢查就如同這種客體化之典禮。

在此之前，政治典禮之作用係讓既過度又受尺度規範的的權力展示上場；它是一種奢侈鋪張的威力表現，一種既誇大又受到規範約束的「消耗」，在其中權力恢復了其力量。它總是或多或少與勝利有關。統治者的莊嚴現身，身上帶著某種跟獻祭、加冕、凱旋而歸有關的東西；甚至直到葬禮的排場，也都在被施展的威力之亮光中進行。至於規訓，它有自己的儀式。這無關勝利，它是巡視，它是「檢閱」，檢查之

奢侈形式。在其中，「主體」被當作「客體」提供給權力加以觀察，這種權力單單只透過其觀看來展示自身。主體並不以直接的方式接收統治權勢的意象；主體只在其變成完全清晰及順服的身體上，可以說是以負向的方式（en creux）展現出其作用。一六六六年三月十五日，路易十四進行了他首度的軍事巡視：一萬八千名男子，「其在位期間最迸出光芒的的行動之一」，並且讓「全歐洲都惶惶不安」。幾年後，為紀念這件事，鑄造了一枚紀念章[22]。下方銘刻著：「重振軍紀」（Disciplina militaris restitua），上方銘刻著：「迎向勝利」（Prolusio ad victorias）。在紀念章右邊，國王像，右腳向前，手持權杖，親自指揮練習。在左半邊，有好幾列士兵，面朝前，並向畫面深處排列整齊；他們伸直手臂至肩膀高度，以筆直方式手握步槍；他們邁出右腿，左腳朝外。在地面上，一些線條垂直相交，在士兵的腳下畫出寬廣的正方形，作為練習不同段落及位置的標記。在背景中，我們看到

22.　針對這枚紀念章，請參見賈基歐（J. Jacquiot），《法國獎章俱樂部》季刊（*Le Club français de la médaille*）中的文章，一九七〇年第四期，第50-54頁，圖2。

浮現出古典樣式的建築。宮殿的柱子延續了那些由排列整齊的人及直立的步槍所構成的柱狀物，正如同石板鋪面可能延續了練習的線條。但是在建築物頂部的欄杆上方，一些雕像描繪出跳舞的人物：彎曲的線條、圓弧狀的動作、皺褶的服裝。大理石上揚溢著動態，其統一原理是和諧的。至於人，他們被凝固在一種姿態中，一列又一列，一行又一行，千篇一律地重複著：戰術的統一。在頂端讓舞蹈人物解放的建築秩序將其規則及幾何形式強加於受規訓的人身上。權力之列柱。「不錯」，一日甫看過部隊練習的邁克爾大公爵（le grand-duc Michel）[x] 說，「只是他們還會呼吸」[23]。

讓我們把這枚紀念章當作一個時刻的見證，當中統治權力最迸出光芒的形象與規訓權力所特有儀式的興起這二者以一種弔詭但饒富意義的方式交會。幾乎難以承受的君主可見性反轉為臣民無可遁逃的可見性。而正是這種在規訓運作中出現的可見性反轉將確保權力在最低層次上的施展。我們正在進入無限檢查（examen infini）及強制客體化的時代。

二、**檢查也將個體性帶入一種檔案的場域裡。** 在檢查後面，它留下了一整套細瑣並仔細的檔案，緊挨著身體及逐日狀況而建立起來。將個體置於一種監視場域的檢查，同樣也將之置於一種書寫的網絡中；檢查將個體嵌進一種對他們進行掌

握及固定的檔案所堆疊出的厚度中。檢查程序從一開始就搭配著一套縝密登錄及檔案累積的系統。一種「書寫的權力」（pouvoir d'écriture）成為規訓運作機制中的一個基本零件。在許多方面，它以傳統的行政建檔方式為藍本。但帶著一些特殊的技術及重要的創新。其中一些涉及身分識別、體貌特徵（signalement）或是描述的方式。這是軍隊所曾面臨到的問題，它必須找到逃兵，避免重複徵召，修正軍官所提出的不實呈報，瞭解每個人的業務及價值，建立確實的失蹤及死亡人員資料。這是醫院所曾經面臨到的問題，它得知病患情況，剔除裝病者，追蹤病情演變，確認治療效果，掌握類似病例及疫情的開始。這是教育機構所曾面臨到的問題，它需要鑑別每位學生的才幹，確定他的水平及能力，指明其可資利用之處：「學生紀錄簿有其功效，用來在必要時從中查詢，用來瞭解孩童的品行、依據學校時程瞭解他們在虔誠上及教理上、語文方面的進展，瞭解他們的精神及入學以來所獲得的評語。」[24]

23.　郭堡金（Pierre Kropotkine），《人生之點滴》（*Autour d'une vie*），一九〇二年，第9頁。關於這份文獻要感謝岡吉朗（Georges Canguilhem）。

24.　M.I.D.B.,《教區學校指南》（*Instruction méthodique pour l'école paroissiale*），一六六九年，第64頁。

關於規訓個體性的一整套編碼方式（codes）從中發展出來，藉此得以透過同質化作用，轉換（transcrire）經由檢查所建立起來的個體特徵：體貌特徵的肉體編碼、症狀的醫療編碼、行為與表現的學校編碼或軍事編碼。此時，無論是採取定性或定量的形式，這些編碼尚且相當初步，然而它們標誌著個體在權力關係內部首次「形式化」（formalisation）的時刻。規訓書寫方面的其他創新包含將這些項目相互對應起來、檔案的累積、檔案的系列化、可比較場域的建立，後者讓分類、形成類別、建立平均值、確定標準成為可能。十八世紀的醫院特別是書寫及檔案方法上的重要實驗室。醫療紀錄簿的維護，它們的明確化，它們相互間的轉錄，巡房時紀錄簿的流通，在醫生與行政人員定期會議中對它們進行核對，將它們的資料傳送到集中的機構（如醫院或是如收容所的中央辦公室），關於疾病、治癒、死亡方面的全院、全市乃至於全國的數字彙整，這些全都屬於醫院向規訓體制屈從過程的一部分。無論所指的是一門好的醫療學科、還是一套好的醫療規訓[xi]，在其得以成立的基本條件中，都必須加上書寫程序，其能讓個人資料整合在具累積性的系統中而不會遺失；並且要做到，無論從哪一套總紀錄簿，我們都可以找到某位病患的資料，相反地，個人檢查的每一筆資料都可以反映在整體的計算中。

拜這整套與檢查並行的書寫機制之賜，檢查開啟了兩種相互對應的可能性：一方面是個體之構成，作為可描述、可分析的對象，然而絕非是如同自然學家針對生物所作的要將之變成「物種的」（spécifiques）特徵；而是要在一套知識常態進行的觀看下，將個體保留在他獨特的特徵中、在其個別的演進中、在其獨具的才幹或能力中；另一方面是一套比較體系之構成，其允許全部現象之度量、群組之描述，集體狀態之特性描繪、個體相互間差距的估計、他們在「總體」中的分布情況。

因此，這些評分、登錄、卷宗（dossiers）構成、製成行列及表格的小技術至關重要。對我們而言，它們是如此地平淡無奇，然而正是它們，讓個體科學（sciences de l'individu）在認識論上的瓶頸得以突破。再次提出亞里士多德的問題可能有其道理：一種個體之科學是否可能並具有正當性？偉大的解答來回應偉大的問題，或許是。但是，還存在著我們或許可以放在「臨床」科學這個簡略字眼下所說的東西在接近十八世紀末興起的歷史問題；個體（而不再是物種）在知識領域中登場的問題；在科學論述的一般運作中，獨特描述、探問、病歷、「卷宗」登場的問題。針對這個關於事實的簡單問題，毫無疑問，它所需要的可能只是一種不怎麼偉大的回答：必須關注與這些書寫及登錄作業有關的部分，必須關注

與檢查機制有關、與規訓部署之形成有關、以及與一種對身體所展開的權力新類型之形成有關的部分。人文科學之誕生呢？它很可能要在這些沒什麼光彩的史料中尋找，施展在身體、動作、行為舉止上的現代強制作用便在當中被醞釀著。

三、在各種檔案技術支援下檢查將每一個個體皆變成「個案」（cas）：個案同時構成對知識而言的一個客體及對權力而言的一項掌控。個案不再像在決疑論或判例法中那樣，是由鑑別行為並可對法規使用予以調整的各種〔犯案〕背景（circonstances）所組成的整體；現今，個案是個體，是這個人們可以描述之、評價之、度量之、將之與其他個體相較、而且就在他的個體性當中進行這些；它也是人們可以訓練或矯正、人們必須加以分類、標準化、予以排除等等的個體。長期以來，任何個體性——這種形而下（d'en bas）的及所有人的個體性——始終低於描述的門檻。在細節中被觀看、觀察、陳述，透過一種不間斷的書寫日復一日地追蹤，在過往是一種特權。一個人的編年史，他的生命敘事，循著他的一生所撰寫的歷史傳記，都曾是展現其威力的儀式的一部分。現在，規訓的操作方式倒轉了這種關係，讓可描述個體性的門檻降低，並且將這種描述變成控制手段及宰制方法。不再是給未來追憶的紀念碑，而是為了可能用途而製作的

檔案。當所涉及的規訓管制是嚴格的，這種新的可描述性（descriptibilité）的情況也就越明顯：從十八世紀以來，孩童、病人、瘋子、犯人，他們越來越容易並且依循著規訓機制的偏向而成為個別描述及傳記敘事的對象。將真實生命納入書寫不再是一種英雄化的程序；它起著客體化及臣服程序的作用。就像國王的編年史或廣受民眾愛戴的大盜的史詩一樣，精神病患者或犯法者受到仔細檢視的生命也隸屬於書寫的某種政治功能；但是，這是發生在一種全然有別的權力技術中。

如同針對個體差異既儀式性又「科學的」確立，如同將每個人固定在他自己的獨特性上（相對於帶著最大亮光，將地位、出身、特權、職位等外在標誌展現出來的儀式），檢查清楚顯示出一種新權力模式之浮現，當中每個人都迎接自己的個體性作為地位（statut），並且從地位上他就關聯上那些對他加以描述並且簡言之使他成為一個「個案」的特徵、度量、差距、「評分」。

最後，檢查位居那些將個體構成權力之結果與對象、知識之結果與對象的程序之中心。透過將層級化監視及標準化制裁結合起來，正是檢查確保了規訓所具有的主要功能：配置與分級、力量及時間的最大抽取、創生的連續性累積（cumul génétique continu）、才幹之最佳組合。因此，它所確保的是

單間的、有機的、創生的及組合的個體性之製造。透過檢查，這些規訓儀式化，而我們可以用一句話來描繪這些規訓的特點，即它們是一種權力模式，對於這種權力模式而言，個體差異才是命中目標的（pertinente）。

* * *

規訓標誌著或許可以名之為個體化之政治軸線逆轉的情況發生的時刻。在一些社會中（封建體制只是其中的一個例子），人們可以說，在統治權行使之處及在各種權力的高層便是個體化程度最高的地方。在其中，一個人越是權力或特權的掌握者，他就越被標誌為個體，其方式包括儀式、論述或一些造型表現。出自某個親屬關係整體內部的「姓氏」及家譜，展現出力量之優越並受到敘事傳頌而永垂不朽的豐功偉業，通過其安排方式而標示出權勢關係的典禮，讓人死後留名的紀念碑或捐贈，奢華排場及消耗之無度，忠誠與宗主權（suzeraineté）相互交織的多重關聯，所有這些都構成種種「上升式的」（ascendante）個體化程序。在規訓機制中，個體化發展反過來是「下降式的」（descendante）：當權力變得更加匿名及更加功能性，它所施展的對象則越被個體化；毋寧是透過監視而非典禮，是透過觀察而非紀念性敘事，是透過以「標準」為根據的比較性度量而非把祖先當作參照依據的族譜；通過「差距」而非豐功偉業。在規訓體系中，

兒童比成人更被個體化，病人比健康者更被個體化，瘋子與犯法者比合乎標準的人及非犯法者更被個體化。無論如何，在我們的文明中，所有的個體化機制都被轉向前述狀況的前者；而自此之後，當人們想要個體化健康、標準並守法的成人時，這總是向他探問在他身上是否帶著兒童的影子，他被何種隱密的瘋狂所縈繞，他曾想要犯下是何種基本的罪行。所有帶著「心理的」（psycho-）詞根的科學、分析或實踐，都可以在這種個體化程序的歷史逆轉中占有一席之地。我們從個體性形構的歷史—儀式機制轉變為科學—規訓（scientifico-disciplinaire）機制的時刻，其間合乎標準取代了顯赫的祖先、度量取代了地位、可計算的人（l'homme calculable）的個體性如此取代了可紀念的人（l'homme mémorable）的個體性的時刻，這個人文科學成為可能的時刻，這正是一種新的權力技術及另一種身體的政治解剖學獲得實現的時刻。如果從中世紀深處直到今日，這段「冒險」（aventure）確實就是關於個體性的敘事，這個從史詩到小說、從崇高事蹟到隱密的獨特性、從漫長的流亡到童年的內在追尋、從較勁到幻想（fantasmes）的轉換本身也根植在規訓社會的形構當中。是小漢斯（le petit Hans）[xii] 的不幸，而不再是「善良的小亨利」（le bon petit Henri）[xiii]，來講述我們童年的冒險。《玫瑰傳奇》[xiv] 在今日是由瑪莉‧巴恩斯（Mary Barnes）[xv] 來撰寫；施雷伯庭長（le président Schreber）[xvi] 來代替蘭斯洛特（Lancelot）[xvii]。人們常說，這種以個體為其構成元素的社會從契約與交換的抽象司法形式上找到其模型。商業社會便表現出是由各自

獨立的司法主體所組成的契約式結社。或許如此吧。實際上，十七及十八世紀的政治理論似乎經常服膺於這套模式。然而別忘了，在同一時期，還存在著一種將個體實際地構成一種權力與一種知識之對應元素的技術。個體可能是一種關於社會的「意識形態的」再現中的虛構原子（atome fictif）；但個體也是我們稱之為「規訓」的這種特定權力技術所製造出的一種實在。我們必須停止總是用否定的字眼來描述權力的作用：它「排除」，它「鎮壓」，它「壓抑」，它「審查」，它「抽取」，它「掩蓋」，它「隱藏」。然而實際上，權力生產；它生產真實；它生產客體之領域（domaines d'objets）及真相之儀式（rituels de vérité）。個體及關於個體我們可以獲取的知識皆來自這個生產。

但是，將這麼強大的力量歸給這些經常是微不足道的規訓計謀，難道不會太過頭了嗎？它們從哪裡得以獲得如此廣泛的影響呢？

i｜沃爾豪森（Johann Jacobi von Wallhausen, 1580-1627），曾擔任但澤市衛隊大隊
長（principal capitaine des gardes），軍事作家。

ii｜傅柯此處列舉的四個項目與前一章末尾所提到的規訓所製造出的個體性的四個特
徵有關。茲附上原文供參照：分隔的小單間（petites cellules séparées）；有
機自律狀態（autonomies organiques）；創生的同一性與連續性（identités et
continuités génétiques）；組合片段（segments combinatoires）。

iii｜槍械遮罩（manteau d'armes）是一種人字斜紋帆布所製作成的錐狀遮罩，用以
遮住幾枝成束立放的槍束（faisceaux d'armes），保護槍枝，避免雨淋。

iv｜巴希斯－杜維奈（Joseph Pâris-Duverney, 1684-1770），金融家，一七四八年
開始參與軍事學校的設置。嘉必葉（Ange-Jacques Gabriel, 1698-1782），建築
師。

v｜勒杜（Claude-Nicolas Ledoux, 1736-1806），建築師、都市規劃者、烏托邦主
義者。阿爾克－塞南皇家鹽場（La saline royale d'Arc-et-Senans）位於法國東
部杜省（Doubs）阿爾克－塞南鎮。這座鹽場由勒杜設計，興建於一七七四至
一七七九年間，最初規劃為完整的圓形，但在半圓形部分先行完成後工程便中

斷。鹽場完工後持續營運至一八九五年。一九八二年被聯合國教科文組織列為世界文化遺產，遺址受到更妥善的保護，並開放參觀。

vi｜監視的目的在於管控受監視者，但目的不是要讓他們不作為，而是要他們按表操課、圓滿達成任務。傅柯所說的「遲滯的重擔」就是指太過張揚的監視方式對活動的正常進行所造成的阻礙效果。

vii｜巴東谷（Jacques de Batencour），十七世紀教育家，一六五四年出版《教區學校，或妥善在小學中教導幼童的方法》（*L'escole paroissiale, ou la manière de bien instruire les enfants dans les petites escoles*）。教區學校是針對貧窮孩童開設的免費學校，具慈善性質。

viii｜這一系列「教官」的原文下：總管（intendant）、觀察員（observateur）、指導員（moniteur）、輔教員（répétiteur）、禱告誦讀員（récitateur de prières）、寫作教官（officier d'écriture）、墨水管理員（receveur d'encre）、佈道員（aumônier）、訪視員（visiteur）及稍後提到的告誡員（admoniteur）。

ix｜保列騎士（Fleuri de Pawlet或Paulet, 1731-1809），軍人，獲得騎士頭銜。在機緣下，先在家中收養一名軍人的遺孤，一七七三年設置一所軍人孤兒學校（l'école des Orphelins militaires），收容軍人所遺留下的無依孤小。

x｜邁克爾‧尼古拉耶維奇大公爵（Michel Nicolaïevitch, 1832-1909），出身俄國皇室，曾任俄羅斯帝國陸軍元帥。

xi｜原文是「在一種取其雙義好的discipline médicale中」。discipline既指規訓，亦指學科。

xii｜「小漢斯」本名為赫伯特‧葛拉夫（Herbert Graf, 1903-1973），出生於維也納，五歲時，在佛洛依德監督之下，由其父親馬克斯（Max Graf）進行心理分析，是第一位被分析的孩童。佛洛依德曾在其著作中（*Cinq psychanalyses*）提到此次經驗。

xiii｜〈善良的小亨利〉是一則童話，收錄在發表於一八五六年的《新童話故事》（*Nouveaux contes de fées*）中，作者為出生俄國的法國作家賽居爾伯爵夫人

（Comtesse de Ségur, 1799-1874）。故事講述小男童亨利為了治癒母親所罹患的重症，在尋覓解藥「生命植物」（la plante de vie）過程中的種種遭遇。

xiv｜《玫瑰傳奇》（*Le Roman de la Rose*）是完成於十三世紀法國的一部長篇敘事詩，每行八個音節，共兩萬餘行，是以描述夢境為形式的愛情寓言。

xv｜瑪莉・巴恩斯（Mary Edith Barnes, 1923-2001），原本為護士，因罹患精神分裂症，開始接受精神科醫師大衛・萊恩（Ronald David Laing, 1927-1989）治療，從而發現了她的藝術天分，成為一名知名畫家。

xvi｜施雷伯（Daniel Paul Schreber, 1842-1911），德國法官，曾任德累斯 上訴法院庭長。一九〇三年出版其自傳《一位精神病患者的回憶》（*Mémoires d'un névropathe*）講述其精神疾病。

xvii｜蘭斯洛特（Lancelot du Lac）是中世紀亞瑟王故事中的人物，圓桌騎士團的成員之一，並出現在許多法國小說及文學作品中。

第三章

全景論

Le panoptisme

根據十七世紀末的一項規定，以下是城市爆發瘟疫時所必須採取的措施[1]。

　　首先，進行一套嚴格的空間管控：實施城市及「區塊」（terroir）封鎖，此乃理所當然，禁止離市，違者處死，撲殺所有流浪動物；將城市劃分為不同街區（quartiers），每一街區設置一位區管（intendant）之權能。每條街道由一位街管（syndic）負責；他監視該街道；他若離開街道，將處死。在規定的日子，所有人受命待在家中：外出者處死。街管親自由外將每間房屋的大門鎖上；取走鑰匙，交給區管；後者負責保管鑰匙，直到隔離檢疫（la quarantaine）結束。每個家庭要自備生活必需品；不過，針對葡萄酒及麵包，在街道與房屋內部之間架設起小木渠道，以便在供應者與居民不產生接觸的情況下將配給倒入；針對肉類、魚類及青菜，人們使用滑輪及籃子。如果有絕對必要離開屋內，則採輪流方式進行，以避免任何接觸。只有區管、街管、衛兵可以在外面活動，以及那些在受感染的屋舍之間從一具屍體到另一具屍體間不停工作的「黑衣人」（corbeaux），他們聽任死神安排，不抱希望：他們是「一些身上帶著疫疾、負責埋葬死人、

1.　　《文森軍事檔案》（*Archives militaires de Vincennes*），編號A 1 516 91 sc. Pièce。這項規定基本上與其他同時期或較早時期的規定相符。

清理環境並執行許多低賤工作的卑微人士。」空間阻斷、不動、凝滯。每個人都被緊緊在他的位置上。如果移動，他冒著生命危險，無論是被傳染或受懲罰。

視察工作持續進行。觀看的目光四處保持警戒：「一支人數眾多的民兵組織，聽命於優秀的官員及善良的民眾」，衛兵負責把守城門、市政廳、以及各街區，好讓民眾之遵循進行的更迅速、行政官員之權威獲得更嚴格的遵守，「同時也要監視所有的混亂、竊盜及搶奪」。在每一座城門，設有監視站；在每條街的盡頭，部署著哨兵。區管每日察訪所負責街區，探查街管是否執行其任務，瞭解居民之不滿；他們「監視其一舉一動」。同樣也是每日，街管巡視他所負責的街道；在每一戶前駐足；要所有住在內部的人移步窗前（那些住在靠內院一面的居民則被指定一扇鄰街窗戶，他們除外，其他人不得在此出現）；逐一點名；一個接一個，詢問所有人的狀況──「在死罪的威脅下，居民不得不吐實」；如果有人未在窗口現身，街管必須詢問原因：「藉此，他輕而易舉地得知人們是否隱匿亡者或病人」。每個人都被關在他的牢籠中，每個人都在窗前聽其名答有，並在要求之下站出來，這是對生者與死者的重要巡視。

這種監視仰賴著一套持續進行的記錄系統：街管呈給區管的報告、區管呈給市政長官或市長的報告。在「閉戶」（serrade）ⁱ 措施啟動之際，人們開始逐一建立起城內所有居民的名單；在名單上，人們記錄「姓名、年齡、性別，無例外情況」：一份謄本交給區管，第二

份存放在市政廳辦公室，另一份交給街管，好讓他進行每日點名。所有在巡視期間被觀察到的事項——死亡、罹病、申訴、違規——都會被一一記錄下來，轉呈區管及行政官員。後者一手掌控醫療措施；他們任命一位負責醫生；若無自他手中獲得一張寫著「為避免在行政官員不知情的情況下，隱匿及治療傳染病患者」的便箋，任何的從業醫生皆無法參與治療，沒有任何一位藥劑師可備藥，沒有任何一位聽告解神父可探視病人。病理記錄必須是持續進行及集中化的。任何人與其疾病及死亡間的關係皆必須通過權力機關、其所做的記錄、所做的決定這一關。

在隔離檢疫開始後的五或六日，人們開始逐戶進行淨化。屋內所有居民皆被要求離開；每個房間，「家具及物品」都被墊高或懸掛起來；香被放置在室內各處；在仔細緊閉門窗，乃至於用蠟塗滿鑰匙孔後，人們焚香。最後，在香燃燒之際，人們將整棟房屋關上；如同一進到屋內的時候，「在屋內居民在場的情況下」，熏香師被搜身，「看他們離開時是否帶了任何在他們入內時所帶的東西」。四個小時之後，屋內居民可回家。

這個封閉、被阻斷、在每一處皆受到監視的空間，當中個體被安插在一個固定的地方，當中一舉一動都受到控制，當中任何事情都受到記錄，當中不停進行的書寫工作將中心與邊陲連結起來，當中毫無切割的權力依循著一種連續性、層級式的樣貌施展，當中每一位個體均持續受到定位、檢查及被劃分在活人、病人與死人之間——這所有

的一切構成了一套紮實的（compact）規訓配置模式。以秩序來因應瘟疫；它的功能是清理所有的混雜：當身體混處不分時，便產生疾病四散之混雜；當恐懼與死亡蓋過了禁令時，便產生罪惡滋長之混雜。透過一種無所不在及無所不知的權力——它本身以有規則及不間斷的方式細分，直到最終確立了個體、他的特性、歸屬於他的種種、他的遭遇——之作用，秩序為每個人規定了他的位置、他的身體、他疾病及死亡、他的好處。對抗本身是一種混雜不分（mélange）的瘟疫，規訓運用了其具有解析特性的權力。圍繞著瘟疫，有著一整個節慶的文學虛構色彩（fiction littéraire de la fête）：擱置的法律，解除的禁令，每分每秒的狂熱，甩開客套而相互交織的身體，卸下面具、放下身分地位及平日形象的個體，讓另一種全然不同的真相顯露。然而，同樣也存在的是一種恰恰相反的瘟疫之政治夢想：不是集體節慶，而是嚴格的劃分；不是被跨越的法律，而是將規則滲透到存在最微小的細節中，並且是透過一套確保著權力之毛細運作（fonctionnement capillaire du pouvoir）的周全的層級架構作為中介：不是人們戴上及摘下的面具，而是對每個人指定其「真正的」姓名、「真正的」位置、「真正的」身體及「真正的」疾病。如同既具真實性又帶想像性的一種失序形式，瘟疫在醫療上及政治上的對應方是規訓。在規訓配置的背後，流露出的是「傳染」、瘟疫、暴動、犯罪、流浪、脫逃，以及一些在失序中出現及消失、活著及死去者揮之不去的陰影。

如果說痲瘋病確實引致了隔離的措施，並且在一定程度上，這些

措施提出了大規模禁閉之模型及如同其一般形式，瘟疫則引致了規訓的方案。它並非在罹患痲瘋者跟未罹患者之間進行團塊式及二元式的劃分，瘟疫毋寧是要求多重的分隔、個體化的配置、在監視與控制方面深入的組織、權力的強化及分支（ramification）。痲瘋病患被納入一套拒絕、放逐－封閉的操作方式中；人們令之隱沒在其中，如同在一個不重視區別的團塊中；瘟疫患者被納入一種細緻的戰術管控中，當中個體差異化是一種不斷倍增、不斷組織及不斷細分的權力的必然後果。一方是大規模禁閉；另一方是良好的配置。痲瘋病與其〔單數的〕劃分；瘟疫與其〔複數的〕阻斷。一方是被標記的（marquée）〔以便隔開〕，另一方是被解析及配置的。痲瘋病患的放逐與瘟疫的禁閉所懷抱的並非同樣的政治想望。一方是純的社區（communauté pure）的政治想望，另一方是受規訓社會的政治想望。這是兩種對人行使權力、控制其關係、拆解他們具危險性的混合的方式。受到瘟疫侵襲的城市，整座城市被層級架構、監視、觀看、書寫所貫穿，這是在一種外擴式權力（un pouvoir extensif）——這種權力以個別方式施加在每一個個體的身體上——的運作中被固定不動的城市：這是完美治理城市的烏托邦。瘟疫（至少是仍然處在預期狀態下的瘟疫）是一場考驗，當中人們可以理想地建立起規訓權力之運作。根據純理論的看法，為了讓權利與法律產生作用，法學家想像自己置身於自然狀態中；為了看到完美規訓產生作用，統治者夢想著瘟疫狀態。在規訓模式的深處，瘟疫的意象可用來涵蓋所有的混雜及失序；正如痲瘋病的

意象，在隔離模式的深處涵蓋了所有要被切斷的接觸。

因此，這是不同的模式，然而兩者也並非完全不相容。慢慢地，我們看到它們越來越接近；十九世紀的特點是將規訓的管控方式所特有的權力技術施展在以痲瘋病患為其象徵住民（還包括乞丐、流浪漢、瘋子、暴力犯構成了實際上的群體）的隔離空間中。把「痲瘋病人」當作「瘟疫患者」來處理，將規訓細膩的切割規劃在拘留的混雜空間中，運用權力的解析式配置方法來處理這個空間，個體化那些被隔離者，但同時又利用個體化程序來標示出隔離——這是自十九世紀初以來規訓權力便經常做的事情：精神病院、懲治監獄、矯正監獄、監護教育所，以及部分的醫院，廣泛來看，則包含所有與個體控制有關的機構，都運作在一種雙重模式上：二元劃分與標示的模式（瘋狂－不瘋狂、危險－無害、標準－異常）；以及強制指定、差異配置的模式（他是誰；他應該在哪裡；透過什麼來描述他的特性，如何辨識他；如何以個別方式在他身上施展一種常態的監視等）。一方面，人們將痲瘋病人「瘟疫化」了；人們將個體化式的規訓戰術強加在被隔離者身上；另一方面，規訓控制之普遍性讓標示出誰是「痲瘋病患」及讓隔離之二元機制對他產生作用成為可能。每個人都臣服其下的標準與異常的常態劃分方式，將痲瘋病患這種二元標記及放逐方式一直延展到我們身上，並且將之施展在所有其他的對象上；一整套以度量、控制以及矯正異常者為職志的技術與機構的存在，讓那套在瘟疫之恐懼下產生的規訓措施運作起來。直到我們所身處的今日依舊是

如此，所有圍繞著異常，為了標示它也為了改變它而配置起來的權力機制，都組合著這兩種形式，並源遠流長地衍生出這些技術與機構。

* * *

　　邊沁[ii]的全景監獄（ **Panopticon** ）是這種組合在建築上的展現。我們知道其原理：在外圍是一個環狀建築物；在中央是一座塔；塔上開出大面窗戶，朝向環形建築的內側；外圍建築被分隔成單間牢房，每間都貫穿建築物的整個厚度；它們有兩扇窗，一扇朝內，對應於塔上窗戶；另一扇朝外，讓光線從單間牢房的一側穿到另一側。在每一個單間牢房內關著一個瘋子、一名病人、一位受刑人、一個工人或一個小學生，那麼只要一位監視員坐鎮在中央塔內就足夠了。藉著背光的效果，從塔上，監視員可以掌握到那些關在外圍單間牢房中的小小人形輪廓，它們精確地在光線中顯現出來。如此多的牢籠，如此多的小型劇場，每位演員在裡頭都是獨自一人，完美地個體化及持續可見。全景的（panoptique）部署方式安排了一些可以持續地看並且可以一眼認出的空間單元。簡而言之，地牢的原理被反轉過來；或者更確切地說，是它的三項作用的原理受到反轉——禁閉、光線剝奪及隱蔽——現在只有第一項還保留著，去除了另外兩項。比起那說到底反而構成保護的陰影，足夠的光線及監視員的觀看在掌握上效果更好。可見性係一道陷阱。

首先，這可以避免密實的、擁擠的、亂哄哄的團塊——作為消極效果——這些我們可以在各種禁閉地點看到的群體，那些哥雅（Goya）[iii] 所繪或霍華德（Howard）[iv] 所描寫的群體。每名犯人穩當地關在一間單間牢房中，他從正面被監視員看到；但是側面的牆阻斷他與隔鄰有任何接觸。他被看見但他卻看不見；係報告內容的客體，絕非在溝通活動中的主體。面對著中央塔，囚室的配置方式為他加上了一種貫穿式的可見性；但環狀建築的隔間，這些明確分隔的單間牢房意味著水平式的不可見性。後者是秩序的保障。如果被拘留者是犯人，則免除了密謀的危險、集體逃獄的企圖、未來的犯罪新計畫、相互間的不良薰染；如果他們是病患，則沒有傳染的危險；如果他們是瘋子，沒有相互動粗的風險；如果是孩童，則避免抄襲、吵鬧、多話、分心。如果他們是工人，則避免爭執、偷竊、勾結，也沒有這些耽誤工作、破壞品質或釀成事故的不專心。人群——一種密實的團塊，各式交換發生之所在，個體性消融於其中，還有集體效應產生之地——被去除，由一群區隔開的個體性所取代。從獄卒的角度來看，它被一種可計數並可控制的多重性所取代；從被拘留者的角度來看，它由一種被分隔及被注視的孤立所取代[2]。

從這裡可顯現出全景監獄的主要作用：將一種對於可見性有所意識及持續性的狀態導引到受拘留者身上，其確保權力的自行運作。做到：監視即便在行為上是不連續的，但在作用上卻是持續的；權力之完美趨於將它運作上的實際情況變得無用；這部建築機制創造出

及支持著一套權力關係，自外於實際操作它的人；簡而言之，要讓受監禁者被納入一種權力的處境中，當中他們自己就是權力的支撐者（porteurs）。為此，囚犯不斷受到監視員觀察這樣的手法既太多又太少：太少，因為重要的是他知道受到監視；過多，因為他實際上並不需要被監視。為此，邊沁提出了權力應該是可見及不可證實的這個原則。可見的：在其眼前，矗立著對他進行窺視的中央塔之高聳輪廓。不可證實的：囚犯永遠不知道他是否正在被注視著；但他必須確信他永遠都可以受到注視。為了讓監視者是否在場變得不明確，為了讓在單間牢房中的囚犯甚至無法察覺到一道影子或捕捉到一陣背光，邊沁不僅為中央監視室規劃了百葉窗，甚至在內部，有一些以直角方式進行分隔的隔板，而且從被分隔成四區中的一區移動到另一區，所設置的是曲折的通道而不是門：因為哪怕是最輕微的碰撞、被瞥見的一道光、縫隙中的一陣明亮都可能洩漏了警衛的存在[3]。全景監獄是一部拆

2.　　邊沁（J. Bentham），〈全景監獄〉（Panopticon），《傑瑞米・邊沁作品集》（*The Works of Jeremy Bentham*），Bowring出版，第四卷，第60-64頁。參照本書圖17。

3.　　在一七九一年的〈全景監獄後記〉（Postscript to the Panopticon）中，邊沁增加了塗成黑色的幽暗廊道，環繞著執行監視工作的建築，每一條廊道可以觀察兩層單間牢房。

解看－被看這對組合的機器：在外圍的環狀建築物中，人們完全被看見而永遠看不見；在中央塔中，人們可以看到一切而永遠不被看見[4]。

這是一套重要的部署，因為它將權力予以自動化及去個人化。權力的出處比較不是在某個人物身上，而是在某種由身體、表層（surfaces）、光線、觀看所形成的某種協調好的配置中；而是在一套裝置中，其內部機制產生了將個體掌控其中的一套關係。〔過往〕在統治者那兒，更多的權力（le plus-de-pouvoir）藉以展現出來的典禮、儀式、標記變為無用。〔現在〕有一套機制可以確保〔權力關係上的〕不對稱、不平衡、差異。因此，誰行使權力並不重要。幾乎是隨機選出來的任何一個人皆可讓機器運轉：當負責人不在時，他的家人、隨行人員、朋友、訪客，甚至他的僕人皆可取代之[5]。正如讓它運轉起來的動機也一樣無關宏旨：一名冒失者的好奇心，一個孩童的調皮，一位想遍覽這座人性博物館的哲學家的知識飢渴，或者那些在窺看及懲罰上頭取樂者的惡意。這些匿名及一時的觀察者越多，對囚犯而言，感到驚惶的程度及感到自己受人觀察這種不安的意識也就更為高。全景監獄是一臺奇妙的機器，起自最不同的欲望，它卻產生出權力的同質效果。

真實的臣服乃機制性地產生在一個虛構的關係中。以至於沒有必要訴諸武力來強迫犯人行為端正、強迫瘋子安靜下來、強迫工人勞動、強迫學童專注、強迫病人遵照處方。邊沁讚嘆全景機構可以如此輕巧：不再需要欄杆，不再需要鐵鏈，不再需要厚重的大鎖；

只要分隔是俐落的而開口是恰當配置的就足夠。人們可以用「安置所」（maison de certitude）之簡單及經濟的幾何，取代舊時「保安所」（maisons de sûreté）——連同著其碉堡建築——之沉重[v]。在某種程度上，權力的效力、它的約束力都來自另一邊——它的施展表面（surface d'application）的一邊。曝露在可見範圍的人，以及對此了然於胸的人，自己接手了權力的約束；他讓這些約束自發性地作用在他身上；他將自己在其中同時扮演兩種角色的權力關係刻畫在自己身上；他變成自己臣服的來源。基於此，外部權力可以卸下其物質重量；它趨於無形；它越是趨近於這個極限，這些影響就越持久、深刻、一勞永逸、不斷重複：這是避開任何肉體對抗並且勝負總在事前已定的永久勝利。

邊沁未表明，在其方案中他是否受到勒沃（Le Vau）[vi]在凡爾賽建

4.　參見本書圖17。在〈全景監獄〉的第一版中，邊沁還想像透過從單間牢房通到中央塔的管子進行聲音監控。在〈後記〉中，他放棄了這個想法，可能是因為他無法引入一種不對稱的方式，避免囚犯像監控員聽到他們一樣聽到監控員的聲音。胡里歐斯（Julius）試圖發展出一套不對稱的監聽系統，參見《監獄的教訓》（*Leçons sur les prisons*），法譯本，一八三一年，第18頁。

5.　邊沁（J. Bentham），前引書，第四卷，第45頁。

造的動物園所啟發：這是第一座園內諸項目並未像傳統般分散在大花園四處[6]的動物園：在花園中央有一座八角亭，一樓只有一個房間，即國王的會客廳；每一面都以大片窗戶向七座籠子敞開（第八面保留給入口），籠內有各式各樣的動物。在邊沁的時代，這座動物園已經消失。但在全景監獄的方案中，我們發現對於起個體化作用的觀察、特性化與分類、解析式空間安排等方面的類似關切。全景監獄是一座皇家動物園；動物由人所取代，個體配置由物種的群組所取代[vii]，國王由暗中進行的權力機制所取代。除此之外，全景監獄也是一名自然學家。它可以建立起差異：在病患身上，觀察每個人的症狀，而不讓病床之臨近、疫氣之流傳、傳染之作用等因素造成臨床表（tableaux cliniques）上混淆不明的情況；在孩童身上，評分表現（避免模仿或抄襲的情況），識別才幹，評價特質，建立嚴謹排名，並且與標準發展過程相較，將「懶惰及頑固」與「無藥可救的愚蠢」區分開來；在工人身上，為每一位工人的才幹評分，比較他們完成一項工作所需要的時間，以及如果是按日支付，那麼計算他們因此獲得的薪水[7]。

接下來針對花園的部分。這是實驗室的部分，全景監獄可被當成做實驗、調整行為舉止、訓練或矯正個體的機器。進行藥物實驗，並且證實其效果。依照囚犯的罪行及特質，在他們身上嘗試不同的懲罰方式，並尋找最有效的方式。同時將不同的技術教給工人，確定哪一個技術是最好的。進行一些教學實驗的嘗試──尤其是利用棄兒來重新處理著名的隔離教育（éducation recluse）問題；與一般男孩及女孩

相較，人們看到在他們十六或十八歲時會發生什麼；人們可以驗證，是否如同艾維修斯（Helvétius）[viii] 所認為的，任何人都可以學會任何東西；人們可以追蹤「所有可觀察到的思想之系譜」；人們可以在不同的思想體系中養育不同的孩子，讓一些孩子相信二加二不等於四，或相信月亮是一塊乳酪，然後在二十或二十五歲時，把他們集合起來；屆時，人們會產生一些討論，並很可能成為人們為之耗費大量金錢的教訓或演講；人們至少有機會在形而上學領域中做出一些發現。全景監獄是一個得天獨厚的地方，可以對人進行實驗，並且以完全確定的方式，分析可以在他們身上取得的改造成果。全景監獄甚至是可以控制其自身機制的一部機器。在中央塔中，典獄長可以監視所有員工：護士、醫生、組長、導師、獄卒；他可以持續評鑑他們，調整他們的行為，將所認為的更好方法施加給他們；而且他本人也很容易被觀察。一位突如其來現身在全景監獄中心的獄政督察，能夠以一目了

6.　　羅塞樂（G. Loisel），《動物園史》（*Histoire des ménageries*），一九一二年，第二卷，第104-107頁。同時參見本書圖14。
7.　　前引文，第60-64頁。

然、不受任何隱瞞的方式，來評斷整個機構是如何運作的。此外，封閉在這套建築配置當中，典獄長難道可以自外於它嗎？能力不足的醫生，他可能會讓自己被傳染，處置失當的典獄長或工坊負責人有可能成為流行病或反抗活動中最早受害的人。「我的命運，全景監獄的典獄長說，通過所有我能夠發明出來的關聯方式，與他們的命運（與囚犯們的命運）休戚與共。」[8] 全景監獄以一種權力實驗室的方式運作著。拜其觀察機制之賜，在對人類行為舉止的穿透方面，它在效率上及能力上均有所提升；在任何權力推進之處，知識的增長隨之建立在其上，並且在權力施展起來的所有表面上，發現有待認識的對象。

* * *

瘟疫侵襲的城市、全景式的機構，兩者的差異很大。相隔一個半世紀，它們彰顯出規訓方案的轉變。前者所面臨的是一種例外狀況：對抗一種不尋常的災禍，權力伸張起來；它讓自己無所不在並且是可見的；它發明了新的運作方式；它封閉，它讓一切固定不動，它進行管控；在一段期間內，它建立了既是反－城市（la contre-cité）、也是完美社會（la société parfaite）的某種東西；它強加了一套理想的運作，但是這套運作最終會像它所對抗的災禍一樣回歸到簡單的生－死二元論上：凡會動者皆帶來死亡，人們殺死會動者。相反地，全景監獄應該被當成一種可普遍化的運作模式來理解；一種以人的日常生活

來界定權力關係的方式。邊沁可能將之呈現為一種自成一格的特殊機構。人們經常視之為完美禁閉之烏托邦。相對於皮拉奈奇（Piranese）[ix] 所刻劃的殘破、擁擠並充斥著酷刑的監獄，全景監獄呈現出一種殘忍且富含知識的牢籠的樣子。直到今日，它產生出如此多無論是計畫上或實現的變形，這顯現出在兩個世紀以來它的想像強度是處於何等地步。但是，全景監獄不該被理解成一種夢境般的建物：它是一種回歸其理想形式的權力機制的圖解；抽離了一切阻礙，任何的阻擋或摩擦，它的運作很可以被表現為一種純粹的建築與視覺系統：實際上它是一種政治技術學的東西，任何特定的用途都應該先撇開。

在應用上，它具備多用途；它有助於改正囚犯，也可以治療病人，教導學生，看管瘋子，監視工人，促使乞丐和遊手好閒者工作。這是一種與身體在空間中的植入、個體間相對配置、層級組織、權力中心與渠道之部署、其工具及干預模式之界定等方面有關的類型，可在醫院、作坊、學校、監獄中實施。每當人們需要處理各式各樣的個

8.　　　邊沁（J. Bentham），〈全景監獄v.s.新南威爾斯〉（Panopticon versus New South Wales），《傑瑞米·邊沁作品集》（*The Works of Jeremy Bentham*），Bowring出版，第四卷，第177頁。（譯按：澳洲的新南威爾斯當時是英國流放犯人之處。）

體並有必要對之強加任務或行為時，全景模式便可以派上用場。在進行必要的調整下，它可以適用「於所有空間範圍不至於太大、必須針對相當數量的人進行監視的機構」[9]。

在每項應用中，它促使權力的運作更趨於完美。這方面，透過好幾種方式進行：因為它可以減少權力行使者的數量，同時增加權力施用對象的數量。因為它讓在任何時刻進行干預成為可能，而且甚至在缺失、錯誤、罪行鑄下之前，常態性的壓力便已經發揮作用。因為，在這些情況下，它的力量從未進行干預，而是自發性無聲無息地運作著，形成一套連鎖作用的機制。因為除了建築與幾何之外沒有其他任何的有形工具，它以直接的方式作用在個體上；它「給了精神作用在精神上的權力」。對任何權力機制而言，全景模式都是一種強化器：它確保了權力機制之節約（在物資上、在人員上、在時間上）；透過其預防性、連續運作及自動機制，它確保了權力機制的效率。這是「在一種到目前為止沒有前例的量上」持有權力的方式，「一種偉大而新穎的治理工具……它的卓越性在於能夠給予任何運用它的機構巨大力量。」[10]

這是在政治範疇中的某種「哥倫布蛋」（œuf de Colomb）[x]。它確實能夠融入任何功能（教育、治療、生產、懲罰）裡頭；它確實能夠透過與之緊密連結從而增強此一功能；它確實能夠構成一種混合的機制，當中權力（及知識）的關係可以確實地及深入細節地對準必須加以控制的過程；它確實能夠在「更多權力」與「更多生產」之間建

立直接的比例關係。簡而言之，它能做到權力的運作不是如同一道嚴屬的約束或如同一股重壓，由外施加在它所投注的功能上，而是以相當巧妙的方式存在於這些功能上面，透過提高它自己的控制而提高這些功能的效率。全景式的部署不僅僅是介於一套權力機制與一項功能間的一副接合鉸鏈、一具交換器；它是一種讓權力關係在功能中運作的方式，以及透過這些權力關係讓功能發揮作用的方式。全景論（le panoptisme）能夠「改造道德，維護健康，振興產業，傳播教育，減輕公共負擔，將經濟建立在穩固的基礎上，去解開而不是斬斷濟貧法（lois sur les pauvres）的戈耳狄俄斯之結（le nœud gordien）[xi]，這一切都端賴一個簡簡單單的建築觀念。」[11]

此外，這部機器的安排方式讓它的封閉性並不會排除外部常態性的存在：我們已經見識到任何人皆可來中央塔執行監視的功能，並且他可以藉此推測出監視執行的方式。事實上，任何全景機構儘管如同

9. 　前引文，第40頁。如果邊沁特別凸顯出懲治監獄的例子，這是因為它涉及多項功能需要滿足（監視、自控、禁閉、孤立、強迫勞動、管訓）。
10. 　前引文，第65頁。
11. 　前引文，第39頁。

一座懲治監獄一樣被緊閉得滴水不漏，它依舊可以輕易地接受這些既不固定又不間斷的訪察：這不僅是來自受指定的獄政監督者，也來自公眾；任何一位社會成員都有權利到場親眼見證學校、醫院、工廠、監獄的運作方式。因此，全景機器所帶來的權力增長並不會帶來墮入暴政的風險；規訓式的部署將以民主的方式受到控制，因為它總是不間斷地「向偉大的世界法庭委員會（comité du tribunal du monde）」[12]敞開它的大門。這個透過巧妙安排而讓一位監視者一眼就得以觀察到不同個體的全景監獄，也允許每一個人來此監視僅有的監視者。當在其中窺視著個體時，這部觀看機器是某種黑箱；當在其中權力的運作是可由整個社會來加以控制時，它成為一棟透明的建物。

　　既沒有去除或喪失它的任何屬性，全景模式注定要在社會體中擴散；它矢志在其中成為一種普遍化的功能。受瘟疫侵襲的城市提供了一個例外性的規訓模式：完美但絕然激烈；對於帶來死亡的疾病，權力祭出它恆常的死亡威脅來抗衡；生命在此退減到其最簡單的表達；生殺大權（droit de glaive）的細緻操作用以對抗死亡的權力。相反地，全景監獄具有一種放大的作用；如果它配置權力，如果它想讓權力更節約、更有效，那麼這並不是為了權力本身，也不是針對一個受威脅社會的直接拯救：這涉及到要讓社會力量（les forces sociales）更強──提高生產、發展經濟、傳播教育，提高公共道德水平；促進成長及倍增。

　　如何以一種方式強化權力，這種方式遠非阻礙這種進步，遠非以

權力的要求與沉重壓在進步上，而是反過來促進了進步呢？哪種權力的強化器可以同時也是生產的倍增機？權力如何可以藉著提高其力量而增加社會的力量，而不是沒收或羈絆這些力量？針對這個問題，全景監獄所提出的解決方法是，權力在生產上的價值提升之能夠獲得確保，唯有一方面它可以在社會的基礎上，乃至於到其最細微處以連續性的方式運作，並且另一方面如果它的運作是自外於與統治權施展相關聯的這些突然、激烈、不連續的形式。帶著其奇特的物質性及神祕性的在場，帶著其自身施展或交付某些人的力量，國王的身體處在這種由全景論所界定出來的新權力物理學之另一端；後者的領域，相反地位在這整個下層區塊，這個由各式各樣的身體（corps irréguliers）帶著它們的細節、各種運動、異質力量及空間關係所組成的區塊；這涉及一些分析配置、差距、序列、組合等方面的情況並且運用種種工具來讓不可見變成可見、加以記錄、區別及比較的機制：這是一種關係

12. 在想像著這股由參觀者所形成的連續人流經由一個地道深入中央塔，並從此觀察全景監獄環狀景象時，邊沁是否知道，恰好在同一時期，貝爾克（Robert Barker, 1739-1806）正在建構全景圖（Panoramas）（第一件似乎完成於一七八七年），在這些全景圖中，參觀者占據中央位置，環顧圍繞在他們四周的風景、城市、戰役。參觀者正好占據了統治者觀看的位置。

性及多重性權力之物理學，其最大強度不是在國王這個人物身上，而是在這些關係允許予以個體化的身體中。在理論層面上，邊沁界定了另一套分析社會體、分析穿越其中的權力關係的方式；在實踐層面，他界定了一種身體及力量臣服的做法，其應該要增加權力在效用上的價值，並同時擺脫掉君王。全景論是一種新「政治解剖學」的基本原理，其對象及目的不是統治權關係，而是規訓關係。

在這著名的透明及環狀牢籠裡，帶著那座威力十足並富含知識的高塔，或許邊沁所考量的問題是去規劃一座完美的規訓機構；但它也呈現出人們如何能將規訓「去封閉化」並讓它們以擴散、多重、多用途的方式在整個社會體中運作。這些於古典時期在特定並相對封閉地點——軍營、中學、大型作坊——所發展出來的規訓，並且只在城市受瘟疫侵襲的狀態下才在有限及暫時的情況下實施、未曾想像要全面施行的這些規訓，邊沁則夢想將之做成一個由種種部署方式所構成的網絡，這些部署無處不在並始終保持警戒，以無缺漏亦無中斷的方式遍布社會。全景配置提供了這種普遍化的形式。他立足在一個基礎性並容易移植機制的層次上，擘劃出一套完全受規訓機制所穿透並深入的社會基本運作方式。

*　*　*

因此，規訓具有兩個意象。一端是封鎖式規訓（disciplineblocus），大門緊閉的機構，設置在邊緣地帶，並且一概朝向消極性作用：阻止問題來源，阻斷聯繫，暫停時間。在另一端，透過全景論，我們看到的是機制式規訓（discipline-mécanisme）：這是一套功能性部署，其藉著讓權力作用更快速、更輕盈、更有效來提升權力的運作；這是針對未來社會所提出的一套巧妙強制（coercitions subtiles）的圖像。這個從一套計畫到另一套計畫、從例外性的規訓模式到普遍化監視模式的移轉是立足在一個歷史變遷的過程上：規訓式的部署方式在整個十七與十八世紀期間逐步擴展，在整個社會體中不斷增加，形成了我們粗略上或可如此稱呼的規訓社會。

規訓的普遍化過程——邊沁的權力物理學即其見證——在古典時代推展著。規訓機構的增多便證明了這一點，其網絡開始涵蓋越來越大的範圍，尤其是占據了越來越核心的位置：在過去僅限於一片孤島似的區塊，一個獲得特定待遇之處，一套因應情勢的措施，或獨特的模式，現在變成一般形式；原本是威廉・奧蘭治或古斯塔夫・阿道夫麾下虔誠的新教軍隊所特有的規定，現在被轉變成歐洲所有軍隊的通用準則；耶穌會具有示範性的中學，或者在斯特姆的小學之後、巴東谷與德米亞的小學，共同描繪出學校規訓的一般形式；海事及軍事醫院的安排則充當十八世紀整個醫院重組的方案。

不過，規訓機構的這種擴散可能僅係更深層的不同過程最為可見的一面。

一、**規訓之功能反轉**。特別是在最初，人們要求規訓移除危險、固定住無用或騷動的人群、避免人數過眾的聚集所帶來的麻煩；現在，人們要求規訓藉著提高個體之可能用途，來扮演積極性角色，這是因為規訓在這方面開始具備相關能力。軍事規訓不再僅是防止部隊掠奪、逃兵或不服從的簡單手段；它成為讓軍隊得以存在的一種基本技術，軍隊不再有如一批被集合起來的群眾，而是一個統一體，並可從其中獲得力量的增強；規訓提高每個人的技能，協調這些技能，加快移動，增強火力，擴大攻擊前線而不減損其氣勢，提升抵抗能力等。在繼續作為一種促使規定及權威受到尊重、防止盜竊或怠職的方式，作坊的規訓也開始促進才幹、速度、報酬、也因此利潤等方面的提升；它依舊在人的行為上進行道德形塑，但對於行為舉止也出現越來越多朝向設定目的的導引，讓身體進入一套機制中，讓力量進入一套經管方式中。十七世紀，當外省學校或基督教小學發展起來時，人們為辦學所給予的理由大多是消極性的：沒有能力養育孩童的窮人棄之「於對他們的義務無知的情況裡頭：有鑑於他們在生活上所面臨的困頓，以及他們本身就很糟糕的教養，他們無法傳遞一套他們自己也不曾擁有的良好教育」；如此引來了三個主要的問題：對神的無知、遊手好閒（以及跟著它一起到來的酗酒、齷齪、扒竊、搶劫），以及這些乞丐幫的形成，

他們總是隨時都可以危害公共秩序，並「足以把主宮醫院的費用耗盡」[13]。然而，到了大革命初期，小學教育的目標將是「強化」、「發展身體」，「著眼未來，以某種機械勞動」培育孩子，給他「一副準確的眼光、沉穩的手、敏捷的習慣」[14]。規訓越來越如同一些製造有用的個體（individus utiles）的技術而起作用。從此處，規訓才得以從社會角落的邊緣地位中掙脫出來，並且卸下隔離、贖罪、禁閉或避靜（retraite）的形式。從此處，它們才得以慢慢解開跟宗教規矩及隱修的關係。也是從此處，它們才得以開始建立在社會更重要、更核心、更具生產性的部門中；從此處，它們才得以連結上幾項重要的基本功能：手工製造生產、知識傳遞，才幹及技能的傳散、戰爭機制。最後，從此處，我們所見伴隨著整個十八世紀的雙重趨勢才得以發展，即增加規訓機構的數量及對既存機制加以規訓化。

---

13. 德米亞（Demia），《里昂市及教區學校的規定》（*Règlements pour les écoles de la ville et diocèse de Lyon*），一七一六年版，第60-61頁。
14. 一七九一年九月十日塔雷洪（Talleyrand）在制憲國民會議所提出的報告，引自雷翁（A. Léon），《法國大革命與技術教育》（*La Révoluton française et l'éducation technique*），一九六八年，第106頁。

二、規訓機制之擴散。當一方面，規訓機構在數量上持續增加，它們的機制出現某種「去機構化」、跨出這些機制原本運作其中的封閉堡壘並在「自由的」狀態下擴散的傾向；團塊式及密實的規訓分解為種種靈活的控制手法，人們可以加以移植並調整。有時，這涉及封閉性的機制，在其內部且特定的功能上增加了一種外部的監視作用，並圍繞這些機制發展出一整套橫向控制的延伸。因此，基督教學校不該只是簡單地訓練順服的孩童；它還必須能夠監視父母、瞭解他們的生活方式、財富、虔誠度、品行。學校開始成為一種微型的社會觀察器，以便深入直到大人身上，並對他們進行定期的控制：根據德米亞的意見，兒童的不良行為或缺席是一個前去詢問其鄰居的正當藉口，特別是如果有理由相信學生家裡並沒有照實說；接著是詢問父母，藉此確定他們本身是否熟稔教理問答及禱告，是否他們對於根除孩童惡習的態度堅決，他們家中有多少張床，夜晚如何分配；需要時，家庭訪問會以捐贈告終，一張聖像的禮物或額外床鋪的施予[15]。同樣地，醫院越來越被當成是對醫院外部人口進行醫療監視的支點；在一七七二年主宮醫院大火後，多位人士提出要求，以多所規模小的醫院來取代如此笨重及雜亂的大型機構；這些小型醫院可能會有的功能是醫治街區的病人，但也包括蒐集情報、監控風土病或流行病現象、開辦義診、給予居民建

議，以及隨時向當局通報地區的健康狀況[16]。

我們同時也看到，規訓措施不單是從封閉式的機構向外擴散，也從散布在社會裡頭的控制型據點向外擴散。一些宗教團體及慈善機構長期以來一直扮演著將人民「施以規訓」（mise en discipline）的角色。從反宗教改革[xii]到七月王朝的慈善事業，這一類型的舉措持續增加；它們具有宗教目的（信教及道德教化）、經濟目的（救濟及鼓勵勞動）或政治目的（涉及對抗不滿或騷動）。我們只需舉出巴黎教區慈善團的規定當作例子。其涵蓋範圍被區分為〔都市的〕街區及地區（cantons），慈善團成員依此劃分。成員們必須定期訪視所負責的街區或地區。「他們將努力防範不良地點、菸草販售、遊戲間、聚眾玩牌、傷風敗俗、褻瀆、蔑視宗教，以及依他們的看法有可能發生的其他混亂。」他們還必須對窮

---

15. 德米亞（Demia），前引書，第39-40頁。
16. 在十八世紀下半葉，人們非常希望運用軍隊來做為可以對人民進行監視及全面管控的機關。在十七世紀仍舊有待規訓化的軍隊此時被認為是「起著規訓作用的」（disciplinante）。例如參見 J. Servan，The Citizen Soldier，1780。塞爾萬（J. Servan），《國民兵》（Le Soldat citoyen），一七八〇年，第456頁。

人進行個別訪視；在守則中詳列了調查的重點：居住安穩與否、對禱告的認識、對於聖禮的參與情況、對行業的掌握、品德（以及「是否由於他們的欠缺而陷入貧困」）；最後，「必須手腕靈活地得知他們在家中的行為舉止，他們是否在自己家中以及跟鄰居之間和睦相處，他們是否滿懷對上帝的敬畏而留心孩子的養育……他們是否不會讓他們年長而不同性別的孩子睡在一起及跟他們一起睡，他們在家中是否毫無放縱及溺愛的問題，尤其是針對他們年長的女兒。如果對於他們結婚真假有所疑慮，必須要求他們提出結婚證明。」[17]

三、**規訓機制的國家化**。在英格蘭，長期以來一直是由具宗教色彩的私人團體來確保社會規訓的功能[18]；在法國，如果說此角色一部分仍然掌握在庇護協會或救濟協會的手上，但另一部分，並且可能是最重要的一部分，很早就已經被警務機制所接管。

長期以來，甚至在當代人的眼中，集中化的警察組織被視為王權專制體制（l'absolutisme royal）最直接的表現；統治者希望擁有「歸他使喚的司法官，他可以直接交付他的命令、他的任務、他的意圖，而司法官負責執行命令及密令。」[19] 事實上，在繼續執掌一些既有的任務，如罪犯的捉拿、城市的監視、經濟及政治控制，各警局及在巴黎位居其上的警察總

局將這些業務轉移到一部行政的、一體的並嚴謹的機器裡頭：「所有發自輪周的力量及情報的輻條（rayons）都通向警察總長⋯⋯正是他使所有的輪子轉動，整體產生秩序及和諧。其行政之作用，唯有天體運行堪可比擬。」[20]

但是，如果說作為一種機構，警察確實是在一種國家機器的形式下被組織起來的，並且如果說它確實直接依附於政治統治權中心，然而它所施展的權力類型、它所推出的機制、以及這些機制所針對的項目都是特殊的。它是一套必須與整個社會體同外延（coextensif）的機制，並且不單是透過它所觸及的邊界，也透過它在處理細節方面所顯現出來的細膩。警

17. 阿瑟納爾圖書館（Bibliothèque de l'Arsenal），編號Ms. 2565。在這個項目下，我們還可以找到許多針對十七及十八世紀慈善團所做的規定。

18. 參見雷基諾維奇（Radzinovitz），《英國刑法》（*The English Criminal Law*），一九五六年，第二卷，第203-241頁。

19. 警局一等祕書杜瓦爾（Duval）的筆記，引自方克－彭塔諾（Funck-Brentano），《阿瑟納爾圖書館手抄目錄》（*Catalogue des manuscrits de la bibliothèque de l'Arsenal*），第九卷，第1頁。

20. 德・埃薩（Nicolas-Toussaint des Essarts），《警察通典》（*Dictionnaire universel de police*），一七八七年，第344、528頁。

察的權力必須落在「一切上頭」：然而，這全然不是指如同君主有形及無形身體的政府之整體或王國之整體；它係無數的事件、行動、行為、意見——「所發生的一切」[21]；警察的目標是凱瑟琳二世在她偉大的指示中所說的這些「每分每秒的事情」、這些「微不足道的事」（choses de peu）[22]。透過警察，人們處於一種控制之無限當中，其在理想上力圖觸及社會體最基本的微粒、最短暫的現象：「警界的司法官及警官的職責是最重要的職責之一；它所涵蓋的對象在某種程度上是無止盡的，除非透過足夠詳細的檢查，否則人們無法察覺它們」[23]：政治權力之無限小。

而為了運作，此種權力必須搭配一種監視工具，這種監視是持續的、澈底的、無所不在的、可以使得一切都成為可見，但條件是讓它自己不可見。這種監視必須像一個不露出真面目的觀看，它將整個社會體轉變為一個感知場域：成千上萬被四處部署的眼睛，動態並永遠保持警覺的注意力，一個層級化、長距離的網絡，根據勒‧梅爾（Le Maire）[xiii]，在巴黎，這種網絡包含四十八名警長、二十名警官，接著是定期付酬的「探員」（observateurs）、按日付酬的「基層密探」（basses mouches），然後是任務型的舉發者，最後是妓女。這種不停止的觀察必須積累在一系列的報告及記錄冊中；在整個十八世紀，仰賴著一種複雜的檔案組織方式，一套卷帙

浩繁的警察文本開始涵蓋社會[24]。有別於司法書寫或行政書寫的方法，如此記錄下來的是一些行為、態度、潛在性、可疑性——對個體行為舉止的一種持續性關注。

但是，必須指出的是，如果說警察控制是完全「在國王的手中」，它並非只以單向的方式運作。實際上，它是一個有兩個源頭的系統：它必須繞過司法機制來回應國王的直接意志；但它也可能回應來自下層的請求；在絕大多數的情況，著名的密令——長期以來都是皇室專斷的象徵，它們以政治

21. 出自勒·梅爾（Jean-Baptiste-Charles Le Maire）在沙丁（Antoine de Sartine）的要求下所寫的論文，以回答約瑟夫二世（Joseph II）針對巴黎警政所提出的十六項問題。這本論文於一八七九年由Gazier出版。（譯按：指《一七七〇年巴黎警政》〔La police de Paris en 1770〕。）

22. 凱瑟琳二世（Catherine II），關於《給新法典法案起草委員會的相關指示》（Instructions pour la commission chargée de dresser le projet du nouveau code des lois）之補充，一七六九年，第535條。

23. 德拉瑪（N. Delamare），《論警政》（Traité de Police），一七〇五年，前言（無頁碼）。

24. 針對十八世紀警察的記錄冊，可以參考夏塞涅（H. Chassaigne），《警察總長公署》（The General Lieutenance of Police），一九〇六年。

的方式否決拘留的實施——實際上是由家族、主人、地方要人、街區居民、教區神父所要求的；它們的作用是透過軟禁（internement）來讓次等懲罰（infrapénalité）受到制裁，如失序、騷動、不服從、不當行為；這是勒杜想要從他完美架構起來的城市中趕出的東西，他稱為「不受監管的犯法行為」（délits d'insurveillance）的東西。總而言之，十八世紀的警察，在其緝捕罪犯、以及對陰謀、反對運動或造反的政治控制等司法輔助的角色之外，再增加了規訓的功能。這是一種複雜的功能，因為它將君主的絕對權力與分散在社會中的最小權力機構聯繫起來；因為，在這些不同的封閉性規訓機構（作坊、軍隊、學校）間，它擴展了一個中介網絡，在這些機構無法介入之處發揮作用，規訓化這些未規訓空間；甚至，它覆蓋著，在這些空間之間進行連結，以其武裝力量為後盾加以確保：這是間際的規訓（discipline interstitielle）及上位－規訓（méta-discipline）。「藉著明智的警政，統治者讓人民慣於秩序及服從」[25]。

十八世紀警察機制的組織允許規訓的普遍化達到國家的尺度範圍。儘管在王室的權力中，它以最明顯的方式牽扯上所有逾越合乎規定的司法行使的事情，我們可以理解，為什麼警政可以擋住司法權力的重整而只進行了最些微的調整；以及為什麼它直到今日還不停地對

司法權力強加它的特權，並且其方式越來越具壓迫性；這可能是因為它就是司法權力在世間的左右手；但這也是因為它比司法制度好得多，透過它的涵蓋面及種種機制，它與規訓類型的社會合在一起。然而，認為規訓功能以一勞永逸的方式被國家機器接收及吸納卻是不正確的。

「規訓」既不能等同於一種制度或一套機制；它是一種權力的類型，一種施展權力的模式，包含著一整套的工具、技術、做法、應用的層面、目標；它是一種權力的「物理學」或「解剖學」，是一套技術。它既可以由「專門化的」機構（十九世紀的懲治監獄或矯正監獄）來負責，也可以由一些為了特定目的而將之用作基本工具的機構（教育所、醫院）來負責，或者由一些在規訓上頭找到了強化或重組它們權力內部機制方法的既存機構來負責（有朝一日，我們需要呈現出家庭內部關係——主要發生在親子這樣的小單位中——是如何「被規訓化」，從古典時期以來它吸收了諸多來自學校、軍事，以及醫療、精神病學、心理學等方面的外部模式，這使得家庭成為標準與

25.　瓦泰勒（E. de Vattel），《人民的權利》（*Le Droit des gens*），一七六八年，第162頁。

異常這個規訓問題在顯露上所獨厚之地）；或者由一些把規訓作為其內部運作原理的機制來負責（從拿破崙時代以來的行政機制的規訓化），或者最後通過一些其功能不全然是但主要是讓規訓能夠在社會這個尺度上發揮支配作用的國家機器（警察）來負責。

因此，從如同某種社會「隔離檢疫」的封閉性規訓開始，一直到「全景論」這種可無限普遍化機制的這個變動中，我們可以整體地談到一種規訓社會的形成。這並不是說權力的規訓模式取代了所有其他的模式，而是因為它已經滲透到其他方式中，有時否決了它們，但同時也充當它們的中介，將它們聯繫起來、延展起來，並且特別是允許將權力的作用導向最細小及最遙遠的項目上。它確保了一種權力關係的無窮小配置。

在邊沁後才沒幾年，胡里歐斯（Julius）[xiv] 便為這種社會寫下了它的出生證明[26]。談到全景原則，他說，這當中所具有的遠遠超過建築巧思：它是「人類精神史」上的一個事件。從表面上看，這只不過是針對一項技術問題所提出的解決方案；然而透過它，一整個社會類型正在顯露。古代是一種展演型的文明。「讓多數人能夠仔細觀察少數的對象」：神廟、劇場及競技場的建築便是針對這個問題所做出的回應。藉著展演，節慶的強度、感官的臨近性主導了公共生活。在這些淌血的儀式中，社會恢復了活力，並且在一瞬間有如凝結成一副巨大而單一的身體。現代提出了相反的問題：「為少數人，甚至是一個人，取得一個巨量〔的人或對象〕[xv] 的即刻視野。」在一個其主要元

素不再是社群及公共生活的社會中，而是在一個一邊是私人、另一邊是國家的社會中，關係只能以與展演完全相反的形式來獲得解決：「這方面的確保得以擴大並完善，有待現代的到來，有待國家不斷增長的影響力，有待它在社會生活所有細節及所有關係中日益深入的干預，其方式是運用著同時監視極大量人的建物之建造及配置，並且朝向這個偉大目標邁進。」

胡里歐斯將邊沁曾經當成一種技術方案來陳述的東西讀成一個已然完成的歷史過程。我們的社會不是表演型的社會，而是監視型的社會；在圖像之外表下，人們深層地投注在身體上；在交換之高度抽象背後，所進行的是對有用力量仔細及具體的訓練；溝通之管道實際上是對知識的一種累積與集中的載體；記號之作用界定了權力的攀附；個體之美妙整體並未被我們的社會秩序所斬斷、壓制、改造，而是個體在其中根據一整套關於力量及身體的戰術被精心地製造著。我們想像自己傳承了古希臘，但實際上遠非如此。我們既不坐在劇場臺階上也不佇立在舞臺上，而是身陷全景機器中，受它權力的作用所投注，

---

26. 胡里歐斯（N.H. Julius），《監獄的教訓》（*Leçons sur les prisons*），法譯本，一八三一年，第一卷，第384-386頁。

而這個權力由我們自己來延續，因為我們是它的一枚齒輪。在歷史神話中，這裡頭或許存在著拿破崙這個人物被賦予如此的重要性的源頭之一：他正處於統治權之君主制的及儀式的運作方式與無止盡規訓之層級的及常態的運作方式兩者的交會點上。他是那個一眼就凌駕於一切之上的人，沒有任何細節可以脫逃，無論是多麼小：「你可以認為帝國的任何一部分都無法不受到監視，沒有任何犯罪行為、任何犯法行為、任何違規行為[xvi]可以逍遙法外，而知道照亮一切的天才之眼一覽無遺地看著這整部巨大的機器，即便是最微不足道的細節也無法逃脫它。」[27]在規訓社會如火如荼登場的時刻，在拿破崙一世當政的背景下，規訓社會仍然具有展演權力的舊風貌。作為一位同時是舊王位的篡奪者及新式國家的組織者的君主，他將一整段漫長的過程匯聚在一個帶有象徵色彩的及最終的人物身上，透過這個過程，統治權的盛大場面、權力必然壯觀的展現逐一地消失在監視的日常運作中、逐一地消失在全景論中，而這當中，多方交錯的觀看之警戒狀態很快會使如同太陽般〔高懸在上〕的老鷹失去用處。

＊　＊　＊

　　規訓社會之形構可以回溯到好幾個廣泛的歷史過程上，正是在這些過程的內部，規訓社會發展成形：經濟的過程，司法－政治的過程，以及最後的知識的過程。

一、以概括的方式來看，我們可以說規訓是確保人類多重性配置的技術。確實，這一點沒什麼特別的，甚至沒什麼好說的：相同的問題發生在整個權力系統中。但是規訓不同之處，就在於針對多重性，它試圖界定出一套符合三項標準的權力戰術：盡可能降低權力運作的代價（經管方面，令其支出少；政治方面，透過它的隱密性、微弱的外部化、相對的不可見、所引起的阻力小來達成）；讓這種社會權力的作用可以達到最大的程度、擴展的範圍儘可能遠，沒有失敗亦無缺漏；最後，讓權力之「經管的」成長與它運作其中的機制（無論是教育的、軍事的、產業的、醫療的機制）之回饋連結起來，簡而言之，就是同時提高系統所有元素之順服性及用處。規訓的這三重目標回應了一個眾所周知的歷史局勢。一方面是十八世紀人口的大量成長：流動人口的增加（規訓最初的目標之一就是固定；它是一種對抗居無定所的措施）；要控制或支配的團體在量化尺度上的變化（從十七世

27.　　特雅（J. B. Treilhard），《刑事訴訟法理據》（*Motifs du code d'instruction criminelle*），一八〇八年，第14頁。

紀初到法國大革命前夕，學校人口增加，可能就如同在醫院就醫的人數增加一樣；在十八世紀末，在沒有戰爭的和平時期，軍隊人數超過二十萬人）。另一個歷史局勢面向是生產機制的成長，涵蓋越來越廣，越來越複雜，也越來越昂貴，並且攸關提高收益。規訓措施的發展對上述的這兩個過程做出了回應，或者毋寧說，可能是回應了對二者間的對應性加以調整之必要。既不是封建權力的殘存形式，也不是君主制行政的結構，或地方的控制機制，或它們所一起形成的不穩定混雜狀態，能夠擔負起這個角色的要求：由於它們網絡的擴展帶著缺漏及不規則，由於它們的運作經常相互衝突，尤其是由於施展其中的這種權力所具有的「所費不貲的」特質，而確實讓它們難以做到。所費不貲表現在幾個不同的意義上：因為它直接讓國庫花費許多，因為職位買賣的體系或包稅人的體系以間接但對人民而言非常沉重的方式帶來負擔，因為它所遭遇到的抵抗讓它落入一種不斷加強的循環中，因為它基本上是通過抽取的方式進行（由君主、領主、教會的租稅所進行的金錢或生產抽取；透過徭役或徵召、流民禁閉或流放等方式進行的人力或時間抽取）。規訓的發展標誌著一種權力之基本技術的出現，而這種權力全然隸屬於另一套經管方式；有別於來「去除」，權力機制以內部的方式融合在機制之生產效率中、在這種效率之提升中、以及

對它所產生東西之利用中。規訓以「柔和－生產－利潤」
（douceur-production-profit）原則取代了過去主導權力經管方式的「抽取－暴力」（prélèvement-violence）的舊原則。它們應被視為一些技術，其允許依循著這個原則調和（ajuster）了人類多重性與生產機制增加（這不僅意味著一般所謂的「生產」，而且也包含在學校中知識及才幹的生產，在醫院中健康的生產，跟軍隊有關的摧毀力量的生產）。

在這項調合任務中，規訓必須解決許多問題，舊有的權力經管方式對此缺乏足夠的能力因應。它可以減低〔一整群數量眾多又混雜不分的〕團塊現象所顯見的「反效用性」：減低那種在多重性中使之比起單一性更不易掌控的部分；減低那種在它對單一項目以及其總體進行利用上造成阻礙的因素；減低在多重性中一切可能有損於數量之益處的東西；這就是為什麼規訓要去〔把人或對象加以〕固定；它讓〔人或對象的〕運動不動或以規定約束之；它將在不明通道上的混雜、密實的集結消解為經過計算的配置。它甚至還必須掌控被組織起來的多重性此一形構本身所產生的所有力量；它必須抵消從中產生並對抗主宰它的權力的種種反權力作用：騷動、造反、迸發性組織（organisations spontanées）、聯盟——所有來自橫向連結的可能情形。這是為什麼規訓運用分隔及垂直的程序，為什麼它們在屬於同一平面的不同項目之間導入

盡可能密不透風的分隔，為什麼它們定義了緊密的層級網絡，簡而言之，這是為什麼它們用連續的及個體化的金字塔（pyramide continue et individualisante）之做法來對抗多重性所固有的及相反的力量。它們還必須增加多重性中每一個項目的獨特效用，但要透過最快及成本最低的方式進行，即使用多重性本身作為這種成長的工具：基於此，為了從身體中提取出最多的時間及力量，會運用作息表、集體訓練、檢查、既整體又細部的監視等這類以整體為對象的方法。此外，規訓必須要讓多重性特有的效用增長，並且必須讓每一個多重性比起其項目的簡單總和更為有用：正是為了讓多重性的效用增長，規訓界定了配置的戰術，身體、動作及節奏之交互配合的戰術，能力差異化的戰術，相對於機器或任務所做的交互協調的戰術。最後，規訓必須讓權力關係不是高高在上地展現、而是就在多重性本身的組織（tissu）中，並且以最隱密、最能與這些多重性的其他功能銜接起來，也是花費最少的方式進行：一些匿名並與其管制的多重性有著同外延的權力工具便是對上述要求的回應，例如層級化監視、連續性記錄、持續性評斷及分類。總而言之，以一種暗地裡將其施展對象予以對象化的權力，來取代一種透過其施展者之亮光來展現的權力；毋寧是針對其對象形成一套知識，而非展現統治權盛大的記號。一言以蔽之，規訓是細小的技術發明的

全體，這些發明得以讓多重性之效用增加，同時讓為了使多重性適切地有用而必須管控它們的權力麻煩可以減少。當〔一邊要增長、另一邊要減少〕二者的關係成為有利的時候，無論是一間作坊或一個國家、一支軍隊或一所學校，一項多重性便達到了跨入規訓的門檻。

如果西方國家的經濟起飛始於讓資本得以累積的方法的話，也許我們可以說，相對於傳統的、儀式的、昂貴的、激烈的權力形式，處理人之累積（accumulation des hommes）的方法也允許了一種政治起飛，而那些傳統的權力形式很快將會過時，並且被一整套精細的及計算好的臣服技術所取代。事實上，人之累積及資本之累積兩個過程並不可分；如果沒有一種能夠維持及利用人口的生產機制同時發展，人口累積的問題便不可能獲得解決；相反地，用來讓持續累積的人類多重性產生效用的技術，也加速了資本累積的運動。在一個比較沒那麼廣泛的層面上，生產機制、勞動分工的技術變革及規訓操作方式的提升之間維持著一個非常緊密的關係整體[28]。

28. 參考馬克思（K. Marx），《資本論》（*Le Capital*），第一卷，第四篇，第十三章。以及蓋立（F. Guerry）與德洛勒（D. Deleule）所提出的非常有趣的分析，參見《生產性身體》（*Le Corps productif*），一九七三。

二者中的任何一個都讓另一個成為可能並且必要；二者中的任何一個都充作另一個的模式。規訓金字塔構成了權力的小單間（petite cellule de pouvoir）xvii，在這個小單間內部，任務的劃分、協調及控制被強加上來，並讓它們有效；而針對時間、動作、身體力量所做的解析式管控構成了一套操作模式，人們可以輕易地從需要控制的團體上移植到生產的機制上；軍事方法大規模的投射在產業組織上即是這種以權力模式為基礎而形塑在勞動分工上的一個例證。但回過頭來，生產程序的技術解析方式、它的「機械的」分解則被投射在這個確保生產程序的勞動力量上：這些規訓機器的構成——當中，它們所連結起來的個體力量受到組合並藉此被擴大——正是這種投射的結果。我們可以說，規訓是一種統一的技術措施（procédé technique unitaire），透過這個做法，身體的力量以最少的代價變成「政治的」力量，而在作為有用的力量方面則被極大化。資本主義經濟的成長召喚著特定的規訓權力模式，這種模式的基本方案、臣服力量及身體的措施，一言以蔽之，「政治解剖學」，可以運用在非常不同的政治制度、機制或制度中。

二、在其所處的基礎的、技術的、毫不起眼物質的層面上，權力的全景模式並不直接依賴於社會的主要司法－政治結

構，或者位於這些結構的直接延伸當中；然而它也並非絕對獨立的。從歷史上看，資產階級在十八世紀成為政治上主導階級的過程隱藏在一套明白的、法典的、形式上人人平等的司法框架的實施之後，並且透過一種議會及代議類型體制之組織。但是，規訓式部署的發展及普遍化構成了這些過程陰暗的另一面。對一個原則上平等的法律體系提供保障的基本司法形式受到這些細小的、日常的及物質性的機制所支持，受到所有這些構成規訓而基本上是不平等與不對稱的微觀權力體系所支持。而且如果代議制度在形式上允許眾人的意志以直接或間接、替代或無替代的方式構成至上權的基本機關，規訓則在基礎上保障了力量與身體的臣服。實際的及身體的規訓構成了形式及司法自由的底層。契約很可能被認為是法律及政治權力的理想基礎；全景論則構成強制之技術性操作方式，其無處不在。它不停在深處對社會的司法結構作用著，讓實際起作用的權力機制以跟它自持的形式框架背道而馳的方式運作。發現自由的「啟蒙運動」也發明了規訓。

從表面上看，規訓所構成的只不過是一種位階上低於法律的東西（un infra-droit）。它們看似將法律所界定的一般形式延伸到特殊存在之無窮小的層面上；或者它們看起像是讓個體得以融入這些一般要求的學習方式。它們似乎繼續著同一類的法律，只是改變其尺度，並且藉此讓它更細微及可能更

為寬容。〔然而〕在規訓當中，我們毋寧該看到的是某種反法律（contre-droit）。它們具有將無法跨越並喪失交互性的不對稱關係導入的明確作用。首先，因為規訓在個體之間創造了一種「私下的」關聯方式（un lien privé），它是一種完全不同於契約義務的約束關係（rapport de contraintes）；對一套規訓的接受確實可以透過契約的方式來確立；〔但是〕規訓被強加上來的方式，它所推展的機制，某些個體相對於另一些個體之間非反之亦然的從屬關係，永遠都固定在同一邊的「更多的權力」，不同「夥伴」相對於共同規則在地位上的不平等，這些都讓規訓式的關聯方式有別於契約式的關聯方式，並且當後者包含著一種規訓機制的時候，〔規訓〕可以系統性地扭曲契約式的關聯方式。例如，我們明白有多少實際的做法可以影響勞動契約的司法假定：作坊的規訓並非無足輕重。此外，當司法體系根據一視同仁的標準賦予法律主體相關資格，規訓則進行特徵化、分類、專門化；在一些個體跟另一些個體之間，它們依據著一套尺度進行配置，圍繞著一套標準進行分類，進行層級化，並且推到極致，取消個體的資格並讓其失效。無論如何，在它們施展其控制並且讓權力以不對稱的方式產生作用的空間及時間中，它們遂行一種法律的擱置，儘管從來不是全面的，但也永遠不會消失。儘管規訓如此具有循規蹈矩及制度性的色彩，然而在其

機制中，它是一種「反法律」。而如果現代社會普世的法條論（juridisme universel）似乎為權力的行使劃下了界限，它遍布四處的全景論卻在其中以跟法律相反的方式讓一套既無邊際又微細的機制運轉著，這套機制支持、強化及增加了權力的不對稱性，並且讓人們在權力行使上所劃定的限制只是徒勞。極為細微的規訓、日復一日的全景論可以存在於重大的機制及政治鬥爭所發生的層次之下，毫無相違。在現代社會的系譜中，規訓連同貫穿現代社會的階級宰制都是人們據之進行權力重新配置的司法規範的政治對等物。有可能正是如此，從這麼長久以來，各種細小的規訓做法、它所發明的這些微不足道的計謀，再或者是那些給了它一副光明正大面貌的知識，會被賦予重要性；正是如此，如果我們無法找到替代品就將它們一腳踢開，便會引起擔憂；正是如此，人們肯定它們是社會及其平衡的基石，然而實際上它們是一系列到處以絕對的方式讓權力關係失衡的機制；正是如此，人們執意將它們歸為純屬道德的毫不起眼而具體的形式，而實際上它們是一組物理－政治技術。

為了回到司法懲罰這個問題上，監獄連同伴隨之的整套矯正技術必須放在此處來看：就在法典化的懲罰權力扭轉成一種監視的規訓權力之處；就在法律一視同仁的懲罰轉而選擇性地施用在某些個體身上並且總是這些相同個體身上之處；就

在透過懲罰來重新認可法律主體轉變成對罪犯進行有用訓練之處；就在法律反轉並走到它自身之外，並且就在反法律成為司法形式實際及制度化內容之處。在這樣的情況下，促使懲罰權力普遍化的，不是在每位法律主體心中的普遍法律意識，而是全景式操作方式之循規蹈矩的延展、無限緊密的編織。

三、一個一個來看，這些操作方式當中的大部分都有著長遠的歷史。但是在十八世紀，其嶄新之處在於通過相互組合及普遍化，它們達到了一個層次，從這個層次以上，知識之形構及權力之增加二者便在一種循環過程中固定地互相加強。在這個情況下，規訓便跨過了「技術學的」門檻。首先是醫院，然後是學校，更晚還有手工作坊，它們不單單只是受到規訓所「整頓」；拜規訓之賜，它們都變成了一種機制，在其中一切的客體化機制都如同臣服的工具，而任何權力的增長也促成可能的知識；正是由於這樣的關聯方式，這種技術學系統所特有的關聯方式，讓臨床學科、精神病學、兒童心理學、教育心理學、勞動之理性化得以在規訓項目中發展出來。因此，當中涉及一種雙重的過程：知識論的突破瓶頸以權力關係的細緻化（affinement）為基礎；權力作用的增多有賴新知識的形構及累積。

規訓方法的擴散是一項廣泛歷史過程的一部分：還有許多其他的技術學也大致在相同時期發展出來——農業、工業、經濟。但是我們必須承認，擺在礦業、剛誕生的化學、國民經濟會計制度旁邊、擺在高爐或蒸汽機旁邊，全景論沒太多掌聲。關於它，人們所認為的只是一種古怪的無謂空想、惡毒之夢想——有點像邊沁是警察社會的傅立葉（Fourier），而他的共產自治村（Phalanstère）會具備全景監獄的形式[xviii]。然而，在規訓裡頭存在的是一套相當真實的技術學的抽象表述，亦即個體技術學（technologie des individus）。人們對於它沒有什麼好評，當中有許多原因；最明顯的原因是，除了對學院分類而言外，它所產生的論述很少取得科學的地位；但最真實的原因可能是，它所運用及它所允許增加其價值的權力是一種人們之間相互行使的直接及身體的權力。對於一個毫無榮耀的終點而言，其源頭更難以啟齒。但是，用蒸汽機或阿米奇（Amici）的顯微鏡等發明來對照規訓的操作方式是不公平的。它們次要得多；然而，在某種程度上，它們有份量的多。如果有必要為它們找出一個歷史上旗鼓相當的項目或者至少是一個可堪比擬的對象的話，那麼這毋寧會來自「宗教審判所的」（inquisitoriale）技術這部分。

十八世紀發明了規訓及檢查的技術，這可能與中世紀發明了司法調查（enquête judiciaire）有些雷同。然而，其所透過

的是全然不同的途徑。調查程序是財稅及行政方面的舊有技術，它最主要隨著十二及十三世紀教會的重組及親王國（États princiers）的增加而發展出來。它在此時以我們所知的程度進入教會法庭的判例法中，接著是世俗的法庭中。調查作為一種對於得到見證或證實的真相之權威的探索方式，如此有別於發誓、神判、裁判決鬥（duel judiciaire）、上帝審判（jugements de Dieu）或當事人之間的和解協議等古老方式。調查曾是謊稱著自己握有依循著規定技術來建立真相之權利的統治權力。如果調查從這個時候開始便成為西方司法的一部分（並且直到今日），我們就不能忘記它的政治來源、它跟國家和君主制統治權之誕生的關係，以及它在後來的偏離及它在知識形成中所扮演的角色。事實上，在經驗科學的形成上，調查是初步的要件，但可能是根本性的要件；它是這種實驗性知識——我們很清楚這種知識在中世紀末迅速地突破瓶頸、朝前邁進——之司法－政治根源。數學可能是在古希臘從度量的技術中誕生的；無論情況為何，自然科學有某部分是在中世紀末從調查實踐中誕生的。涵蓋了世界上的事物（choses du monde）並將之轉換在一套觀察、描述及建立「事實」（faits）的無止盡的論述安排中的偉大經驗知識（並且在西方世界開始對這同一個世界進行經濟及政治征服之際），可能在宗教裁判所——這個被我們晚近的柔和性置

於記憶陰影處的巨大發明——中找到其操作模式。而這種政治－司法的、行政及犯罪的、宗教及世俗的調查曾經在自然科學中所起的作用，也就是規訓解析（l'analyse disciplinaire）在人文科學中所起的作用。從超過一個世紀以來，這些受到我們的「人性」稱頌的科學在規訓及其調查之吹毛求疵及不懷好意的仔細中找到它們技術的根源。或許，這些調查對心理學、對精神病學、對教育學、對犯罪學、以及對許許多多其他奇特的知識而言，就如同在過往對動物、植物或對土地的冷靜知識而言的強大調查權力。另一種權力，另一種知識。位處在進入古典時期門檻上的培根（Bacon）——一位司法人及國家要員（l'homme de l'État）——努力為經驗科學建立調查之方法論。有哪位偉大的監視者（Grand Surveillant）會為人文科學建立檢查之方法論呢？確切地說，除非這是不可能的。因為，如果在成為經驗科學的一種技術的情況下，調查確實是從它在歷史上所根植的宗教審判程序中脫身而出的，檢查則跟形構它的規訓權力保持著最密切的關係。它仍然是並始終是規訓所內含的一個組件。當然，在融入一些像精神病學、心理學等科學中時，它似乎已歷經一種理論性的精鍊。而事實上，在測驗、訪談、審訊、諮詢的形式之下，我們看到它在表面上修正了規訓的機制：學校心理學負責矯正學校的嚴苛性，正如同醫學或精神病學訪談負責矯正勞動

規訓的作用。但我們絕不該在此處受到誤導；這些技巧只不過是將個體從一個規訓所司轉移到另一個，並且它們在一種濃縮的或形式化的形式下複製出所有規訓特有的權力—知識模式[29]。促成自然科學誕生的偉大調查已經脫離它的政治—司法模式；相反地，檢查則始終被掌控在規訓技術中。

調查程序在中世紀強加於舊的控告式司法之上，但是透過一個由上而下的過程；規訓技術則暗地裡並且以由下而上的方式入侵了一種在其原理上依舊是審問式的刑事司法。所有那些刻劃出現代懲罰特性的重大偏離運動，諸如對於罪行背後的罪犯予以問題化（problématisation）、對於懲罰應該是矯正、治療、標準化的關切、審判工作被分割在負責要對個體進行度量、評價、診斷、治癒、改造的諸多所司之間，所有這些皆顯現出規訓檢查在司法審問中的深入。

此後，作為其施力點、作為其「有用的」對象而降臨在刑事司法上的，不再是與國王的身體對抗的罪犯的身體；也不是理想的契約關係下的法律主體；而是規訓的個體。在舊制度時期，刑事司法之極致是弒君者無限的切割：最強的權力展現在頭號罪犯的身體上，其澈澈底底的毀滅讓罪行在其真相中發出亮光。今日懲罰之理想是無止盡的規訓：一個沒有期限的審訊；一項調查，並在仔細而解析性總是更高的觀察中無止盡地延長；一項判決，但同時構成一份永遠不會結案的

卷宗；懲罰中計算好的柔和交織上檢查當中鍥而不捨的好奇；一種程序，其既是參照著一套遙不可及的標準而對其間差距所進行的持續度量，同時又是被迫無止盡趨近標準的漸進式運動。酷刑合乎邏輯地完成著宗教裁判所左右的訴訟。施以「觀察」則自然而然地延長了一套受到規訓方法與檢查程序所入侵的司法。連同其按表操課、強制勞動、監視及評分機構、連同其延續並增加法官功能的導正人員，單間式的監獄（prison cellulaire）會變成懲罰的現代工具，有什麼好驚訝的？如果監獄看起來像工廠、學校、軍營、醫院，而所有這些都像監獄，有什麼好驚訝的？

29. 在這方面，請參照米謝爾‧都荷（Michel Tort），《智商》（Q. I.），一九七四年。

i｜「閉戶」（serrade）就是居民被強制「足不出戶」的措施。「serrade，正如這個
　　詞所指出的，它涉及將每戶約束或封閉在其家中，禁止與外界進行任何聯繫，其
　　中包括有義務為每戶提供其生計、健康及靈魂方面所需要的一切。」參見《瓦爾
　　學院學報》（*Bulletin de l'Académie du Var*），一八九○年，第274頁。

ii｜邊沁（Jeremy Bentham, 1748-1832），英國哲學家、法學家及社會改革者，功利
　　主義先驅。

iii｜哥雅（Francisco José de Goya y Lucientes, 1746-1828），西班牙浪漫主義派畫
　　家。

iv｜參見第二部分第二章譯註xxii。

v｜安置所（maison de certitude）、強置院（maison de sûreté）均乏說明資料及既
　　存翻譯方式，暫依據字面意思及文句脈絡翻譯。

vi｜勒沃（Louis Le Vau, 1612-1670），建築師。路易十四時期，勒沃受命興建凡爾
　　賽皇家動物園（Ménagerie royale de Versailles），一六六○年代動工並完工，收
　　藏了來自世界各地的珍禽異獸。路易十四死後，動物園逐漸荒廢，今不復存。

vii｜按照此處的前後文，傅柯這句話似乎正好說顛倒了，吻合的說法應該是「物種的群組由個體配置所取代」。

viii｜艾維修斯（Claude-Adrien Helvétius, 1715 -1771），哲學家、詩人。批判宗教性的世界觀，從物質、感官的角度來看待事物，認為人類精神主要受教育決定。

ix｜喬凡尼・巴提斯塔・皮拉奈奇（Giovanni Battista Piranesi, 1720-1778），義大利雕刻家、建築師。一七四五年，開始創作《想像的監獄》（*Les Prisons imaginaires*）系列版畫，將想像的建築內部空間轉換成監獄，各種工具成為刑具，共有十六幅，首次發表於一七五〇年。

x｜比喻一個又棒又簡單的想法或發現。典故與一則航海家哥倫布的軼聞有關。

xi｜戈耳狄俄斯之結是一個不見繩頭的結，因而不可解。據傳亞歷山大大帝以揮劍斬斷的方式來處理戈耳狄俄斯之結，斬斷戈耳狄俄斯之結也成為以非常規方法來解決不可解問題之喻。

xii｜反宗教改革（la Contre-Réforme）是羅馬天主教會在面對宗教改革運動所採取的革新措施，開始於十六世紀，又稱天主教改革。

xiii｜勒・梅爾（Jean-Baptiste-Charles Le Maire），警官，一七五〇至一七七九年曾任職於巴黎夏特雷的法院（Châtelet）。

xiv｜胡里歐斯（Nicolaus Heinrich Julius, 1783-1862），德國醫生，普魯士勞役監獄改革者。

xv｜〔〕號中為傅柯未引出的原句內容。

xvi｜「違規」（contravention）、「犯法」（délit）及「犯罪」（crime）係法國刑法體系中由輕至重的三類違法行為（infractions）。

xvii｜cellule也指細胞，此處或可如此理解，權力之小細胞（petite cellule de pouvoir）。

xviii｜查爾斯・傅立葉（Charles Fourier, 1772-1837），社會主義先驅，被視為烏托邦社會主義的代表人物之一。共產自治村（Phalanstère）是他針對理想的共同生活所提出的一套藍圖。

第四部分

PRISON

監獄

第一章

全面而嚴厲的機構

Des institutions complètes et austères

人們讓監獄伴隨著新法典而誕生，但其出現的時間並非如同人們所說的這麼晚。早在刑法裡頭對監獄進行系統性的運用前，監獄－形式（forme-prison）就已然存在了。對個體加以分配、在空間中固定之及配置之、對他們進行分級、從他們身上獲取最多時間及最大力量、訓練他們的身體、將他們連續的行為舉止編碼、讓他們處在可見狀態中而無缺漏、在他們周圍建構一整套觀察、記錄及評分的機制、在他們身上建立起一套持續積累並集中起來的知識等，當諸多操作方式在整個社會體不同地方獲得了提升，監獄已經在司法機制之外構成了。早在法律將之界定為理想的懲罰方式之前，一套透過身體上的精確作用而讓個體順服並有用的機制的一般形式已然表現出監獄－機構（institution-prison）了。轉向拘留（détention）的刑罰方式確實發生在十八及十九世紀之交；這是一樁嶄新的事物。不過，在實際上，這只不過是刑罰向一些在別處已經發展成形的強制性機制敞開其大門。刑事拘留的「模式」——根特強制院、格洛斯特懲治監獄、胡桃街監獄——標誌出這項轉變過程最早可見之處，而不是什麼創新或起點。作為懲罰整套行頭當中的重要一項，監獄清楚標誌出刑事司法史上的一個重要時刻：它通向了「人性」。但是在這些由新的階級權力正在發展中的規訓機制的歷史上，監獄同樣也標誌著一個重要的時刻：這些規訓機制盤據司法制度的時刻。在兩個世紀之交，新的立法將懲罰權力界定為一般社會功能，其以相同方式對所有成員行使，並且每個成員都受到平等的代表；但是，藉著將拘留作為理想的刑罰方式，這套

新的立法引進了一些宰制性的做法，帶有一種特殊權力類型的色彩。一套號稱「平等的」司法，一部自詡「自主性的」司法機器，但是卻被規訓式服從關係的不對稱性所投注，這就是被視為「文明化社會之刑罰」[1]的監獄誕生之關聯（conjonction）。

人們可以理解監獄－懲罰（prison-châtiment）很早便取得的那種理所當然的色彩。在十九世紀最初幾年，人們仍舊能夠感覺到它的新穎性；然而在深處，它看起來跟社會的運作是如此緊密地聯繫在一起，以至於它把十八世紀司法改革者所設想的所有其他懲罰方式都拋向遺忘之中。它似乎沒有任何其他可能的替代方案，並且甚至受到歷史運動的加持：「將監禁作為我們現今刑罰體系幾乎整個建構的基礎既非偶然亦非立法者一時心血來潮：是思想的進步及風俗之柔和化所致。」[2]如果說在稍長於一世紀的時間裡，這種理所當然的氛圍出現了轉移，然而它並未消聲匿跡。人們清楚監獄所有的弊端，以及當它有其用處時它仍帶著危險性。然而，人們「看」不到有什麼東西可以取而代之。它是人們割捨不去又招來厭惡的解決方案。

監獄這種令我們如此難以掙脫的「理所當然」色彩，首先是建立在「剝奪自由」的簡單形式上。在一個自由是以相同方式屬於每一個人的資產並且每個人皆透過一種「普遍及不變的」[3]感覺與這份資產相連起來的社會裡頭，監獄怎麼會不是理想的刑罰方式呢？因此，其喪失對所有人有著相同的代價；比罰款好，因為監獄是「平等的」懲罰方式。某種程度上，這是監獄在司法上所具有的一目了然之處。再

者，它允許根據時間的變項來精確量化刑罰。監獄具備一種工資的形態，在工業社會中，其構成了它經濟的「理所當然」。而這允許監獄有如一種彌補。透過抽取受刑人的時間，監獄似乎具體傳達了一種觀念，即除了受害者之外，違法行為也傷害了整個社會。將懲罰用日、月、年來兌換，並建立起犯行－刑期的量化對等關係，這樣的刑罰方式具有經濟－道德方面的理所當然。這是為什麼說人們入監「償債」這樣的說法如此常見、與懲罰運作的方式是如此契合，儘管這樣的說法與嚴格的刑罰權利理論背道而馳。監獄是「自然的」，如同在我們的社會中使用時間來度量交換是「自然的」一樣。

但監獄的理所當然也建立在它作為一種改造個體的機制方面所起的作用，無論這樣的作用是被認定的或被要求的。既然透過禁閉、矯正、順服，監獄的所作所為只是複製——甚至再加強一些——所有

1. 佩萊格里諾‧羅西（Pellegrino Rossi），《刑法論》（*Traité de droit penal*），一八二九年，第三卷，第169頁。
2. 范‧米能（Van Meenen），布魯塞爾懲治監獄大會（Congrès pénitentiaire de Bruxelles），參見《慈善年鑑》（*Annales de la Charité*），一八四七年，第529-530頁。
3. 杜伯（A. Duport），在國民制憲議會中的發言，《議會檔案》（*Archives parlementaires*）。

我們在社會體中可以找到的機制，監獄怎麼會不被立刻接受呢？監獄是一處有點嚴格的軍營，一所不容放縱的學校，一間幽暗的作坊，但是說到底，沒有任何性質上的不同。這種雙重的基礎——一方面是司法－經濟的，另一方面是技術－規訓的——便讓監獄以所有刑罰方式中最直接且最文明形式的姿態出現。正是這樣的雙重作用馬上便為監獄帶來了其穩固性[4]。實際上，有件事是清楚的：監獄並非先是一種對自由的剝奪，接著人們賦予它矯正的技術功能；監獄從一開始就是一種肩負著矯正外加項目的「司法拘留」，或者說就是一項透過自由的剝奪而得以在司法系統中運作的個體改造事業。簡言之，從十九世紀初開始，刑罰監禁同時包含著自由之剝奪及個體之技術改造。

　　且讓我們先提醒幾個事實。在一八〇八年刑典及一八一〇年刑典中，以及那些稍早或隨後頒布的措施中，監禁從來不跟單純的剝奪自由混為一談。在任何情況下，監禁是或者必須是一套受到差異化及目的導向的機制。曰之差異化，因為依據所涉及到的是嫌疑犯或已判刑者、是矯正犯或罪犯，監禁不該有相同的形式：拘留所、矯正監獄、中央監獄（maison centrale）原則上應該大致相應於這些差異，並且確保一種不僅在刑度上有區別並且在目標上多樣化的懲罰方式。因為監獄具有一個從一開始就立定的目的：「判以輕或重刑罰的法律不能允許被處以輕刑的人與被處以更重一些刑罰者被關在相同的地方……如果被法律判處的刑罰之主要目標是罪行的彌補，它也想要矯正受刑人。」[5] 而這種改造必須仰賴監懲的內部作用。監獄－懲罰、監獄－

機器：「在強制院中，號令一切的秩序必須強而有力地促使受刑人重生；教育的瑕疵、不良榜樣的薰染、懶散……釀成了罪行。那麼，讓我們力圖終結所有這些腐敗來源；讓完好的道德規矩可以在強制院中受到落實；強迫他們從事一項勞動，他們最後會愛之，當他們收穫勞動的果實，受刑人便在此養成工作之習慣、嗜好及需要；讓他們以個別的方式互做勤奮生命之榜樣；勤奮的生命將很快變成純潔的生命；他們也很快開始感受到過往的遺憾，這是責任之愛的第一個前兆。」[6]

矯正技術立刻成為刑罰拘留制度框架的一部分。

4. 擺盪在監獄的兩種「性質」之間的情況依舊不變。不過才幾天前，國家元首重申了拘留僅該是「自由之剝奪」——超脫監獄現實的監禁之純粹本質——這樣的「原則」；他並補充說，除非是透過其「矯正的」或再適應的（réadaptateur）作用，否則監獄無法站得住腳。

5. 《刑事訴訟法理據》（Motifs du Code d'instruction criminelle），黑爾（G. A. Real）報告，一八〇八年，第244頁。（譯按：這部《刑事訴訟法》〔Code d'instruction criminelle〕就是傅柯在本段開頭所說的一八〇八年刑法。）

6. 同上，特雅（J. B. Treilhard）報告，第8-9頁。在早先的幾年間，相同的主題頗為常見：「法律所宣判的拘留刑罰尤其以矯正個人為目標——也就是說，讓他們變得更好，透過一些長或短的考驗讓他們準備好——以便在社會中重新找回他們的位置，而不再糟蹋……讓個人變得更好，最安全的方法就是勞動及教育。」後者所包含的不僅是學習閱讀及計算，還包括讓受刑者「與秩序、道德、尊重自己及他人的觀念」重新調和（博紐〔Beugnot〕，下塞納省省長〔préfet de Seine- Inférieure〕，霜月法令，共和曆X年）。在夏伯塔勒（Chaptal）向各省議會所要求提供的報告中，有超過十幾份的報告要求設置可讓受刑人勞動的監獄。

同樣也必須提醒的是，改革監獄及監督其運作的趨勢並非後起的現象。它甚至也並非源自一種依規定程序建立起來的失敗報告中。實際上，監獄之「改革」幾乎與監獄同時發生。它如同監獄本身的方案。打從一開始，監獄就交織在一系列伴隨性機制中，它們表面上應該要對監獄進行修正，但似乎卻是其運作本身的一部分，因為它們在監獄的整個歷史過程中都與其存在相關聯。圍繞著監獄，一套長篇大論的技術學馬上就出現。首先是一些相關調查：夏伯塔勒（Chaptal）[i] 早在一八〇一年就已經完成的調查（為了在法國發展監懲機制而針對可利用條件所做的一份評估），一八一九年的德卡茲（Decazes）[ii] 的調查，維耶梅（Villermé）[iii] 的著作於一八二〇年出版，一八二九年由馬丁涅克（Martignac）[iv] 所撰寫的中央監獄報告，一八三一年由波蒙（Beaumont）及托克維爾（Tocqueville）[v]、以及一八三五年由德梅茲（Demetz）與布魯埃（Blouet）分別針對美國所進行的調查[vi]，以及當人們針對因犯隔離問題爭辯得不可開交之際蒙塔立維（Montalivet）[vii] 對中央監獄及地方議會所進行的問卷。其次是一些為了監督監獄運作及提出相關改進措施而成立的協會：在一八一八年，便有官方色彩十足的**監獄改良協會**（Société pour l'amélioration des prisons），稍後還有**監獄協會**（Société des prisons）及不同的慈善團體。最後，還有不計其數的措施——法令、訓令或法律：自第一次波旁復辟[viii] 預定要從一八一四年九月開始推展但從未付諸實行的改革，到由托克維爾籌備並讓針對如何讓監獄更有效而已經進行一段時間的漫長辯論畫下句點

的一八四四年法律。〔此外還有〕用以確保機器－監獄（la machine-prison）[7] 正常運作的種種方案：囚犯的治療方案；硬體配置上的模型，當中一些模型止於純規劃，如唐助（Danjou）[ix]、布魯埃、阿努－侯曼（Harou-Romain）[x]，其他則落實在一些訓令中（如一八四一年八月九日關於拘留所興建之諭令），其他則成為真正的建築，如同火箭街小監獄（la Petite Roquette）[xi] 一樣，此乃單間式監禁方式在法國的首度設置。

除了上述，我們還必須加上一些或多或少源自監獄的出版，它們或是並由慈善人士所撰寫，如同阿貝赫（Appert）[xii]，或是稍後由一些「專家」所寫的（例如《慈善年鑑》（Annales de la Charité）[8]，再或者是由一些曾入監服刑的前受刑人所寫；復辟時期末期的《窮傑克》

7. 這當中最重要的方案，可能是由盧卡斯（Ch. Lucas）、馬赫給－瓦斯洛（Marquet-Wasselot）、佛樹（Léon Faucher）、波奈維勒（Bonneville）、以及稍後的費惠司（Ferrus）所提出的那些方案。應當說明的是，他們大多數與從外部對監懲制度進行批評的慈善家無關，而是與監獄行政有某種程度的淵源。一些具正式身分的技術人員。

8. 胡里歐斯（Julius）在德國主持了《懲罰及矯正制度年報》（Jahrbücher fur Strafs-und Besserungs Anstalten）的發行。

（*Pauvre Jacques*），或七月王朝初期的《聖佩拉吉時報》（*Gazette de Sainte-Pélagie*）[9]。

我們絕不能將監獄視為一種斷斷續續受到改革運動撼動的靜止機構。「監獄理論」並它一時性的批評，而是其固定的使用指南，是它運作的條件之一。監獄始終屬於一個活躍領域的一部分，其中充斥著各種計畫、重整方案、實驗操作、理論論述、實際見證、調查。圍繞著監懲制度（institution carcérale），既激起喋喋不休的話語，又點燃十足的熱情。監獄難道不是一處幽暗且被放棄的地域嗎？光憑近兩個世紀以來，人們不停談論它的事實，便證明情況並非如此？藉著成為司法的懲罰方式，它在懲罰權利這項舊的司法—政治問題上添加了圍繞在個體矯正技術這方面的所有問題及紛擾。

* * *

「全面而嚴厲的機構」，巴勒達（Baltard）[10]這麼說。監獄必須是一個澈底的規訓機制。這麼說有好幾層意思：它必須涵蓋個體的所有面向，其肉體訓練、勞動才幹、日常行為、道德態度、傾向；遠遠超越總是意味著某種專門化的學校、作坊或軍隊，監獄是「全面的規訓」。再者，監獄沒有外部或間隙；除了它的任務完全達成，否則它不會善罷干休；它對個體的作用必須毫不間斷：〔監獄是〕不停的規訓。最後，在囚犯身上，它施加了幾乎是絕對的權力；它擁有其內部

的鎮壓及懲罰機制：〔監獄是〕專制的規訓。它將存在於其他規訓配置中的所有程序都推到最高的強度。為了將一種新的形式強加在反常的個體身上，它必須是最具威力的機制；其作用模式是全教育的約束：「在監獄中，政府可以對人的自由及犯人的時間進行安排；由此，我們可以想像著教育的力量，其不僅在一天中而是持續幾天甚至幾年當中，可以規定人清醒與睡眠、活動與休息的時間、用餐次數及時間、食物品質及份量、勞動屬性及產物、禱告的時間、話語的使用，以及可以這麼說，乃至於思想的使用，這種教育，從食堂到作坊、從作坊到牢房這樣簡單及短距離路程中，規定了身體的運動，乃

9.　儘管這些報紙特別是為那些因債務而入獄者捍衛的喉舌，儘管它們多次表現出它們跟一般犯法者間的距離，我們仍然可見如此的主張，「《窮傑克》的版面絕非只針對單一特殊性。限制人身自由（la contrainte par corps）這樣的可怕法律、其有害的施行，不會是身兼記者的囚犯唯一攻擊的事情……。《窮傑克》引領讀者到徒刑、拘留之處，到強制院，到庇護中心（centres de refuge），對於那些法律只判處勞役而受刑人卻被施以酷刑的刑求之處，它並未保持緘默……」（《窮傑克》，第一年，第七號）。相同的情況，《聖佩拉吉時報》為一種以「改善人類」為目標的懲治體系而奔走，而其他所有的體系都只是「不脫野蠻社會之寫照」（一八三三年三月二十一日刊）。

10.　巴勒達（L. Baltard），《監獄建築圖譜》（*Architectonographie des prisons*），一八二九年。

至於在休息時間中決定時間的運用，一言以蔽之，這種教育掌握了整個人、掌握了在他身上的所有肉體及精神能力，以及掌握了歸屬他自身的時間。」[11] 這種全面的「改良所」規定了對存在的重新編碼，這與對自由的純粹司法剝奪非常不同，也與觀念學年代司法改革者所夢想的簡單的再現機制大異其趣。

一、第一原則，隔離（isolement）。將受刑人跟外在世界、跟一切引發違法行為的事物、跟促成違法行為的共犯隔離開來。將囚犯互相隔離開來。不僅刑罰必須是個體的，而且還要是起個體化作用的。這透過兩種方式。首先，監獄應以如下的方式來加以構想，即從它本身中去除因為將差異極大的罪犯聚集起來所造成的有害後果：平息可能形成的陰謀和造反，避免將來的共謀成形或勒索可能性的滋生（在犯人重獲自由的時候），阻礙如此眾多「暗通款曲」的不良勾當。簡而言之，監獄不讓它所聚集起來的罪犯組成一個同質並相互勾結的群體：「就在此刻，就在我們中間，存在著一個有組織的罪犯社會……他們在國家內形成了一個小國。幾乎所有這些人都在監獄中認識或在此重逢。今天所要驅散的正是這個社會的成員。」[12] 此外，孤獨必定是改造的積極工具。透過它所引起的反省，以及必然降臨的悔恨：「被扔進孤獨中，犯罪者反省。獨自一人面對著罪行，他學到痛恨它，而

如果他的靈魂尚未被罪惡搞得麻木不仁，那麼是因為在隔離中悔恨向他襲來。」[13] 也基於相同的事實，孤獨確保了刑罰的自我調節（autorégulation），並讓一種有如懲罰之自動自發的個體化（individualisation spontanée）成為可能：受刑人越有思考能力，他在所犯的罪行上就越有罪；但悔恨也會更加強烈，孤獨的狀態也會更讓人痛苦；另一方面，當他幡然悔悟，並且毫無隱瞞地改過遷善時，孤獨也就不再沉重地壓迫著他：「如此，根據這種讓人讚嘆的規訓，每一分理智及每一股道德本身就帶著一種壓制的成分及能耐，錯誤及人類犯錯的可能性皆無法使其確定性及不變的公平性有所改變……事實上，這不是如同一種神聖及天賜正義的印記嗎？」[14] 最

11. 盧卡斯（Ch. Lucas），《論監獄之改革》（*De la réforme des prisons*），一八三八年，第二卷，第123-124頁。

12. 托克維爾（A. de Tocqueville），在國會中報告，引自波蒙（Beaumont）及托克維爾，《論美國的懲治監獄制度》（*Le Système pénitentiaire aux États-Unis*），第三版，一八四五年，第392-393頁。

13. 前引書，第109頁。

14. 埃利（S. Aylies），《論懲治監獄制度》（*Du système pénitentiaire*），一八三七年，第132-133頁。

後，也許是最重要的一點，受刑人的隔離確保我們可以在他們身上以最高強度行使一種不受其他任何影響抵銷的權力；孤獨是激底服從的首要條件：在提到典獄長、教誨師、神父、以及「慈善人士」在被隔離的受刑人身上所產生的作用時，「我們可以想像」，夏勒・盧卡斯（Charles Lucas）[xiii]說，「我們可以想像，在可怕的沉默規訓中，人類話語冒出來向內心、靈魂及個人說話的威力。」[15]隔離確保了囚犯與向他施展的權力之間的面對面接觸。

正是在此處出現了關於奧本制（Auburn）[xiv]及賓州制的兩套美國監禁制度的討論。實際上，這個占據了如此大篇幅的討論[16]所關乎的只不過是已經普遍獲得認可的隔離措施在施行上的問題。

奧本模式規定囚犯要在單間牢房內過夜、共同的勞動及用餐，以及除了獄卒之外，不可與人交談，在獲得其允許下低聲說話。奧本模式明確參照了修道院的模式；也參考了施行於作坊內的規訓方式。監獄必須是一種完美社會的縮影，當中個體在其精神存在上是被隔離的，其聯繫僅發生在一種嚴格的層級框架中，沒有橫向關係，溝通只發生在垂直方向上。根據其支持者的看法，奧本制的優勢在於：它是社會本身的重複。它對人的約束除了藉著物質手段來確保外，還特別透過一套規則來進行，必須讓人學會遵守之，並且透過監

視及懲罰的方式來擔保。所要做的並不是將囚犯像「凶猛的野獸一樣鎖在籠子裡」，而是必須將他們與其他人聯繫起來，「讓他們以共同的方式參加有用的活動，以共同的方式強迫他們養成良好的習慣，同時透過一種積極的監視來預防心理的感染，透過保持肅靜的規矩來維持內在的收斂（recueillement）」；這種規矩使囚犯習慣於「將法律視為一種神聖的告誡，觸犯它會導致公正且正當的惡果。」[17] 如此，這種結合了隔離、無交流聯繫、以及由不間斷的控制所

15.　盧卡斯（Ch. Lucas），《論監獄之改革》（*De la réforme des prisons*），第一卷，一八三六年，第167頁。

16.　在法國，這場討論從一八三〇年開始，到了一八五〇年還沒有結束；一八三九年關於中央監獄制度的法令（共同勞動及絕對靜默）在奧本制的支持者夏勒・盧卡斯身上得到啟發。接著發生的造反風潮及一八四二至一八四三年間在全國各地發生的社會動盪，讓受到德梅茲（Demetz）、布魯埃（Blouet）、托克維爾等人讚揚、主張絕對隔離的賓州制在一八四四年獲得青睞。但是在一八四七年所召開的第二屆懲治監獄大會（le 2e congrès pénitentiaire）反對這種方法。

17.　米特麥耶（K. Mittermaier），收入《法國及外國立法雜誌》（*Revue française et étrangère de législation*），一八三六年。

確保的法律之作用，必須重新認可罪犯為社會的個體：它訓練他接受一種「有用並聽命行事的活動」[18]；它重建了他的「社群性習慣」[19]。

如同費城的情況，在絕對隔離中，罪犯之重獲認可（requalification）並非求助於一套普通法的作用，而是有賴於個體與自己的良心、與能夠從內在開導他的東西的關係[20]。「獨自一人在單間牢房裡，囚犯被交到自己手上；在他的激情及四周世界俱息的沉默中，他沉入良心當中，質問它，並感受到永不會在人類心中完全失去的道德情懷在身上復甦。」[21] 因此，在囚犯身上起作用的，並不是對法律的一種由外而來的尊重，也不是單獨對懲罰的恐懼，而是良心本身的工作。不是一種表面的訓練，而是一種深層的服從；是一種「品德」方面的改變，而不是態度上的改變。在賓夕法尼亞監獄中，唯一的矯正作業是良心及它所衝撞的無聲建築。在櫻桃山（Cherry Hill）監獄，「牆壁是對罪行之懲罰；單間牢房讓囚犯面對他自己；他被迫聽到他良心的聲音。」因此，勞動在此是一種安慰而不是義務；因為獄方監視人員無需行使已經由事物的物質性所確保的約束，因此他們的權威可以被接受：「在每次訪視中，一些善意的話語從這張誠懇的口中流瀉而出，說到囚犯的心坎中，伴隨著感恩、希望及安慰；他喜愛其獄卒；他喜愛之，因為獄卒溫柔並富同情

心。牆壁可怕而人則是善良的。」[22] 在這個封閉的單間牢房裡，一如暫時的墳墓，復活的神話很容易現形。經過夜晚及靜默，再生的生命。奧本是被重新導入其基本活力中的社會本身。櫻桃山是被毀滅及被重啟的生命。天主教很快就在其論述中運用上這套桂格派的技術。「我在你的單間牢房裡所看到的只是一處恐怖的墳墓，在這裡頭，悔恨及絕望取代了蛆，寸寸近逼，啃咬著你，並且讓你的存在變成提早降臨的地獄。但是……對於沒有宗教信仰的囚犯而言只是一座墳墓、只是一處令人厭惡的枯骨堆的東西，對信仰基督教的虔

18. 德・賈斯巴杭（A. E. de Gasparin），《呈內政部長之監獄改革報告》（ Rapport au ministre de l'Intérieur sur la réforme des prisons ）。

19. 波蒙（Beaumont）及托克維爾（Tocqueville），《論美國的刑事制度》（ Du système pénal aux États-Unis ），一八四五年版，第112頁。

20. 福克斯（Fox）說，「每個人都受到神聖的光所照亮，並且我在每一個人身上看到它閃閃發亮。」從一八二〇年開始，賓州、匹茲堡及櫻桃山等監獄是在桂格派及胡桃街監獄這一脈相傳下所組織起來的。

21. 《經濟學家月刊》（ Journal des économistes ），第II卷，一八四二年。

22. 阿貝勒・布魯埃（Abel Blouet），《單間式監獄計畫》（ Projet de prisons cellulaires ），一八四三年。

誠囚犯來說，卻成為讓人喜樂的不朽之搖籃。」[23]

在這兩種模式間的對立上，還再延伸出一系列不同面向的衝突：宗教方面（信教是矯正的主要項目嗎）、醫療方面（完全隔離使人瘋狂嗎）、經濟方面（哪一套模式成本最低）、建築及行政方面（什麼形式保證最佳的監視）。這可能說明了爭論何以持續這麼久的原因。但是，占據諸多爭論核心位置並讓這些爭論得以產生的，是監懲行動的第一個目標：透過瓦解任何不受權力控制或層級架構指揮的關係而實現強制性個體化（individualisation coercitive）。

二、「穿插著用餐時間的勞動伴隨著囚犯直到晚禱；此時，一夜新眠給他愜意的休息，沒有任何無節制想像所滋生的幻念會來干擾它。如此，一周六天過去。緊接著而來的是全心全意投入祈禱、教誨及有益默想的一日。以如此的方式，持續幾週、幾月、幾年；以如此的方式，初踏入監獄時還是一個不穩定或篤信不法、透過他各式各樣的惡習來招致自我毀滅的人，開始藉著剛開始只是純然外在但不久後便化為第二天性的習慣的力量，慢慢變得如此熟悉於勞動及從中源源不絕湧現的快樂，乃至於當他的靈魂在一種充滿智慧的教導下走向懺悔，我們可以更有信心地讓他面對各種誘惑，乃至於對他報以自由之回復。」[24] 連同隔離，勞動被界定為監懲改

造的一項作用因子。在這方面，從一八〇八年法典制定以來，情況便是如此：「如果法律所判處的刑罰是以罪行之彌補為目標，那麼它也要做到受刑人的改造，如果能將罪犯從這種百害而無一利的懶惰——這致使他被關入監牢，並且在此將再度纏上他，控制他，引他步上最後的墮落——中脫身，那麼這雙重的目標便圓滿達成。」[25] 勞動既不是對拘留

23.　貝提涅神父（Abbé Petigny），《凡爾賽監獄單間牢房啟用典禮上對囚犯講話》（*Allocution adressée aux prisonniers, à l'occasion de l'inauguration des bâtiments cellulaires de la prison de Versailles*）。同時參照幾年後在《基度山恩仇記》中關於監懲後復活所表現出非常鮮明的基督論版本；但當中所涉及的，不是在監獄中學習對法律的順服，而是藉著一種祕密知識而獲得了一種超越司法官不公不義並伸張正義的權力。

24.　胡里歐斯（N. H. Julius），《監獄的教訓》（*Leçons sur les prions*），法譯本，一八三一年，第一卷，第417-418頁。

25.　黑爾（G. A. Real），《刑事訴訟法理據》（*Motifs du Code d'instruction criminelle*）。在此之前，多項內政部的命令已經提出讓囚犯勞動的必要性：頒布於共和六年果月五日、共和八年穡月三日、共和九年雨月八日及風月二十八日、共和十年霧月七日等多項命令。緊接著一八〇八年及一八一〇年的刑典之後，我們可以看到仍然有新的命令發布：一八一一年十月二十日、一八一二年十二月八日；或者是一八一六年發布的長篇命令：「盡可能照顧囚犯是至關重要的。我們必須藉著讓忙於勞動者的待遇與那些只想繼續懶散者的待遇有所區別，來讓他們產生勞動的渴望。前者比後者吃得更好、睡得更好。」默倫（Melun）及克雷沃（Clairvaux）兩地的監獄很早便以大型作坊的型態進行組織。

制度的補充也不是修正：無論所涉及的是強制勞動、徒刑、還是監禁，它都被立法者當成絕對必要跟監禁制度並行的東西。不過，此種必要性不同於十八世紀的司法改革者所說的那種必要性，當他們有意將之或者作為公眾的榜樣，或者作為一種對社會有用的彌補。在監懲體制中，勞動與懲罰間的關聯方式屬於另一種類型。

在復辟時期或七月王朝期間的多項爭議可以釐清人們賦予刑罰勞動的作用。首先是關於工資的討論。在法國，犯人的勞動被給予報酬。問題是：如果工資回饋了在獄中勞動，那是因為它實際上並非懲罰的一部分；因此，囚犯可以拒絕勞動。此外，好處所回報的是工人的技能，而不是受刑人的改造：「最惡劣的人幾乎在各方面都是最靈活的工人；他們獲得最多報酬，因此也是最不節制及最不容易悔改的人。」[26] 這場從未完全消聲匿跡的討論在一八四〇至一八四五年間重新搬上檯面並且非常熱烈：這是發生經濟危機的年代，工人騷動的年代，這也是工人與犯法者的對立開始凝結起來的年代[27]。出現了一些反對監獄作坊的罷工：當肖蒙（Chaumont）的一位手套業者取得在克雷沃監獄（Clairvaux）裡組織一處作坊機會時，工人起身抗議，宣稱他們的工作受到侮辱，並占領廠房，強迫老闆放棄這個計畫[28]。在工人報紙上，還出現了一系列的新聞宣傳：其主題有

關政府偏好刑罰勞動，以便降低「自由的」工資；有關這些
監獄作坊的弊端對婦女而言顯得更為嚴重，其搶走了工作機
會，讓她們被迫賣淫，因而被關進監獄，於是這些當她們還
自由時無法再工作的婦女，現在跟那些還有工作做的婦女競
爭[29]；有關人們將最安全的工作留給囚犯——「小偷在非常
溫暖及受到遮蔽的環境中進行製帽及家具製造」，而製帽工
人則失業，必須去「人類屠宰場（l'abattoir humain），以每天
兩法郎的酬勞生產白鉛」[30]；有關慈善事業對囚犯的勞動條
件投以最大的關注，但卻漠視自由工人的勞動條件：「我們
確信，舉例假使囚犯負責生產水銀，那麼科學就會以比一般
情況更為迅速的方式去找尋方法避免勞工受到水銀揮發之危

26.　馬赫給・瓦斯洛（J. J. Marquet Wasselot），第三卷，第171頁。

27.　參見本書第524頁。

28.　參考阿給（J. P. Aguet），《七月王朝的罷工》（Les Grèves sous la monarchie de Juillet），一九五四年，第30-31頁。

29.　《作坊》（L'Atelier），第三年第四期，一八四二年十二月。

30.　《作坊》（L'Atelier），第六年第二期，一八四五年十一月。

害：『這些可憐的受刑人！』說這話的人卻罕少講到鍍金工人。您想怎麼樣，您必須殺過人或偷過東西才能獲得同情或關注。」尤其有關假如監獄開始變成作坊，人們將很快把乞丐及失業者送到這裡，如此重新恢復法國的收容所（hôpitaux généraux）或英格蘭的濟貧院（workhouses）[31]。特別是在一八四四年法律案投票之後，還出現一些請願書及信函：一份請願書被巴黎議會（Chambre de Paris）所駁斥，其「認為，人們提出將殺手、殺人犯、小偷投入一些在今日攸關數千名工人命運的工作上，這是不人道的」；「議會偏好巴拉巴（Barrabas）[xv]尤勝於我們」[32]；當一些印刷工人得知人們將在默倫中央監獄設置一所印刷廠時，他們寄信給部長：「您必須在那些公正地被法律懲罰的上帝棄民與那些在克己及正直中將他們的歲月等量地奉獻給家庭之存續及國家之財富的公民之間做出決定。」[33]

針對這一整個系列的媒體宣傳，政府及行政當局所給出的回應非常一致。刑罰勞動不能從它所引發失業的角度來評判：因為其規模很小，產量有限，無法對經濟造成一般性的影響。並非如同生產活動，它便從事情內在的角度上是有用的，而是從它在人類機械學（la mécanique humaine）中所具有的作用而論。它是一套秩序及規則性的原理；透過它所特有的要求，它以一種察覺不到的方式傳達了一種嚴厲的權力

所具有的種種形式；它將身體彎曲成一些符合規則的運動，它排除激動及分心，它不但強加了一種層級架構及一套監視方式，而且這二者同時也以更理想的方式獲得接受，同時也更深層地刻畫在受刑人的行為舉止中，並成為其邏輯的一部分：通過勞動，「規則被導入監獄中，它並不費勁、沒有動用到任何鎮壓和暴力手段而在此統治著。藉由讓囚犯不得空閒，人們令之養成秩序及服從的習慣；人們令之變得勤奮和積極，從他過往的懶惰中……隨著時間的推移，現在他在收容所的規律運動中、在人們命令他從事的手工勞動中……找到了一帖可靠的處方，來對抗他的想像所衍生的種種偏失。」[34] 刑罰勞動本身必須被視為一整套機制，它將充滿暴

31.　同上。
32.　《作坊》（*L'Atelier*），第四年第九期，一八四四年六月，以及第五年第七期，一八四五年四月。同時參考同一時期的《和平民主》（*La Démocratie pacifique*）。
33.　《作坊》（*L'Atelier*），第五年第六期，一八四五年三月。
34.　貝宏傑（A. Bérenger），《向道德科學院報告》（*Rapport à l'Académie des sciences morales*），一八三六年六月。

力、激動、欠缺思索能力的囚犯改造成一個帶著一種完美規則性而履行其角色的零件。監獄並不是作坊；它是、它必須本身就是一部機器，囚犯－工人（détenus-ouvriers）同時是它的齒輪和產品；它「占用」他們，並且「在填滿他們每一時刻這個單一目標下持續如此。當身體活動了起來，當精神專注在於某個特定的對象上，惱人的念頭就會遠離，心靈中的平靜就會重生。」[35] 如果到最後，監獄的勞動具有經濟方面的作用，此係依循著工業社會的基本規範來生產出機械化的個體（individus mécanisés）：「勞動是現代民族的至善；它在其身上取代了道德，填補了信仰的空虛，並成為任何善之源頭。勞動應該成為監獄之宗教。針對一個社會－機器，需要一些純粹機械的改造方式。」[36] 這是個體－機器的製造，但也是無產者的製造；事實上，當人所擁有的只是「雙臂，來謀求一切」時，人只能依靠「其勞動的產品，藉著一份職業的操持，或是他人勞動的產品，藉著偷竊的本事」；而如果監獄沒有迫使罪犯勞動，那麼它便會在其機構自身中並透過財稅的方式重蹈一些人從另一些人的勞動上抽取的情況：「懶惰的問題跟在社會裡頭沒什麼兩樣；如果囚犯不仰賴著自己的勞動來生存，那麼他們便需要其他人的勞動來生活。」[37] 受刑者藉以供給他自己所需的勞動讓偷竊者重新被認可為順服的工人。而正是在此處，刑罰勞動酬勞的效用發

揮其影響力；它將工資的「道德的」形式強加給受刑人，如同他生存的前提。工資使得對於勞動的「愛與習慣」得以養成[38]；它將財產──「人們靠著額頭上的汗水而獲得的財產」──的涵義給予這些漠視我的跟你的有別的罪犯[39]；它還將遠見、儲蓄、對未來的估算教導給這些過往生活在揮霍無度中的人[40]；最後，藉著對所完成的勞動成果的評量，它可以量化地顯現出囚犯在勞動上的投入及改造的進展[41]。刑罰勞動的工資並不為生產提供報酬；它起了一個帶動的作

35. 　唐助（E. Danjou），《論監獄》（*Des prisons*），一八二一年，第180頁。

36. 　佛榭（L. Faucher），《論監獄之改革》（*De la réforme des prisons*），一八三八年，第64頁。在英格蘭，「踏車」（tread-mill）和幫浦（pompe）提供了一種用於囚犯身上的規訓機械裝置，不具任何生產效果。

37. 　盧卡斯（Ch. Lucas），《論監獄之改革》*De la réforme de prisons*），一八三八年，第二卷，第313-314頁。

38. 　前引書，第343頁。

39. 　唐助（E. Danjou），前引書，第210-211頁；同時也參考《作坊》（*L'Atelier*），第六年第二期，一八四五年十一月。

40. 　盧卡斯（Ch. Lucas），同前。日薪的三分之一被保留下來，以待犯人出獄。

41. 　杜克培修（E. Ducpétiaux），《論單間式監禁系統》（*Du système de l'emprisonnement cellulaire*），一八六七年，第30-31頁。

用，並且判別個體改造的情況：這是一種司法的虛構，因為它並不代表勞動力「自由的」轉讓，而是一種被視為在矯正技術中有效的手段。

那麼，刑罰勞動的用處何在？它不是一種獲利；甚至也無關有用技能之養成；而是一種權力關係之構成，一種虛位以待的經濟形式（forme économique vide）之構成，一種個體服從及依生產機制調整自己的模式之構成。

監獄勞動的完美圖像：在克雷沃監獄的婦女作坊；整部人類機器無聲的精確性在此結合上修道院規矩的一絲不苟：「在上方有十字架的講臺上，一位修女端坐著；女囚在她面前排成兩行，正執行著交付的任務，由於幾近皆屬針線的活兒，因此一種最嚴格的安靜總是延續著……似乎在這些廳堂裡，一切都散發出懺悔及贖罪。如同透過一種自發的運動，人們回到這個古老處所過往那種令人景仰的習慣的年代；人們追憶起那些為了從世界抽身而將自己禁閉在此的自願懺悔者。」[42]

三、但監獄以一個更為重要的方式超出了單純對自由的剝奪。它趨向成為一種懲罰的微調（modulation）工具：一種機制，它通過執行被交付的判決，至少在某部分有權對判決進行調整。當然，在十九世紀，甚至在二十世紀，除了在一種

片斷的形式下（通過假釋、半自由方案、改良式中央監獄之設置），監懲制度都沒有取得這項「權利」。然而值得注意的是，懲治監獄的官員很早就主張這種權利，甚至視為監獄正常運作及有效執行司法所交付的改造任務的前提。

如此，針對懲罰的期限長短：它允許針對刑罰進行準確的量化、根據犯案背景來劃分刑罰的等級、賦予司法懲罰或多或少明確的工資形式；然而如果它在審判的層次上以畢其功於一役的方式被決定，其矯正價值便可能喪失。刑罰的長度不應以違法行為之「交換價值」為準；它必須根據囚犯服刑過程中的「有用的」改造狀況來調整。它不是一種作為尺度的時間（temps-mesure），而是一種受到目的所導向的時間（temps finalisé）。不是工資的形式，而是操作的形式。「正如審慎的醫生根據患者達成或未達成完整的痊癒而停止或繼

42.　請與佛薛（Faucher）的此篇文章做比較：「請您走進一間紡紗廠；聽一聽工人交談及機器運轉聲。世界上還有比這些機械運動之規律性及可預期性與如此眾多的男男、女女及孩童相聚之下所產生出的想法及個人習性的混亂更讓人感到震撼的對比嗎。」《論監獄之改革》（De la réforme de prisons），一八三八年，第20頁。

續他的治療，同樣地，在這兩種假設的第一種當中，在受刑人獲得完整改造的情況下，贖罪的部分應該要停止；因為在這種情況下，任何拘留都變得毫無用處，也因此對受到改造的犯人而言是不人道的，對國家而言則是無益的浪費。」[43]因此，恰當的刑期不僅必須根據犯行及犯案背景有所不同，而且應配合刑罰本身實質進展而有所不同。反過來，這便意味著，如果刑罰必須個體化，這並非立基於作為違法者的個體、其行為的司法主體、該為犯法行為負責的作者，而是立基於被懲罰的個體、以一種受控制的方式進行改造的客體、被關在監懲機制中受它改造或對它回應的被拘留個體。「只關乎改造犯人。一旦改造完成，罪犯必須回到社會。」[44]拘留的性質及內容也不應僅由違法行為的屬性所決定。對受刑人可矯正與否，罪行在司法上的嚴重性根本不具有單義記號（signe univoque）的價值。特別是，刑法將之跟監禁及徒刑（réclusion）或強迫勞動此一區分相對應的犯罪－犯法（crime-délit）區分在〔受刑人〕改造方面並不具有操作性。在一八三六年由司法部所做的一項調查中，這一點幾乎是中央監獄的典獄長所提到的普遍看法：「一般來說，〔犯法的〕矯正犯都是最壞的⋯⋯在〔犯罪的〕罪犯中，則有很多人皆係出於一時衝動或迫於家庭食指浩繁而在暴力前低頭。」「罪犯的行為遠比矯正犯的行為好得多；前者較為順

從、更加勤奮，而後者一般都是狡猾、放蕩、懶惰之徒。」
[45] 這是何以會有人認為，懲罰的嚴屬性不應與被判罪行的刑
事嚴重性呈直接的比例關係。也不應該畢其功於一役的方式
加以決定。

作為矯正操作，監禁有其自身的要求及變數。它的階段劃
分、適時的加重、持續的減輕，端視其執行的效果來決定；

43.　波奈維勒（A. Bonneville），《預先釋放》（*Des libérations préparatoires*），
　　一八四六年，第6頁。波奈維勒提出了「預備性自由」（liberté
　　préparatoire）的措施，但也提出了「身受刑外加」（supplément afflictif）
　　或說監獄刑期增加的措施，如果事實證明「根據犯法者冷酷無情的可能程度
　　所大致確定的懲罰處分不足以產生預期效果的時候」。這種外加不得超過懲
　　罰的八分之一；預備性自由則可在懲罰完成四分之三後施行。參見《論各種
　　補充性機構》（*Traité des diverses institutions complémentaires*），第251頁
　　開始。

44.　盧卡斯（Ch. Lucas），引自《法庭報》（*la Gazette des tribunaux*），
　　一八三七年四月六日。

45.　引自《法庭報》（*la Gazette des tribunaux*）。另見馬赫給－瓦斯洛
　　（Marquet-Wasselot），《庇護所之城》（*La Ville du refuge*），一八三二
　　年，第74-76頁。盧卡斯指出，矯正犯「基本上來自城市居民」，而「大多數
　　徒刑犯來自農業人口」，《論監獄之改革》（*De la réforme des prisons*），
　　一八三六年，第一卷，第46-50頁。

夏勒‧盧卡斯稱之為「品性的動態分級」（classement mobile des moralités）。自一八二五年以來在日內瓦實施的漸進式體制[46]也經常在法國受到主張。例如，在三區（quartiers）的形式之下；包括涵蓋大多數囚犯的考核區、懲罰區及對那些正在改善者的獎勵區[47]。或者採取四個階段的形式：威嚇階段（剝奪勞動及任何內外關係）；勞動階段（隔離但勞動，在強迫閒置階段後，勞動將被當成恩惠受到接納）；教化方案（以頻繁程度不一的方式與官方領導或訪員「會談」）；共同勞動階段[48]。如果刑罰的源頭確實是一樁司法決定，其管理、性質及嚴厲程度卻應當歸屬一套自主機制，就在產生懲罰作用的機制內部管控其作用。一整套懲罰及獎勵方案不僅是讓監獄規則受到遵守的一種方式，更是讓監獄對囚犯所展開的行動有效的方式。這一點，連司法當局自身也承認：「在受到諮詢針對監獄法案提供意見時，最高法院說，無須對於給予獎勵的想法感到驚訝，其方式可以是勞役金的部分更多、伙食更好、甚至是刑罰的縮減。如果有什麼事物可以在受刑人心中喚醒善惡觀念、引領他們走向道德反省，並且在他們的眼中抬高自己，那麼這就是獲得獎勵的可能性。」[49]

我們必須承認，對於所有這些在刑罰開始執行後進行修正的程序，司法機關無法擁有立即的權力。事實上，根據定義，

這只涉及發生在判決之後、並僅限於違法行為以外的措施。因此，當事涉刑罰在施行上的個別化及變化時，這是負責管理拘留的人員所不可或缺的自主性：比起刑事權力的掌握者，獄監、機構主管、神父或導師更能夠行使這項矯正功能。正是他們的判斷（以見證、診斷、特性描述、細節補充、差異分級等方式被聽取），而不再是透過定罪形式所進行的判決，應當作為刑罰進行內部微調的依據，包含減輕或甚至是中止。當波奈維勒在一八四六年提出假釋的法案時，他將之定義為「在司法機關先行意見的基礎上，獄政單位所具有的權利，對服刑時間夠久並以若干條件為前提下，讓獲得改造的受刑人以暫時性的方式獲得自由，除非出現任何

---

46. 佛斯奈勒（R. Fresnel），《對庇護院的思索》（*Considération sur les maisons de refuge*），一八二九年，第29-31頁。

47. 盧卡斯（Ch. Lucas），《論監獄之改革》（*De la réforme des prisons*），一八三八年，第二卷，第440頁。

48. 杜哈斯（L. Duras），文章發表在《進步》（*Le Progressif*），並由《法郎吉》雜誌（*La Phalange*）引述，一八三八年十二月一日。

49. 盧卡斯（Ch. Lucas），前引書，第441-442頁。

有憑據的指控而將之重新關入獄中。」[50] 存在於刑法舊體制中讓法官可以更動刑罰、讓君王在有必要時可以中止刑罰的這整個「專斷性」，現代刑法已經從司法權力中去除的這整個專斷性，我們看到它一步一步地在負責管理及控制懲罰權力的這一邊重新形成。這是獄卒富含知識的統治權（souveraineté savante）：「貨真價實的法官，被招喚來在獄中至高地（souverainement）遂行治理……並且為了不辱其使命，他應該在最卓然的效能（vertu）上結合起一套深刻的人文科學。」[51]

我們從這裡碰觸到一個被夏勒‧盧卡斯明白說出來的原則，而儘管這個原則標誌著現代刑事運作上的一個基本傾向，但今日少有法學家敢無保留地承認此一原則；我們將之稱為監懲獨立性宣言：在其中，人們主張有權利不僅是一個具有其行政自主性的權力並且也如同刑罰統治權的一部分。這種對監獄權利之肯定主張：刑事判決是一種專斷的集合；它必須被拆解；刑典的起草者已經合理地區分出立法的層面（其對罪行分類並施以懲罰）、以及審判的層面（做出判決）；今日輪到後面這個層面，任務是對之進行分析；必須在其中區分什麼是真正屬於司法的部分（較不是判斷行為，而是判斷行為者，衡量「那些賦予人類行為這麼多不同道德性（moralités）的意圖」，從而如果能夠的話，修正立法者所給予的評價）；並且給予「懲治監禁判

斷」其自主性，這可能是最重要的；相較於它，法庭的評判只不過是一種「預先審判的方式」，因為行為者的道德性無法受到評斷，「除非是透過考驗的方式。因此，法官欠缺著針對他的評價所做的一種必要及修正性的控制；而這種控制，正是懲治監獄所必須提供的。」[52]

因此，相較於司法拘留，人們可以說到一種或一連串監禁的過度（excès）——相較於「司法」，「監懲」（carcéral）的過度。而從監獄誕生以來，無論是以實際的實務形式、還是以計畫形式，很早便可以看到這種過度。它並非隨後以副作用的方式出現的。整套大型的監懲機制與監獄運作本身息息相關。從獄卒「無用的」暴力上或是從一種在封閉地點享有特權的行政機關所展現出的專制主義中，我們可以清楚地看到這種自主性的跡象。它的根源在別處：正在於人們要求監獄「有用」這一點上，正在於剝奪自由——這種對一種理想的資

50.　波奈維勒（A. Bonneville），《預先釋放》（*Des libérations préparatoires*），一八四六年，第5頁。

51.　貝宏傑（A. Bérenger），《向道德科學院報告》（*Rapport à l'Académie des sciences morales*），一八三六年六月。

52.　盧卡斯（Ch. Lucas），前引書，第二卷，第418-422頁。

產（un bien idéal）的司法抽取——從一開始便行使了一種積極的技術作用，在個體上操作改造。為了這樣的操作，監懲機制採用了三大模式：個體隔離及層級制之政治－道德模式；被用於強制勞動中的力量之經濟模式；治癒及標準化之技術－醫療模式。單間牢房、作坊、醫院。相較於拘留，監獄超出的範圍實際上由規訓類型的技術所填補。簡而言之，正是這種相對於司法而言的規訓外加部分被稱為「懲治監獄」（le pénitentiaire）。

* * *

這樣的添加並非沒有遭遇問題就獲得接受。首先面臨的是原則的問題：刑罰不應該多過於自由的剝奪；一如我們當今的執政者，德卡茲也這麼說，只不過帶著他言語的光芒：「法律必須在它將罪犯送入的監獄中跟著他。」[53] 但很快地——而且這是一件具寫照性的事實——這些爭辯就演變成搶奪關於這種懲治「外加」控制權的戰爭；法官將會要求對監懲機制加以察看的權利：「囚犯的教化需要許多合作夥伴；唯有透過訪視、監督委員會、庇護協會，這樣的工作才能完成。因此，它需要許多輔助，並由司法負責提供。」[54] 從這個時期開始，懲治監獄的這套秩序已經取得相當的堅實性，致使人們所能做的不是去拆解它，而是去納入它。因此，出現了對監獄抱持高度興趣的法官。在一個世紀後，從中誕生出一個混種但畸形的後代：主管刑罰

實施的法官。

但是，在其相對於拘留而言的「過度」這一點上，如果在事實上懲治監獄得以站穩腳跟，甚至能夠困住整個司法體系並讓法官自身也成為其禁臠，這是因為它能夠將刑事司法導入一些知識關係當中，而對它而言，這些關係現在變成它無止境的迷宮。

監獄是刑罰執行的地點，同時也是對受懲罰個體進行觀察的地點。這是在兩個意義上來說的。首先，當然是為了監視。但也要了解每個囚犯、其行為、其深層傾向、其持續中的改善；監獄應該被設計成一處建立囚犯臨床知識的地點；「懲治系統不可以是一種先驗構想；此乃一種社會狀態的歸納。它是社會狀態之道德疾病與健康意外，其治療取決病痛的部位及發展方向。」[55] 這包含兩項基本的措

53. 德卡茲（E. Decazes），呈國王之監獄報告，《箴言報》（*Le Moniteur*），一八一九年四月十一日。

54. 維維安（Vivien），收入費惠司（G. Ferrus），《論囚犯》（*Des prisonniers*），一八五〇年，第VIII頁。一八四七年的一份飭令設置了監督委員會（commissions de surveillance）。

55. 雷翁・佛榭（Léon Faucher），《論監獄之改革》（*De la réforme des prisons*），一八三八年，第6頁。

施。囚犯必須受到持續性的觀察；所有能夠從他們身上取得的評分必須被記錄及登記下來。全景監獄的議題——同時涉及監視及觀察、安全及知識、個體化及總體化（totalisation）、隔離及透明——在監獄中找到了它在實現上的得天獨厚的地點。如果作為權力行使之具體形式的全景式程序，至少在一種分散的狀態下，曾經獲得很廣泛的擴散，那麼唯有在懲治機構中，邊沁的烏托邦才以完整的方式獲得一種物質形式。在一八三○至一八四○年前後，全景監獄成為大多數監獄計畫的建築方案。這是以最直接的方式將「規訓之知性（intelligence）」轉換「在石頭中」[56]；讓建築對權力的管理而言是一目了然的[57]；允許用一種萬無一失的監視之柔和效率來取代力量或暴力的約束；根據近來的刑法人性化趨勢及新的懲治理論來安排空間：「因此，一方面是權力當局，另一方面是建築師，他們必須知道是否應該將監獄安排在刑罰柔和化的方向中，在一種改造受刑人的系統中[xvi]，並且合乎一套立法，其透過上溯到人民罪惡之源頭，成為其必須實踐的德性之再生原理。」[58]

　　全部加在一起，便構成了一部監獄－機器[59]，它有一種可透視的單間牢房，當中囚犯有如身處「在希臘哲學家的玻璃屋中」[60]，以及一個中心點，由此一個持續性的觀看得以同時控制囚犯及工作人員。以這兩項要求為基礎，存在著好幾種可能的變型：邊沁全景監獄的標準形式、或半圓形、或十字型的平面圖、或者是星形的配置方式[61]。面對著所有這些討論，內政部長於一八四一年重申了基本原則：「中

央監看室是系統的樞紐。沒有中央監看點，監視工作便不再能夠獲得確保並且具有連續性及全面性；因為對於負責直接監視單間牢房人員的作業、熱忱及精明程度，我們不可能完全放心……因此，建築師必須將整個注意力放在這個目標上；當中同時涉及規訓及經濟的問題。監視越準確及容易，就越不需要仰賴建築〔所配置〕的武力來防範逃獄的舉動及囚犯間的互通有無。如果在不改變位置的情況下，獄方主管或勤務主任可以從中央室不僅看到所有牢房的入口，甚至當整扇的

56. 盧卡斯（Ch. Lucas），前引書，第一卷，第69頁。
57. 「如果人們想要在忽視建築問題的情況下來處理行政問題，那麼人們就被迫建立一些與現實相違的原理；然而在充分了解行政需求的情況下，建築師可能會認可某個或許被理論歸在烏托邦之列的監禁系統。」參見阿貝勒・布魯埃（Abel Blouet），《單間式監獄計畫》（*Projet de prisons cellulaires*），一八四三年，第1頁。
58. 巴勒達（L. Baltard），《監獄建築圖譜》（*Architectonographie des prisons*），一八二九年，第4-5頁。
59. 「在他們所有的工程中，英格蘭人都帶著機械方面的天才……並且希望，他們的建築如同一部受單一引擎驅策的機器般地運作著」，前引書，第18頁。
60. 阿努－侯曼（N. P. Harou-Romain），《懲治監獄計畫》（*Projet de pénitencier*），一八四〇年，第8頁。
61. 參見本書圖18至26。

房門打開的情況下可以看到大多數牢房的內部，而自己卻不被看到，甚至還可以看到在各樓層負責看管囚犯的監視人員，如此，這會是完美的監視……藉著圓形或半圓形監獄的安排，似乎可以從單一的中心看到所有囚犯在他們單間牢房中，以及在監視走廊上的獄卒。」[62]

不過，懲治全景監獄也是一套個體化及持續性的檔案建立系統。人們針對監獄的興建建議出各種邊沁方案的變型的同一年，人們也促使「道德帳戶」（compte moral）系統成為強制性的：一份在所有監獄裡格式都統一的個人資料表，並且針對每一位囚犯，典獄長或獄卒隊長、神父、導師被要求在表格上寫下其觀察：「在某種程度上，這是監獄行政部門的指南（le vade-mecum），它讓行政部門可以評斷每個個案、每項情況，並且在這個基礎上明白以個別的方式應用在每個囚犯身上的處置方案。」[63] 還有許多其他遠遠更加完善的記錄系統曾經被提出或獲得嘗試[64]。無論如何，這所涉及的是把監獄變成一種知識構成的地方，這種知識應該作為懲治措施行使上的調節原理。監獄不僅要知道法官的決定並按照既定規則予以落實：它還必須持續針對囚犯抽取一種將懲罰措施轉變為懲治操作（opération pénitentiaire）的知識；其將由於違法行為而成為必要的刑罰變成一種對社會有利的受刑人的改造。監懲體制之自主性及這種自主性所促成的知識使得被刑典擺在其懲罰哲學原理上的這種刑罰效用倍增：「至於典獄長，他不能忽視任何一位囚犯，因為無論是囚犯正要進去的某個獄區、或是他正從中離開、或者他繼續待在其中，在這方面，典獄長同樣必須說明

他留在某個類別中或他換到另一個的原因。這是一名真正的記帳員（comptable）。對他而言，每一位犯人都是被放置在個別教育領域中的一筆帶著懲治作用利息（intérêt pénitentiaire）的資本。」[65] 懲治實踐是一種富含知識的技術，它讓投資在刑罰系統及重大的監獄建設中的資本可以有所收益。

相對地，罪犯成為需要認識的個體。這種知識的要求並未在一開始就被加進司法審判活動中，以便以更好的方式奠定判決的基礎，並實際上確定有罪程度的估量。這是作為已被定罪者，並且是身為懲罰

62. 杜卡戴勒（Ducatel），《拘留所建築指引》（*Instruction pour la construction des maisons d'arrêt*），第9頁。

63. 杜克培修（E. Ducpétiaux），《論單間式監禁系統》（*Du système de l'emprisonnement cellulaire*），一八四七年，第56-57頁。

64. 例如參考德·葛構希（G. de Gregory），《普遍刑法方案》（*Projet de Code pénal universel*），一八三二年，第199頁開始；葛列－瓦米（Grellet-Wammy），《監獄手冊》（*Manuel des prisons*），一八三九年，第二卷，第23-25頁及第199-203頁。

65. 盧卡斯（Ch. Lucas），《論監獄之改革》（*De la réforme des prisons*），一八三八年，第二卷，第449-450頁。

機制實施對象的情況下，違法者才成為知識的可能對象。

然而，這便意味著懲治機制，連同隨之而來的整套技術方案，做了一個奇妙的替換：從司法的手中，它的確接收了一位被定罪者；但它所應該處理的對象當然並不是違法行為，甚至也不盡然是違法者，而是一個有點差異的目標，其由一些變項（variables）所界定，但至少在開始時這些變項並未在判決中受到考量，因為它們僅對一套矯正技術而言才是切題的。懲治機制用以替換被定罪違法者的另外一位人物就是犯法者（délinquant）。

犯法者與違法者有別之處，在於掌握其特徵時是他的生命而不是他的行為比較切題。如果懲治作用想成為一套貨真價實的再教育，它便必須將犯法者之存在加總（totaliser）起來〔考量〕，使監獄成為犯法者之存在於此必須徹頭徹尾重新把握的人為性及強制性劇場。司法懲罰所針對的是行為；懲罰技術所針對的是生命；因此是由懲罰技術負責在知識的形式中重建出〔犯法生命〕最細微處及最壞的部分；是由它藉著一套約束性的做法來負責調整其結果或填補其缺陷。對〔犯法者〕生平的認識與被矯正的存在之技術。對犯法者的觀察「不僅要回到其犯案的背景，還要追溯到他罪行的原因；在他的生命史中，透過其養成、社會位置和教育這三重視野之下，尋找原因，以便認識及確認第一項的危險傾向、第二項的不利條件及第三項的不良經歷。這種生平調查是司法預審的一個重要部分，以利刑罰的分類（classement des pénalités）──隨後成為一項懲治系統條件，以利品德

的分類（classement des moralités）。它必須跟隨著囚犯從法庭一路到監獄，在此處，典獄長室不僅接收這份生平調查資料，並且在拘留的過程中，完整之、控管及修正其內容。」[66] 在事實調查可以將犯法行為之責任歸在其身上的這個違法者後頭，浮現出犯法特質（le caractère délinquant）的輪廓，生平調查可以呈現出其漫長的形成過程。在刑罰歷史中，「生平」的引入具有重要性。因為它讓「罪犯」存在於罪行之前，並甚至存在於罪行之外。並且從這裡開始，一種心理的因果關係——其與司法的責任歸屬並行——將讓責任的作用變得模糊不清。於是我們踏入了「犯罪學的」迷宮，至今要擺脫它還有相當遠的一段距離：任何原因——如同一種決定因素，只會減輕當事人的責任——都在違法行為的作者身上標上一種更令人生畏的犯罪性，並且要求更加嚴屬的懲治措施。當在刑罰施行中罪犯的生平添加在背景分析上的時候，當問題涉及評定罪行的時候，我們會看到刑罰論述與精神病學論述混淆著它們的界線；而在此，它們的交界處，形成了這種「危險的」個體（individu dangereux）的概念，藉此得以在整個生平上建立一

66.　　前引書，第440-442頁。

套因果關係網，並且得以做出懲罰－矯正的判決[67]。

犯法者與違法者的區別也在於犯法者不單是其行為的作者（根據某些自由的及有意識的意志方面之判準而負有責任的作者），而更在於他經由一整束複雜線段（本能、衝動、傾向、性格）而關聯上他的犯法行為。懲治技術所根據的並非作者關係（relation d'auteur），而是犯罪者與其罪行之親和性（affinité）。犯法者——一個犯罪性整體現象（un phénomène global de criminalité）之獨特展現——分佈在幾近自然的階級中，每個這類的階級都帶有這些明確並歸屬於一套特定處理方式的特徵，如同被馬赫給－瓦斯洛（Marquet-Wasselot）在一八四一年稱為「監獄民族誌」（Ethnographie des prisons）的東西：「被定罪者是……在同一群人民當中的另一群：這群人民有其不同的習慣、本能、風俗。」[68] 在此處，我們仍然非常接近那種關於罪犯世界「多采多姿的」描述——由來已久的古老傳統，並在十九世紀上半葉，當關於另一種生命形式之感知方式開始連結上關於另一個階級、另一個人種之感知方式的時候，重新獲得活力。一門關於社會亞種（sous-espèces sociales）之動物學，一種罪犯文明之民族誌，伴隨著它們的儀式及語言，以一種滑稽模仿的形式出現。不過，當中卻浮現出建構一套新客觀性的工作，當中犯法者歸屬於一種既自然又偏差的類型學。犯法性（délinquance）是人種的病理偏離（écart pathologique），可以當成病態症侯群（syndromes morbides）或當成重大的畸形型態來加以分析。隨著費惠司（Ferrus）[xvii] 分類方式的提出，我們可能看到了從古老

的罪行「民族誌」到一套有系統的罪犯類型學最早的轉換案例之一。當然，其分析很薄弱，然而從中我們看到犯法應該根據標準（norme）而非法律明確化這個原則的清楚作用。犯人分成三個類型：那些人具備「優於我們確立的平均智力水平的智性資質」，但是他們或者被「其養成之趨向」及「天生傾向」所敗壞；或者被一種「有害的邏輯」、一種「不公正的道德」所敗壞；一種「關於社會責任的有害評判方式」。對於這些人，應當要日夜隔離，單獨散步，當必須讓其與他人有所接觸時，則需戴上「一副金屬網的輕面具，就像雕刻石頭或

67. 應該研究生平做法如何從對犯法個體（l'individu délinquant）之構成開始到擴散在懲罰機制中的情況：阿貝赫（Appert）所做的囚犯生平或自傳相關工作；參照著精神病學模式製作而成的生平卷宗（dossiers biographiques）；將生平資料運用在對被告的辯護當中。針對最後一點，我們也許可以比較十八世紀末針對三個被判處輪刑者或是針對珍娜・沙樂夢（Jeanne Salmon）所湧現的大量辯護陳情書，以及路易－菲利普時期的刑事辯詞。薛・德斯當吉（Chaix d'Est-Ange）為拉洪希耶（La Roncière）提出辯護：「假如在罪行發生很久之前，在指控提出很久之前，您可以細察被告的生命、深入其內心、探索最隱藏的深處，剖露出他所有想法、整個靈魂……」參見《演講與辯詞》（Discours et plaidoyers），第三卷，第166頁。
68. 馬赫給－瓦斯洛（J. J. Marquet-Wasselot），《監獄民族誌》（L'Ethnographie des prisons），一八四一年，第9頁。

比劃劍術時所戴上的那種」。第二種類型是由那些「惡毒、狹隘、愚蠢或被動的」罪犯所組成，「他們由於對羞恥如同對善良無動於衷，由於怯懦、由於懶惰、以及由於無法抵抗有害的教唆而被引向為惡」；適合他們的方案比較不是壓制而是教育，而且如果可能的話，採取互助教育的方式：夜間隔離，白天共同工作，允許高聲交談，共同閱讀，然後是交互提問，這些提問本身則以獎勵來肯定。最後，有些罪犯「愚蠢或無能」，「養成方面的不完整導致他們無法勝任於所有需要動腦並在意志中繼續的工作，他們因此不可能與聰穎的工人在勞動上競爭，並且他們既沒有接受足夠的教育來認識社會責任，也沒有足夠的理智來理解勞動並對抗個人本能，便被其無能本身帶向罪惡。針對他們，孤立只會強化其惰性；因此，他們必須共同生活，但採取小團體方式，持續受到集體工作所刺激，並受到嚴格的監視。」[69] 在這樣的情況下，一套針對犯法者及其種類的「實證的」知識逐步建立起來，這與針對犯法行為及其發生背景的司法鑑定非常不同；但它也有別於凸顯個人之瘋狂因而消除了行為之犯法性質的醫學知識。費惠司清楚地說明了原則：「被成群看待的罪犯無異於瘋子；把瘋子跟意圖為惡的人混為一談，是不公平的。」在這種新知識中，其所涉及的是「以科學的方式」鑑定作為犯行的行為，以及作為犯法者的個體。這給予了犯罪學成立的可能性。

刑事司法的對應方很可能是違法者，但懲治機制的對應方是另一個人；是犯法者，一個生平單元（unité biographique），「危險性」的

核心，一種異常類型之代表。如果，在法律所規定的剝奪自由的拘留上，監獄確實增添了懲治機制的這種「外加」，那麼懲治機制又導入了一個額外的人物，他悄悄地溜到被法律定罪者與執法者之間。被施以酷刑者之被烙印、斬斷、焚燒、毀滅的身體消失的此處，出現了囚犯的身體，並被附加上「犯法者」個體性、罪犯小小的靈魂，它們是懲罰機制自身所製造出來的，作為懲罰權力的實施目標，以及作為今日依舊被稱作懲治科學所要處理的對象。人們說監獄製造出犯法者；確實，它幾乎宿命地讓那些交付給它的人重新回到審判庭上。然而，它是在不同的意義上製造出他們：它在法律與違法行為之間、在法官與違法者之間、在犯人與劊子手之間導入犯法性之非關身體的現實（réalité incorporelle），其將〔上述的〕它們相互連結起來，並且從一個半世紀以來，讓它們全部都困在同一個陷阱中。

* * *

69. 費惠司（G. Ferrus），《論囚犯》（*Des prisonniers*），一八五〇年，第182頁開始、第278頁開始。

懲治技術與犯法人（homme délinquant）在某種程度上是孿生兄弟。勿信是在一種科學理性下發現了犯法者，接著再於古老的監獄中要求懲治技術之精進。也別相信是懲治方法內部的提升最終讓在司法抽象及僵化狀態下所無法察覺的犯法性「客觀」存在得以顯現。它們是二者一起並相互促成的情況下出現的，如同一個技術整體，它形塑並切割出其工具所要處理的對象。正是這個成形於司法機制的地下層──這個司法由於懲罰了其所定罪者而感到羞恥、從而將其目光移開的「建築底部」的層次──的犯法性，正是它現在開始纏著平靜的法庭及法律之崇高地位不放；當人們給出判決時，正是它需要被認識、評斷、度量、診斷、處置，當人們重新制定刑法時，現在正是它──這種異常、這種偏離、這種不吭聲的危險、這種疾病、這種存在形式──需要重新被納入考慮。犯法性，此乃監獄對司法的報復。可怕到足以讓法官啞然的復仇。犯罪學家的聲調此時上揚。

　　但我們必須牢記在心的是，作為所有規訓方式當中濃縮並嚴厲的化身，監獄並不是那種確立於十八及十九世紀之交的刑罰制度中的內生性元素（élément endogène）。無論是貝卡里亞一派的或是邊沁一派的「觀念學式」刑法，在背後扮演著支撐作用的是懲罰社會及基本的懲罰符號技術的主題，而這個主題並沒有要求對監獄的普遍運用。監獄來自別處──來自規訓權力所特有的機制當中。然而，儘管存在這種異質性，但監獄的機制及作用已經遍及整個現代刑事司法體系中；犯法性與犯法者寄生在這整個體系上。我們應該去探尋監獄這種令人

生畏的「高效率」之原因。不過，我們現在就可以先注意到一件事：十八世紀司法改革者所提出的刑事司法針對罪犯描繪出兩條可能卻分歧的客觀化路線：其一是落在社會公約之外的道德上或政治上的「怪物」；另一個是透過懲罰重新被認可的司法主體。「犯法者」正好可以讓這兩條路線交集起來，並且在醫學、心理學或犯罪學的確保之下建構出一個個體——在他身上，法律之違犯者與一套富含知識的技術之對象重疊在一起，或者大致如此。監獄移植到刑罰體系上並未引起激烈的抗拒，這可能基於多項原因。其中之一係藉著製造出犯法性，它給予刑事司法一個統一的客體領域，受到一些「科學」所認證，並且它以如此的方式允許刑事司法在一個「真理」的普遍視野中運作。

監獄——這個在司法機制中最黑暗的部分——是不敢再光明正大施展的懲罰權力默默組織一個客觀性領域的地方，當中懲罰得以如同治療方式而在光天化日下運作著，而判決得以名列知識論述當中。我們理解司法何以可以如此輕易地接納監獄這個全然不是從其思想中誕生出來的女兒。它確實該還給監獄這個公道。

i｜夏伯塔勒（Jean-Antoine Chaptal, 1756-1832），化學家、醫生，督政府時期，於一八〇一年被任命為內政部長。

ii｜德卡茲（Élie Louis Decazes, 1780-1860），貴族出身，曾任一八一五年出任警政部長，一八一八年擔任內政部長，一八一九年內閣主席兼內政部長。

iii｜維耶梅（Louis René Villermé, 1782-1863），醫生，被視為社會學先驅及勞動醫學的開拓者。傅柯所提到的這本著作是《現狀的監獄及理想的監獄：衛生、道德及政治道德的角度》（ *Des prisons telles qu'elles sont et telles qu'elles devraient être : par rapport à l'hygiène, à la morale et à la morale politique* ）。

iv｜馬丁涅克子爵（Jean-Baptiste Sylvère Gaye, vicomte de Martignac, 1778-1832），一八二八至一八二九年擔任內政部長及內閣實質領導人。

v｜波蒙伯爵（Gustave de Beaumont, 1802 -1866），波旁復辟時期開始進入司法界，一八三一年受政府委託，與政治思想家托克維爾（Alexis de Tocqueville, 1805-1859）連袂赴美進行獄政研究，並發表《論美國的懲治監獄制度及在法國的應用》（ *Du système pénitentiaire aux États-Unis et de son application en France* ），一八三三年出版。

vi｜法學家德梅茲（Frédéric-Auguste Demetz, 1796-1873）於一八三五年成為一個年輕囚犯組織的副主席，決定於一八三六年與建築師布魯埃（Guillaume Abel Blouet, 1795-1853）一起赴美考察獄政，成果於一八三七年出版：《美國懲治監獄報告》（*Rapports sur les pénitenciers des États-Unis*），並上呈時任內政部長的蒙塔立維（Montalivet）。

vii｜蒙塔立維（Camille Bachasson, comte de Montalivet, 1801-1880），法國貴族，路易－菲利普一世親信，於七月王朝期間（1830-1848）多次擔任內政部長

viii｜復辟時期（la Restauration）指一八一四至一八三〇年波旁王朝掌權時期，其間曾因拿破崙於一八一五年短暫重掌政權數月（三月二十日至七月八日）而中斷。第一次波旁復辟指拿破崙中斷前的階段。

ix｜唐助（Ernest Danjou）於一八二一年出版了《論監獄、其制度及改善方法》（*Des Prisons, de leur régime, et des moyens de l'améliorer*），本著作並曾於一八二一年三月十五日受到監獄協會（Société des prisons）所表揚。

x｜阿努－侯曼本名為侯曼‧阿努（Romain Harou, 1796-1866），建築師、監獄建築理論家，受邊沁的全景監獄概念所啟發，主張蜂窩狀監獄。

xi｜火箭街小監獄位於巴黎十一區，採用邊沁全景監獄概念設計，一八三〇年代啟用，目的是收容年輕囚犯，後成為專收女囚的監獄，一九七四年停用，同年被拆除。

xii｜阿貝赫（Benjamin Appert, 1797-1873），慈善家，致力於囚犯的教育問題，關切犯人在獄中的處境。

xiii｜盧卡斯（Charles Lucas, 1803-1889），法學家、犯法學家、獄政人員，強調監獄在懲治及預防方面的積極作用，廢死倡議者。

xiv｜有別於以絕對隔離為特性的賓州制，奧本制於一八二〇年在紐約奧本監獄（Auburn Prison）中發跡，強調犯人日間共同勞動、夜間隔離及長時間保持靜默。

xv｜巴拉巴是《新約聖經》裡的一名囚犯，彼拉多總督曾將他與耶穌一同帶到猶太人群眾前，詢問眾人應該釋放二者中的哪一位，結果巴拉巴獲得釋放，耶穌被判處

死刑。

xvi｜此處傅柯引文與原文略有差異，傅柯引文：「……因此必須知道是否應該將監獄安排在刑罰柔和化的方向中或在一種改造受刑人的系統中……」原文並沒有「或」的意思。

xvii｜費惠司（G. Ferrus, 1784-1861），外科醫學訓練，畢業後擔任軍醫，脫離軍醫生涯後，開始關注精神疾病，成為精神科醫師，由此關注囚犯問題，曾任醫學科學院（l'Académie de Médecine）院長。

第二章

非法與犯法

Illégalismes et délinquance

根據法律的看法，拘留的確可以是對自由的剝奪。確保它的監禁總是包含著一套技術方案。從酷刑——帶著其發出亮光的儀式及攪雜著折磨典禮的藝術——到隱藏在龐大建物裡並被行政機密看守的監獄刑罰的轉變過程，並非朝向一種去除差異、抽象及混雜的刑罰方式；它是從一種懲罰藝術到另一種懲罰藝術的轉變過程，並且在知識含量上與之相較毫不遜色。這是技術的變革。關於這個轉變過程的一個症狀及一則概述：一八三七年，單間式囚車（voiture cellulaire）取代了勞役犯鍊隊（chaîne）。

　　作為一個可以上溯到戰艦苦役[i]時期的傳統，到了七月王朝時期，勞役犯鍊隊依舊存在。在十九世紀初，它看來在作為一種展演方面所具有的重要性，可能跟它在單一展示活動中結合了兩種懲罰模式有關：亦即以酷刑典禮的方式來完成步向拘留的路程[1]。關於「最後的勞役犯鍊隊」——事實上是那些在一八三六年夏天行進在法國各地的勞役犯鍊隊——及其衍生風波的敘述，可以讓我們回顧這種相當迥異

1.　　佛榭（L. Faucher）注意到勞役犯鍊隊是一種很受歡迎的展演，「尤其是從行刑臺幾近受到廢除以來」。

於「懲治科學」規則的運作方式。出發時，一場行刑臺儀式上演著；此乃在比塞特爾監獄（Bicêtre）[ii]內院裡將鐵製頸圈與鍊條連接起來；勞役犯（bagnard）頸部仰靠在鐵砧上，宛如靠在一片剁肉砧板上；不過這一次，透過錘打，劊子手之技藝以莫粉碎犯人頭顱為要──這是反轉過來的技能，懂得不致人於死[iii]。「比塞特爾的大院陳列著酷刑之器具：幾排的鍊條連同著它們的鐵頸圈。artoupans（獄卒隊長）充當暫時性鐵匠，正安頓著鐵砧及鐵錘。帶著哀戚或無懼的神色，所有這些即將套上頸圈者的頭部緊貼在巡邏路線的欄杆上。更高處，在監獄的每一個樓層上，我們看到從單間牢房欄杆間隙中伸出的腿與胳膊垂掛著，一副人肉市集的光景；這是那些前來目睹他們前一晚獄友整裝的囚犯⋯⋯如今這些人身處任人宰割的姿態中。他們坐在地上，以隨機並依照高矮的方式鍊在一起；每個人必須扛起的八磅重鐵具壓在其膝蓋上。執行者過來逐一巡視，度量頭部尺寸並調整厚達一吋的巨大頸圈。要栓緊一副頸圈需要三位劊子手合作無間；一位撐住鐵砧，另一位負責讓頸圈兩端併攏並伸直雙臂固定住受刑人頭部；第三位猛力敲打並用大錘將螺栓敲平。每敲打一下都造成頭及身體震盪⋯⋯此外，人們不會想到，如果鐵錘打偏了，受刑人有逃跑之虞；這種印象不存在，或者毋寧說，在人們凝視著上帝的創造物在這般低下狀態中而感受到的深刻恐怖印象之前，這種印象不復存焉。」[2]接著是公開展演的面向；根據《法庭報》的報導，七月十九日有超過十萬人在現場觀看勞役犯鍊隊從巴黎啟程：「〔宛如〕懺悔星期二的庫爾蒂耶嘉年

華⋯⋯」^{iv}。官員及有錢人前來從遠處眺望這一大批被鍊起來的遊牧民族，這個另外的人種，這「得天獨厚讓勞役所及監獄人滿為患的不同種族」³。正如同在公開酷刑的年代，庶民觀眾跟受刑人之間延續著性質曖昧的互動，諸如羞辱、威脅、鼓勵、拳腳相向、仇恨或同情之表示。某種暴力被激起，並在整個遊行過程中擴散著：抗議司法過於嚴厲或寬鬆的憤慨；向令人深惡痛絕的罪犯叫囂；對於人們認識及尊敬的囚犯表現出支持的舉動；與警察發生衝突：「在這個從楓丹白露柵門（la barrière de Fontainebleau）出發的整個路程中，幾群暴徒對德拉科隆吉神父（Delacollonge）^v發出怒吼：打倒神父，他們說，打倒這可惡之徒；人們當討回公道。幸虧市警奮力投入及堅定態度，嚴重的混亂場面才不至於發生。到了沃吉哈（Vaugirard），最為憤怒的是婦女。她

2. 《巴黎誌》（*Revue de Paris*），一八三六年六月七日。這一幕在一八三六年時已經不再公開；通常僅有幾位享有特權的觀眾獲准在現場。這段出自《巴黎誌》有關釘上頸圈的敘述完全符合雨果在一八二九年出版的《死刑犯的最後一天》（*Dernier jour d'un condamné*）中的敘述，有時甚至連字句都如出一轍。
3. 《法庭報》（*Gazette des tribunaux*），一八三六年七月二十日。

們喊道：打倒壞神父！打倒惡魔德拉科隆吉！蒙魯日（Montrouge）及沃吉哈的警察局長，以及好幾位市長與副市長披上職帶連忙趕來，好讓司法的判決受到遵守。在離伊西（Issy）不遠處，弗朗索（François）瞧見阿拉赫警官（M. Allard）及警隊人員，便將他的木碗扔在他們身上。人們於是想起，這名犯人某些舊識的家屬就居住在伊夫希（Ivry）。從此時起，警官沿路以三步為哨、五步為營的方式排列，並緊跟著勞役犯囚車前進。錬隊當中巴黎支隊的勞役犯無一例外都將其木碗擲在警察的頭上，部分被擊中。這時，群眾感到威脅程度升高，撲成一團。」[4] 在比塞特爾和塞夫爾（Sèvres）之間，數不少的房屋在勞役犯錬隊途經時遭受打劫[5 vi]。

　　在這個犯人動身前往勞役監獄的節日中，帶著一點代罪羔羊儀式的味道──對此，人們驅逐之來打擊：一點瘋子節的色彩──當中角色反轉大行其道；部分舊行刑臺典禮的屬性──當中真相應當在光天化日之下發出亮光；也有一部分這些庶民節目的性質──當中人們前來指認那些知名人物或傳統類型：這是真相與恥辱之場面，是名譽與羞愧的遊行，是對面具被人們揭去的犯人的咒罵，而另一方面則是大快人心的罪行供認。人們努力認出這些曾經叱吒一時的罪犯；針對那些從人們眼見走過的罪犯，飛訊回顧其罪行；報紙事先披露他們的姓名，講述他們的過往；有時會指出他們的外貌特徵，描述所穿著的服裝，好讓他們被辨認出來：這是為觀眾準備的節目[6]。人們也來細察罪犯的類型，並努力根據衣服或面貌來分辨出受刑人的「專業」，如

他是殺人犯還是小偷：這是化妝舞會與木偶戲的場面，但對一些更加訓練有素的目光而言，當中還悄悄溜進來某種經驗式的犯罪民族誌。從露天劇場的展演到加爾（Gall）的顱相學[vii]，人們根據所屬的圈子（milieu）讓自己所能掌握的犯罪符號學各顯神通：「相貌與服飾一樣充滿變化：此處，一張相貌不凡的頭像，如同穆裡羅（Murillo）[viii]畫筆下的人物；彼處，由一副濃眉所烘托著的惡毒容貌，透露出一股頑強的邪惡能量……他處，一顆阿拉伯人的頭浮現在一個孩童的軀體上。此處是若干女性且甜美的特徵，這是那些共犯；再瞧瞧這些被放蕩無度所烘托的人物，這係屬那些主謀。」[7][ix] 對於這個場面，受刑

4.　　前引書。
5.　　《法郎吉》雜誌（*La Phalange*），一八三六年八月一日。
6.　　《法庭報》（*Gazette des tribunaux*）定期公布這些「罪犯的」名單及備註。以識別德拉科隆吉神父外貌特徵為例：「一條舊呢絨長褲，其覆蓋著一雙靴子，一頂相同材質有帽舌的帽子及一件灰色罩衫……一件藍色呢絨外套。」（一八三六年六月六日）後來，當局決定喬裝德拉科隆吉神父，好讓他避開群眾的暴力。《法庭報》隨即通報喬裝方式：「條紋長褲，藍布罩衫，草帽」（七月二十日）。
7.　　《巴黎誌》（*Revue de Paris*），一八三六年六月。參考克洛德·戈（Claude Gueux）：「琢磨琢磨這些頭顱，每一顆這些墮落的人的頭底下都有其野獸類型……這是猞猁，這是貓，這是猴，這是禿鷹，這是鬣狗。」

人自己也予以回應，展示他們所犯的罪行，再現他們所幹的壞事：這是紋身的功能之一，即其所作所為或命運的小圖案：「他們戴著其標章，或是在左臂上刺上的斷頭臺，或是胸前紋上一支匕首插入淌血的心臟。」經過犯罪現場時，他們模仿其犯行，嘲弄法官或警方，吹噓尚未曝光的罪行。拉塞內赫（Lacenaire）的舊搭檔弗朗索說他是一種能殺人卻不讓受害者喊叫亦不流一滴血方法的發明者。這種場面浩大的犯罪移動節慶有其表演者及喬裝者，在其中對真相的喜劇式肯定（affirmation comique）回應了好奇與咒罵。在一八三六年夏天，便有許多場景圍繞著德拉科隆吉神父上演：神父的身分在他所犯下的罪行（分屍懷孕的情婦）上引起轟動；這個身分也讓他免了行刑臺上一死。他似乎被一股龐大的民怨所聲討。早在一八三六年六月，在前往巴黎的囚車裡，他便遭到民眾侮辱，禁不住落淚；然而，想到羞辱是懲罰的一部分，他不願意再乘坐囚車。離開巴黎時，「人們無法想像，群眾會在此人身上所宣洩的不齒、義憤及卑鄙；他渾身覆蓋著泥土與爛泥；隨著公眾憤怒的叫喊，石頭飛來如雨下……爆發出一股罕見的憤怒；特別是婦女，她們都是不折不扣的悍婦，展現出一種無比激昂的恨意。」[8] 為了保護他，人們為他更換衣服。一些上當的觀眾誤將弗朗索認成他。出於好玩，弗朗索接受了這個角色；不過，在他未犯罪行這齣戲碼上，又添加了自己也不具身分的神父戲碼；在「他的」罪行陳述上，他摻入了祈禱及賜福給咒罵他及嘲笑他的群眾的橋段。幾步之遙，真正的德拉科隆吉神父「有如一位殉道者」，遭受到

雙重打擊，這包括他沒有直接承受但卻是針對他而來的侮辱，以及一種在另一名罪犯的形象下讓他過去所是現在卻應隱藏起來的神父身影複現所帶來的嘲弄。就在他的眼前，他的痛苦被一位謀殺了人並跟他鍊在一起的滑稽演員演出。

在途經的所有城市裡，勞役犯鍊隊帶來其節慶；這是懲罰狂歡節；刑罰在其中搖身一變，成了特殊待遇。由於一個非常耐人尋味的傳統，刑罰，它避開了尋常的酷刑儀式，在受刑人身上，它所引來的比較不是懺悔性的強制性烙印，而是一種否定懲罰下的狂喜爆發。在裝飾頸圈及鐵鍊上頭，勞役犯自己添加了緞帶、草編、鮮花或珍貴布料之妝點。鍊隊，這是圍成圓圈（ronde）及舞蹈；這也是結成連理，被禁止愛情中的強迫婚姻。在鍊條下的婚禮、節慶及加冕：「他們跑到鐵鍊前面手持著花束，用緞帶或草編流蘇裝飾著他們的帽子，那些手最巧的人則立起冠飾頭盔……其他人在木鞋裡投穿上開孔的長襪或在工作罩衫下披上一件時髦背心。」[9] 而就在套上頸圈後的那整個晚

8.　《法郎吉》雜誌（*La Phalange*），一八三六年八月一日。
9.　《巴黎誌》（*Revue de Paris*），一八三六年六月七日。根據《法庭報》報導，負責帶領七月十九日上路的這支勞役犯鍊隊的多黑（Thorez）隊長曾想要將這些裝飾品拆除：「在前往勞役監獄贖罪的路上，你們竟然厚顏無恥到裝飾你們髮型，有如對你們而言這是大喜之日一樣，這是不恰當的。」

上，鍊隊組成一個大型法蘭朵拉舞（farandole）隊形，在比塞特爾監獄大院中迴旋個不停：「獄監們可要留神點，如果鍊隊認出他們的話；它會將他們團團圍起來，並且將他們包在鐵環中，直到這天結束前，勞役犯都是戰場上的主宰。」[10] 受刑人之狂舞（sabbat）藉著其所發明的盛大場面來回應司法典禮。它反轉了榮耀、權力秩序及其記號、愉悅的形式。然而，這距離某種政治狂舞已經不遠了。必須耳聾，才會不聽聞到一丁點兒這些新語調。勞役犯唱著進行曲，很快成名，並且在很長的時間裡到處被反覆傳唱。這裡頭可能有著飛訊為罪犯發聲的悲歌之迴響——對罪行的肯定、黑色英雄化、對駭人懲罰之控訴、以及圍繞著他們的一股普遍恨意：「信息女神（Renommée）啊，把號角交給我們吧[x]……要勇敢，孩子們，讓我們毫無懼色地承受那籠罩在我們頭上的可怕命運吧……鐵刑具很重，但我們會挺住。至於勞役犯，沒有發出一點聲音喊著：讓我們減輕它們吧。」[xi] 然而，在這些集體歌曲中出現了不同的調性；大多數舊式悲歌所遵循的道德準則被反轉過來。酷刑不是帶來悔恨，而是愈加激化的自豪；頒布判決的司法被否絕，那些前來感受悔改或羞辱的群眾則受到責難：「離鄉背井，有時我們會悲歎。我們始終嚴峻的面容將讓法官變得蒼白……你們的目光渴望著不幸，想在我們當中找到一張哭泣與卑躬屈膝的憔悴面容[xii]。然而我們的眼神充滿著自豪。」我們還可以從中找到一種肯定，認為勞役監獄的生活及其伴隨的事物，有著自由生活所沒有的快樂。「與時間一起，我們用鎖鍊繫住快樂。在鐵頸圈下，誕生了節慶的日

子……快樂是脫逃者。它們逃離劊子手，它們追隨著歌唱。」而且最重要的是，眼前的狀態不會永遠持續下去；不光是受刑人將被釋放並恢復其權利，而且他們的控訴者將來會取代他們的位置。在罪犯和法官之間，重大判決被推翻的一天將會到來：「人類的蔑視，加諸我們這些勞役犯身上。但整個由它所淬煉出來的珍寶也歸我們所有。有一天，這份珍寶會落在我們手中。我們以生命為代價買了它。今日你們讓我們承擔的鐵鍊將由其他人再次緊握；他們將成為奴隸。而我們，打破鐵頸圈，自由之星將為我們再度閃耀……再見，因為我們對抗及〔打破〕你們的鐵鍊和你們的法律。」[11] 飛訊所設想的虔誠劇場（le

10. 《巴黎誌》（*Revue de Paris*），一八三六年六月七日。到目前為止，勞役犯鍊隊的長度都被縮短，好避免出現這種法蘭朵拉舞，一些士兵也受命維持秩序，直到勞役犯鍊隊離開。在《死刑犯的最後一天》中，雨果對勞役犯的狂舞加以描繪：「社會儘管在此，由獄卒及那些好奇而受到驚嚇的人士所代表，犯罪當面嘲弄了它，並且從這可怕的懲罰上，造就出一個家庭式的節日。」

11. 一八三六年四月十日的《法庭報》（*Gazette des tribunaux*）引用了一首同類的歌曲。它搭配〈馬賽曲〉的旋律來唱。愛國的戰爭歌曲在此斷然成為社會戰爭的歌曲：「這個愚蠢的民族想跟我們要什麼，它無視我們的不幸？它以一種冷靜的目光看著我們。我們的劊子手不會讓它恐懼。」

pieux théâtre）——當中受刑人勸誡群眾永不步上其後塵——正開始轉變成一個帶著威脅性質的場景，群眾被要求在劊子手的野蠻行為、法官的不正義，以及那些今日屈居人下而有朝一日將會獲勝的犯人的不幸之間做選擇。

勞役犯鍊隊的壯觀展演與公開酷刑的舊傳統有所關聯；它也與報紙、小報（canards）、街頭雜技藝人（bateleurs）、大街劇場（théâtres de boulevards）[12] 在當時所呈現的各式各樣的罪行再現有所關聯；但也與它發出了不滿之聲的對立及鬥爭有所關聯；它提供它們作為一種象徵性的出口：被法律所擊倒的混亂大軍（l'armée du désordre）允諾重返；被秩序之暴力所驅趕的東西將在其返回之時帶來解放性的動盪。「眼見這些灰燼中重新冒出如此多的火花，我感到害怕。」[13] 始終圍繞在酷刑周圍的群眾騷動開始跟特定的威脅產生共鳴。我們可以理解，七月王朝基於跟十八世紀導致酷刑廢除的相同理由（但這次更為迫切）而決定廢止勞役犯鍊隊：「以如此方式護送犯人並不符合我們的風俗民情；必須避免在隊伍途經的城市裡帶來如此醜陋的場面，而且它對人民完全不具有教育功效。」[14] 因此，必須與這些公開儀式一刀兩斷；必須將針對懲罰本身所做的相同改變加諸在囚犯的運送上；並且，它們也一樣，必須從行政羞恥（la pudeur administrative）的角度來予以看待。

然而，在一八三七年六月獲得採納來取代勞役犯鍊隊的做法，並不是早先提及的簡易加蓋囚車，而是一臺高度細心精製的機具。一

臺從滾動監獄的角度來設想的車輛。全景監獄的可移動相等物。中央走道沿著長軸將囚車均分：每一邊各有六個單間，犯人面對面坐著。人們將囚犯的腳套入羊毛襪裡的鐵環內，並由十八时長的鍊條將鐵環連結起來；小腿被套入金屬彎管中。囚犯坐在「由鋅與橡木合製成的某種漏斗中，其傾倒在公共道路上。」單間沒有對外窗戶；完全以鐵皮包覆；僅開了一扇也是鐵皮穿孔的氣窗，讓「宜人的空氣」可以進來。在靠走道的一側，每間囚廂的門上都裝上一處分成兩格的窗口：一格放食物，另一格加上鐵網用來監視。「窗口的開口及傾斜方向如

12.　有一類作家「努力將那些身手不凡的罪犯鋪陳在一種對於罪行的歌頌中，讓他們扮演主角，並且讓政府人員任憑他們的風趣、戲謔及無多加掩飾的嘲諷所擺布。任何看過《阿德雷旅館》（L'Auberge des Adrets）或《侯貝‧馬蓋赫》（Robert Macaire）呈現方式的人都可以輕易認同我的觀察之公允。這是大膽與罪行之勝利與尊榮。老老實實的人及公部門從頭到尾備受愚弄。」參見費吉耶（H. A. Fregier），《危險的階級》（Les Classes dangereuses），一八四〇年，第二卷，第187-188頁。（譯注：《阿德雷旅館》是劇作家班雅明‧昂提耶〔Benjamin Antier, 1787-1870〕的作品，一八二三年首演，侯貝‧馬蓋赫是劇中主角。昂提耶於一八三五年再推出名為《侯貝‧馬蓋赫》的相關劇本。）

13.　雨果，《死刑犯的最後一天》（Dernier jour d'un condamné）。

14.　《法庭報》（Gazette des tribunaux），一八三六年七月十九日。

此搭配起來，好讓警衛可以不間斷地看著囚犯、聽到他們最輕聲的話語，而他們之間卻無法彼此看到或聽到。」乃至於「同一輛車可以沒有任何困難同時容納一名勞役犯及一名單純被告、男人及女人、兒童及成人。無論路程多長，他們抵達各自的目的地，卻不會看到對方或互相交談。」最後，在兩名武裝著橡木材質、「鑲上磨鈍鑽石形大鉚釘」小狼牙棒的守衛的持續監視下，一整套遵循著囚車內規的懲罰方式得以進行：食物及水的供給、套上指銬（poucettes）、沒收枕頭讓人無法成眠、捆綁雙臂。「除了倫理教訓書籍以外的閱讀一律禁止。」

如果其所具有的僅係柔和及速度，那麼這部機器會讓其發明者所展露的體貼受到推崇；但是其成就在於它是一部真正的懲治汽車。通過其外部效果，它具有全然邊沁式的完美：「在其沉默而暗淡的車體側邊上除了勞役犯運送幾個字外別無其他說明文字，這輛滾動監獄的快速經過當中，帶有一些邊沁對於執行刑事判決所要求的神祕及陰森的東西，其在觀眾的心中留下一個比看到這些忝不知恥和快樂的旅客更加有益及持久的印象。」[15] 它也具有若干內在效果；光是在押解過程的幾天期間（囚犯沒有片刻被鬆解過），它便如同矯正機制般產生作用。人們下車時表現出讓人出乎意料的順服：「從精神方面來說，這種只持續七十二個小時的押解過程是一種可怕的酷刑，其影響似乎長久地對囚犯產生作用。」勞役犯們自己對此做出見證：「在單間式囚車上，當我們沒睡著，所能做的只有想事情。由於想事情，在我看來，這讓我對自己所做所為感到遺憾；隨著時間，您看，我會害怕自

己變得更好，那是我不想要。」[16]

　　微不足道的歷史，就如同這段全景式囚車的歷史一樣。然而，它取代勞役犯鍊隊的方式、以及替代之所以發生的原因，密切關連著在八十年間讓刑罰拘留接替酷刑的整個過程：作為一種精心思慮用來改造個體的技術。單間式囚車是一部改造機器。取代酷刑的並非團塊式的禁閉，而是一套精心連結起來的規訓部署。至少在原則上。

＊　＊　＊

　　因為緊接著，就其現實狀況及可見效果而言，監獄被宣告為刑事司法的重大挫敗。以一種相當奇怪的方式，監禁歷史並不依循著一套順理成章的時間表：拘留懲罰方式的建立，接著關於其失敗的記錄；然後是改革方案緩慢的浮上檯面，邁向懲治技術多少更為協調一致的界定；接著是落實方案；最後是方案成功或失敗的見證。在實際

15.　《法庭報》（*Gazette des tribunaux*），一八三七年六月十五日。
16.　《法庭報》（*Gazette des tribunaux*），一八三七年七月二十三日。八月九日，《法庭報》報導囚車在甘岡（Guingamp）一帶翻覆：囚犯沒有叛亂，反而是「幫助他們的警衛把共乘的車輛扶正」。不過，在十月三十日，該報則提及發生在瓦朗司（Valence）的一起脫逃事件。

上，當中存在著一種錯雜的情況，或者至少是這些要素另一番的配置方式。正如同矯正技術的方案與刑罰拘留的原則相伴而生，在相同的一八二○至一八四五的年分間，對監獄及其做法的批判很早就出現了；此外它的表述方式固定在某個數量上，並且大致以絲毫不差的方式在今日幾乎如出一轍地被重申。

‧監獄不會降低犯罪率：我們確實可以擴大、增加或改革監獄，然而罪行及罪犯的數量維持穩定，要不更糟在數量上還增加：「人們估計在法國大約有十萬八千人與社會公然為敵。人們可用的鎮壓手段是：行刑臺、鐵頸圈、三處勞役監獄、十九所中央監獄、八十六間司法所（maisons de justice）、三百六十二所拘留所、二千八百處縣立監獄、二千二百三十八間憲兵隊保安室（chambres de sûreté）。儘管這一些手段，但罪惡不改其膽大妄為。犯罪的數量沒有減少……累犯的數量則增加而非減少。」[17]

‧拘留導致再犯：出獄後，人們再入獄的機會比從前更高；被判刑者有相當高的比例是前囚犯；從中央監獄出獄的人當中有百分之三十八會再度被判刑，勞役犯當中則有百分之三十三的人將被再判[18]；從一八二八年到一八三四年間，在將近三萬五千名罪犯中大約有七千四百人是累犯（平均

每四點七人中有一人是累犯）；在超過二十萬名的矯正犯中，將近三萬五千名是累犯（即平均六名有一人）；合計起來，平均五點八位受刑人中有一名累犯[19]；在一八三一年，在二千一百七十四名因累犯而被判罪者中，有三百五十人出自勞役監獄，一千六百八十二人出自中央監獄，一百四十二人來自與中央監獄實行同一套方案的四所矯正監獄[20]。在整個七月王朝期間，診斷越來越嚴峻：在一八三五年，在七千二百二十三名被判刑的罪犯中，有一千四百八十六名是累犯；一八三九年，在七千八百五十八人當中有一千七百四十九名累犯；在一八四四年，在七千一百九十五人當中有一千八百二十一名累犯。在盧斯（Loos）監獄的九百八十名囚犯當中，有五百七十名累犯，在默倫（Melun）

17. 《博愛》（*La Fraternité*），第10期，一八四二年二月。

18. 該數字由拉赫許傅柯－里昂古（G. de La Rochefoucauld-Liancourt）在有關刑法改革的討論中所引用，一八三一年十二月三日。《議會檔案》（*Archives parlementaires*），第七十二卷，第209-210頁。

19. 杜克培修（E. Ducpétiaux），《論懲治監獄改革》（*De la réforme pénitentiaire*），第三卷，第276頁開始。

20. 前引書。

監獄，一千零八十八名名囚犯中有七百四十五名累犯[21]。因此，監獄並非讓被矯正的個體重獲自由，而是在人口中散播有危害性的犯法者：「每年有七千人重返社會……這是七千個散布在社會體中的罪行或腐敗來源。當我們思及這個群體不斷成長，它在我們周邊生活及蠢蠢欲動，準備隨時抓住任何混亂機會並利用各種社會危機來拓展其勢力時，面對這般景況，我們依然能無動於衷嗎？」[22]

· 監獄不乏製造更多的犯法者。它透過讓囚犯所操持的存在類型而製造出犯法者：人們將他們隔離在單間牢房，或者強迫他們從事毫無用處的勞動，而他們未來也尋覓不到工作，無論如何，這沒有「考慮在社會中的人（l'homme en société）；而是創造一種違反自然、無用且危險的存在」；人們希望監獄能夠教育囚犯，但是一套針對人而來的教育體系可以合理地以對抗自然之願望為目標嗎[23]？在對囚犯施以暴力管束的同時，監獄還製造犯法者；它旨在施行法律，以及教導對法律的尊重；然而它的整套運作都發生在濫用權力的方式上。獄政上的獨斷：「囚犯所感受到的不正義感是致使其個性桀驁不遜的最重要原因之一。當他如此發現自己暴露在法律既沒有規定亦沒有預期的折磨時，他會進入一種習慣性的憤怒狀態，反對周遭的一切；在他眼中，獄方人員

皆係劊子手；他不再覺得有罪：他控訴司法。」[24] 獄卒的墮落、恐懼及無能為力：「一千到一千五百名囚犯生活在三十至四十位獄監的監視之下，後者唯仰賴著密告來確保安全，也就是說仰賴著由他們自己精心播下的墮落。這些獄監是什麼人呢？一些退伍的士兵，一些沒受過教育、對於他們的職能沒什麼認識、由於做了這一行的緣故而來看管罪犯的人。」[25] 囚犯受到在這些條件下全然不具有教育性質的刑罰勞動所剝削：「人們激烈地反對黑奴交易。如同他們，囚犯不是被企業主賣掉而由製造商所購買的嗎……在這方面，囚犯不是在正直這方面獲得了一些教訓嗎？他們不是被這些惡

21. 費惠司（G. Ferras），《論囚犯》（Des prisonniers），一八五〇年，第363-367頁。

22. 波蒙（G. de Beaumont）及托克維爾（A. de Tocqueville），《懲治制度評論》（Note sur le système piniteniaire），一八三一年，第22-23頁。

23. 盧卡斯（Ch. Lucas），《論監獄之改革》（De la réforme des prisons），一八三八年，第一卷，第127頁、第130頁。

24. 畢構‧德‧派亞謨紐（F. Bigot de Préameneu），《監獄協會大會報告》（Rapport au conseil général de la société des prisons），一八一九年。

25. 《博愛》（La Fraternité），一八四二年三月。

劣剝削的例子進一步打擊嗎？」[26]

・監獄讓犯法者圈子（milieu）的組織——因犯彼此形成連結、發展出階層化並準備好在未來從事任何不法勾當——成為可能，甚至更進一步地促成之：「社會禁止超過二十人的結社……但是它本身卻在中央監獄——**專門**為犯人所建造，並且為了其最大便利而劃分成共用的作坊、院子、宿舍及餐廳——裡頭建立起二百名、五百名、一千二百名罪犯的結社……並且在整片法國領土上讓監獄增加，以至於在有監獄之處，便有結社……與此等量的反社會俱樂部。」[27] 而被首度判刑的年輕犯法者正是在這些俱樂部中接受教導：「在他身上將會冒出的第一個願望便是學會鑽法律漏洞的竅門；第一堂課將從讓小偷視社會為敵人的這種嚴格的邏輯中取材；第一道德就是密告，在我們的監獄中，從事間諜活動受到推崇；人們會在他身上引發的第一個激情，將借著這些註定誕生在地牢而作家拒絕為之命名的殘酷（monstruosités）來驚嚇其年輕的本性……他現在已經打破一切將他與社會連結起來的東西。」[28] 佛樹提到「犯罪的營房」（casernes du crime）。

・對出獄因犯所設的條件限制以命定的方式判處他們再犯：這是因為他們處於警方監視之下；因為他們被限定居住地或

禁止居留；因為他們「除非攜帶著上面註明他們被判刑並且所到之處皆須出示的通行證，否則他們無法出獄。」[29] 違反禁令、無法找到工作、流浪是累犯的最常見成因。《法庭報》，還有工人報刊都經常提到相關的案件，例如下述的案件，這名工人因盜竊案被判刑，在胡昂（Rouen）受到監視，再因竊盜案被逮，律師放棄為之辯護；他只好在法庭上替自己發聲，講述他的生命歷程，說明從出獄並限制居住的情況下，他是如何無法重新回到他原本從事的鍍金業，他的徒刑

26. 文章發表在一八四二年十月《作坊》（L'Atelier）第三年第三期上，出自一位由於結盟緣故而遭到監禁的工人之手。在這同一份報紙正在發動宣傳反對刑罰勞動〔所衍生〕的競爭問題之際，這名工人才得以寫下此種抗議。同期中，另一名工人則針對同一主題發表了一封信。另見《博愛》（La Fraternité），一八四二年三月，第一年，第十期。

27. 莫侯－克利斯多夫（L. Moreau-Christophe），《論懲治制度中的死亡與瘋狂》（De la mortalité et de la folie dans le régime pénitentiaire），一八三九年，第7頁。

28. 《法國通俗年鑒》（L'Almanach populaire de la France），一八三九年，署名 D.，第49-55頁（譯按：頁碼應為第65-66頁）。

29. 巴赫貝·馬赫伯（F. de Barbé Marbois），《卡爾瓦多斯省、厄爾省、芒什省及濱海塞納省監獄現狀報告》（Rapport sur l'état des prisons du Calvados, de l'Eure, la Manche et la Seine-Inférieure），一八二三年，第17頁。

犯（réclusionnaire）背景如何讓他四處碰壁；警方否絕了他在其他地方找工作的權利：由於這種壓得喘不過氣來的監視方式，他被困在胡昂，挨餓受苦。他向市政廳懇求工作；他受雇在墓園工作八日，每天十四蘇（sou）：他說，「但我還年輕，我的食量大，麵包每磅五蘇，我吃的麵包超過兩磅；要怎麼用十四蘇養活自己、把自己弄得乾乾淨淨，並找個遮風避雨的地方？我陷入絕望，我曾經非常想要洗心革面；但監視讓我重新墜入不幸之中。我痛恨一切；就在彼時，我結識了同樣也身處困苦中的勒邁特（Lemaitre）；我們必須活下去，竊盜的不好念頭重新降臨在我們身上。」[30]

．最後，監獄借著讓囚犯的家庭陷入貧困來間接製造犯法者：「將一家之主送進監獄的同一紙判決，讓母親每日陷入匱乏、讓孩子遭到遺棄，逼迫整個家庭走上流浪與乞討之命運。正是在連帶關係之下，犯罪有生根之虞。」[31]

我們必須指出的是，這種對監獄千篇一律的批評經常在兩個方向上展開：其一，批評監獄實際上並未發揮矯正作用，以及在監獄中懲治技術仍停留在初步狀態；其二，批評由於想要具有矯正作用而讓監獄喪失了其懲罰力道[32]，而真正的懲治技術是嚴厲[33]，而且監獄是雙重的經濟錯誤：直接來自其組織內部的成本及間接來自沒有被抑制住的

犯法活動的成本[34]。不過，針對這些批評，回應總是萬變不離其宗：

30. 《法庭報》（*Gazette des tribunaux*），一八二九年十二月三日。在同方向上，還可以參考《法庭報》，一八三九年七月十九日；《民巢》（*La Ruche populaire*），一八四〇年八月，《博愛》（*La Fraternité*），一八四七年七－八月。

31. 盧卡斯（Ch. Lucas），《論監獄之改革》（*De la réforme des prisons*），一八三八年，第二卷，第64頁。

32. 在一八三九年中央監獄新規定頒布的前後，這股反對聲浪異常高漲。這套嚴屬的規定（包括囚犯保持靜默、取消酒和菸、縮短用餐時間）施行後，抗爭隨之而來。一八四〇年十月三日的《箴言報》（*Le Moniteur*）提到：「過去看到囚犯們滿口酒、肉、山珍野味、各式甜食，並把監獄當成一間舒適旅店，在此獲得了自由狀態經常不允許他們擁有的所有享受，這真是惹人非議。」

33. 在一八二六年，有許多地方議會要求以流放來取代固定不變及效能不彰的監懲。一八四二年，上阿爾卑斯省議會要求監獄成為「真正的贖罪所」；有相同主張的省份還包括德龍省（Drôme）、厄爾－盧瓦爾省（Eure-et-Loir）、涅夫勒省（Nièvre）、羅納省（Rhône）和塞納-瓦茲省（Seine-et-Oise）。

34. 一項一八三九年針對中央監獄典獄長所做的調查。翁柏杭（Embrun）的典獄長說道：「監獄中過度安逸對於累犯的驚人增加很可能帶來很大的貢獻。」艾斯（Eysses）的典獄長說道：「現行的制度不夠嚴屬，如果事實如此，這是因為對許多囚犯來說，監獄有其吸引力，而他們在裡頭找到完全歸他們獨享的墮落享受。」里摩日（Limoges）的典獄長說道：「中央監獄的現行制度，實際上對於累犯來說，只不過是貨真價實的寄宿學校，全然不是壓制性的。」參見莫侯－克利斯多夫（L. Moreau-Christophe），《懲治監獄的爭論》（*Polémiques pénitentiaires*），一八四〇年，第86頁。請與一九七四年七月懲治監獄管理人員工會要角關於監獄中自由化影響的看法相比較。

懲治技術之不變原理再接再厲。一個半世紀以來，監獄一直被提出作為自身問題的補救措施；懲治技術的重新啟動則作為修補這些持續發生的技術失敗的唯一手段；克服矯正方案在落實上之不可能的唯一方法便是去實現它。

舉一個事實來證明：最近幾週囚犯的暴動[xiii]被歸因於一九四五年所確立的改革方案從未真正生效；因此，有必要回歸其基本原則。而這些我們今日依然期盼其發揮如此神效的原則皆眾所周知：從將近一百五十年以來，它們構成了良好「懲治狀態」的七個普遍準則。

一、刑事拘留的主要功能因此必須是個體言行舉止的改造：「受刑人的改造作為刑罰的主要目標是一項不可違逆的原則，其正式出現在科學領域中、特別是出現在立法領域中是相當晚近的事。」（布魯塞爾懲治監獄大會，一八四七年）而一九四五年五月阿墨赫司改委員會[xiv]忠實地重申：「剝奪自由刑罰的主要目的是受刑人的改造及社會更生（reclassement social）。」**矯正原則**。

二、囚犯必須被隔離或至少根據其行為的刑事嚴重程度、尤其是根據其年齡、性格傾向、針對他們的情況所要實行的矯正技術、以及他們所處的改造階段而加以區隔。「在改造方式的運用上，必須考慮到受刑人在養成上所包含的身體和精神方面的重要差異、其反常程度，以及這些改造方式在矯正上所提供的不同機會。」（一八五〇年二月）一九四五年：「刑罰少於一年的個人在懲治機構中的安置方式

是以犯法者的性別、性格及反常程度為依據。」**分類原則**。

　　三、刑罰的進行必須可以根據囚犯的個別性、所取得的成果（無論是進步或再犯）而予以調整。「刑罰的主要目標是犯人的改造，當任何犯人的精神更生（régénération morale）獲得充分確保時，釋放是可預期的。」（盧卡斯，一八三六年）一九四五年：「實施一套漸進式的制度……以便依據囚犯的態度及改造程度調整他的處理方案。這套制度從單間牢房的監禁方式到半自由刑……假釋之權利適用於所有的有期徒刑。」**刑罰微調原理**。

　　四、勞動必須是囚犯改造及逐步社會化（socialisation）的基本要件之一。刑罰勞動「不該被視為刑罰之補充，以及大體上被視為刑罰的一種加重方式，而應該被看成一種柔和化，其剝奪讓人完全無法忍受的。」[xv] 它必須有助於某種行業的學習或從事，並為囚犯及其家人提供資源（杜克培修，一八五七年）[xvi]。一九四五年：「任何普通法受刑人皆被強制勞動……沒有任何人可以被強制處於無事可幹的狀態。」**勞動如同義務及權利原則**。

　　五、以公權力為名，囚犯教育既是為了社會利益必不可少的預防措施，對囚犯而言也是一種必要。「唯有教育才可充任懲治工具。懲治監禁問題是教育問題。」（盧卡斯，一八三八年）一九四五年：「遠離一切腐敗的龍蛇雜處，對於囚犯所施加的處置……必須主要以其基礎及專業教育、以及其改進為目標。」**懲治教育原則**。

　　六、監獄體制至少在部份上應當由那些具備精神上及技術上能力

以關注個體妥善發展的專門人員來掌控及負責。一八五○年費惠司談到獄醫：「其協助對所有的監禁形態皆係有用的……沒人能比醫生更深入地擁有囚犯的信任、更瞭解其性格、更有效地在其感受上產生作用，同時減輕囚犯肉體的痛苦，並且運用這種影響力，來讓他們聽進嚴格的教訓或有用的鼓勵。」一九四五年：「在所有懲治機構中，社會及醫療－心理部門發揮其作用。」**拘留的技術控制原則**。

　　七、監禁必須伴隨著控管及協助的措施，直至前囚犯完全重新適應為止。在其出獄時，不僅應當監視他，「而且亦要給予他支援及協助」（布列〔Boulet〕與邦苟〔Benquot〕在巴黎議會中的發言）。一九四五年：「在服刑期間及其後，向囚犯提供援助，以利其社會更生。」**附屬機構原則**。

　　從一個世紀到另一個，逐字逐句地重複著相同的基本意見。而且每次總是自詡為針對一項直到彼時始終錯失而如今做出總算到位並獲得接受的改革之系統闡述。這些相同或幾乎相同的字句，應該可自其他「盛產的」時期借用：如十九世紀末，以及「社會防護運動」[xvii]；或是再者，爆發囚犯暴動的晚近幾年。

　　因此，我們絕不該認為監獄、其「失敗」以及落實程度不一的改革大致上如同接續發生的三個階段。我們毋寧應該想到一個同時發生的系統，它與司法剝奪自由的做法在歷史上相重疊；這是一個包含四個項目的系統，其包括：監獄的規訓「外加」──上位權力要素；客

體性、技術、懲治「理性」之生產——相關知識要素；監獄理應一舉消滅的一種犯罪狀態在現實上的延續或加重——反轉效用要素；最後，對一種「改革」的重複，而儘管其「理想性」，這個改革實際上與監獄的規訓運作是同構的——烏托邦分裂要素（dédoublement utopique）。正是這種複雜的整體構成了「監懲系統」（le système carcéral）xviii，而不單單是連同其圍牆、人員、規則及暴力的監獄機構（l'institution de la prison）。監懲系統將論述與建築、強制規則與科學主張、現實的社會效果與屹立不搖的烏托邦、矯正犯法者的方案與鞏固犯法狀態的機制合而為一。所謂的失敗難道不是監獄運作的一部分嗎？它難道不該歸在這些經由規訓與監禁相關技術而導入司法機制中、更廣泛地說導入社會中、而我們可以集中在「監懲系統」的名目下的權力作用中嗎？如果機構－監獄已經持續了這麼長的時間，在一種這般屹立不搖的狀態中，如果刑事拘留原則從未遭到嚴重的質疑，這可能是因為這個監懲系統根紮得很深，並且發揮著特定功能。關於這種穩固性，讓我們舉一個晚近的事蹟為見證；一九六九年在弗勒希－梅侯吉（Fleury-Mérogis）啟用的模範監獄所做的只是在其整體配置上重新取材了在一八三六年將其光彩賜予火箭街小監獄的星形全景設計。這是同一套權力機制在當中取得了實際形體及象徵形式。然而，要發揮什麼作用呢？

* * *

假定法律旨在界定違法行為，刑罰機構的作用在於減少它們，而監獄則是這種壓制的工具；人們此時應該要做出失敗的見證。因為要從歷史的角度上確立這一點，人們應當要能夠估量拘留刑罰在整體犯罪水準上所產生的影響，或者我們毋寧這麼說，應該對於一百五十年以來，監獄失敗的宣告總是伴隨著維持它的結論而感到驚訝。唯一在實際上被設想過的替代方案是流放，英格蘭自十九世紀初以來便已經放棄，法國在第二帝國時期讓它捲土重來，但毋寧是作為一種嚴厲而遙遠的監禁形態。

　　然而，也許我們應該將問題反過來問，從而思考監獄的失敗具有什麼作用：這些批評的聲音所不斷責難的不同現象有何用處：犯法狀態之維持、累犯之誘導、將一時的違法者（infracteur d'occasion）轉變為慣性的犯法者（délinquant d'habitude）、封閉性的犯法圈子之組織。或許必須尋找隱藏在刑罰機構——其讓犯人服刑完畢後繼續透過一系列標記方式（過往是依法的監視而今日則是實然的監視；過往是勞役犯的通行證，現今則是司法檔案記錄）來追蹤他們，並且以這樣的方式把那些由於違法者身分而服完其刑的人當成「犯法者」來追蹤——表面冒失下的內容？我們不能看到此處與其說是一種矛盾、毋寧是一個結果嗎？那麼，我們或許應該認為監獄，並且從更廣的角度來說，可能還包括懲罰，並非旨在掃除違法行為；而毋寧是旨在將之區分開來、配置之、運用之；它們的目標並不盡然是讓那些準備逾越法

律的人順從，而是要將對法律的逾越整頓在一套普遍的臣服戰術中。於是，刑罰會是一種管理非法行為（illégalisme）、劃出容忍底線、給予某些非法行為彈性空間、施壓另一些、去除一部分、讓另一部分有用、化解這些非法行為、從那些非法行為上獲利的方式。簡而言之，刑罰不會純粹而簡單地「鎮壓」非法行為；它會「區別」它們，它確保一套非法行為的一般「經管方式」。如果我們可以講到一種階級的司法，那麼這不僅是因為法律本身或其實施方式服務於階級利益，而是透過刑罰的中介而對非法行為展開的一整套差別管理本身便是這些宰制機制的一部分。司法懲罰必須重新放在非法行為的整體策略中來看待。監獄的「失敗」可能可由此獲得理解。

一般的刑罰改革方案必須放在十八世紀末、在對非法行為的對抗當中來看待：在舊制度下讓不同社會層級的非法行為並存的一整套相互容忍、相互支持及互蒙其利的平衡狀態瓦解了。此時，烏托邦建立在一種普遍地及公共地刑罰的社會（société universellement et publiquement punitive）上頭，在這個社會中，不停運轉著的刑事機制會以無延遲、無仲介、無模糊的方式發揮作用；因其在其計算上是完美的、在代表性上遍及每一位公民而具有雙重理想色彩的法律，則會在每一樁非法行為一開始發生就阻絕它。然而，一種新的庶民非法行為之危險就在十八和十九世紀之交並且帶著反抗新法典的姿態浮現出來。或者更確切地說，庶民非法行為也許在此時沿著一些新的面向而發展起來：亦即從一七八〇年代到一八四八年革命這段期間，所有與

社會衝突、政治體制抗爭、對工業化的抗拒、經濟危機的影響等方面交織在一起的運動所具有的那些新面向。概略地看，我們可以注意到三個鮮明的過程。首先是庶平民非法行為的政治面向的發展；其方式有二：其一，一些迄今為止仍停留在地方層次並且在某種程度上侷限於這些行為本身〔並未擴大〕的行為（例如拒絕個人賦稅、徵兵、特許費、各種名目的稅捐；動用暴力將被囤積的糧食予以充公；打劫商家並以專斷的方式按「公平價格」銷售產品；與權力代理人發生衝突）在大革命期間得以宣洩在直接了當的政治鬥爭上，其目的不僅僅是要讓權力讓步或者延遲無可容忍的措施，而是要改變政府及權力結構本身。其二，反過來說，某些政治運動也明確地仰賴著既存的非法行為型態（如同法國西部或南部保皇黨的動亂便運用了農民對財產、宗教、徵兵等方面新法律的抗拒）；在十九世紀的工人運動與共和政黨之間的關係、在工人鬥爭（罷工、被禁止的結盟、非法結社）邁向政治革命的過渡當中，這種非法行為的政治面向將變得益加複雜及明顯。無論如何，在這些隨著越來越多限制色彩的立法而在數量上持續增多的非法行為的範圍內，浮現出政治鬥爭的影子；以推翻權力為終極目標這樣的情況並未縈繞著每一樁非法行為，實際情況遠非如此；但是它們當中有很大一部分可以將力量蓄積起來，以進行整體的政治對抗，有時甚至直接朝這個目標前去。

另一方面，藉著抗拒法律或規定，人們很容易察覺出這是針對那些按其利益建置這些法律或規定的人所發動的鬥爭：人們不再奮力對

抗承包商、稅務人員、國王人馬、失職官員或糟糕的部長，亦即對抗所有不正義的施為者；而是對法律本身及負責執行法律的司法、對抗才剛冒出頭並力推新法律的財產所有者；對抗那些相互勾結但禁止工人結盟的雇主；對抗增添機器、降低工資、延長工時、讓工廠規定愈趨嚴格的企業家。農民非法行為——其最激烈形式可能出現在熱月（Thermidor）到執政府期間，但這並不表示此後農民非法活動就嘎然而止——之所以發生，確實是為了反對資產階級利用大革命的時機所設立的新土地所有權制度；工人的非法行為在十九世紀初冒出，確實是為了反對新的合法勞動剝削制度：從最激烈的非法行為，例如破壞機器，或最持久的非法行為，如建立協會，到最常見的非法行為，如曠職、遺棄工作、流浪、在原料上及勞動成果的數量及品質上造假。一連串的非法行為出現在鬥爭的脈絡中，而人們心知肚明，在這些鬥爭中，他們既對抗法律、也對抗強加法律的階級。

最後，如果確實在十八世紀期間我們看到[35]犯罪朝向特殊化的形態發展[xix]，越來越偏向於巧取式盜竊（vol habile），並且在某種程度上

35.　　參考本書131頁開始的內容。

成為人群中受到孤立及敵視的邊緣人所做的勾當，不過在十八世紀的最後幾年，我們可以看到某些聯繫的重建或一些新關係的建立；這全然與當時人們所說的庶民造反的帶頭者都是罪犯出身這一點無關，而是因為法律之新形式、規定之嚴苛、來自國家或財產所有人或雇主之要求、更加嚴密的監視技術等方面共同增加了犯法的機會，並讓許多在其他情況下並不會被歸到特殊化犯罪的人被推到了與法律對立的一邊；正是在針對財產所制訂的新法律背景下，同時也在反抗徵兵的背景下，一波農民非法行為在大革命的最後幾年間竄起，暴力、攻擊、竊盜、搶劫、乃至於大規模的「政治劫掠」（brigandage politique）在數量上均增多；同樣地，正是在高度具壓迫性的立法或規定（關於工人手冊、工資、工時、缺勤）的背景下，勞動人口的流浪情況出現，其經常與明確的犯法活動有所交集。在上個世紀一度趨向釐清與區隔開來的一系列非法行為現在似乎又重新連結起來，並構成一個新的威脅。

在兩個世紀之交，庶民非法行為以三重方式歷經一般化過程（甚至自外於尚有疑慮而猶待估算的數量上的擴張）：包括它們嵌入於一般政治領域中；它們與社會鬥爭明確地連結起來；違法行為的不同形式及層次間的交流。這些過程可能並沒有以全面性的開展為其後繼；兼具政治及社會色彩的大規模非法行為確實沒有在十九世紀早期出現。但是，在它們草創的形式下並且即便是以分散方式呈現，它們已經足以旗幟鮮明地支撐起一股對於庶民階層（la plèbe）——人們視這

整個階層皆係犯罪及叛亂的——的巨大恐懼，以及一種關於野蠻、不道德和自外於法律的階級的想像，這種想像從法蘭西帝國時期到七月王朝時期始終在立法者、慈善家或工人生活調查人員的論述中揮之不去。在一系列跟十八世紀刑法理論在觀點上頗為相左的主張背後，我們所看到的正是這些過程：罪行並非可圖之利或激情添加在所有人心中的一種潛在性，而是某一個社會階級幾乎專擅的事；過往我們在所有的社會階級中皆可見的罪犯現在幾乎盡出自「社會順序的最後級別」[36]；而「十個殺人犯、凶手、小偷及沒品之徒中有九個皆係來自我們所謂的社會底層」[37]；並不是罪行替社會帶來了異類，而毋寧是罪行本身要歸咎於這些人在社會中本來就是異類，歸咎於塔傑（Target）所說的這個「退化種」（race abâtardie），歸咎於這個「因悲慘的處境而墮落的階級，此處境所滋生的罪惡如同無可克服的障礙，

36. 弓德（Ch. Comte），《論立法》（*Traité de législation*），一八二七年，第49頁。
37. 羅維赫聶（H. Lauvergne），《勞役犯》（*Les Forçats*），一八四一年，第337頁。
38. 布黑（E. Buré），《論英格蘭及法國勞動階級的悲慘》（*De la misère des classes laborieuses en Angleterre et en France*），一八四〇年，第二卷，第391頁。

阻撓著想要對抗它的勇敢意圖」[38]；在這些情況下，相信法律是以所有人的名義為所有人制定的，便顯得虛偽或天真了點；承認它是為某些人所做的，並承認它加諸在另一些人身上，則是較為慎重的；在原則上，它約束所有公民，但它主要針對那些人數最多並最不開化的階級；與政治類或民事類法律所發生的情況不同，它們的施行並不以一視同仁的方式關乎每個人[39]，在法庭上，並非整個社會審判其某一位成員，而是一個被指定與秩序為伍的社會類別，懲罰另一個註定與混亂同在的社會類別：「走遍那些人們審判、監禁、處死的地方……在各處都顯現出一個讓我們印象深刻的事實；在各處，您看到很不同的兩類人，一類人總是在控訴者和法官的座位上，而另一類人則在嫌疑犯和被告的長椅上」，這點可以由以下的事實來解釋：後面這一類人由於缺乏資源及教育，不知道要「謹守在法律準確之界限內」[40]；乃至於自詡要一視同仁的法律語言由於這個緣故是不恰當的；如果它要有效，它就必須是一個階級對另一個階級的論述，跟它相較，後者既沒有相同的想法，也沒有相同的詞語：「帶著我們一本正經、不屑及全然被其術語所障礙的言語，它能夠輕易地讓那些只聽聞過菜市場、歌舞廳及市集的那種粗俗、貧乏、沒啥規矩、但活潑、坦率、生動土話的人聽懂嗎……起草法律時，應該要用什麼言語、用何種方法，以便有效地作用在那些較無法抵抗罪行誘惑者缺乏教養的心靈上？」[41]法律和司法不吝於聲稱其必要的階級不對稱。

如果情況是如此，在表面上「失敗」的同時，監獄並沒有錯失

其目的；恰恰相反，只要它在其他領域中間引發了一種特殊的非法形式，並且它可以將之單獨分開、攤在陽光下並且作為一個相對封閉但可穿透的圈子而組織起來，那麼監獄就達到了目的。它有助於在某種程度上建立一種可見、被標示、在某個程度上無法消除而暗地裡有其用處、亦即既難馴又順服的非法行為；它描繪出、區隔出並凸顯出某種非法形式，其似乎象徵地概括所有其他的形式，但讓人們想要或必須容忍的形式留在陰影中。這種形式便是所謂的犯法（délinquance）。它不應被視為非法行為最強大及最有害的形式，那種由於其所代表的危險而刑罰機構必須力圖藉由監獄來減少的形式；它毋寧是那種讓非法行為得以區別、安排及控制的刑罰方式（及拘留刑罰方式）的一種結果。犯法可能就是非法行為的形式之一；無論如何，它的根在其中；然而相對於其他的非法行為，這是一種「監懲系統」連同其所有分支曾經投注、切割、區隔、穿透、組織、禁閉在一個明確的圈子裡

39. 羅西（P. Rossi），《刑法論》（*Traité de droit pénal*），一八二九年，第一卷，第32頁。
40. 盧卡斯（Ch. Lucas），《論監獄之改革》（*De la réforme des prisons*），一八三八年，第二卷，第83頁。
41. 羅西（P. Rossi），前引書，第33頁。

頭、並且賦予它一種工具性角色的非法行為。簡而言之,如果司法上的對照關係確實發生在合法性與非法行為之間,那麼策略上的對照關係便發生在非法行為與犯法之間。

對於監獄未能降低罪行這樣的認定,我們也許必須以下列假說來取而代之,即監獄曾經非常成功地生產了犯法,這種被明確化的非法行為類型、在政治上或經濟上較不具危險性,甚至是有用的形式;生產了犯法者(délinquants),一個表面上被邊緣化、實際上被核心地予以控制的圈子;生產了做為病理化主體(sujet pathologisé)的犯法者。監獄之成功:在圍繞著法律及非法行為的鬥爭中,將「犯法」加以明確化。我們已經看到,監懲系統如何以「犯法者」取代違法者,並同時將一整套可能知識之視野固定在司法實踐上。而這個形構出犯法─客體(la délinquance-objet)的過程是將非法行為分解並從中區隔出犯法的政治操作的一部分。監獄是這兩種機制的樞紐;它讓在違法行為的背後將犯法客體化、在非法行為的運動中固化(solidifier)犯法這二者持續相互強化。監獄是成功的,乃至於歷經了一個半世紀的「失敗」之後,它仍舊屹立不搖,生產著相同的效果;乃至於在推翻它這件事上頭,人們感受到最大的躊躇。

＊　＊　＊

拘留的刑罰方式製造出一種封閉的、隔開的並且有用的非法行為

——這可能也是讓拘留刑罰得以長久的原因。犯法之迴路（la circuit de la délinquance）並非其懲罰未達矯正效果的監獄的副產品；它是一套刑罰方式的直接效果，其為了處理各種非法行為，將當中的某一些非法行為投注在一套「刑罰－再生產」機制中，而監禁是這套機制的主要組件之一。然而，被認為要去打擊犯罪的監獄為什麼及如何被要求去製造犯法呢？

　　將犯法——以如同一種封閉的非法行為的方式來構成——確立起來，實際上具有許多優點。首先可以控制犯法（透過標定個體、滲入團體、組織相互告密）：人們以一個由持續受監視的個體所組成並且範圍相對有限而封閉的團體，來取代一群從事著偶發性並始終帶有擴散可能的非法行為者所形成的一種不精確的蠢動群眾，或者來取代這些不固定的流民幫派，其依循著所途經之處及當下條件而招募失業者、乞丐、逃兵，並且正如我們在十八世紀末所看到的，有時勢力坐大而成為一股四處打家劫舍、製造動亂的可怕力量。此外，也有可能將這種封閉於其自身的犯法引導到危險性較低的非法行為形式上：在控制的壓迫下苟延殘喘在社會邊緣、侷限於不穩定的生存條件下並且喪失與其可能支持者聯繫（如同不久前，對走私者或某些盜匪犯罪形

42.　　參見霍布斯邦（E. J. Hobsbawm），《盜匪》（*Les Bandits*），法譯本，
　　　　一九七二年。

式所做的[42]）的犯法者被迫接受一種在地性的犯罪，不具號召力量、政治上不帶危險、經濟上沒有後果。而這種受到集中化、控制及喪失威脅的非法行為係直接有用的。透過它與其他的非法行為的關係，它可以是如此：被隔離在它們之外，被封閉在自己的內部組織中，註定從事往往以貧困階層為首要受害者的暴力罪行，無處不受到警方所投注，面臨著長期牢獄之災及其後一種明確「特殊化的」生活，亦即犯法，這個帶著危險並時常充滿敵意的另一個世界，阻止那些常見的非法行為或至少讓它們保持在相當低的程度上（小竊案、輕微暴力，對法律之拒絕或日常性規避），它阻止它們走向廣大及強烈的形式，有點像以前在酷刑所綻放出的亮光上所要求達到的示範效果，現在人們比較透過犯法本身可見及被標明的存在來尋求這樣的效果，而非透過懲罰之嚴屬：借著與其他的庶民非法行為區分開來，犯法壓制著它們。

但是除此之外，犯法還可能有一種直接的利用方式。這讓我們想到殖民的例子。但這並非最具說服力的例子；事實上，如果在復辟時期，無論是經由眾議院還是地方議會，罪犯的流放曾經一再受到要求，基本上這是為了減輕整個拘留機制的財政負擔；儘管為了讓犯法者、違反紀律的士兵、妓女及流浪兒童得以參與阿爾及利亞殖民，在七月王朝下，各式各樣的計畫被制定出來，但創設了殖民地勞役監獄的一八五四年法律正式將阿爾及利亞殖民項目排除在外；事實上，無論是流放到圭亞那或更晚期流放到新赫里多尼亞（Nouvelle-

Calédonie），它們都不具有實質的經濟重要性，儘管受刑人在殖民地服完其刑罰後，他們必須要停留至少不短於拘留年數的時間（在某些案例中，受刑人必須在此度過一生）[43]。事實上，當成一個既被區隔又易於操弄的圈子，對犯法之利用主要是產生在合法性邊緣。亦即在十九世紀，人們也在此處確立了一種從屬性的非法行為，並且透過將之組織成犯法，並連同著其所包含的各種監視措施，從而確保了順服。作為被掌控的非法行為，犯法係為宰制群體之非法行為服務的幫

43. 關於流放的問題，參見巴赫北－馬賀布瓦（F. de Barbé-Marbois），《對四十一個地方議會投票之觀察》（*Observations sur les votes de 41 conseils généraux*），以及波洛斯維勒（Ernest Poret de Blosseville）與拉・皮洛傑希（Jules de la Pilorgerie）兩人關於澳洲植物學灣（Botany Bay）的討論。布黑（Buré）、馬宏勾上校（le colonel Marengo）及德・嘎賀內（L. de Carné）連同其他一些人，都提出了在其中運用到犯法者的阿爾及利亞殖民方案。

44. 在這方面，最早的相關事蹟之一是在警方控制之下對妓院（maisons de tolérance）進行組織（一八二三年），此一做法大幅超出一七九一年七月十四日法律中關於在賣淫場所進行監視的規定。對此，請參見警察局手稿彙編（20-26）。當中特別是一八二三年六月十四日巴黎警察局長的這份諭令：「對於任何關注公共道德的人而言，賣淫場所的設置自然會令其不滿；我一點也不訝異各分局長們盡一切力量反對這些場所設置在其管轄的不同街區中……如果警方能夠成功地將賣淫活動限制在其行動能夠持續而一致並且受到完整監視的妓院的話，那麼警方可以認為已經對公共秩序的維護做了許多努力。」

手。十九世紀賣淫網絡的建立便是這方面的寫照[44]：在警務上和健康上對娼妓加以控制、其固定進出監獄、大規模地將妓院組織起來、在賣淫圈子中維繫著一套精心安排的層級體系、其透過一些犯法者－線民（délinquants-indicateurs）來維護其框架，所有的這一切讓建立在性享樂——其在一種愈趨強硬的日常性道德化趨勢下註定要走向局部地下化、並且自然而然地變得更加昂貴——基礎上的巨大利益得以透過整個系列的中介而受到導引及獲取；在一套享樂價格的形成中、在從受壓制的性欲上謀得的利益的構成中及此利益的獲取中，犯法的圈子與有利可圖的清教主義（puritanisme）兩相勾結：非法勾當上的非法抽租取稅幫手[45]。走私武器、走私酒品或更晚近的走私毒品在頒布相關禁令的國家中以相同的方式顯示出「有用的犯法」之運作情況：一項法律禁令在其周邊造就了一個非法活動場域，而透過本身就是非法但被組織成犯法而成為可操弄項目之中介，人們可以控制此場域，汲取其非法利益。犯法是管理及利用非法行為的工具。

對於配合權力自身運作而被找來圍繞在其四周的非法行為而言，犯法也是一種工具。在密探、線民、煽動者這類形式下，對犯法者加以政治運用的情況遠比十九世紀還要早了許多[46]。不過在大革命之後，這種做法取得了大異其趣的面向：對政黨及工人組織的滲透、招募對抗罷工者及鬧事者的幫手、組織起與警方密切配合地下警察（其必要時可成為某種平行部隊），一整套司法外部的權力運作方式有一部分是由犯法者所構成的龐大人力來確保：權力之祕密警察及後備軍

隊。在法國，似乎正是在一八四八年革命和路易－波拿巴掌權這段期間，這些做法達到發展上的巔峰[47]。我們可以說，受到以監獄為其中心的刑事制度所固化的犯法，代表了一種為了統治階級非法利益及權力之迴路而形成的一種非法行為的繞道。

如果沒有警察控管（contrôles policiers）之發展，將一種非法行為區隔並禁閉起來而組織成犯法這件事便不可能。對人口的普遍監視、「無聲、神祕、不被察覺的」警戒，「這是不間斷睜開並無差別監看

45. 巴宏－杜夏特萊（Parent-Duchatelet）於一八三六年出版的《巴黎的賣淫》（*Prostitution à Paris*）一書，可以視為在警方及刑事機構庇護下犯罪圈子依附在賣淫活動上的見證。義大利黑手黨之移植到美國並全被用於非法利益之抽取及政治目的的案例，為源自庶民的非法行為之移地盤據提供了一個絕佳的例子。

46. 有關犯法者在警方監視及特別是政治監視中的這種作用，參見勒梅赫（Jean-Baptiste-Charles Lemaire）所撰寫的論文（譯按：指《一七七○年巴黎的警方》〔*La police de Paris en 1770*〕）。「舉發者」是「等待著對他們自己寬容」的人；他們「通常是壞蛋，被用來找出比他們更壞的人。而且，只要有人從這時起一旦被列入警方紀錄中，對他的監視就不再會停止。」

47. 馬克思（K. Marx），《路易・波拿巴的霧月十八日》（*Le 18 Brumaire de Louis-Napoléon Bonaparte*），Éd. Sociales，一九六九年，第76-78頁。

著所有市民的統治之眼，卻不因此讓他們屈從於任何強制的措施……它無需明載於法律中。」[48] 針對出獄的罪犯、那些曾經因為嚴重案情而歷經司法審理並依法被認為會再次侵犯社會安寧的人，一八一〇年刑典規定了特殊的監視方式。但是，同樣也監視那些被密探或線民認為危險的圈子及團體，它們幾乎全部都跟過往的犯法者有關，並且因此受到警方列管：作為警方監視的目標之一，犯法也是最受到它青睞的工具之一。所有這些監視以一個部分正式、部分隱密的層級架構為前提（在巴黎警政上，隱密的部分基本上是「保安隊」，除了由警探及小隊長所構成的「檯面上的警察」之外，它還包括「祕密警察」及一些基於對懲罰的畏懼或受獎賞之誘惑所驅使的線民[49]）。警察控管也以檔案系統的建置為基礎，罪犯的標定及識別是這套系統的核心：附在拘票上及附在刑事法院判決上的必要的體貌特徵描述，附加在囚犯基本資料上的體貌特徵描述，刑事法院及輕罪法庭（tribunaux correctionnels）每三個月將登記簿遞交給司法部及警政部（ministère de la Police générale）存查，稍晚在內政部建置起來的一套透過字母索引、摘要這些登記簿的「記錄冊」（sommier），根據「自然學家、圖書館員、批發商、生意人」方法設計的一套個人資料卡或資料表系統持續使用到一八三三年，其讓新的資料可以輕易地添補進來，同時藉著被搜尋的個體名字，所有的資料都可以彙整在此[50]。犯法不但帶來了祕密警察，同時也授權普遍化的管控，因此它構成對人口進行持續監視的方法：一種經由犯法者他們本身而得以控制整個社會場域的機制。

犯法起著一種如同政治觀察站的功能。晚於警察許多，統計學家和社會學家接著運用這樣的資料。

　　不過這種監視唯有與監獄搭配起來才能運作。因為當個體出獄後，監獄有助於個體的控制；因為監獄得以招募線民，並且增加相互間的舉發；因為監獄使違法者彼此有所接觸，它加速促成了一個自我封閉的但容易受控制的犯法圈子之組織；以及它所造成的所有失去社會地位（désinsertion）之後果（失業、禁止居留、強制居所、隨傳隨到）大大地開啟了將分派下來的任務強加給前囚犯的可能性。監獄與警察組成一個成對的部署（dispositif jumelé）；在非法行為的場域中，單憑它們二者即確保了將一種犯法予以區別、隔離並利用。警察－監獄系統（le système police-prison）在非法行為中切割出犯法這個可操控

48.　波奈維勒（A. Bonneville），《論懲治制度的補充性機構》（*Des institutions complémentaires du système pénitencier*），一八四七年，第397-399頁。

49.　參見費吉耶（H. A. Fregier），《危險的階級》（*Les Classes dangereuses*），一八四〇年，第一卷，第142-148頁。

50.　波奈維勒（A. Bonneville），《論累犯》（*De la récidive*），一八四四年，第92-93頁。資料卡（fiche）的出現及人文科學的創立：這是另一項歷史學家很少頌揚的發明。

的部分。帶著其特定性，犯法是這個系統的後果；但它也成為這個系統的要件及工具。乃至於我們或許應該說這是一個由三個項目（警察－監獄－犯法）所組成的整體，這三個項目相互支持並構成了一個永不中斷的迴路。警察的監視向監獄提供了違法者，監獄再將他們改造成犯法者，成為警察控制的目標及幫手，警察控制再不時地將當中的某些人送回監獄。

　　不存在一個刑事司法系統，它以追究一切的非法活動為目標，並且為了這麼做，把警察當成其助手、把監獄當成其刑罰工具來運用，並且甘冒在其行動後頭還留下「犯法」之不可吸收的殘餘（résidu inassimilable）。我們必須在司法中看到一種以針對非法行為進行差別控制為目的的工具。對此項控制，刑事司法起著法律擔保及傳遞源頭（principe de transmission）的作用。它係非法行為的整套經管方式中的一環（relais），其他的組件（不居其下，而是在其旁側）是警察、監獄及犯法。司法經由警察而發生的外溢、監懲制度相對於司法所產生的阻力，這並不是新的，亦不是權力僵化或逐步轉移的結果；這是一種結構特徵，標誌著在現代社會中的刑罰機制。司法官說得徒然；刑事司法連同其整套的展演機制被設置來回應一部控制機制的日常需求，這部一半隱沒在陰影中的控制機制的目標是讓警察與犯法互相嚙合起來。法官是它不太難馴服的受雇者[51]。他們在能力所及的範圍下協助犯法之建構，也就是說協助非法行為的區分、統治階級的非法行為對當中某些非法行為之控制、盤據及利用。

對於這個在十九世紀前三十、四十年間發展的過程，有兩位見證性人物。第一位是維多克（Vidocq）[xx]。其乃[52]傳統非法行為的代表，可說是誕生在十八世紀另一頭的吉勒‧布拉斯（Gil Blas）[xxi]，他迅速地墮入最糟的境遇：鬧事、闖蕩、欺騙（在多數情況中，他都是受害者）、鬥毆及決鬥；多次入伍及脫逃，碰上賣淫、賭博、扒竊的圈子，以及不久後大型搶劫的圈子。但是他在同代人眼中所得到幾近神話的重要性並不取決於這容或受到美化的過往；甚至也與他是歷史上第一樁原勞役犯變成警察局長──無論是將功折罪或是透過行賄所致──這個事實無關；而毋寧是基於，對於一個既對抗犯法又與之合作的警察機制，犯法在他身上清楚地取得同時是目標及工具的曖昧地

51. 從復辟時期之降，我們可以找到司法人員拒絕參與這種運作很早的見證（這清楚證明了此種運作不是一個後來才有的現象或回應）。特別是，拿破崙警察體系的了結或毋寧是再利用所造成的問題。然而，困難並沒有結束。參見貝勒姆（Belleyme）一八二五年的就職演説，當中他努力將自己與其前輩區分開來：「司法的道路對我們敞開⋯⋯在法學院接受栽培、在一所如此值得尊崇的司法官學校受教⋯⋯我們是司法的左右手。」參見貝勒姆（M. de Belleyme）《行政史》（*Histoire de l'Administration*）。另請參閱莫連（Molène）饒富趣味的小冊子《論自由》（*De la liberté*）。

52. 參考在他名下出版的《回憶錄》（*Mémoires*），同時也參考《維克多自述》（*Histoire de Vidocq racontée par lui-même*）。

位。維多克標誌著與其他非法行為區分開來的犯法受到權力投注及轉向的時刻。正是在此時進行著警察跟犯法直接且制度性的連結。這也是一個令人擔憂的時刻，就在此時犯罪成為權力的一個組件。一幅曾經糾纏不休著早先幾個時代的形象，也就是殘暴國王的形象，它是整個司法的源頭而被罪行所玷汙；現在另一種恐懼降臨，一種在支持法律的一方與侵犯它的一方之間被掩蓋並曖昧的串通。在其中，統治權帶著憎惡在同一個人物身上自我衝突的莎士比亞時代終結了；警察的權勢、以及犯罪與權力共謀的日常戲碼即將展開。

站在維克多面前的是他的同代人拉塞內赫（Lacenaire）[xxii]。他在犯罪唯美者天堂中永存的身影著實讓人感到驚訝。儘管他強烈的意願及身為新門徒的熱忱，他也僅能相當笨拙地犯下幾椿平庸罪行；他如此強烈地被懷疑是來臥底的，乃至於獄方必須保護他，以免受到拉弗斯監獄（la Force）[xxiii] 裡那些想幹掉他的囚犯的傷害[53]，而且是路易—菲利普[xxiv]統治下巴黎的美好世界，才會在處決前為他舉辦一場盛典，圍繞著這場盛典隨後出現的許許多多文學迴響都只是些學院式的致敬。他的榮耀與其罪行規模無關，也與構思罪行的藝術無關；我們反而驚訝的是它們在行動上的困頓。這榮耀在很大程度上要歸諸在他存在上及論述中所顯露出的那種介乎非法行為與犯法間的狀態。詐欺、逃兵、小竊小盜、監獄、重建牢房友誼、互相勒索、累犯、直到最後一次的暗殺未遂，拉塞內赫是「犯法者」的類型。但是，至少在潛在狀態下，他身上帶著直到不久之前仍然具有威脅性的非法行為可能：

這位家道中落的小資產階級，在一所好中學受教，能說能寫，如果再早一代，本來應該會是革命份子、雅各賓黨人、弒君者[54]；羅伯斯比爾（Robespierre）的同代人，他對法律的拒絕應當可在直接的歷史場域中產生影響。出生於一八〇〇年，大致如同朱利安·索雷爾[xxv]一樣，他的身上帶著這些可能性的遺跡；但它們不得不向盜竊、謀殺及舉發低頭。所有這些潛在性皆變成一種沒什麼大不了的犯法行為：在這個意義上，拉塞內赫是一個令人放心的人物。如果這些潛在性再次出現，這是出現在他對犯罪理論所持的論述中。在他死亡的那一刻，拉斯內赫體現了犯法對非法行為的勝利，或者更確切地說，他體現了某種非法行為的形象，這種非法行為一部分被收入犯法中，另一部分被轉向一種犯罪美學，也就是說轉向一種特權階級的藝術。拉斯內赫與那位在同一個時代藉著將犯法以如同封閉及可控制圈子的方式建構起

53. 此番指控清楚地被〔擔任巴黎市警局保安隊隊長的〕恭雷（Pierre-Louis Canler）提到，參見《恭雷回憶錄》（*Mémoires de Canler*），一九六八年再版，第15頁。

54. 根據其同代人的看法，拉斯內赫原本應該成為什麼樣的人物，參見勒拜易（Monique Lebailly）在《拉塞內赫回憶錄》（*Mémoires de Lacenaire*）當中所做的整理，一九六八年，第297-304頁。

來、藉著將一整套犯法——其已然成為權力所掌握的合法的非法活動——朝向警察技術轉移，從而讓犯法自成一格的維克多旗鼓相當。如果巴黎資產階級為了拉斯內赫舉辦了慶典，如果關他的牢房向知名的訪客開放，如果在生命的最後幾天他備受尊崇，同時他又是那位拉弗斯監獄裡的庶民想搶先法官一步幹掉的人，他又是那位在法庭上費盡一切功夫想把他的共犯弗朗索拉上行刑臺的人，這當中存在著一個原因：人們慶祝了一種屈從在犯法中並被轉成論述的非法行為的象徵人物——也就是說讓非法行為雙重地無害；資產階級在那裡為自己發明了一種新的樂趣，這把戲還遠遠沒有被它所玩盡[xxvi]。不該忘記的是，拉塞內赫如此眾所周知的死產生了阻礙費葉奇（Fieschi）[xxvii]刺殺案所激起迴響的效果，這是距離此時最近的一次弒君案，顯現出從小罪最終通向政治暴力的反面人物[xxviii]。同時也不該忘記是，比起最後的勞役犯鍊隊啟程及隨之引發的風風雨雨，它早發生了幾個月。這兩個慶典在歷史上交錯；此外，拉塞內赫的幫凶弗朗索還是七月十九日出發的鍊隊中最引人注目的人物之一[55]。兩個慶典之一，干冒著在犯罪者四周再度激起庶民非法行為之風險而延續著古老的酷刑儀式。它將遭到禁止，因為除了在犯法這個被整頓好的空間中，罪犯將別無容身之處。另一個慶典則開創了一項特權者的非法行為的理論局面；或者更確切地說，它標誌著一個時刻，其中資產階級在事實上從事的政治及經濟的非法行為將重疊上理論及審美的再現：正如針對拉塞內赫，人們所說的「犯罪形上學」（Métaphysique du crime）。一八四九年，昆

西（Thomas de Quincey）的《論被視為一種藝術的謀殺》（*De l'assassinat considéré comme un des beaux-arts*）出版。

* * *

關於這種犯法的製造及刑罰機制對它的投注，我們必須清楚把握住它們真正的性質：它們不是一勞永逸地獲得的結果，而是一些在實際上永遠無法達到其目標而總是不斷進行調整的戰術。犯法與其他非法行為間的一刀兩斷，它轉身對抗它們，它被宰制階級的非法行為所盤據，這些皆是清楚顯現在警察－監獄系統運作的方式中的結果；然

55.　一八三五至一八三六年之交錯（ronde）：被處以弒君者與弒父者共通刑罰的費葉奇成為弒父者希維耶賀（Pierre Rivière, 1815-1840）被判處死刑的原因之一，儘管一份關於他的陳情書揭露出其訴訟、其書寫——拜警察局保安隊長之賜始於一八三六年初出版（並受到某種審查）——令人驚訝的性質，但這點可能被拉塞內赫案情的光彩所蓋過，這正是拉塞內赫的同夥弗朗索將跟隨著布雷斯特勞役犯鍊隊進行最後之一的大型罪行巡迴展演前的幾個月。非法行為與犯法的交錯，罪行自己的論述與關於罪行的論述的交錯。（譯按：ronde具有巡邏、圓舞、轉圈圈等意思，傅柯在此處的使用頗難意會，暫譯為「交錯」，傳達出在新舊時代一時之間循環、交錯的情況。）

而，這些作用不斷遭遇抵抗；它們引發抗爭，激起反彈。將這道分隔了犯法者與他們所從出並仍然關聯著的所有庶民階層的柵欄樹立起來是一項艱鉅的任務，在城市地區有可能更是如此[56]。人們帶著固執，對此努力良久。人們運用了這種針對窮人階級進行「教化」的一般做法，尤其是這項工作在經濟及政治上都曾經至關重要（包括所謂的「基本守法精神」之培養，在刑法取代習俗的時刻是無可或缺的；基本的財產及儲蓄規則之學習；在勞動中的順服性、在居住及家庭中的穩定性之建立等）。人們採用了更特殊的做法來確保庶民階層對犯法者的敵意（利用前囚犯為線民、密探、罷工的破壞者或其幫手）。人們系統性地將普通法中的犯法行為與這些違反了在工人手冊、罷工、結盟、結社[57]（為之，工人要求一種政治地位的承認）等方面所制定的繁重立法之違法行為混為一談。人們非常一致性地指控工人的行動是受到罪犯所帶領、要不也是受其所操縱[58]。在判決中，人們表現出對工人往往比對盜賊更為嚴厲的態度[59]。在監獄中，人們讓兩類受刑人混雜，並且針對屬於普通法的部分予以優待，同時在大部分情況下被拘留的記者或政治人物則被分開處理。簡而言之，一整套混淆之戰術，以一種持久衝突的狀態為其目的。

除此之外，還有一項長期的努力，好將一套相當清楚確立起來的框架強加在人們對犯法者的認知中：將其呈現為十分鄰近、無處不在及無處不令人生畏的樣子。這便是社會新聞（le fait divers）的功能，其不但在新聞媒體上占據了一部分的版面，並且也開始擁有自己專門

的報刊[60]。藉著其日常性的連篇累牘，犯罪的社會新聞讓管控著整個社會的司法及警察控制皆可被接受；它每天闡述著一場發生在社會內部的戰役，其對抗著沒有面目的敵人；在這場戰役中，它係警告或勝利的每日公告。開始在連載小說及廉價文學形式下發展的犯罪文學起了一種看似相反的作用。它的主要功能係表明犯法者屬於一個全然不同的世界，與日常及熟悉的生活無關。這首先是社會底層的怪異感（《巴黎祕聞》[xxix]、《侯弓波勒》[xxx]），然後是瘋狂的怪異感（特別

56. 在這方面，柯古漢（P. Colquhoun）在十八世紀末描繪出在一個像倫敦這樣的城市中推動此項任務的困難。《論倫敦警察》（*Traité de la police de Londres*），法譯版，一八〇七年，第一卷，第32-34頁、第299-300頁。

57. 「沒有其他階級受到此等監視；它執行的方式幾乎等同對出獄的受刑人所採取的方式；它似乎將工人歸入現今所謂的危險社會階級的類別中。」《作坊》（*L'Atelier*），第五年第六期，一八四五年三月，有關工人手冊（livret）的一段評論。

58. 參考例如蒙法勒弓（J. B. Monfalcon），《里昂造反史》（*Histoire des insurrections de Lyon*），一八三四年，第142頁。

59. 參考《作坊》（*L'Atelier*），一八四〇年十月，或者《博愛》（*La Fraternité*），一八四七年七－八月。

60. 除了《法庭報》（*Gazette des tribunaux*），還有《法庭通訊》（*Courrier de tribunaux*）、《獄政報》（*Journal de concierge*）。

是在本世紀下半葉），最後是鍍了金而受到美化的罪行、「高竿」的犯法（亞森・羅蘋[xxxi]）。一個多世紀以來，連結上偵探文學的各種社會新聞，生產出巨量的「犯罪敘事」，在當中所顯現出的犯法既近在咫尺又全然怪異，對日常生活帶來恆常的威脅，但它的源頭、它的動機、它以既日常又怪異的面貌於其間開展的圈子又讓人感到極其遙遠。透過人們賦予它的重要性及人們伴隨它的大量論述鋪陳，我們圍繞著它，劃出一條線，藉著頌揚它而將它區分出來。在這種如此令人生畏並來自一片如此怪異的天空的犯法中，怎樣的非法行為可以被辨識出來呢？

這種多重式的戰術並非沒有效果：庶民報刊反對刑罰勞動所進行的媒體宣傳便可證明之[61]；反對「監獄的舒適」；為囚犯安排最困難和最危險的工作；反對慈善事業給予犯法者過度的關切；反對頌揚罪行的文學作品[62]；在整個工人運動中，對普通法所判處的前受刑人廣泛的不信任態度也證明了這一點。米歇爾・蓓荷（Michele Perrot）[xxxii]寫道，「在二十世紀初，被一切圍牆中的最高者——蔑視——所團團圍住，監獄正成為不受歡迎民眾的大本營。」[63]

但是，從另一方面說來，這套戰術遠非取得勝利，或至少就犯法者與庶民階層間徹底決裂這一點而言。窮人階級與違法行為的關係、無產階級與都市庶民階層各自所站的位置或許有待進一步的研究。不過，有一點是肯定的：在一八三〇年至一八五〇年的工人運動中，犯法及壓迫被視為一項重要關鍵。對犯法者帶著敵意，這有可能；但

戰鬥圍繞著刑罰展開。庶民報刊針對犯罪現象經常提出政治分析，在各方面都與慈善人士習以為常的描述方式背道而馳（貧窮－揮霍－懶惰－酗酒－惡習－盜竊－罪行）。他們將犯罪的源頭歸結到社會而非犯案的個體身上（他只是犯罪的機緣或第一受害人）：「殺死你們的人沒有不這麼做的自由。社會才是罪魁禍首，或者更真確地說是不好的社會組織方式。」[64] 而正是如此，或是因為社會組織方式無法滿足其基本需求，或是因為在其身上破壞或除去了可能、憧憬或自我要

61.　參見《作坊》（*L'Atelier*），一八四四年六月。向巴黎市議會的請願，要求讓囚犯負責「骯髒及危險的工作」；在一八四五年四月，該報提到布列塔尼的經驗，當地有相當多的軍囚在進行運河開鑿工程時死於熱病。一八四五年十一月，為什麼囚犯不去做汞或鉛白呢？……也參見一八四四至一八四五年的《政治民主》（*Démocratie politique*）。

62.　在一八四三年十一月的《作坊》（*L'Atelier*）中出現對《巴黎祕聞》（*Les Mystères de Paris*）的抨擊，因為它對於犯法者、他們的多采多姿、他們的語彙太過偏袒，因為人們在其中太過強調犯罪傾向的宿命性質。在《民巢》（*Ruche populaire*）中，我們也看到針對戲劇方面所進行的類似攻擊。

63.　《十九世紀法國的犯法和懲治系統》（*Délinquance et système pénitentiaire de France au XIXe siècle*），未發表文本。

64.　《人道》（*l'Humanitaire*），一八四一年八月。

求，才在隨後步入罪行中：「錯誤的教導，未被聽從的才幹及力量，在過於柔嫩的年紀裡就被強迫勞動所擠壓的才智及心靈。」[65] 但是，藉著人們施予它的光彩及圍繞著它的不名譽，這種由於求溫飽或受壓迫而產生的犯罪掩蓋了有時是其原因並且始終是其擴大的另一種犯罪。這是來自上層的犯法，對窮人而言，這是可恥的榜樣、悲慘的來源及反叛的理由。「當悲慘在您的街道上布滿著屍體，在您的監獄內布滿著小偷及凶手，從上層社會的騙子那裡，人們看到了什麼？最墮落的榜樣、最令人反感的厚顏無恥、最不要臉的劫掠……難道您不擔心，那名因為從麵包店窗欄內搶走一塊麵包而被移送到罪犯長凳上的窮人，有一天不會憤怒到要一磚一瓦地拆毀證券交易所，這一處野蠻的巢穴，當中人們不受制裁地偷竊國家的財產、家庭的財富。」[66] 而特別與財富有關的這種犯法受到法律所容忍，並且當它落到法律手裡時，它可以對法庭上的寬容及新聞界的保密放心[67]。由此，人們認為刑事審判可以成為政治辯論的機會，並且必須利用輿論訴訟（procès d'opinion）或針對工人的起訴來譴責基本的刑事司法運作：「法庭的審判大廳不再像以前那樣只是一處對我們這個時代之悲慘及創傷的展示所、某種將我們社會失序狀態的可憐受害者一個一個並排陳列的停屍間[xxxiii]；這是一處迴盪著戰士叫喊聲的競技場。」[68] 同樣也由此，人們認為政治囚犯有責任成為所有囚犯的代言人，因為他們如同犯法者一樣對於刑法體系擁有直接的經驗，並且他們有能力讓自己的聲音被聽到：應該由他們「透過某位總檢察官誇張的公訴狀」，來啟蒙「對人

們所判處的刑罰一無所知的法國善良資產階級」[69]。

　　在這種對刑事司法及其小心翼翼針對犯法所劃出界線的質疑中，這套或可稱為「反社會新聞」（contre-fait divers）的戰術很能反映其特質。這涉及到由庶民報刊翻轉了在一般報刊中對於罪行或訴訟的運用，其以《法庭報》的方式，「以鮮血來滿足」，「以監獄來飽餐」，並且讓一套「固定戲碼」（répertoire de mélodrame）[70]日常性地發揮作用。反社會新聞有系統地凸顯出在資產階級中的犯法事證，呈現出它才是迫於「身體退化」、「精神腐敗」的階級；它運用關於悲

65.　　《博愛》（*La Fraternité*），一八四五年十一月。

66.　　《民巢》（*Ruche populaire*），一八四二五年十一月。

67.　　參見一八三九年十二月《民巢》（*Ruche populaire*）中，凡薩（Jules Vinçard, 1796-1882）對於巴爾扎克發表在《世紀》（*Le Siècle*）中一篇文章的回應。巴爾扎克說，當案情涉及富人，偷竊的指控宜謹慎和保密行事，因為只要他有絲毫的不誠實，早就為人所知：「先生，請摸著良心說，難道相反的情況不是每天都發生嗎？難道身懷萬貫家財並在社會上有身分地位的人會找不到各式各樣的解決方案及手段來擺平麻煩嗎？」

68.　　《博愛》（*La Fraternité*），一八四一年十一月。

69.　　《法國通俗年鑒》（*L'Almanach populaire de la France*），一八三九年，第50頁。

70.　　《窮傑克》（*Pauvre Jacques*），第一年，第3期。

慘的描述——那些剝削庶民並在確切意義上令之挨餓、對之謀害的人將他們推入其中[71]——來取代庶民犯罪的敘事；在針對工人的刑事訴訟案中，它指出那部分的責任應當歸雇主及整個社會。簡而言之，使出全力來翻轉這種關於犯罪的單一調性論述，其力圖將犯罪孤立為一種凶殘，同時也要讓犯罪之亮光推到最貧窮階級之身上[xxxiv]。

在這場反刑罰的爭論中，傅立葉主義者可能比起任何其他的參與者都要走得更前面。他們發展出一種政治理論（或許是第一批如此做的人），這種理論同時也是一種對於罪行的正面評價。根據他們的說法，如果罪行是「文明」的一項後果，它同樣也是一種武器，反對文明的武器。它隨身帶著一股活力和一種未來。「被其壓迫性原理的命定性所主導的社會秩序，繼續透過劊子手或監獄，殺死那些其強悍天性拒絕或蔑視其規定的人，那些由於太強而無法受限在狹窄襁褓中而打破之、撕毀之的人，那些不想繼續當童孺的人。」[72] 因此，並不存在一種犯罪天性，而是力量之作用，其根據個人所屬的階級[73]，將之導引到權勢或是監獄：如果他們是窮人，今天的司法官員可能將會擠爆了勞役監獄；如果他們家世好，「就會在法庭中坐在一個席位上，並在此伸張正義」[74]。在根本上，罪行之存在恰當地展現出「人類本性之不可壓迫」；在它上頭，我們必須看到的不是一種弱點或疾病，毋寧是一股重新振作的能量，一種「人類個體性煥發光彩的抗議」，其可能在所有人眼中賦予犯罪所有它的奇特魅力。「如果沒有罪行在我們身上喚醒一群被麻痺的感覺及泰半熄滅的激情，我們就會長時間

停滯在失序中，也就是在無活力（atonie）中。」[75] 因此，犯罪可能成為一種政治工具，它對於我們社會的解放可能具有的價值，就跟它對黑人解放的價值一樣；如果沒有犯罪，黑人解放會發生嗎？「毒品、火災、有時甚至是反叛，都見證了社會狀況之極度悲慘。」[76] 囚犯呢？「人類最不幸和最受壓迫」的部分。《法郎吉》雜誌[xxxv] 有時也會連結到犯罪的當代美學，但卻是為了一場非常不同的鬥爭。

由此，出現一種對於社會新聞的運用方式，其目標不僅是將不

71.　在一八四七年三月的《博愛》（La Fraternité）中，討論了圖亞案（Drouillard）及影射性地談論位在羅什福爾（Rochefort）海軍部門的竊案。一八四七年六月，刊有布勒米訴訟案（Boulmy）及區比耶－貝拉帕案（Cubière-Pellaprat）的文章；一八四七年七－八月，則刊載關於貝尼耶－拉鞏鞠－朱西厄貪汙案（Benier-Lagrange-Jussieu）的文章。

72.　《法郎吉》雜誌（La Phalange），一八三七年一月十日。

73.　「特許的賣淫、物品的直接偷竊、破門偷竊、謀殺、搶劫，留給下層階級；而巧妙的詐取、間接而細膩的盜取、對人類牲口（bétail humain）富含知識的剝削、戰術高超的背叛、卓越的詐術，最後，所有真正圖利、手法俐落、法律門檻夠高而無法觸及的罪惡及罪行，仍舊係上層階級之獨攬。」參見《法郎吉》雜誌（La Phalange），一八三八年十二月一日。

74.　《法郎吉》雜誌（La Phalange），一八三八年十二月一日。

75.　《法郎吉》雜誌（La Phalange），一八三七年一月十日。

76.　同上。

道德的指控回推對手身上，更是讓相互對抗的力量作用浮現。《法郎吉》將刑事案件分析成被「文明」所規範（codé）的一種對抗，重大的罪行全然不被當成畸形而是當成受壓迫者反叛的必然結果來分析[77]，輕小的非法行為並不當作社會必然的邊緣而是當成在當中登場的戰役之深處所發出的隆隆聲響來分析。

此處，在維多克和拉塞內赫之後，我們加上第三號人物。他僅僅短暫現身；其名聲持續的時間不超過一日。他僅係一位觸犯了輕微非法行為而匆匆走過的人物：一名十三歲的孩子，居無定所也沒有家庭，遭到流浪罪名起訴，而兩年感化監獄的判刑可能已在漫長的時間中將他置入犯法的迴路中。如果他沒有提出一種抗拒這些強制措施的非法行為論述來反對讓他成為犯法者的法律論述（更以規訓為名而勝於依循刑法）的話，無疑地他將走過這一切而不留下任何痕跡。甚且，他以一種系統性的曖昧方式將價值賦予不守規訓（indiscipline），視之為社會混亂的秩序及不可化約權利之肯定。對於所有被法庭規定為違法事項的非法行為，被告重新表述成一種生猛力量的肯定：將缺乏住所當成流浪，將缺乏主人當成自主，將缺乏勞動當成自由，將缺乏固定作息當成日日夜夜的飽滿。這種在非法行為與規訓－刑罰－犯法系統（le système discipline-pénalité-délinquance）之間的針鋒相對，被同代人或毋寧說被在場記者視為刑法對抗不守規訓之點滴瑣事的滑稽結果。此乃確然：這個案件本身及隨之而來的判決正就居於十九世紀法律懲罰問題的核心。諷刺，法官藉此試圖將不守規訓涵蓋在法律之

威嚴中；傲慢，被告藉此將不守規訓重新置入基本權利中；對刑罰而言，它們共同構成典範性的一幕。

這可能就是《法庭報》的彙報為我們帶來的價值[78]：「庭長：人應該要睡在家裡。─貝亞斯（Béasse）：我有家嗎？─您長期流浪。─我工作謀生。─您幹啥？─我的職業：首先我有過數不清的職業；其次，我不為任何人工作。我幹自己的活兒掙錢一段時間了。我有白天跟晚上的活兒。這樣，例如白天，我散發免費小印刷品給路人；我追著將到站的公共馬車跑，好搬行李；我在納伊大道（l'avenue de Neuilly）上翻筋斗（faire la roue）；晚上，我有演出節目；我去開車門，我賣點交換券[xxxvi]；我忙得很─您最好去找一個好頭家，在那兒當學徒。─啥，好頭家，當學徒，這真煩。然後接下來整天聽老闆咆哮這個、咆哮那個，再接下來連自由都沒了。─您的父親不要求您嗎？─沒父親。─那麼您的母親呢？─沒母親，沒父沒母、沒朋友，

77.　參考例如《法郎吉》雜誌（*La Phalange*）對德拉科隆吉神父（Delacollonge）、埃利哈畢德（Elirabide）的討論，見一八三六年八月一日刊、一八四〇年十月三日刊。

78.　《法庭報》（*La Gazette des tribunaux*），一八四〇年八月。

自由又獨立。」聽到自己被判處兩年感化監獄，貝亞斯「做了一個相當難看的鬼臉，然後恢復他一貫幽默：『兩年，不過就是二十四個月，走吧，上路。』」

《法郎吉》重新加以闡述的正是這一幕。它對此所賦予的重要性、所進行的非常緩慢而仔細的拆解，顯現出傅立葉主義者在這件如此日常的事務中看到了根本的力量作用。一方面，由庭長所代表的「文明」的力量，「活生生的法制，法律之精神與文字」。它具有其強制系統，它似乎是法典而實際上卻是規訓。人必須擁有一個地點、一個位置、一個約束性的嵌入：「人睡在家中，庭長說，因為實際上，對他來說，所有人皆須有一個住所，居住處是宏偉或卑下對他而言並不重要；他不負責提供住所；他負責強迫每個人有住所。」此外，人也必須有工作，一個可識別的身分，一個一勞永逸確立起來的個體性：「您做什麼工作？這個問題是關於在社會中建立起來的秩序最簡單的表達方式；這個流浪的狀態跟社會有所牴觸並帶來麻煩；人必須具有一份穩定、持續、長期的工作，關於未來、未來安排的想法，來向社會確保不會受到任何攻擊。」最後，人必須有主人，被納入及被安排在一套層級體系內；人無法存在，除非被固定在明確的宰制關係中：「您在誰那兒工作？也就是說，您既然不是主人，您就必須是僕人，無論在什麼條件下；這無關乎您個人的滿足；這涉及需要維持的秩序。」面對著以法律面目出現的規訓，我們有的是以權利自居的非法行為；決裂的發生不僅透過違法行為來進行，現在也藉由不

守規訓。語言之不守規訓：語法的不正確和反駁的語調「表明被告與以庭長為其工具並以正確詞語跟他說話的社會間的強烈分裂。」這是出於與生俱有及直接自由的不守規訓：「他清楚感受到學徒、工人是奴隸，而且身為奴隸是悲哀的……這種自由、這種他所嚮往的移動之需求，他清楚感受到在普通的秩序中他將不再享有……他更喜歡自由，即便它必定只能是無秩序的，這對他來說有什麼關係呢？這是自由，亦即其個體性更為自發的發展，是野性的發展，並因而是猛然及被侷限的，但也是自然及本能的發展。」在家庭關係中的不守規訓：這個流離失所的孩子，無論是遭到棄養或是自願掙脫並不重要，因為「他也無法忍受跟父母或他人同一屋簷下所受到的教育方式的奴隸狀態」。並且，透過所有這些細瑣的不守規訓，最終正是整個「文明」受到否定，而「野性」正在浮現：「這是勞動，這是游手好閒，這是無憂無慮，這是放蕩：除了秩序之外，這是一切；除了忙碌與放蕩的

79.　　《法郎吉》雜誌（*La Phalange*），一八四〇年八月十五日。

差別之外，這是野人的生活，過一天算一天，沒有明天。」[79]

　　《法郎吉》的分析可能並不能代表當時庶民報刊針對罪行及刑罰所做的所有探討。然而這些分析卻正落在這場爭論的脈絡當中。《法郎吉》的道理並沒有完全被拋棄。當無政府主義者在十九世紀下半葉以刑罰機制為攻擊目標而提出犯法的政治性問題時，正是這些道理被那種對無政府主義者的廣泛迴響所喚醒；當他們想在犯罪上頭確認出拒絕法律最具戰鬥性的形式時；當他們的努力不側重於英雄化犯罪者的反叛，而是相對盤據過犯罪的法制及資產階級非法行為，將犯罪從附屬關係中解脫出來；當他們想要恢復或建構庶民非法行為的政治統一性時。

i｜軍艦苦役（peine des galères）是一種舊制度時期的刑罰，犯人被判處於皇家戰艦
（galère）上擔任划槳手，刑期若干年不等、乃至終身。隨著新式船艦的發展及
軍事需求的改變，十七世紀出現了設置在軍港及造船廠的勞役監獄（bagne），
如布雷斯特（Brest）及土倫（Toulon）的勞役監獄，傅柯文中所談到的勞役犯鍊
隊正是要從巴黎出發，前往布雷斯特勞役監獄。

ii｜今比塞特爾醫院（Hôpital Bicêtre）。塞特爾醫院位於巴黎南側，於路易十三
時期設立，最初為一所收容受傷軍官及士兵的軍醫院，一六五六年改為濟貧院
（hospice），後又充當監獄、精神病患收容所，目前是一所隸屬於巴黎市政府的
公立綜合醫院。按照傅柯此處陳述的內容，譯為比塞特爾監獄。

iii｜這是相較於過往劊子手的技藝以殺人為目標來說的。

iv｜庫爾蒂耶嘉年華（la descente de la Courtille）是十九世紀巴黎三大嘉年華活動
之一，開始於一八二二年，每年舉辦一次，日期是每年的懺悔星期二（Mardi
Gras）夜間至隔日聖灰星期三的上午，從美麗城（Belleville）出發到市政廳廣
場。

v｜德拉科隆吉神父（l'abbé Jean-Baptiste Delacollonge），因一八三五年謀殺其情

婦而於一八三六年被判處終身強制勞動，關入布列斯特勞役監獄（la bagne de Brest）。傅柯所引述的文字就在描述他從巴黎被押解到布列斯特路程中所發生的插曲。

vi｜傅柯自一八三六年七月二十日出刊的《法庭報》上所引述的多段敘述都源自同一篇報導，篇名為「勞役勞役犯鍊隊啟程前往布列斯特」（Départ de la chaîne des forçats pour Brest）。該報導中敘述一個由三十多位犯人所組成的勞役犯鍊隊出發前往布列斯特勞役監獄過程中所發生的一些插曲。這些犯人包括謀殺情婦的德拉科隆吉神父、犯下多起竊案的弗朗索。犯人分組以鍊條繫住，其中編號六號的支隊其成員多屬知名囚犯、多來自巴黎，故被稱為巴黎支隊（le cordon de Paris）。

vii｜加爾（Franz Joseph Gall, 1758-1828），德國醫生，他從頭顱的特徵來比對人的能力及傾向，被視為顱相學（la phrénologie）之父。

viii｜巴托洛梅·穆裡羅（Bartolomé Esteban Murillo, 1617-1682），十七世紀西班牙畫家。

ix｜若以傅柯所引用的原文在網上查詢，可查到這段引文出現在佛榭（L. Faucher）出版於一八三八年的《論監獄之改革》（De la réforme des prisons）第206頁，文段描繪一支朝向土倫（Toulon）行進的勞役犯鍊隊。

x｜信息女神（Renommée）為古希臘神話中的神祇，造型上逐步演變成一位具有一雙翅膀的女性，手持號角。

xi｜傅柯此段引文為：Pour les forçats, point de voix qui s'élève : soulageons-les.原始文本則為：Pour des forçats point de voix qui s'écrie : soulageons-les.比對下發現兩處錯誤。中譯依據原始文本。

xii｜傅柯引文錯誤，將face（面容）誤為race（種族）。中譯依據原始文本。

xiii｜指本書於一九七五年出版前的狀況。

xiv｜阿墨赫（Paul Amor, 1901-1984），他是二戰結束後法國政府所任命的第一位獄政司長（directeur de l'Administration pénitentiaire française），一九四五年推動法國獄政改革，重新鞏固對犯人進行矯正及重新融入社會的導向。

xv｜最後一句傅柯引文為：mais bien comme un adoucissement dont la privation serait on ne peut plus possible。查詢原文，possible應更正為pénible。中譯據此。

xvi｜指杜克培修（Edouard Ducpétiaux）在一八五七年出版的著作《論分隔或單間式監禁制度的適用條件》（*Des conditions d'application du système de l'emprisonnement séparé ou cellulaire*）。

xvii｜「社會防護」（défense sociale）係指針對帶有精神或心智狀況而享有刑事免責權的嫌犯或罪犯所適用的一套司法措施，例如採取機構安置來取代一般的入監服刑，相關人士一方面接受治療，同時也藉由隔離，避免社會及安全問題之發生。最早的立法於一九三○年在比利時制訂。

xviii｜carcéral原指「與監獄有關的」，在傅柯於本段中所提出的le système carcéral概念下，carcéral被賦予了不同於監獄（prison）的意思。為了在譯文上區辨，我將在這個意涵下的carcéral譯為「監懲的」，取其兼有監禁、懲治……等因素的複雜組合運作方式，以區別於單純作為機構來理解的監獄（prison）。

xix｜此處的「特殊化的」（spécialisé）乃相對於原本非法行為遍見於社會各階層這一點而言。

xx｜維多克（Eugène-François Vidocq, 1775-1857），一名多次入獄及逃獄的罪犯，由於身手靈活，後來成為巴黎警方線民、保安隊（brigade de sûreté）隊長，並成立一間私人偵探社。

xxi｜吉勒・布拉斯是《吉勒・布拉斯・德・桑蒂亞納傳》（*L'Histoire de Gil Blas de Santillane*）長篇小說的主角，出版於一七一五至一七三五年，作者是法國作家勒薩日（Alain-René Lesage, 1668-1747）。

xxii｜拉塞內赫（Pierre François Lacenaire, 1800-1836），出身里昂商人家庭，接受教育，持續犯下竊盜、詐騙、殺人等罪行，成為媒體注目焦點，以詩人殺手自居，撰寫回憶錄及作曲。

xxiii｜拉弗斯監獄（la prison de La Force）位於巴黎，坐落於一處興建於十六世紀後期的私人府邸，十七世紀末府邸一部分由拉弗斯公爵（duc de La Force）取得產

權，幾經轉手及修建，成為巴黎市監獄，於一七八〇至一八四五年間運作，今不復存。

xxiv｜指一八三〇至一八四八年間由「法國人的國王」（roi des Français）路易－菲利普一世（Louis-Philippe Ier, 1773-1850）所統治的時期。

xxv｜朱利安・索雷爾（Julien Sorel）是法國小說家司湯達（Stendhal）的小說《紅與黑》（Le Rouge et le Noir）的主角。

xxvi｜指本段末尾提到的犯罪的美學向度。

xxvii｜參見本書第一部分第一章第28頁及譯註xxvi。

xxviii｜此處的「反面」係指相對於拉塞內赫具有「革命分子」的潛在性卻最終被收編在「犯法」中的案例，費葉奇則是由小案走向弒君。

xxix｜《巴黎祕聞》（Les Mystères de Paris）為一篇描寫巴黎底層社會的長篇小說，作者為俄貞・旭（Eugène Sue, 1804-1857），以連載方式於一八四二年六月至一八四三年十月發表於《論辯報》（Journal des débats）。

xxx｜《侯弓波勒》（Rocambole）是彭松・德・達亥（Ponson du Terrail, 1829-1871）所撰寫的系列小說之統稱，第一部於一八五七年開始以連載方式發表於《祖國報》（La Patrie），全系列共九部。

xxxi｜亞森・羅蘋（Arsène Lupin）是莫理斯・盧布朗（Maurice Leblanc, 1864-1941）所撰寫的系列小說的主人翁，第一冊《俠盜亞森・羅蘋》（Arsène Lupin, gentleman-cambrioleur）出版於一九〇七年，至盧布朗過世的那一年，他一共完成十七部小說、三十九個中短篇小說及五部劇本。

xxxii｜米歇爾・蓓荷（Michele Perrot, 1928- ），歷史學家，主要研究領域包括女性史、工運、監獄等。

xxxiii｜此段引文中marque（標誌、烙印）一字，經對照原文，為morgue（停屍間）之誤，譯文參照原文。

xxxiv｜亮光（éclat）是傅柯在本書中時常用到的詞及表達方式，此處意指這套論述要將犯罪的責任重新導向在貧窮階級身上，讓亮光照在貧窮階級身上，也參見本書

第一部分第二章譯註vii。

xxxv｜《法郎吉》雜誌全名為《法郎吉：社會科學報：政治、工業、科學、藝術及文學》（*La Phalange : journal de la science sociale : politique, industrie, sciences, art et litterature*），為傅立葉主義團體所創辦的刊物，發行者是法郎吉辦公室（Bureau de la Phalange），於一八三六年發刊，是一份每月初、月中出版的雙週刊，名稱來自傅立葉所主張建立的共產自治村（Phalanstère），至一八四九年停刊。

xxxvi｜戲院的入場券又稱第一張票（premier billet），當觀眾中場離開，便以稱為交換券（contre-marques）的第二張票（deuxième billet）來交換第一張票，好讓他們可以持此券再度入場。

第三章

監懲

Le carcéral

我當為監懲系統之形構完成確定一個日期，我不會選一八一○年及刑事法典，甚至也不會隨著確立單間牢房拘留原則的法律而選擇一八四四年；我大概也不會選擇一八三八年，儘管夏勒・盧卡斯、莫侯－克利斯多夫及佛榭各自關於監獄改革的書都是在這一年出版。我所選擇的是一八四○年一月二十二日梅特懲治院（Mettray）[i] 正式啟用之日。或許散發出榮耀卻日期不詳的這一天還更好，此時梅特懲治院的一名院童在臨死前說：「很遺憾必須這麼早離開懲治院。」[1] 這是第一位懲治院聖徒之死。許多有福者有可能加入了他的行列，如果下述內容的確屬實的話：為了讚美新的身體懲罰政策，懲治院少年犯時常說：「過往我們寧願挨打，然而現在對我們來說單間牢房更好。」

為什麼選擇梅特懲治院呢？因為此乃最高強度下的規訓形式，匯聚了關於行為舉止各方面所有強制技術之模式。其中有「修道院、監獄、學校、軍團」。高度層級化並由囚犯分組形成的小組同時參照著五種模式：家庭模式（每個組是一個由「兄弟」及兩個「兄長」所組

---

1. 杜克培修（E. Ducpétiaux），《論年輕工人的身體與精神狀況》（*De la condition physique et morale des jeunes ouvriers*），第二卷，第383頁。

成的「家庭」）；軍隊模式（每個家庭由一位組長指揮，並再細分兩部分，各設副組長一名；每位囚犯都有編號，並且需要學習基本的軍事練習；每日清潔檢查一回，每週服裝檢查一回，每日點名三回）；作坊模式（設有組長、負責勞動秩序和最年輕組員見習的工頭）；學校模式（每天上課一小時或一個半小時，教學由導師及副組長提供）；最後則是司法模式；每天在會客室進行「獎懲」：「對最輕微的不服從情況處以懲罰，而避免嚴重犯行的最佳方法便是對最輕微的過錯施以嚴懲：在梅特，一句多餘的話語都會遭到制止」；人們施加的主要懲罰是單間牢房監禁；因為「隔離是影響兒童精神的最佳方式；特別是在此，未曾跟其心靈說過話的宗教聲音會恢復它所有的感染力」[2]；這整個旁支刑罰機構（institution parapénale）——其設置的目的就是要有別於監獄——匯聚在單間牢房中，在其牆壁上用黑色的字母寫著：「上帝看著您」。

就在其與眾不同處，這種不同模式的重疊圈圍出了「訓練」的功能。梅特的組長與副組長不應該全然等於法官、教師、工頭、士官或「父母」，而是有點全部這些，並且在一種特定的介入方式中。在某種程度上，此乃行為舉止之技術人員（techniciens du comportement）：行為之工程師，個體性之矯形外科醫生。他們必須製造出既順服又有能力的身體：他們控制九或十小時的日常勞動（手工業或農業）；他們領導隊伍行進、身體練習、小隊訓練（l'école de peloton）、起床、睡覺、配合軍號及哨音行進；他們令之做體操[3]；他們檢查整潔，留

意洗澡。練習伴隨著持續性的觀察；不斷抽取關於院生日常行為的認識；並加以組織成持續性評價的工具：「在懲治院入口處，孩童接受到一種審訊，以便掌握他的出身、家庭的社會地位、讓他步上法庭的過錯、以及所有的犯行，其構成了他短暫而經常頗為悲慘的存在。這些資料被登記在一張表格上，上頭並持續記錄著每一位院生的所有事情，他在懲治院中的狀況及離開此處後的收容情況。」[4] 身體的形塑促成了一種關於個體之認識，技術的學習造就了一些行為舉止模式，而才幹的取得則與權力關係之固定糾結在一起；人們形塑出身強體壯及技術熟練的好農民；在這樣的工作中，只要它被技術性地控制著，人們便製造出服從的主體，並且在他們身上，建立起一套值得信賴的知識。這套作用在身體上的規訓技術具有雙重作用：需要認識的「靈

2.　　前引書，第377頁。
3.　　「任何讓人疲勞的事情都有助於消除不良思想；我們留意活動由激烈的練習所組成。到了晚上，他們躺下的那一刻就睡著了。」（同上，第375-376頁）。亦參見本書圖27。
4.　　杜克培修（E. Ducpétiaux），《論農業型少年懲治院》（*Des colonies agricoles*），一八五一年，第61頁。

魂」及需要維持的服從。一項結果對這種訓練工作進行了認證：在一八四八年，「當革命的狂熱感動了所有想像的那一刻，當在昂熱（Angers）、拉弗列許（La Flèche）、阿勒福（Alfort）等地的學校、甚至連中學都一起暴動的那一刻，梅特的院生則是加倍冷靜。」[5]

梅特案例特別具有典範性之處，正存在於我們從中辨識出來關聯於這套訓練操作的特定性。它與一些它作為基礎的其他控制形式相近：醫學、普通教育、宗教指導。但與它們絕對不可混為一談。也不可以與所謂的行政相混淆。無論是一家的組長或副組長、助教或工頭，幹部必須生活在院生左右；他們穿著一套與這些院生「幾乎一樣卑微」的服裝；他們幾乎與這些院生寸步不離，日夜監視著他們；他們在院生當中建立起一套持續觀察的網絡。為了由他們自己來訓練院生，在懲治院內設置了一所專門學校。其計劃重點在於要讓未來的幹部跟囚犯一樣，經受相同的學習方案及強制措施：他們「以學生的身分接受他們日後身為老師所貫徹的規訓」。他們被教授權力關係的藝術。這是第一所純規訓的師範學校：在裡頭，「懲治」（pénitentiaire）並不僅僅是一套在「人」身上尋求其擔保或在一門「科學」當中尋求其基礎的方案；而是一種學習著、傳遞著並遵守著一些一般規範的技術。透過技術提升及理性思考，以強制方式對不守規訓者或危險人物進行標準化的這種做法自身也可以「被標準化」。規訓技術成為一門「學科」（discipline），它一樣，也有它的學校。

正巧，研究人文科學的歷史學家將科學心理學的誕生落在這個

時期上：為了測量感覺，韋貝（Weber）將在同樣的這幾年間開始使用他的小羅盤[ii]。在梅特這裡發生的事情（以及稍早或稍晚在其他歐洲國家）當然完全是另一個層次的事。這是機構的興起或毋寧說是機構的明確化、以及施加在抵抗規訓標準化（normalisation disciplinaire）的個體身上的一種新控制類型——同時是知識及權力——之洗禮（baptême）。然而，在心理學的形成和發展過程中，這些規訓、正常性（normalité）及服從等方面專業人員的出現可能具有分水嶺的意味。人們會說，感覺反應的量化評估至少可以草創中的生理學之聲望為憑據，而在此一名目下，它有資格名列知識史中。但是，關於正常性之控制則受到對之確保一種「科學性」形式的醫學或精神病學的強烈框限；它們受到司法機制的支持，其以直接或間接的方式為它們提供了合法擔保（caution légale）。如此，就在這兩位重量級監護者的庇護下並且為之充當關聯方式或交流地點，一種針對標準進行控制並精心思慮的技術不斷發展直到今日。自梅特這所小規模學校設置以來，這些方法已經發展出許多機構的及獨具的支持；它們的機制在數量上及所占面積上都有所增加；它們與醫院、學校、行政部門及民營企業

5.　　費惠司（G. Ferrus），《論囚犯》（*Des prisonniers*），一八五○年。

的關係倍增；它們的人員在數量上、權力上及技術水平上均提升；有關不守規訓問題的技術人員已經扎根盤踞。在標準化權力（pouvoir de normalisation）本身的標準化中，在一種施展於個體身上的權力－知識安排中，梅特及其學校開創了新時代。

* * *

但是為什麼選擇這個時刻作為這個基本上仍為我們所使用的懲罰藝術在形構上的終點呢？確切地說，這正是因為這個選擇有點「偏」（injuste）。因為它將此過程的「終點」置於刑法的旁側上。因為梅特是一個監獄，但是一個不正規的監獄：它是監獄，因為一些被法庭定罪的年輕犯法者被拘留在此；不過還帶有一點別的東西，因為這裡監禁一些未成年人（他們儘管受到起訴，然而根據刑典第六十六條而宣判無罪）及一些如同十八世紀在監護矯正（correction paternelle）名目下被拘留的寄宿生。作為一個刑罰模式，梅特位處狹義刑罰範圍的邊界上。它是一系列遠遠超出刑法邊界的機構中最著名的一個，這些機構構成了監懲群島（archipel carcéral）——或可如此名之。

然而，基本原理、那些重要的刑事法典及立法均清楚說過：沒有「在法律之外」的監禁，任何拘留皆須由具資格的司法機關所決定，不再容許那些專斷、然而大量的禁閉。然而，刑罰外部的監懲（incarcération extra-pénale）原則在實際上從來未被捨棄過[6]。如果說

古典的大型禁閉機制有部分瓦解了（並且僅是部分而已），那麼它同時也很早就被重新啟動、重新整頓、並且在某些點上繼續發展。然而，更為重要的是，透過監獄的中介，它一方面與合法的懲罰融合，另一方面與規訓機制融合。古典時代在禁閉、司法懲罰及規訓機構之間已然模糊的界限現在更趨向消失，從而形成一套龐大的監懲連續體（continuum carcéral），其將懲治技術散播到最無傷大雅的規訓上頭，將規訓標準傳遞到刑罰制度的核心，並對最輕微的非法行為、最細小的違規、差距或異常（anomalie）恫之以犯罪之嫌。一套巧妙、漸層、具有密實機構（institutions compactes），但同時又具有細部及分散式做法的監懲網（filet carcéral）取代了古典時代的專斷、團塊式，但整合糟糕的禁閉。

這裡要處理的問題不是去重新構建最初直接圍繞在監獄周邊、後來離它越來越遠的這整套組織（tissu）。而是提供若干參考座標來評斷其規模，以及用幾個日期來衡量其降臨之早（précocité）就足夠了。

一些中央監獄農業部門的設置（第一個案例是一八二四年的加永，後來是方德沃、杜埃、布拉等地的中央監獄[iii]）；早期也設有一些

6.　或許應該好好研究在大革命之下針對家庭法庭（tribunaux de famille）、監護矯正及關於父母監禁其子女權利等方面的辯論。

收容貧窮、遭遺棄及四處流浪兒童的懲治院（一八四〇年的柏蒂－布吉，一八四二年的奧斯瓦爾德[iv]）；也有一些庇護所、慈善院、教會的慈善機構，其收容那些罪有應得但「在步入失序生活的念頭前退卻」的女孩、那些「在其母傷風敗俗下而過早暴露於墮落中的無辜貧窮女孩」，或者在救濟院及妓女戶門口找到的可憐年輕女孩。一八五〇年的法律規定了懲治院：無論是宣判無罪或被判有罪，未成年人應於此「在嚴格的規訓下共同地受到教養，並且投入於農業勞務及附屬的主要產業上」，後來那些免除流放的未成年犯（mineurs relégables）[v]也將加入他們的行列，以及「公共醫療救助機制（l'Assistance publique）之未成年孤兒中品性惡劣且不受管束者」[7]。而且，與狹義刑罰的距離總是越來越遠的同時，各種監懲圈（cercles carcéraux）持續擴大，監獄的形式則逐漸減弱，然後完全消失：遺棄或貧困兒童機構、孤兒院（如納奧夫或梅尼勒－費赫芒[vi]），招收學徒的機構（如設在漢斯市的伯利恆機構或南錫市的南錫之家[vii]）；範圍再更遠一些，還有修道院工廠（usines-couvents），如在索瓦杰（La Sauvagère）、塔哈赫（Tarare）及居居希厄（Jujurieu）等地的工廠。其中，在居居希厄的工廠，女工在十三歲左右踏入工廠，數年期間皆被關於廠內，唯在監視下才得以出門；工作期間，她們沒有收取一分一毫工資，而是離廠時才能領取的擔保金（gages），其數量多寡端視對於工作熱忱及優良行為的獎勵。除了上述，還有一系列距離更加遙遠的部署方式，它們並非把監獄整套「密實的」做法搬來，而是運用當中的一些監懲機制：少年監護協

會、推行教化工作的慈善機構、同時分配救助及確保監視的政府機關、乃至於工人城鎮及住宅——其原始及最粗糙的形式仍然非常清楚地顯示出懲治系統的標記[8]。最後，這個龐大的監懲網連結上以分散的方式在社會中運作的所有規訓配置。

我們已經看到在刑事司法中監獄將刑罰程序轉變為懲治技術；監懲群島則將這種技術從刑事制度移送到整個社會體中。帶著幾項重要的作用。

一、這整套廣闊的配置建立了一種緩慢、連續、不易察覺的漸進過程，這使得從失序到違法的過程，以及相反地從逾越法律到跟規定、跟平均狀態、跟要求、跟標準之間有

7.　關於所有這些機構，參見嘎亞克（H. Gaillac），《矯正所》（*Les Maisons de correction*），一九七一年，第99-107頁。

8.　例如針對十九世紀中葉興建於里爾（Lille）的工人住宅：「清潔是重點。此乃規則之核心。幾項嚴厲措施以防範喧鬧者、酗酒者及各類混亂。犯下嚴重過錯可予以逐出。重新恢復秩序及經濟方面的規律習慣，工人們不再於週一缺勤……受到良好監管的孩童不再是惹事生非之原因……住家維護、優良行為、奉獻義舉均頒發獎金鼓勵，這些獎金每年都有眾多競逐者爭取。」烏則・德・羅勒奈（Houzé de l'Aulnay），《里爾的工人住宅》（*Des logements ouvriers à Lille*），一八六三年，第13-15頁。

所差距（écart）的過程，看起來是自然而然的。在古典時期，儘管整體而言對於過失有某種共同的參照標準[9]，但就違法（infraction）、犯錯（péché）及不良行為（mauvaise conduite）等類別分別歸屬不同判準及有關當局（懺悔、法庭、禁閉）所處理時，它們仍然是分開的。相反地，監懲連同其監視及懲罰機制則依循相對連貫的原理運作。這當中有機構間的連貫性，可以從某些機構移轉到另一些機構（從公共醫療救助機制到孤兒院、到矯正監獄、到勞役監獄、到懲戒營[viii]、到監獄；從學校到監護協會、到裁縫工廠〔ouvroir〕、到庇護所、到懲治修道院[couvent pénitentiaire]；從工人城鎮到救濟院、到監獄）。評判標準及懲罰機制的連貫性，其從簡單的差距開始，逐漸加重規則及增加懲罰。以及在那些被建置起來、各有專精並具備相關權能的主管當局之間所具有的連貫漸進性（在知識順序中及權力順序中），它們一掃專斷色彩，而是根據規則並透過觀察及度量的途徑，逐步從對差距的制裁到對罪行的懲罰，進行層級化、區別、制裁、懲罰。藉著其分散或密實的各種形式，藉著其控制性或約束性、隱然監視性及斷然強制性的各種機制，「監懲」確保了懲罰在質與量上的互通；它讓大大小小的處罰、軟硬不一的措施、糟糕的評分與輕微的判罪形成系列或循著細緻的分枝（embranchements）安排。於是，最輕微的規訓

處置可能透露著你的人生將以關入勞役監獄告終；而最嚴厲的監獄向被判處無期徒刑的人說：我會記下你行為的絲毫差距。十八世紀在再現與記號的「觀念學」技術中尋求的懲罰功能普遍性，現在以不同的監懲配置的擴展及其具有物質性、複合性、分散性但連貫性的框架為基礎。基於同樣的事實，某種共同的所指（signifié）流通在最初的不合規矩與最後的罪行之間：這不再是過錯，也不是對共同利益的損害；這是差距與異常；正是它糾纏著學校、法庭、精神病院或監獄。它在意義方面普遍化了監懲在戰術方面所普遍化的功能。統治者的對手、接著是社會的敵人如今都已經變成偏差者（déviant），其帶來了失序、犯罪及瘋狂的多重危險。循著多重的關係，監懲網絡將懲罰及異常這兩個又長又多重的系列接合起來。

9.　有幾位法學家對此進行了清晰的表述，像謬亞・德・伏格郎（Muyart de Vouglans），《對「論犯法與懲罰」一書可疑原理之駁斥》（*Réfutation des principes hasardés dans le traité des délits et des peines*），一七六七年，第108頁，《法國的刑法》（*Les Lois criminelles de France*），一七八〇年，第3頁；或者像德・拉貢柏（Rousseaud de la Combe），《論刑事》（*Traité des matières criminelles*），一七四一年，第1-2頁。

二、藉著其不同管道（filières），監懲得以招募許多「犯法者」。它組織了所謂的「規訓生涯」（carrières disciplinaires），在排斥及摒棄的表面下，上演著一整套精進的作業。在古典時代，「自外於法律」（hors-la-loi）或至少不受到權力直接控制的那種混雜不明、受到寬容又帶著危險的領域在社會邊緣或空隙中展開：一個帶著不確定性的空間，對犯罪而言是一處獲得訓練的地方及一個尋求庇護的區塊：貧窮、失業、冤屈、狡猾、反抗強權的鬥爭、對義務與法律的拒絕、組織犯罪等，於此處在帶著偶然性的往來交錯中相遇；這正是吉勒·布拉斯、雪柏德或蒙德翰ix 他們各憑本事所經歷的冒險空間。藉著規訓的區別及分枝等作用，十九世紀建立了嚴密的渠道，在體系的核心，這些渠道透過相同的機制來訓練順服及製造犯法。其中存在著某種規訓的「養成」（formation），其具有連續性及強制性，有點出自整套教學課程、專業管道的樣子。其中勾畫出一些生涯，就如同公職生涯一樣確定、一樣命定：監護與救助協會、家庭安置、少年懲治院、懲戒營、監獄、醫院、養老院。在十九世紀初，這些管道已經非常清楚地被注意到：「我們的福利機構提供了精湛配套的整體方案，由此窮人從出生到死亡沒有一刻處於缺乏救助的狀態。依循著它，不幸的人：你們會看到他一出生就在棄兒的環境裡；從那裡，他到幼兒園，然

後到收容所；他六歲離開那裡，進入小學，後來進入成人學校。如果他不能工作，他會被登記在該區的慈善辦公室（bureaux de bienfaisance），如果他生病了，他有十二家醫院可供選擇……最後，當巴黎的窮人走到他生涯的尾端，七所養老院預期著他的衰老，它們所提供的健康飲食往往延長了他的餘生，遠遠超過富人的時日。」[10]

監懲網絡並沒有將不可吸收者（l'inassimilable）摒棄在混雜不明的地獄中，它沒有外面。它在一邊重拾了它看似在另外一邊排斥的東西。它對什麼都節省，包括對它所制裁的東西。它不贊同糟蹋甚至是它執意要否決其資格的東西。在這個全景社會——監懲是其無處不在框架——中，犯法者並非自外於法；它在甚至自始就在法律中、在法律的核心中、或至少位處於這些以不受察覺的方式促使從規訓到法律過渡、從差距到違法過渡的機制間的正中央位置。如果說監獄

10.　莫侯・德・久奈司（Moreau de Jonnès），被引述於苣・圖給（H. du Touquet），《論貧困階級之狀況》（De la condition des classes pauvres），一八四六年。

確實制裁了犯法，然而後者基本上是在監懲中並由監懲來製造的，而最終監獄所做的只是去延伸這套監懲。監獄只是自然而然的後續，只不過是這個逐步爬升的層級體系的一個上面的層級。犯法者是一個制度的產物。因此，無需驚訝，在相當大的比例上，犯人的生平歷經了所有這些機制及機構，人們還佯裝它們旨在避免步入監獄的可能。而如果想要，我們可以在那裡找到一個不可約減的犯法「特性」線索：芒德監獄（Mende）的隔離犯是依循著被普及到各處的監懲體系之力線（lignes de force）從受矯正兒童開始一路被細心生產出來的。相反地，邊緣性抒情（le lyrisme de la marginalité）可以對「自外於法律」的意象感到雀躍，做一個在順服與驚恐的秩序邊緣處晃蕩的偉大社會游牧民族。犯罪不是在邊緣處並且在一次又一次的放逐作用下誕生的，而是拜愈趨緊密的嵌入之賜，在總是愈趨嚴厲的監視下，並且透過各種規訓強制機制的累積所致。總而言之，在社會體的深處，監懲群島確保了從細小的非法行為為起點，進行犯法之形構，由後者來涵蓋前者，以及確立一種被明確化的犯罪（une criminalité spécifiée）。

三、然而，監懲系統及其遠遠超過法定監禁範圍之延伸所具有的最重要作用是設法讓懲罰權力顯得既自然且合法，至少

是讓懲罰被容忍的門檻降低。它努力消除在懲罰的行使中逾越的部分。在這方面，它讓它施展其間的兩個部份以相互關連的方式起作用：一個是司法的部份，這是合法的，一個是規訓的部份，這是法律外部的（extra-légal）。事實上，監懲系統從法律及從法律的判決而來的龐大連續性，為種種的規訓機制、為它們所實施的決定及制裁提供了一種合法擔保。透過「形式－監獄」ˣ，大司法模式（le modèle de la grande justice）從這個網絡——其包含許許多多相對自主及獨立的「區域性」機構——的一端傳遞到另一端。各式規訓院所之規約可以複製法律，種種制裁方式則仿效司法判決與刑罰，監視則重複著警察的模式；在所有這些數量眾多的建構之上，監獄——其相較於它們，是一種既無混合又無減弱的純粹形式——賦予了它們某種方式的國家擔保（caution étatique）。帶著從勞役監或徒刑一直到各種分散及輕微約束的那種長距離的漸弱變化（long dégradé），監懲傳達了一種法律確認其效力而司法當成其最偏好武器來運用的權力類型。當各種規訓及在其上運作的權力在實際上所做的卻只是讓司法本身的機制產生作用（即便其強度減弱），何以它們卻會顯現出專斷的樣子？如果規訓將權力的作用普遍化、如果它們傳遞它直到最末端的層級，這是為了避免它的嚴酷嗎？監懲的連續性及監獄－形式的擴散使得規訓權力得以合

法化或至少是正當化，從而避開它可能會包含的過度或濫用的情況。

但反過來，監懲金字塔（pyramide carcérale）則賦予這個施加合法懲罰的權力一個讓它看起來免除了任何過度及一切暴力的脈絡。在規訓機制及它們包含的「嵌合」（encastrements）所具有的富含知識地漸進等級變化中，監獄全然不代表著另一種性質的權力的展開，而只是在一套從最早的制裁開始後就持續作用的機制其強度上的一個額外的等級。在那些收容人們以避免他們步上監獄一途的「矯正」機構當中的最後一個與在犯下特定違法行為後被送入的監獄之間，其差異是（並且必須是）幾乎不可感的。嚴謹的經管方式，其作用是讓懲罰的特殊權力儘可能地不引人注目。自此，在它上頭，沒有任何東西可以讓人回想起統治權力在遭受酷刑的身體上遂行其報復時所展現出的那種昔日的過度。在落入它手中的人身上，監獄繼續著一項在別處開始而整個社會透過無數的規訓機制在每個人身上持續推進的工作。拜監懲連續體（le continuum carcéral）之賜，定罪的機關溜進了所有進行控制、改造、矯正、改善的機關當中。最後，不再有什麼東西能真正將它從中區分開來，無論是犯法者獨特的「危險」性格、他們差距之嚴重性、或是儀式層面上必要的隆重性。而是，在其功能上，這種懲罰權力與治療或教育的權力並沒有

本質的區別。它從它們那裡、從它們次要及微小的任務中，收到了一個來自下方的擔保（caution d'en bas）；但並不因此就比較不重要，因為這是技術及理性的擔保。監懲「馴化」（naturaliser）了司法的懲罰權力，如同它「合法化」了規訓的技術力量。透過以這種方式讓它們融合、透過消除前者當中的暴力及後者當中的專斷、透過減輕這兩者可能激起的反抗後果、因此透過讓它們的憤怒及它們的凶猛無用、透過讓仔細計算過、力學的與不引人注目的相同方法從其一邊擴散到另一邊，監懲讓這個當人之積累及有用管理問題浮現之際並且十八世紀曾經尋找過其套式的偉大權力「經管方式」得以實現。

透過貫穿整個社會體的厚度中及不斷將矯正藝術與懲罰權力混在一起，監懲之普遍性降低了受到懲罰被視為自然的及可接受的水平。人們經常會問，在革命之前及之後，人們如何賦予懲罰權利新的基礎。而人們可能必須從契約論這個方面來尋求解答。然而我們也應該、或許特別應該提出相反的問題：人們如何讓一般人接受懲罰權力，或者更簡單地說，在受到懲罰時容忍這一點。契約論只能虛構一個將他本身具有行使在其他人身上的權利之權力交給其他人在他身上行使的司法主體來對此回應。情況很可能是，這個將規訓權力與法律權力聯繫起來，並且毫無中斷地從最細小的強制措施

延伸到最重大的刑事拘留的龐大監懲連續體，構成了這種懲罰權虛幻讓渡之技術的、實際的、直接物質性的成對物（doublet）。

四、伴隨著這種新的權力經管方式，作為其基本工具的監懲系統鼓吹了一種新的「法律」形式：合法與自然、規定（prescription）與建構的混合，亦即標準（la norme）。因此產生了一系列的後果：司法權力的內部解體，或者至少是其運作方面的內部解體；審判上的困難加劇，如同從事判罪的恥辱也加劇；在法官身上燃起了一股測度量、評價、診斷、辨識正常與異常的強烈渴望；並且以治癒或重新適應為榮。從這一點來看，信賴法官的良心或惡意，甚至信賴他們的頭腦不清都是沒用的。從他們招來精神病專家、到他們對於犯罪學長篇大論的關注，不斷展現出的他們巨大的「醫學胃口」，反映了他們行使的權力「變質」的重要事實；在某個層面上，這個權力確實由法律所管轄，而在另一個並且更為基礎的層面上，它是做為標準權力（pouvoir normatif）而運作著；係他們所行使權力之經管方式，而非他們的顧忌或人道方面的因素致使他們提出「治療性的」判決及採行「重新適應性的」監禁方式。但是相反地，如果法官越來越難接受為了判罪而判罪，隨著標準化權力（pouvoir normalisateur）四處

擴散時，審判的工作也變得愈加繁重。被無處不在的規訓部署所推展，並以所有的監懲機制為基礎，這種標準化權力已經成為我們這個社會的主要功能之一。這個社會中到處都有審判標準的法官（juges de normalité）。我們生活在教授－法官、醫生－法官、教育者－法官、「社會工作者」－法官的社會中；他們所有人都使標準之普遍性得以立足；每一個人無論身處何地都讓身體、勢態、舉止、行為、才幹、表現服膺於此。無論是在其密實或分散的形式之下，透過其嵌入、配置、監視、觀察等系統，在現代社會中，監懲網絡是標準化權力的最大支柱。

五、社會之監懲組織（tissu carcéral）既確保了對身體的實際掌控，同時也對之進行持續觀察；就其內在屬性來看，它是最符合新的權力經管方式的懲罰機制、以及讓這種經管方式本身所需求的知識得以形構的工具。它的全景式運作方式致使它能夠發揮這種雙重作用。藉著其固定、配置及記錄的做法，它曾經長期是讓檢查（examen）——客體化人類的行為舉止——的龐大工作得以發展的條件之一，是其最簡單、最粗糙、也是最物質、但或許也是最不可或缺的一項條件。如果在「審問式的」司法時代之後，我們已經邁入了「檢查式的」司法（la justice examinatoire）時代，如果以一種更為一般

的方式，檢查程序已經如此廣泛地涵蓋整個社會，並且在一部分上促成了人文科學的產生，其中一項重大的工具就是不同的監懲機制在數量上的眾多及在關聯上的緊密交織。這並不是說人文科學出自監獄。但是，如果它們能夠成形並在知識型（épistémè）中帶來我們所知道的所有的衝擊性影響，那是因為它們受到一種特殊的及新的權力型態所支撐：某種身體的政治、某種使人的累積（accumulation des hommes）愈加順服及有用的方式。這種權力型態要求將特定的知識關係包含在權力關係中；它需要一種讓臣服與客體化得以交錯的技術；它涉及新的個體化程序。對於這套讓人文科學在歷史上成為可能的權力—知識關係（pouvoir-savoir）而言，監懲網絡構成了支撐它的框架之一。可認識的人（無論所指涉的是靈魂、個體性、意識、行為，在此皆無關緊要）是這套解析性投注方式（investissement analytique）及這套宰制—觀察方式（domination-observation）的結果—客體（effet-objet）[xi]。

六、這可能解釋了監獄極端的牢固性，然而這個不足道的發明卻從誕生以來就遭到貶損。如果它只是為國家機器服務的一種摒棄或鎮壓工具，那麼修改其過於引人矚目的形式或者為它找到一種更可接受的替代品便應當更加容易。但是由於它深深落在權力之部署及策略中，它可以用巨大的阻力來抗

拒想要改變它的東西。一個鮮明的事實是：當涉及監禁制度的改變時，阻力並不單純來自司法機構；進行抵抗的，並不是作為刑事制裁的監獄（prison-sanction pénale），而是監獄及其所有司法外部的限定、關聯及作用；進行抵抗的是那種在普遍性的規訓及監視網絡中之一環的監獄；是在一套全景體制中產生作用的監獄。這並不意味著它不能被改變，也不意味著它對於如同我們的社會這樣的社會類型來說是一旦存在便永不可缺的。相反地，我們可以界定出兩個程序，而這兩個程序就在所有使它運作的程序的連續性本身中，具有在相當程度上限制其使用方式並改變其內在運作方式的可能。在很大的程度上，它們可能已經受到推展。其中一個是讓已經被整頓為一種特殊、封閉並且受控制的非法行為——犯法——降低效用（或增加其不便）的程序；如此，藉著在全國或國際的尺度上建構一些直接依附在政治及經濟機制上的重大非法行為（金融非法行為、情報工作、武器及毒品交易、房地產投機），那種帶點土氣又顯眼的犯法人口便顯得沒什麼用處；或者，在較侷限的層級上，當性享樂的經濟抽取，透過避孕品的販售，或者通過出版、電影及表演等方式，以遠為更好的方式進行，那麼賣淫的古老層級架構便失去了其過往功效。另一個程序則涉及規訓網絡的發展、它們與懲罰機制的交流在數量上的增加、它們被賦予越來越重要的權

力、總是有越來越多的司法功能移轉給它們；而隨著醫學、心理學、教育、救濟、「社會工作」在控制及制裁的權力上所佔有的份量越來越大，懲罰機制反過來也將會使自身醫學化、心理學化及教育學化；當藉著監獄所持的懲治論述及它對於犯法所提供的鞏固效果之間的落差，它原本在懲罰權力與規訓權力之間發揮著連結的作用，但這麼一來，監獄所構成的這種銜接方式的用處便降低了。在所有這些關係更加密切的標準化部署中間，監獄的特定性及其連結作用便失去了其價值。

如果圍繞著監獄，存在著一種整體的政治風險，這因此並不在於知道它具有矯正作用與否；亦非在於知道比起行政人員及獄監，法官、精神病學家或社會學家在其中是否施展了更多的權力；推到極端，這風險甚至也不在另一種具替代性的監獄或者不是監獄的其他東西當中。當下的問題毋寧在於，透過新客體性的建立，這些標準化部署之大幅增加及它們所具有的權力作用之無遠弗屆。

* * *

一八三六年，一位通訊員在《法郎吉》雜誌上寫道：「道德家、哲學家、立法者、文明的恭維者啊，這裡是您井井有序的巴黎之方

案，這裡係匯聚了所有類似事物的完美方案。在中心及第一圈：治療任何疾病的醫院、處理一切不幸的救濟所、瘋人院、監獄、收容男人、女人及兒童的勞役監獄。第一圈外圍，有軍營、法庭、警察局、勞役監獄幹部宿舍、行刑臺放置處、劊子手及其助手的家。在四個角落，有眾議院、貴族院、皇家研究院及皇宮。在外圍，係中心圈的供給來源，有商業、其詐騙、其破產；有產業及其激烈的鬥爭；有媒體及其詭辯；賭場；賣淫，飢餓將死或在放蕩中自暴自棄的人民，總是準備好接受革命精靈聲音的召喚；沒有心肝的富人……最後是所有人對抗所有人的凶猛戰爭。」[11]

　　我將停筆在這篇不具名的文章上。今日我們距離那個散落著輪子、絞刑柱、絞架、示眾柱的酷刑國度已經非常遙遠；我們也遠離了改革者在不到五十年前所懷抱的這種夢想：這是一座懲罰之城（cité des punitions），在此，數以千計的小小劇場不停地提供著多彩的司法再現，在此，在裝飾的行刑臺上被精心搬演的懲罰將恆久地造就出刑典的市集節慶。帶著其想像的「地緣政治」，監懲城市（ville

---

11.　　《法郎吉》雜誌（*La Phalange*），一八三六年八月十日。

carcérale）則依循著截然不同的原則。《法郎吉》的文章回顧了最重要原則當中的幾項：在這座城市的中心，並且係為了令之得以維繫，存在的不是「權力中心」，不是一個武力核心，而是一個由不同元素組成的多重網絡——牆壁、空間、機構、規則、論述；監懲城市的模式因此不是國王的身體，伴隨著從中散發出的權力，也不是契約式的意志集合，從中將誕生出一個既個體性又集體性的身體，而是一種對性質及水平各異元素的策略性配置。監獄既非法律、法典或司法機制的女兒；它不是從屬於法庭，作為其所提出判決及所欲獲得效果之順服或笨拙的工具；反倒是法庭相對於它才是外在與從屬的。在它所佔據的中心位置上，它並非唯一的，而是關聯著一大堆其他的「監懲」部署，這些部署在表面上相當不同，因為它們旨在紓緩、治癒、救助，但是它們跟監獄一樣均以行使一種標準化權力為目的。這些部署方式在施展上所針對的，並非相對於一條「核心的」法律而來的逾越，而是圍繞在生產機制（「商業」及「工業」）上各式各樣的非法行為，其帶著在性質上及來源上的多樣性、在利益上的特定作用、以及懲罰機制對它們所造就的不同命運。最後，主導所有這些機制的，不是一個機制或制度之統一運作，而是鬥爭之必然與一套策略所立下的規則[xii]。因此，以機構——其遂行著鎮壓、摒棄、排除及邊緣化等工作——為核心的種種概念，不足以描述在監懲城市的中心何以會形構出陰險的溫和、不可告人的惡意、小小的詭計、計算好的做法、技術、到最後「科學」，其最終讓規訓個體（individu disciplinaire）之製造成

為可能。作為複雜權力關係之結果及工具，作為各式各樣「監懲」部署所臣服的身體及力量，作為一些論述的客體而這些論述本身也是這套策略的元素，在這個位於中心並被中心化的人之中，我們應該要聽到戰役的轟隆聲[12]。

12. 我就此打住本書，對於現代社會中標準化權力及知識形構的種種研究，其應當充作歷史背景。

i｜梅特懲治院（la colonie pénitentiaire de Mettray）是一間以少年犯為收容及感化對象的私人機構，位於圖爾市（Tours）北邊的梅特，由德梅茲（Frédéric-Auguste Demetz）設置於一八三九年，一八四〇年一月二十二日收容第一批少年犯，一九三九年關閉。

ii｜韋貝（Ernst Heinrich Weber, 1795-1878），德國醫生，被視為實驗心理學的先驅。其羅盤用以確立刺激強度與感覺的量化關係。

iii｜茲附上法文，以利查詢：加永（Gaillon），方德沃（Fontevrault），杜埃（Douaires），布拉（Boulard）。

iv｜茲附上法文，以利查詢：柏蒂－布吉（Petit-Bourg），奧斯瓦爾德（Ostwald）。

v｜指未成年的累犯，因未達法定年齡，可免受流放刑罰，如遣送海外勞役監獄。

vi｜茲附上法文，以利查詢：納奧夫（Neuhof），梅尼勒－費赫芒（Mesnil-Firmin）。

vii｜茲附上法文，以利查詢：漢斯市的伯利恆機構（le Bethléem），南錫市的南錫之

家（la Maison de Nancy）。

viii｜懲戒營（bataillon disciplinaire）係指將被定讞的軍人甚或平民被派往前線作戰的部隊。

ix｜吉勒・布拉斯（Gil Blas）參見第四部分第二章，有關雪柏德（Sheppard）或蒙德翰（Mandrin），傅柯則於第一部分第二章註釋中略為提及。

x｜形式－監獄（forme-prison）係指作為一種形式的監獄，相關用法及內涵參見本書第四部分第一章開頭。

xi｜亦即既是這套方式作用下的結果，也是它作用的客體。

xii｜傅柯所要說的是整個系統在運作上並沒有一種穩定而統一的制度或機制，而是不斷的衝突、因地制宜的策略。

SURVEILLER ET PUNIR by Michel Foucault
Copyright © Editions Gallimard,1975
Complex Chinese edition copyright © 2020 by China Times Publishing Company.
Illustrations from Gallimard archives.

ISBN：978-957-13-8163-3
Printed in Taiwan

近代思想圖書館系列 054

監視與懲罰：監獄的誕生

作者：米歇爾‧傅柯（Michel Foucault）｜**譯者**：王紹中｜**審訂**：黃敏原｜**主編**：湯宗勳｜**特約編輯**：鄭又瑜｜**美術設計**：陳恩安｜**行銷企劃**：王聖惠｜**董事長**：趙政岷｜**出版者**：時報文化出版企業股份有限公司／108019 台北市和平西路三段240號1-7樓／**發行專線**：02-2306-68452／**讀者服務專線**：0800-231-705、02-2304-7103／**讀者服務傳真**：02-2304-6858／**郵撥**：1934-4724 時報文化出版公司／**信箱**：10899台北華江橋郵局第99信箱｜**時報悅讀網**：www.readingtimes.com.tw｜**電子郵箱**：new@readingtimes.com.tw｜**法律顧問**：理律法律事務所／陳長文律師、李念祖律師｜**印刷**：勁達印刷有限公司｜**一版一刷**：2020年5月15日｜**一版八刷**：2024年7月18日｜**定價**：新台幣800元｜**版權所有‧翻印必究**（缺頁或破損的書，請寄回更換）

時報文化出版公司成立於一九七五年，並於一九九九年股票上櫃公開發行，於二〇〇八年脫離中時集團非屬旺中，以「尊重智慧與創意的文化事業」為信念。

監視與懲罰：監獄的誕生／米歇爾‧傅柯（Michel Foucault）著；王紹中 譯一一版.-- ｜臺北市：時報文化，2020.5；568面； 21×14.8公分. -- （近代思想圖書館系列；054）｜譯自：Surveiller et punir: naissance de la prison｜ISBN 978-957-13-8163-3（平裝）｜1.監獄 2.獄政 3.刑罰｜589.81｜109004172